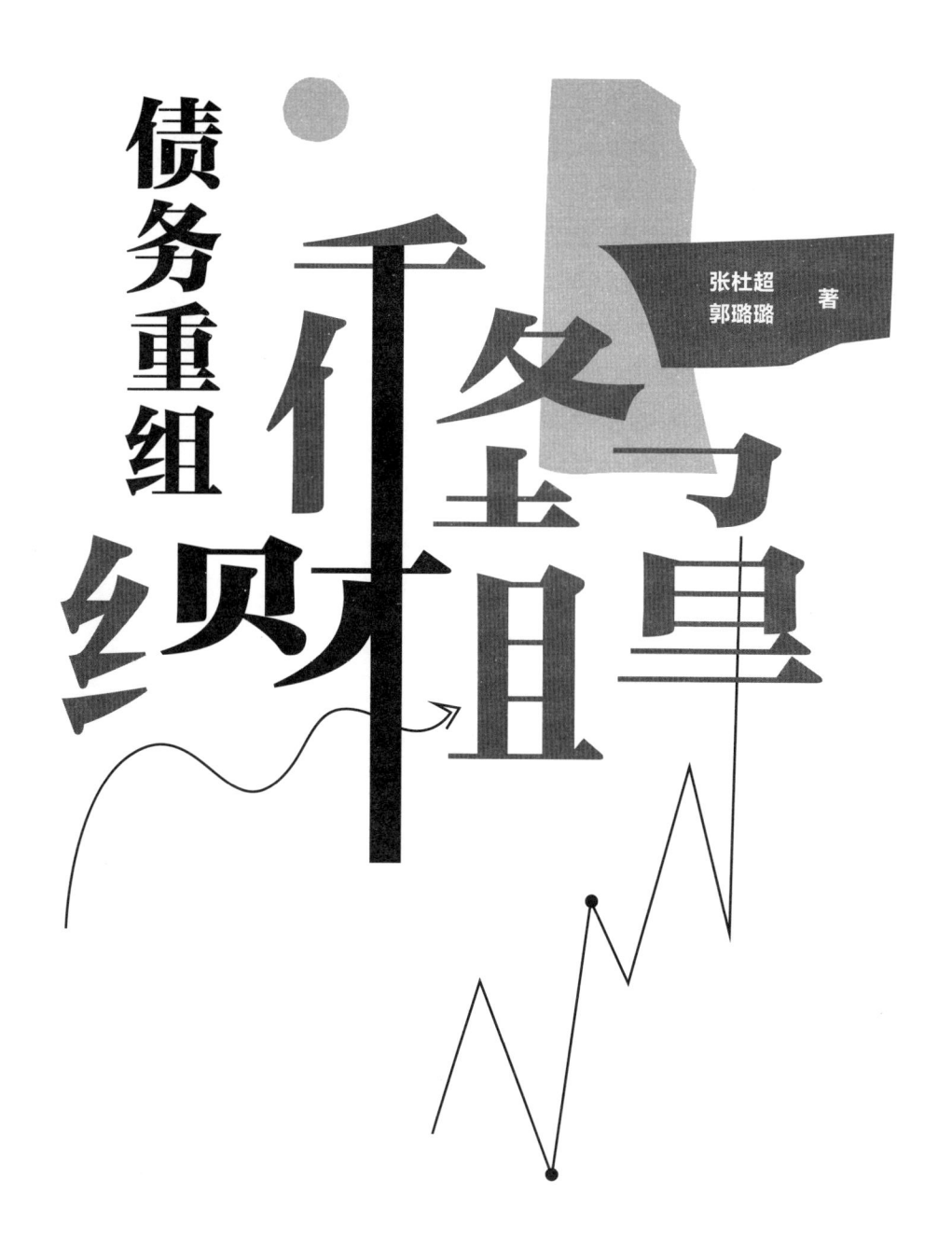

债务重组

债权债务重组与价值重塑

张杜超 郭璐璐 著

中信出版集团 | 北京

图书在版编目（CIP）数据

债务重组 / 张杜超，郭璐璐著. -- 北京：中信出版社，2020.12
ISBN 978-7-5217-2405-9

Ⅰ.①债… Ⅱ.①张…②郭… Ⅲ.①债权法—研究—中国 Ⅳ.①D923.34

中国版本图书馆CIP数据核字（2020）第213302号

债务重组

著　者：张杜超　郭璐璐
出版发行：中信出版集团股份有限公司
　　　　　（北京市朝阳区惠新东街甲4号富盛大厦2座　邮编　100029）
承　印　者：北京诚信伟业印刷有限公司

开　本：787mm×1092mm　1/16　　印　张：27.75　　字　数：386千字
版　次：2020年12月第1版　　　　印　次：2020年12月第1次印刷
书　号：ISBN 978-7-5217-2405-9
定　价：89.00元

版权所有·侵权必究
如有印刷、装订问题，本公司负责调换。
服务热线：400-600-8099
投稿邮箱：author@citicpub.com

推荐序

举借债务是生产关系在一定范围内的重组。于国家而言,在强制收取的税费之外,通过适当举借国债,可扩大综合财力,完成重大事业和工程;于企业而言,在自有资金之外,通过合理举借债务,可提高扩张能力,促进技术更新或产业整合;于个人而言,在积累收入的同时,通过恰当举借债务,可提前实现生活的改善。举债是对社会资源的调配和重组,借此发挥集合效应,避免闲置浪费,运之如法,可利国利民。

借贷关系一方面是借贷双方之间的私事,可由双方自由约定利息高低;另一方面也是社会资源的重组,具有一定公共性,对利率进行适当管制也是各国通行的做法。由此,举债关系被纳入合意协商与法律管制的双重框架。

债务是杠杆,取用须审时度势、量力而行。所谓审时度势,是指在经济一体化趋势日益深化的当下,在宏观层面,既需考察世界经济前景和走向,也需关注一国经济战略与布局;在中观层面,既需关注所处产业链条的协同机制,也需关注自身所处的行业地位和竞争格局;在微观层面,既需关注经营潜力和管控能力,也需关注财务弹性和调度空间。唯有深谙外在环境与自身境况,方能做到量力而行,让债务杠杆发挥应有的积极作用。

一旦自身利润空间和现金流周转无法覆盖债务本息,导致偿付困难,遂发生债务危机。债务危机的发生原因多重且复杂,既可能因认知不足引致，也可能因情势变更诱发。在认知层面，对国际国内环境、产业发展格局、自身经营状况的准确把握需系统和认真地考察。如对现状和趋势做出错误判断，则可能导致逆势而行或过度乐观的决策，最终为债务危机爆发埋下潜因。就情势变更而言，国际环境变化、国内战略转型、产业周期波动，常常超出微观经营主体的认知和把控范围。如近年美国奉行单边主义对全球产业链条造成巨大冲击，国内出口导向型企业面临巨大调整压力；突如其来的新冠肺炎疫情深刻改变着人们的行为模式，冲击了一些行业和企业，也催生了一些行业和企业；供给侧改革战略的推出及其配套的财政、税收、货币、信贷等政策的出台，深刻改变了产业和行业发展格局。

债务危机在事实层面表现为不能如期偿付债务本息，在法律层面构成违约。此时，债权人的目标当然是及时且足额获得偿付。国际和国内的既往制度和实践表明，在违约行为和获偿目标之间，价值选择曾左右摇摆，应对机制日益多元。债的关系当事人双方是债权人和债务人，初看简单明了，但若放在体量庞大的商事主体和系统勾连日益密切的产业链条构成的具体语境下考察，人们会发现，债务人背后是成千上万的员工，其上下游也牵连了数量众多的供应商和客户，若债务人是国有企业，还涉及国有资产的处置；同样，在我国间接融资占比较大的特定环境下，债权人背后是成千上万的储蓄账户。

在此背景下，处理债务危机时，应更多保护债权人利益，还是合理照顾债务人利益，各国制度设计的价值选择均曾表现出摇摆往复。正是因为简单的债务关系背后牵扯重大且复杂的利益纠葛，各国应对债务危机的机制也表现出日益灵活和多元的趋势。让债务人"一破了之"越来越被证明是不得已而为之的最后选择。正是因为债务危机的爆发原因既有债务人主观可控因素，也有超出其把控能力的客观因素，所以，法律应更多创设一个将合意性与强制性融为一体的框架空间。一方面，将债权人的追偿行为尽量引入理性而有节制的空间，为尚有复苏潜力的企业容留一定的缓冲；另一方面，也应赋予债权人必需的法律手段，以维护自身的正当权益。法律所创设的这个框架，既是双方当事人利益博弈的空间，也是实践智慧得以培养的土壤。

债务重组的实践和理论正是在这一背景下应运而生的，我国《企业破产法》的历次修改同样循此思路而日益完善。呈现在读者面前的《债务重组》一书，由两位实务领域的法律工作者撰写，其中包含了丰富的实践素材，以此为基础进行了理论提升，还难能可贵地提出有针对性的制度完善建议。希望此书的出版能够进一步丰富我国债务重组的实践，并促进相关理论研究更加深入。

是为序。

中国人民大学副校长、法学院院长、法学教授

王 轶

前言

万物皆有周期,好像在极短的时间内,市场上所有的一切都发生了翻天覆地的变化。公众号等自媒体的热文标题,从原来充斥着热钱荷尔蒙的"三点钟无眠币圈投资",瞬间就变成了诸多知名企业的债务压顶。"债务重组"开始变成一个市场热词,甚至带动了破产法学也成为学界中被趋之若鹜的一门"显学"。其实,在很长的一段时期内,中国的债务重组并未得到各界的真正重视,《企业破产法》等重要债务重组法律制度的实施也不尽如人意。从历史经验上看,每当市场遭遇下行压力,又或者某一企业出现严重债务问题时,各方仍习惯于依赖政策或者制度措施,而非采取市场与法治手段解决问题。

当然,这一切在中国开始大力推行供给侧改革与僵尸企业出清后发生了明显变化。债务重组所采用的经济与法律机制得到长足发展,发挥了法治与市场在资源错位时的纠偏作用。但我们也遗憾地发现,关于债务重组的介绍更多地偏向理论与专业,缺乏通俗易懂地对债务重组进行视野宏观且案例化的全景式与沉浸式介绍。我们理解,这可能是市场参与者的两个"脱节"导致的:一是理论与实践的脱节;二是既往经验与现实需求的脱节。

理论与实践的脱节是指,即使我们对债务重组理论知识有了深刻理解,对教科书和法律条文所知甚详,但面临具体的困境企业如何纾困的现实问题,也还是会感觉束手无策;既往经验与现实需求的脱节是指,前沿的市场需求与略显陈旧的法规或者既有经验的脱节。目前,很多市场主体言必称债务重组，但还是走的传统破产重整的老路，更有甚者，将债务重组当作清算类案件来处理。

随着债务违约市场客观需求的增加，市场主体面临的问题越来越多地呈现出复杂化趋势，有代表性的债务重组案例开始增多，我们可以预见：大型债务重组交易的频率将越来越快，直至形成债务重组浪潮。债务重组已经变为一项专门的生意或者逐步成为公司战略中的无比重要的组成部分。在这样的背景下，既有的商业思维与知识体系，很难适应市场。

我们与很多在债务重组实践一线处理业内重大复杂的案件的亲历者，有着相同的困惑和希望——市场不缺实操指引或者法条分析，也不缺关于上市公司债务重组或者破产重整的报道。但前者容易让阅读者处于盲人摸象般的认知迷障中，后者又以纯粹的叙述性角度令人只能对债务重组产生表层、模糊的印象。那么，有没有这样一本书，可以像故事一样，娓娓道来，将债务重组这样一个复杂且深刻的东西，变得让人易于理解且脉络清晰呢？

是的，故事版的阅读体验，这很重要。我们认为这种叙事式陈述对读者理解债务重组极具价值：面对债务重组这样一个概念简单而内容精密、复杂的准新生事物，尽量通俗易懂的故事性表述有助于阅读理解、接受与实践。加拿大作家玛格丽特·阿特伍德对文学与债务的关系有过十分形象地比较："故事都涉及债务，从不例外，都随着时间与行为最终指向债务。所以，任何债务都可以成为一个故事的主线：你如何卷入债务，你做了什么，你说了什么，想了什么。然后取决于故事以喜剧或者悲剧结尾——你如何走出债务，或者在债务上泥足深陷而无法脱身。"感性的力量是无穷的，这样的故事能够让我们了解债务，从故事中获得应对的灵感。

基于上述共识，我们也想参与到这样一项工作中来，即尝试以实践出发，尽量通过叙事化的语言，将债务重组这个事儿说得简单易懂。本书对中西方债务重组的衍生变化进行了追溯，在大的时代背景下阐释了债务重组的内涵与外延，对比了债务重组对不同国家与个人，在不同历史时期起到的作用,还探讨了美国、英国、日本等发达国家结合自身经济特点,发展出的成熟方式有哪些可以为中国所借鉴。同时,我们立足于中国市场的自身特点,区分不同行业以及不同企业的所有制属性,结合传统经济与新经济业态的不同特点,实证考察分析了在解决困境公司与企业家纾困、特殊机会投资、债权人维权,以及公司控制权争夺等方面的成熟做法,通过市场最新的大型复杂案件进行透视分析。整体而言,本书上半部分以市场参与者能够轻松阅读的方式阐释债务重组的基础理论,下半部分列举了大量对市场有着巨大影响力与代表性的案例。

时至今日,作为经济高速发展并蒸蒸日上的一体两面,我们已经开始接受进入债务时代的事实。人们逐渐开始思考如何在这个充满机会、不确定性甚至是危机的债务时代生存且活得更好。在创作过程中,我们在与债务重组世界的同行者交流、梳理、讨论,以及频繁的相互砥砺和争辩中,解开彼此的疑惑。与此同时,债务重组市场与制度建设还在以一种匪夷所思的速度自我进化与发展,日日新,月月新。我们在创作本书的过程中,时刻体会到今日之我与昨日之我在认知层面上的不断否定与更新。我们深信这种挑战与颠覆,这种时代波涛汹涌、大势挟裹向前而人不得停的自我更新状态,将是个人在大时代中最好的成长。

最后,我们真诚地希望,能与债务重组市场的前辈和同行一道,为中国的债务重组市场建设和发展贡献出自己渺小的经历与认知。如有读者能够通过本书解开或回应了债务重组这个大天地中的一个小疑惑,则将是我们时代小小参与者的大荣幸!

目录

第一章　债务重组制度的西行东渐 ·················· 1
  第一节　债务重组制度的古代萌芽 ················· 3
  第二节　债务重组制度在中国当代的发展 ············· 11

第二章　债务重组制度概览 ······················ 17
  第一节　认识债务重组 ······················ 19
  第二节　庭外重组 ························ 30
  第三节　庭内重组 ························ 56
  第四节　预重整制度 ······················· 88
  第五节　债转股 ·························· 99
  第六节　债务重组的比较研究 ··················· 112

第三章　困境企业视角下的债务重组 ················ 129
  第一节　债务重组中的大公司与小公司 ·············· 132
  第二节　债务重组赋予企业极速恢复能力 ············· 157
  第三节　企业流动性激活 ····················· 168
  第四节　债务重组的资产变现 ··················· 175
  第五节　上市公司重整的红与黑 ·················· 183

第四章　困境企业相关主体视角 ··················· 189
  第一节　公司利益的各方博弈 ··················· 192

第二节　公司控制权的"群雄逐鹿" ········· 241

第五章　债务重组中的政府投资人 ············· 267
　　第一节　政府作为投资人参与债务重组 ········· 269
　　第二节　四大AMC作为投资人参与债务重组 ······· 291
　　第三节　债务重组中的地方AMC ············ 303

第六章　不同行业的债务重组 ··············· 313
　　第一节　传统行业的债务重组 ············· 315
　　第二节　房地产行业的债务重组 ············ 349
　　第三节　新兴互联网企业的债务重组 ·········· 370
　　第四节　国有企业的债务重组 ············· 405

后　记 ······················· 429

| 第一章 |

债务重组制度的西行东渐

古代所有的革命运动都有一个同样的步骤:取消债务并重新分配土地。

——摩西·芬利

著名古代史学者摩西·芬利认为:"古代所有的革命运动都有一个同样的步骤:取消债务并重新分配土地。"是的,千百年来,债务纠葛纠缠着世世代代的穷人与富人,无论太平盛世还是战争动乱,始终千回百转,不眠不休。企业亦如此,虽生而自由,却无时无刻不在枷锁之中。一般来说,债务是不受欢迎的。尽管如此,随着经济继续朝着意想不到的方向增长,债务仍然是几乎所有市场的固定组成部分。① 历史发展到当代,对债务的认知与处理,成为现代国家经济治理的关键。如果我们承认大国崛起不能忽视企业的力量,则应重视债务是企业运营发展中企业家所关心的核心问题。

第一节　债务重组制度的古代萌芽

德国思想家卡尔·雅斯贝斯认为,人类文明在公元前 600 年至公元前 300 年间出现了惊人的巧合,中国、希腊、以色列与印度等国度,诞生出老子、孔子、苏格拉底、亚里士多德、犹太教先知、释迦牟尼等智者。他们的学说教义深刻影响了人类文明的政治、经济、文化等诸多方面,人类的自我认知自此跨入高级阶段。这种思想文明历史进程的惊奇一跃,使人开始为人。虽然这种认识在之前的研究中已有学者提及,但雅斯贝斯第一次系统化地提出"轴心时

---

① 资料来源:K-Suc Park, Money, Mortgages, and the Conquest of America, 41 Law & Soc. Inquiry 1006, 1014 (2016). [《金钱、抵押贷款与征服美国》,法律与社会科学,第 41 卷. 调查 1006、1014 (2016)。]

代"学说。所谓轴心时代,即历史大势虽滚滚奔腾向前,但皆以此时文化为轴而延伸,"人类一直靠轴心时期所产生的思考和创造的一切而生存,每一次新的飞跃都回顾这一时期,并被它重燃火焰……轴心期潜力的苏醒和对轴心期潜力的回归,或者说复兴,总是提供了精神的动力。"

每当人类社会面临危机或新的飞跃的时候,我们总是回身遥望,看看轴心时代的先哲们是如何想、如何做的。这一点不仅体现在政治、文化领域,也体现在经济社会生活中,当人类社会或国家经济出现危机时,轴心时代政治家们的改革同样对现今时代具有重要的指引作用。例如,债务危机中重组国家的法律并非自破产法始,而是要追溯回公元前594年的雅典,或是同时期亚洲大陆上的中国。

雅典城邦的各个土地上,经常竖立着一块石碑,上面清晰地刻着:该地收成的5/6归属债主,农民自己只能留1/6。雅典公民将这些农民称为"六一汉",若收成不足以清偿债务,债主有权将"六一汉"及其妻子儿女变卖为奴。于是,大量农民沦为债务奴隶,民怨四起。农民走投无路引发暴乱,试图瓜分富人的土地和财产;富人则认为,欠债还钱,乃履约之责。这种对债务清偿理解上的重大分歧,使社会动荡、政局不稳,甚至引发严重的战争。同样,亚欧大陆另一端的中国正处于社会文化繁盛的春秋时代。鲁国,这个周朝宗亲,血统尊贵无比的"望国",原有奴隶制使得奴隶与贵族的矛盾冲突日益激烈,国家在贵族与奴隶的斗争中风雨飘摇,国力衰退,国家治理正在遭受着莫大的考验。

鉴史观今,古之中外王朝的更迭,大多同土地兼并、民不聊生有关,而引起社会变革的事件,又无不与债务有关。债务危机引发过无数的社会动荡、政治更迭、经济衰退,甚至能引发国家之间的战争。王朝中兴或新朝建立也大都以土地改革、减少赋役拉开序幕。因此,王朝的更迭史也可说是债务危机的应对史。

历史规律绝不会展现第二种面目。如今欧债危机引发的英国脱欧、经济危机诱发的法西斯思想抬头等,均说明债务危机不仅仅是经济问题，甚至可能引发政治与社会的割裂与震动。基于社会发展规律的作用，我们无法避免危机，但如何减少危机发生的可能性，如何度过危机是值得我们深思的问题。譬如古之希腊，抑或春秋鲁国，政治家们通过改革废除所有债务，将土地分给百姓来化解统治危机。今天，我们又该如何化解大到国家、小到一个企业的债务危机呢？

公元前594年，在农民暴乱不断的雅典，人们把视线投向了梭伦——落魄贵族出身的游吟诗人，既是口吟爱国诗歌并作为军事长官夺回萨拉米斯的疯子，又是因军功和爱国热情而出任雅典首席执政官的改革者。他用极具浪漫色彩的胆量进行全新的改革，在上任的第一天便发布"减负令"，命人推翻了竖在被抵押的土地上的债权碑，废除所有债务，禁止借贷以人身做抵押，因债卖身的农民一律释放，因债而被抵押的土地一律归还原主。改革的阵痛自古如是，但雅典是幸运的，改革战胜了保守，英明神武的梭伦化解了一场社会危机。

同年，春秋老牌诸侯的姬姓鲁国，为了减轻奴隶与奴隶主贵族尖锐对立的紧张关系，也是为了维护君主对国家的掌控，鲁宣公决心推行"初税亩"。这项制度在当时一经实施，便非议四起。《左传》评价为："初税亩，非礼也。谷出不过籍，以丰财也。"但正是不论公田、私田，一律按田亩收税的初税亩，将天生归于奴隶主与奴隶之间的债权债务对立打破，在很大程度上缓解了自诞生即受到债务束缚的私人产权关系，推动了私有制的发展，促进了鲁国完成奴隶制向封建制的转变，一举奠定鲁国国祚延续战国，香火延绵34位君主，790年间堪与强齐争雄东方的基础。

在国家治理与企业治理中，陷入债务危机流动性不足的困境，其本质都是通过调整债务人与其债权人之间既有权利义务关系，甄别风险并重新分配利益来挽救危机的。核心目的在于帮助困境一方度过危机，避免极端情况产生，最大限度地实现债权人的经济权利或政治诉求。如果我们将专门处理困境中债权债务关系的法律制度，暂且局限于破产法、公司法等法律视角，则我们毫不意外地会发现，越来越多的人开始认同接受，破产法即市场经济的"宪法"，支撑着我们对经济体系的一切依赖和信仰。

破产法等债务重组制度，自诞生至每次大的发展进程，皆与经济社会变迁密不可分，实用主义特征极其明显。美国破产法的三立三废，更是与美国经济、政治的发展捆绑得非常密切。美国在建国之初就十分重视破产法的立法工作，并在宪法中规定了联邦享有制定统一破产法的权力，体现了破产法对美国国家经济以及政治的影响。不仅如此，很多学者认为，美国市场经济发达的一个重要原因就是因为美国破产法律体系的先进与完备。

美国建国后不久，联邦政府为了偿还独立战争期间欠下的巨额债务，第一任财长汉密尔顿一边发行债券，借新债还旧债，以应对短期到期债务，一边根据《关于西部土地测量和出售法令》和《西北法令》两部法令，出售国有土地以获得财政融资。但不久之后，美国国内出现了大规模的土地投机风潮。18世纪末，土地投机泡沫崩盘，引发了债务违约风潮和社会危机，甚至许多政界著名人士因投机失败、债务缠身而被关进监狱。

在上述背景以及南北双方存在重大利益冲突的情况下，美国南北各界在1787年召开费城立宪会议，查尔斯·平克尼提出了由美国联邦制定破产法的建议。1798年，美国南卡罗来纳州的罗伯特·哈珀提出了美国历史上第一部破产法草案，该草案在国会上引发了一场关于破产法的世纪辩论，以工商业为代表的北方和以农业为代表的南方之间意见完全相左。

南方农业代表认为，农业主要靠负债经营，通过借贷来耕种土地，待秋后丰收再还债。如果将破产法用于南方，若遭遇天灾、收成不佳，北方债权人很有可能会借此夺取他们赖以生存的土地。而北方工商业代表却认为，破产法能有效避免债务人因财务困境而受到监禁或暴力，使得商人不会因此而对经商踯躅不前。这一场立法博弈，不仅是北方工商界势力与南方农场主势力之间的权益之争，也反映了汉密尔顿代表的联邦党人及杰斐逊代表的共和党人在治国理念上的根本分歧——

美国当以农业立国还是以工商强盛。①

联邦党人认为,商业是否繁荣关系到美国的未来,而破产是致力于解决商业流动性风险的关键所在。但共和党人认为农业是美国发展的基石,杰斐逊就曾在1792年质疑破产法的必要性:"难道商业是美国的立国之本,以致非要制定破产法吗?相反,我们不是几乎以农业为基础的吗?"

1800年,众议院以49票对48票,参议院以16票对12票,艰难地通过了美国历史上第一部破产法。该法系仿照当时的英国破产法制定,仅适用于商人,并实行惩罚主义,以保护债权人利益为其立法目的。这部法律生效后,由于缺乏预防债务人欺诈行为的有效措施,导致部分债务人利用该法逃债,甚至用于欺诈;而债权人则用该法剥夺农场主、种植园主的土地。最终,在南部农业州的强烈反对下,这部法律只存活了3年,在1803年即宣告废止。

在之后的几十年里,美国爆发了大规模的房地产市场投机浪潮,设立银行门槛的降低更是加剧了房地产市场的泡沫。从银行流出的钱大部分都转移到了房地产市场,银行的杠杆率如同当时的房价一般,节节攀升。为了遏制房地产市场上的投机行为,杰克逊总统颁布法令要求必须以真金白银进行交易,而这一行为的直接后果就是导致了房地产市场的整体崩盘,进而引发了"1837年美国大恐慌"。大恐慌导致了美国当时大量的工厂倒闭,投机商、工厂主更是深陷于债务之中,有的仓皇出逃,有的锒铛入狱,更有甚者被人到处追杀。

为了应对这一危机,1841年有人在国会上再次提出了破产法议案,各党派之间基于利益上的纠纷就破产法"立与废"的问题展开激烈争论。辉格党人为了赢得总统选举,以同意破产法议案作为条件,选择与以工商业为代表的北方势力结成同盟。最终,参、众两院分别

---

① 斯基尔在《债务世界》中认为,美国破产法始终存在党派之争,联邦党人,即后来的辉格党,再后来的共和党,认为破产法是国家经济发展所必需的;而杰斐逊一派的共和党(后来的民主共和党,再后来的民主党)则认为农业是立国之本,破产法会纵容商人的投机倒把行为。

以 26 票对 23 票、100 票对 106 票，惊险地通过了该部破产法。与 1800 年的破产法不同的是，1841 年的这部破产法转而倾向于保护债务人，旨在为陷入债务危机的债务人提供救济，将债务主体扩展到了商人以外。此外，除商人以外的债务人，都可以自愿申请破产。债务人利用该法得到豁免，从债务困境中摆脱出来，但这种化解的办法却是以牺牲债权人的利益为代价的。

历史总是相似的，1841 年的破产法仅仅实行了 18 个月，就因主导该法的辉格党人的下台而被废止。摆脱危机的美国，在此后的一段时期内经济稳定繁荣，人们对制定破产法的呼声也随之沉寂。

1861 年 4 月，美国南北战争爆发，参战双方为北方美利坚合众国和南方美利坚联盟国。这场战争造成 75 万名士兵死亡，伤残者更是无法计算。战争消耗的不仅是众多的生命，还导致了国库的亏空，其所带来的直接后果就是美国经济大恐慌卷土重来，大量工厂及银行濒临倒闭。除此之外，与战败后无力偿债的南方人形成对照的是，北方债权人迫切希望尽快偿债以恢复现金流。在这一背景下，破产法的制定再次被提上日程。1867 年《美国破产法》应运而生。即使是在这样严峻的形势之下，南北方之间就豁免条款与强制破产条款上的争论依旧十分激烈。最终，得益于南北双方的让步，参、众两院分别以 22 票对 20 票、68 票对 59 票，再次惊险地通过了 1867 年破产法。本次立法与 1841 年的破产法相比，进步之处在于，再次扩大了对债务人的救济，为债务人提供了许多宽大的救济措施，并突破了商人不得自愿申请破产的限制。

由于该法是对债务人友好的破产法，因此，该法的颁布损害了作为债权人的北方势力的利益。此后的数年间，北方一直在争取通过诉讼的方式废除破产豁免条款。南北方之间的利益冲突，最终使得该法被国会于 1878 年废除。

整个 19 世纪，破产法三立三废，整体实施的时间加起来不超过 16 年，牵动着美国政治、经济和社会的神经。一位南卡罗来纳州的议员约翰·卡尔洪认为：“国家的经济危机源于沉重的债务，只能通过偿还债务来减轻危机。"这种观点代表了一部分美国政界人士对破产法价值的看法。

美国破产法的三立三废,也并非白费力气,大多数州在这场斗争中都制定了各自的破产法,而这也正是南方势力所追求的目标。因此,从最后的结果来看,南方在这场战斗中赢得了优势。而经过反复斗争,以工商业为代表的北方势力普遍意识到:联邦破产法是商业实体不可缺少的条件,是能将债务主体从债务牢笼中解放出来,让国家恢复繁荣的利器。于是,各方又在1898年通过了新的破产法,该部法律适用时间较长,直到1978年《破产法典》出台实施后才被废止。其后,新破产法与相关修正案作为美国债务重组实践中的最重要法律依据延续至今。

破产法不仅以保障债权人利益最大化为宗旨,同时,也在一定程度上保护了在市场竞争中败下阵来的企业利益。在近年来的金融危机中,美国破产实践面临着前所未有的企业违约和破产危机。在危机期间,企业债务违约的规模一度达到了3.5万亿美元。2008—2009年,进入破产保护的上市公司资产规模达到了1.8万亿美元,是前两年的20倍。

最值得注意的是,2008年9月,美国第四大跨国投资银行雷曼兄弟(Lehman Brothers)申请破产时,债务违约规模超过6 000亿美元,其债权人涉及40多个国家的数万名客户和交易对手。面对这样巨大的债务危机,各方依据《美国联邦破产法》启动破产保护程序,在较短的时间内即将损失予以控制,避免了陷入资产被大规模清算的困境。

在这一过程中,英国巴克莱银行以2.5亿美元的"火灾物品拍卖价"收购了雷曼兄弟的北美投资银行和资本市场业务,包括1万多名经验丰富的专业人员。另外,巴克莱银行还以约15亿美元的价格收购了包括雷曼兄弟公司的纽约总部和位于新泽西的数据中心,以及其他部分资产在内的不动产。雷曼兄弟的品牌虽然成为一种历史印记,但其业务、人员及相关资产以另一种形式存活下来,避免了经济资源无意义的浪费,也稳定了市场秩序和恐慌情绪。而收购方巴克莱银行通过本宗破产收购，赚的也是盘满钵满。当然，巴克莱银行能在经济危机中迅速做出收购决定，需要惊人的勇气和决断力，市场对其给予了肯定的回馈。

雷曼兄弟的案例仅仅是破产制度成为美国企业保持活力的"不老泉"的一个明证，显而易见，美国破产法在经济危机中发挥了重大作用，为公司纾困提供了多样化的策略库，其间涌现出一批根据公司类型、债务规模而适用不同的债务重组的案例。美国虽为2008年世界经济危机的发源地，但经济却较欧洲率先复苏，关键因素之一即债务重组机制的完善。美国的债务重组法律制度推动了美国公司竞争力的提高，延长了公司的生命周期。

同样的例子还有很多。通用汽车公司是美国汽车工业的象征之一，拥有一辆通用旗下的汽车也是很多人美国梦的一部分。即便是这样的公司，依然无可避免地陷入债务危机而进入破产程序。受2008年美国次贷危机影响，通用汽车公司在2008年一年内的亏损额就达到300亿美元；2009年的公司运营更是一泻千里，不到半年的时间便已资不抵债。鉴于公司的现金流已全部断裂，无法通过正常的经营及治理偿还巨额债务，遂于2009年6月1日，依据《美国联邦破产法》第十一章，向法院申请启动破产重整程序，希望借此避免被破产清算的命运。

最终在通用汽车公司、美国联邦政府、美国汽车工人联合工会、加拿大政府以及公司债权人的努力下，通用汽车公司的破产重整计划在启动程序后的一个月，即获得了法院的批准。根据重组协议，在重整过程中成立了新通用公司，将原有企业的有价值的资产注入该公司之中，实现了不良资产的剥离，保全了通用汽车公司的优质资产，完成了公司的债务与业务重组的安排。重组后的新通用汽车公司与老通用汽车公司的负债规模相比，共计减少了1 280亿美元，仅需负担共计480亿美元的债务即可。

在通用汽车公司的债务重组案中，通过对其沉重的债务负担予以豁免，为公司业务重组和战略调整营造了良好的环境氛围，使得企业可以在这一期间抓住机遇扭亏为赢，在创造企业价值的同时也使得债权人、出资人、国家的利益予以最大程度的实现。

就债权人和出资人利益而言，根据通用汽车公司的重整方案，所有债权人的利益都能够得到一定程度上的补偿，即使是他们为重组所放弃的那些利益要求，也将会在新通用汽车公司的持续经营中通过盈利分配的方式获得持续的回收。对通用汽车公司的原有股东更是如此，虽然在债务重组过程中，其股权数量被大幅度削减，但只要重组后的新通用汽车公司可以持续经营，他们就可以继续持有股权并享受公司分红。

就国家利益而言，在通用汽车公司生死存亡之际，通过债务重组，不仅降低了公司的负债率，保存了原有业务，还为公司在重组中的继续经营提供了物质保障，使得新通用汽车公司可以继续提供汽车产品以推动美国汽车产业的持续发展，从而继续履行其所应承担的促进全美民族汽车产业发展和国家汽车产品升级换代的责任。

从上述雷曼兄弟与通用汽车公司的债务重组案中，我们可以看到债务重组虽针对的是深陷债务危机的企业，但时刻牵动着债权人、职工、行业乃至国家的敏感神经。在2008年全美次贷危机的宏观背景下，大量行业巨头破产倒闭，迅速波及全美乃至世界的实体经济。如果没有破产制度，在大量企业、机构纷纷破产倒闭的负面影响下，美国社会与经济必将陷入更为艰难的境地。而正是因为破产制度的存在，避免了国家经济巨幅波动导致的社会震荡，令以雷曼兄弟、通用汽车公司为代表的大型困境企业，有充分的动机与路径来诚实地处理企业债务，在解决债权偿付问题的同时，以更加积极的措施拯救债务人，给债务人创造重整旗鼓、走向复兴的机会，使经济资料免于浪费、社会秩序免受影响、国家经济免受震荡。某种意义上，以破产制度为核心的债务重组体系，看似严酷，实则是一个充满希望和机遇的温暖之地。

第二节　债务重组制度在中国当代的发展

2018—2019年，世界经济萎靡，资本市场流动性不足，对很多企业来讲是生死劫，跨过去的向死而生，失败者则净身出局。但在某些主体眼中,尤其是对那些拥有强大现金流,并购手段高明的"白衣骑士"来讲,这又是一场盛大的极乐之宴,是实现企业跨越式发展难得的机遇。① 这一点对在中国商界极具传奇色彩的孙宏斌而言,可能会更加五味杂陈。相比前半生的顺驰公司被路劲集团低价收购的恨意难平,其现已深谙困境企业并购之道,接手万达文旅等项目的操作震惊业内。

孙宏斌是企业家持续创业的标杆人物。在高杠杆运营顺驰失利后,再次创办融创地产,而融创地产自诞生之初就有着与创始人一样的在原始荒芜丛林中肆意生长的原始基因与冲动。融创地产的规模一直突飞猛进,在2019年的销售额超过5 562亿元,位居万科和恒大之后。但是,令竞争对手真正恐惧的是融创地产的增长潜力,其同比增速达到20.70%,而万科与恒大的增速分别为3.94%与9.02%。融创地产能保持规模快速扩大的撒手锏之一,即并购不良地产项目。

融创地产在中国绿城、佳兆业等超级房地产并购案中,是出境率最高的房地产企业之一,但最具戏剧色彩的投资却并非来自房地产领域,而是一宗互联网行业的跨界并购。交易对方也是资本市场镁光灯下的常客——贾跃亭的乐视网。

2017年11月16日,融创中国发布公告称,其全资子公司天津嘉睿和乐视致新、乐视网签订借款协议,天津嘉睿向乐视致新、乐视网分别提供5亿元、12.9亿元借款,用于二者的日常运营资金。但融创投资并尽调后,发现乐视账目的复杂程度远超预期,其数十亿元的资金投入用于偿付银行欠款后,对乐视的现金流毫无增益,无奈之下被动接手了这个烫手山芋,但接手之后也只能采取放任的态度。

即使是在房地产圈里向以打法凶悍著称,且见惯大手笔的孙宏斌,也从未想过互联网行业对资金的嗜血程度如此凶残。关于这笔投资,财大气粗的孙老板亦心疼不已,见惯风云起落的他,一度失态地泪洒新闻发布会,哽咽谈道:"去年12月如果我不投老贾,那乐视就死了,

---

① 2020年4月29日,根据彭博社援引知情人士消息,高瓴资本逆势筹资100亿美元投入并购市场,已经准备好抓住新冠疫情打击的经济中涌现的新机会。

我就得帮他，我得一直帮他。我一直说人要心怀善意，为什么我们在并购市场上这么牛，我们不想着害人。我是一个比较率性的人，要心怀善意，我一定要把乐视做成一个好的公司。"也许，融创地产入主乐视网可能并非一宗好的交易，但千金买马骨，这也许是融创甘冒风险，在未做充分尽调的情况下进行注资的核心动机之一。

孙宏斌的余音犹在，但怎奈乐视的摊子实在铺得太大，即使擅长"纾困投资"的融创，也难令乐视网起死回生。

2019年5月13日，乐视系最核心的资产乐视网发布公告称已经暂停上市。乐视网毫不避讳地将矛头直指前实际控制人贾跃亭，称自2019年以来，上市公司管理层积极、持续地与大股东及其关联方协商谈判债务解决方案，同时不放弃通过业务恢复缓解自身流动资金压力、补充上市公司元气。公司通过与供应商谈判账期延后、申请贷款额度、引入现金借款或增资等方式短期缓解上市公司资金困境。而贾跃亭虽每隔几月即有归国消息传出，但事实证明已被列为严重失信人员名单的他，包括相关方成立的债务处理小组，始终未拿出切实可行的解决方案。

孙宏斌早年创建的顺驰地产，因为高速扩张并遭遇国家严厉的房地产调控，最后被路劲以白菜价抄底，其自然对投资困境企业并迅速做大企业规模体味颇深。在这之后，融创收购万达酒店文旅项目，成为房地产行业的金字塔头部企业，其跨界援助乐视网，却发现与收购困境企业的打法完全不同。房地产企业有着土地可供开发变现，但轻资产的互联网行业资产端能力薄弱，除了梦想之外可供变现的资产少得可怜。

融创地产收购乐视网的案子，给作为投资者的融创、作为困境企业的乐视网，甚至包括前实际控制人贾跃亭，还有乐视网的千万股民和债权人上了生动、深刻的一课，即困境企业的危机应对与投资，出资人与债权人的挽救与保护，应"自救有序，投资有法，护权有度"。那么，又该如何做到这些呢？以破产为核心的债务重组法律制度与商事实践如何发展，是各界接下来应该着重思考的问题。

不论是中国还是其他国家，债务一直与道德等社会观念相互交织。这是因为，自古以来，人们就认为欠债方是不正义的一方，债务人不能履行经济义务会遭受全社会的谴责，甚至会在其自我评价体系中产生深重的耻辱感。这一点英美有之，中国亦然。中国企业家避讳"破产"二字，这既是受传统道德观念的影响，也与之前的破产程序对企业家与相关利益主体给予的保护不足有关。社会通常视诉讼和破产为"灾难"，企业家在经营企业的过程中往往想尽各种办法逃避破产，当企业发生经营不善而导致大量债务无法清偿时，甚至出现了许多企业家为了逃避企业破产而"跑路"的现象。与此同时，困境企业的利益相关方也对债务重组或破产程序了解甚少。社会并无一般观念，即在困境企业出现破产事由后，各方最好的办法是通过法定程序进行公司破产重组并偿付相关债权债务。因此，这导致了现实中存在大量的僵尸企业，企业职工、债权人等利益相关者不主动提起破产保护程序，致使权益无法得到保障的情形。

在中国，企业家们对破产的忌讳态度，也与中国破产法律体系自诞生起即存在的先天不足有着莫大关系。中国真正意义上的破产法颁布于2007年。在2007年的破产法出台之前，中国所使用的是1986年的《企业破产法（试行）》，该部破产法主要适用于全民所有制企业，其制定的目的主要是配合国有企业的改革。该法的制定在当时就引发了广泛争论。因为受计划经济的影响，有一种观点认为：社会主义制度下的企业是不会也不应破产的。但在市场经济环境下，为了实现资源的优化配置和社会发展，必然要遵循"优胜劣汰"的市场规则，建立健全市场机制。这不仅仅需要重视市场准入机制，也要关注市场退出机制，为在市场竞争中败下阵来的企业提供完善的退出措施，对失败企业的利益予以保障。相较于准入，退出更关系到一个国家社会的稳定和经济的发展。

此外，缺乏市场化的破产法也屡屡成为中国遭受国际社会抨击与歧视的原因。2004年6月28日，欧盟方面宣称，鉴于中国市场经济的运行依然受到政府行政手段的强有力的干预，欧盟将不给予中国市场经济国家地位。欧盟委员会贸易部发言人在发言中更是明确指出，中国缺少与市场经济联系密切的破产和财产所有权等相关法律。由此可以看出，一个国家是否具备市场化的破产法，已成为欧盟，乃至世界衡量健全的市场经济体制的关键标准之一。因此，中国要想在世界贸易中获得一席之地，就必须制定符合市场经济规律的破产法。

在此意义上，2007年中国制定了《企业破产法》，突破了1986年《企业破产法（试行）》对企业适用的限制，引入了以市场化为导向的破产制度。尤其是在2011年以后，面对经济下行压力，大量企业因为债务危机而纷纷破产，破产法，尤其是破产重整程序，更是在其中发挥了重要作用，为濒临倒闭的企业带来了一线生机。

随着国内对破产制度的愈加重视，2015年以来，国家相关部门陆续出台了各项关于破产制度的法律法规，主要有与破产法相关的司法解释、国务院关于积极稳妥降低企业杠杆率的意见、关于市场化银行债权转股权的指导意见、供给侧结构性改革和"三去一降一补"、2018年和2019年降低企业杠杆率的工作要点；在北京、天津、上海等地法院的破产法实践中，许多法院专门设立了破产法庭，专职处理破产案件；另外，许多高校纷纷建立了破产法研究中心。

总而言之，债务重组在中国被重视的程度越来越高，我们为之高兴。但仅将其作为特定经济下行周期内的"危机应对工具"还远远不够，我们还应打破对债务以及破产程序的污名化，让社会公众，尤其是企业家群体，既要从实用主义角度理解债务重组的工具价值，也要从道德观念上将其作为一个市场正常新陈代谢的退出机制。债务无关乎道德，主动采取破产等债务重组程序自救或偿付债务，都是再正常不过的商业策略和行为。当然，伴随近些年破产纾困机制的快速发展，破产制度也应警惕从无人问津到制度滥用，在不久的将来，我们可能不会再有必要消除普罗大众对破产的畏难情绪，而是将全力避免破产程序的优势地位者滥用破产制度。也许，这一天已不遥远。

小结

企业不应当视债务为洪水猛兽，它是危险，亦是机会。一方面，它隐藏着巨大的风险，一旦危机发生，不仅会使债务人因资金链断裂而倾家荡产，也会使债权人无法收回到期债权，血本无归；但另一方面，它又代表着资本的流动，让债务人在融资中获得更大的资本，获取高倍利润。因此，企业对待债务，既不能只注重眼前利益，任意加杠杆，也不能谈债色变，视债务为洪水猛兽。应当理性看待债务，坚信处理得法，则危机中生机仍在。

中国的债务重组制度改革已经步入新领域，不仅包括常规的司法破产程序，还在商业实践中发展出庭外重组、债转股等新范式。破产制度的重构，突破了传统的破产中心主义以保护债权人利益为目标的藩篱，规避了之前破产法的弊端——造成企业资产价值流失、企业职工大量失业，以及企业连锁破产等社会成本剧增，导致社会资源和维稳成本的浪费。破产法等债务重组的法律制度现已在困境企业救治中逐步发挥越来越重要的作用。

我们坚信，债务重组并不意味着企业的死亡，而是希罗多德笔下的青春不老泉，预示着像通用汽车公司这样的沙场老兵，会凤凰涅槃，重获新生。

| 第二章 |

债务重组制度概览

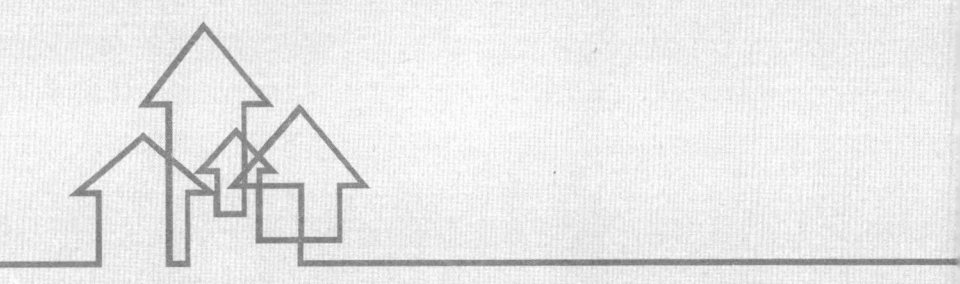

条条大路通罗马。

——《罗马典故》

第一节　认识债务重组

鉴于中国政治经济发展的新形势，政府大力实施供给侧改革与市场出清，经济改革倒逼法律制度的完善和发展。近年来破产制度变成一门"显学"，全国人大不断建立健全破产制度，其在制度设计上已不仅仅是着眼于保护债权人的利益，而是最大限度地追求债务企业、债权人、职工、投资人等多方利益的平衡最大化。

我们作为市场的参与者和记录者，再回头审视融创中国作为白马骑士收购乐视网的案例，不禁思考，如果融创通过债务重组的方式对乐视进行救助，现在会不会已是另一番天地。融创、乐视网、乐视的投资者与债权人以及员工，乃至目前仍在使用乐视硬件产品服务的消费者对债务重组的不理解，包括心中存在的畏难情绪，客观上也是这次困境企业救助失败的重要因素。

现乐视网已然退市，如果像贾跃亭一样，不得不步入破产程序，则不仅仅是企业自身无法继续生存和发展，也会损害债权人、员工及其他利害关系人的权利。一家上市公司尚且如此，普遍性的债务危机甚至可能对一个行业、一个地区的金融与市场秩序乃至社会信用造成严重打击。

因此，拯救以乐视网为代表的困境企业，不仅是救济债权人及其他利害关系人权利，以使其权利最大限度地得以实现的需要，同时也是帮助企业起死回生，保护社会公共利益的最优选择。

一、债务重组的概念

债务重组是指当企业陷入债务危机时，债务人与债权人通过协商、谈判或者根据法院的裁定，由债权人就债务偿还条件做出让步，其具体方法有以现金或非现金资产清偿债务、将债务转为资本、修改偿债条件等。由此可以看出，债务重组从实质上来讲，就是对原有的债权债务条款予以变更，通过改变原有的偿债条件，以缓解企业所面临的偿债压力和资金压力。

债务重组场景多样，不必然发生于企业已经深陷偿付危机的场合。它既可适用于企业生产运营正常，仅拟单纯改善企业的长短期负债结构，调整企业债券与银行贷款占比，以及提高企业的核心竞争力的情况，也可适用于以拯救为主要目的的企业债务危机的情况。除按照经营状况的分类外，困境企业还可以结合自身的实际情况，依据最基本的庭内重组或庭外重组的分类，制定符合自身情况的重组策略。

- 庭外重组，涉及在困境时改变资产和债务的构成，避免完全的司法干预，促进效率，恢复增长，在债务人财务困难时，最大限度地减少相关成本等内容，包含财务重组和业务重组。
- 庭内重组，指在法院的监督和指导下，通过破产清算、破产重整以及公司清算等司法程序，对困境的业务和财务进行整体处理，运用法律手段对利益相关人的权利义务统筹规划处理，并辅以经营性的转型或升级，恢复企业的持续运营能力和盈利能力。在此过程中，债务重组的核心是快速恢复企业的现金流动性。

实际上，中国的债务重组实践越来越呈现多元化，打破庭内重组与庭外重组界限的新的范式正在兴起。例如，预重整制度就结合了二者优势，已得到中国司法实践的欢迎。越来越多的案例证明，中国破产体系的改革正在加速，通过强化困境企业自我管理、预先打包交易、破产程序间转化，乃至鼓励债转股等方式，新的规则体系正在被市场接受并成功运用。这种多类债务重组工具的综合运用，也加强了重组交易安全。中国的债务重组实践经验和法律规定正在加速融合，甚至在一定程度上打破了成文法的国家规则适用体系。下一步，如果关于债务重组豁免收益所得税等问题也能得到法律层面的进一步细化和明确,债务重组模式将进一步打破藩篱,迎来加速发展期。

二、债务重组的价值

诺基亚老兵归来的故事,能帮助我们更好地理解债务重组的制度价值。现今,在中国的街头巷尾,我们经常看见戴着苹果耳机,手握苹果手机的年轻人。这些对苹果产品趋之若鹜的00后可能很少知道在十几年前,有一个手机品牌与今日的苹果相比,拥有毫不逊色的市场号召力。如果你问一个70后或者80后使用的第一个手机品牌是什么,可能很多人会告诉你是诺基亚——一个诞生于北欧芬兰诺基亚河畔的国民品牌。那一代的中国年轻人对诺基亚的痴迷并不亚于对现在苹果的崇拜。

诺基亚手机的销量于1998年超越摩托罗拉跃居世界首位。在2004年,诺基亚更是进一步摘下了中国手机销售市场的王冠。也正是这一年,诺基亚推出了广受好评的N系列,受到中国消费者的热烈追捧。中国成为诺基亚在全球最重要的市场。业内传播甚广的一个故事是:"成也萧何,败也萧何",诺基亚凭借中国人的热情而在手机市场上一枝独秀,但也因中国而大意失荆州。

诺基亚凭借其在通信领域的强悍技术储备,成为功能机时代的手机霸主。实际上,它对智能机亦非很多人评价的不够重视,而是对智能移动时代投入重金,尤其是专利技术上的提前储备,昭示了诺基亚对下一个通信时代的勃勃野心。这一点在2007年推出N95手机时攀上顶峰。N95是诺基亚时代的集大成者,是功能机时代令人觊觎的一代机皇,定义了当时旗舰智能手机的巅峰——双滑盖设计,高分辨率屏幕,强悍的拍照能力,甚至自带3D加速的处理器。这款手机充分说明了诺基亚已经对未来智能手机时代的消费心理进行了精准预判,并有着大量的前瞻性实验和部署。

令人惋惜的是,诺基亚对手机屏幕的下一代技术路线产生了误判,即对电容多点触碰屏幕的预判失败,关闭了成功通往下一个时代的大门。坊间传闻,提供多点触控方案的厂商在与苹果合作前,与当时手机界的霸主诺基亚有过接触,但没有达成合作。诺基亚未选择该技术的理由是，根据最重要的中国市场的反馈，"触摸屏必须要触控笔才能写汉字"，电容屏技术未来可能无法满足中国市场的需求。所以在很长一段时间内，诺基亚的全球供应链和产品设计中，始终未对电容屏给予足够的重视。这也正是上文所说的成败皆由萧何的故事。

后面的事情我们就都很熟悉了，苹果横空出世，乔布斯成为新一代年轻人在商业与审美世界的精神教主。至于上文故事的主角，在2013年9月2日，只能凭借品牌价值和专利而委身于微软公司。微软公司以约合50亿美元的价格收购了诺基亚旗下的大部分手机业务，另用21.8亿美元的价格购买了诺基亚的专利许可证。

传闻的真假并不重要，毕竟作为当时手机霸主的诺基亚接触各方新技术厂商并不新奇，但是，诺基亚的巅峰地位太过耀眼，以致时人从未想过有一天它会失败陨落。诺基亚的案例让人们对市场心生敬畏。

令人意外的是，诺基亚在2019年发布了新手机。如果我们在2020年的世界各地看到有人使用诺基亚手机，千万不要诧异，即便这群消费者是为情怀买单，追忆千禧年间的青春岁月。对经历过诺基亚全盛时期的那一代人来讲，老兵不死，只是凋零。诺基亚手机的这一次归来，即使无法再次成为那个曾经雄霸市场的王者，也正如这次新机命名为"美国队长"一样，依然是那个代表着坚韧感的大众品牌。

这是2019年中最激动人心的故事之一。诺基亚度过了2012年的至暗时刻，凤凰涅槃，更加璀璨。除了手机带给人们的怀旧情绪外，诺基亚在自2014年退出市场近5年的时间里，成功完成了战略转型与业态重塑，现已成为全球第二大电信设备制造公司。诺基亚在2020年2月宣布与法国第四大电信运营商Iliad集团合作，在法国等欧洲国家为1 700万客户提供5G等通信服务。该消息发布之际，欧洲各国正在决定是否允许华为设备进入其5G网络。也许用不了多久，诺基亚会频频出现在华为的竞争对手名单中，重回国人的视野。不过我们坚信，诺基亚对以华为为代表的中国企业而言是绝佳的对手，如任正非所言，竞争对手如果不强，华为公司也会衰落。

诺基亚的故事告诉我们，企业陷入困境的原因是多样的，但诸如市场行情的变化绝不是根本原因。任何决策失误或者不能根据市场变化灵活地调整，本身也预示着内部决策体系的退步和僵化。对此，如果我们将债务重组简单理解成对负债的谈判和减免，显然低估了债务重组本身的特性和作用。如果将困境企业比作一个病者，那么债务重组既是迅猛解决失血乃至沉疴的西方手术，也是调理人体内在机能，使其恢复生机的中医良方。

债务重组的价值，对陷入债务危机的企业来讲，并非简单重塑外部债权债务结构，更要在企业内在组织体内完成自我更新和进化。这种更新不光塑造内在组织系统的稳定性，更需符合时代变革而具备前瞻性。从经济资源与产权角度上讲，企业债务重组实际上是企业所有权的重新配置，表现为企业所有权由股东向债权人转移。从社会价值的角度来看，债务重组限制了与创业失败相关的个人成本，减少了僵尸公司的资金占用。一个国家对企业进入破产等债务重组程序越宽容，资本就越能迅速地自无效环节重新分配到有效的用途上。从法律角度上讲，企业债务重组是对陷入债务危机的企业进行债权债务的变更，通过变更、转让、免除等多种形式对债权债务关系进行重新安排，以保护债权人利益在现有财产基础上得到最大限度的满足。总之，债务重组是困境企业整体脱胎换骨，进行自我进化与更新的最为有效的途径之一。

三、债务重组的一般主因

解铃还须系铃人，要想研究不同行业债务重组的制度设计，实现"双赢"甚至"多赢"的局面，则必须先明确不同行业债务违约发生的原因。只有找到了病因，问题才能迎刃而解。不同行业、不同公司，你方唱罢我登场，为的就是在债务违约的战役中可以减少损失，甚至起死回生。无论是"老大哥"传统行业，还是"小鲜肉"互联网行业，均有经典的深陷债务危机而又起死回生的案例，它们共同组成了债务重组史上的佳话。

(一) 何为债务违约

债务违约是指债务人无法按照合同条款向债权人偿还债务。不同行业的债务结构往往不同,所以导致违约的原因也不尽相同,进而适合采取的制度也不同。在债务违约还没有这么普遍的时代,其通常存在于企业与金融机构之间。随着社会的发展和商业模式的不断丰富,借债不再是专属于企业与金融机构之间的行为,企业与企业之间、金融机构与企业之间、金融机构内部等不同主体,都会因各种交易、合作而产生纷繁复杂的债权债务关系。但无论债务的对象怎样变化,债务违约的本质都是信用违约。凭借信用,买方可以在一定时间内获取资产或物品的使用权,同时需要到期偿还该物品或者付出一定的手续费用。对于市场来说,只要信用存在,风险就存在。如果买方无法在短时间内履行自己的承诺,就会发生债务违约。

导致债务违约风险的原因可能是主观的(主要是指债务方道德缺失,故意不履行还款义务),也可能是客观的(主要是指债务方出现财务危机,致使到期无力偿还债务)。二者殊途同归,最终侵害的都是守约方的利益。

(二) 债务违约频发的一般原因

其一,不同行业普遍受到世界宏观经济发展与特定事件的影响制约。如果世界经济宏观形势不好,所有行业均将受到冲击,整体经营情况下行,进而引发债务违约。例如,世界经济不振会导致中国外贸出口增速下滑,对外贸型企业冲击最大。在20世纪50年代日本经济高速发展时期,日本企业破产并非严重问题,而一旦经济整体衰退,债务问题即成为日本社会谈之色变的话题。又比如在此次新冠肺炎疫情的影响下,市场投资者悲观预期严重,国内股市曾遭受个股大面积跌停。因此,特定时期的世界宏观经济发展水平、历史事件与企业履约能力之间呈现出强烈的正相关关系,是债务违约潮出现的根本原因。

其二,特定行业的不景气周期带来的影响可能是广泛性的。中国经济正在积极转型，主动从高速增长转到高质增长。从数据上来看，中国 GDP（国内生产总值）的增长速度由 8% 下降到 6% 左右，产业调整势在必行。为此，中国正在积极推进供给侧方面的结构改革，试图消除经济发展中的弊端，改善经济发展质量，使经济增长保持在合理的区域。这也意味着部分周期行业、产能过剩行业和风险抵御能力较弱行业中的市场主体将面临更大的经营风险和再融资压力，而这种负向冲击将会对该类行业产生影响，导致该类行业出现违约问题成为常态。例如，2018—2019 年，钢铁作为强周期行业的违约率上升，部分钢铁企业通过债务重组摆脱困境，典型的有重庆钢铁、渤海钢铁与通化钢铁的司法重整案。它们都是通过司法手段化解债务危机，其中通化钢铁重整还创造了国内重整方案获得通过的最快纪录。①

其三，行业内部激烈竞争可能导致企业债务危机的发生。每个行业根据发展周期不同大致可划分为 4 个阶段：幼稚期、成长期、成熟期与衰退期。除了处于衰退期的夕阳行业和处于幼稚期的萌芽行业外，绝大多数行业处于成长期和成熟期，那么行业内部既有的新旧更替、弱肉强食就成为不可避免的客观规律。在市场这个无形之手的操控之下，消费者用脚投票，惨遭出局的企业则身陷债务危机之中。以中国乳制品行业为例，正处于全国范围内充分竞争的成熟期，形成了全国性大企业竞争激烈，地方性中小企业填补空缺的两种竞争方式并存的竞争格局。在市场资本的推动下，行业集中度不断提高，市场份额向具有强大市场营销规模和盈利能力的大型乳企转移。2017 年中国进入统计范围的乳制品企业数量为 611 家，与 2016 年相比减少了 16 家。截至 2018 年，乳制品企业销售额排名前 20 的收入总额在全国销售收入总额中所占比例已经过半，其中伊利股份和蒙牛乳业 2018 年的营业收入高达 789.76 亿元和 689.77 亿元。由此可见，中国乳制品的市场

---

① 通化钢铁集团等 14 家企业从 2019 年 11 月 4 日进入司法重整程序，到 12 月 9 日通化中院裁定批准重整计划草案，用时 38 天，创近 10 年来全国破产重整案件重整计划通过的最快纪录。

份额向龙头企业集聚的趋势日益明显，这就会出现区域性企业丧失竞争实力从而丧失市场，被逐步淘汰的结果。因此，如何处理债务问题将变得迫切起来，例如辉山乳业债券违约进而债务重组事件。

其四，信贷融资政策变化所导致的债务违约。企业由于融资困难导致深陷债务危机的事例屡见不鲜。国家为了解决民营企业融资难的问题，多次动用宏观调控手段，一再调降贷款利率，虽然从某种意义上改善了民营企业融资困境，但从整体来看，以民营企业为代表的中国企业仍大多以直接融资的形式为主。与央企、国企相比，一般的民营企业获得资金的难度更大，向银行贷款的程序也更加复杂，主要还是依靠直接融资。2019年12月13日，在国务院促进中小企业发展工作领导小组第四次会议上，国务院副总理刘鹤发表讲话，鼓励科技型中小企业上市融资，切实解决融资难、融资贵问题。而在此之前，在去杠杆、重监管的环境之下，发债企业的主要融资渠道受到了限制，各类表外和非标渠道被全面监管与封锁。国海证券的靳毅总结道："在债务扩张的周期里，债务市场的大幅出清是很难看到的，因为债务扩张周期本身给了不良债务继续借新还旧的空间。当债务扩张周期减缓甚至结束，曾经的激进终将面临清算的风险。"在这样的背景之下，2018年爆发的违约潮就在环保等新兴行业之中盛行，如神雾环保等一些资质不错的上市公司，由于融资困难，流动性出现问题而造成了违约。因此，信贷政策等融资环境的变化亦是导致企业债务违约出现的重要原因。

其五，从企业微观层面分析，债务结构的不合理可能是导致债务违约的主要原因。企业发生信用危机是爆发债务违约事件的直接原因，更深层次的原因应追溯至企业债务结构、企业财务健康程度和经营状况、企业债券的流动性和债券价差等方面。在许多重组案例中，企业决策失误、商业摩擦、资本不足或运营费过高等原因都将使得债务风险陡增。其中，杠杆运营扩张导致财务失衡是较为普遍的问题。在负债累累的企业起死回生以后，痛定思痛总结经验时都会提到，由于企业管理问题或者是由于企业的盲目投资扩大规模导致过度扩张，进而财务失衡导致债务结构失衡才是引起债务危机的直接原因。在企业债务结构方面，研究认为企业债务违约概率与债务期限结构存在特定关系：随着短期债务融资比例的上升，违约概率先下降再上升，二者关系呈"U"形结构。困境企业的短期债务融资比例，在前期不断增加时，企业可以享受低利率环境，对生产经营有利，但短期债务不断累积到债务接续可能出现困难时，就会加重短期偿债压力并易发违约事件。

（三）债务违约的一般解决途径

债务重组也可称为债务重整，主要指当债务人陷入财务困境时，与债权人进行协商并请求债权人做出一定让步，修订原债务的偿还条件，通过削减、缓释、置换原债务，协商在原本的协议基础上建立新的偿付关系的手段。按照本书前述，债务重组的整体模式分为庭外重组、庭内重组、预重整及其他混合模式。在各个模式项下，我们可以通过某类债务重组工具实现特定商业目的，但更多意义上，各个工具之间可以交叉援引。例如在破产重整模式下，债务人可以通过资产变价与债转股等方式，最终形成债务重组方案，实现内部机能重塑、产业转型升级、债务危机解除等多重目的。

而在不同的债务重组方案中，资金筹措和偿债谈判两个环节必不可少。其中资金筹措环节主要是开拓新的偿债资金来源，即"开源"，而偿债谈判环节主要是协商原债务的缓释和其他解决办法，最终使得偿债条件有利于债务人，像展期、削减利息和本金等办法可理解为"节流"。"开源"与"节流"两相配合，共同解决企业债务问题，具体而言：

首先，在资金筹措环节，可以通过资产出售、引入战略投资者、争取原股东支持等方式筹措资金，筹集到"够用"的资金是债务重组成功的第一步。企业可以选择将企业账面的设备、物资、库存等固定资产，或者租赁权、经营权等无形资产通过招标、拍卖等方式变现，缓解企业现金流压力，获得价款清偿债务。企业也可以选择以资本公积转增股本的形式来引入战略投资者，从外部引进资金解决问题，这种方式通常更适用于可变现资产较少但潜力巨大的企业，投资人的注资一般用于偿付债务本金、利息以及相关费用。另外，企业选择向现有股东寻求帮助和支持也是可行的道路之一，因为如果企业引进了新的投资者，很可能会对现有股东的股权造成稀释，既有股东为避免控制权的丧失，会对困境企业给予一定的支持，具体实施方式包括对既有股东配股筹资或直接借款等。

其次，在偿还的谈判环节，可以通过债务展期、削减利率或本金、折价交易、债转股等形式进行。债务展期是指债权人同意债务人延长偿付日期的情况，获得了债权人的"宽限期"可以让陷入债务违约的企业获得喘息之机。而如果通过谈判，债权人同意削减利率或本金则是从根本上降低了偿债的难度。企业或可以通过谈判达成折价交易的约定，债务人折价发行一组新的债券用以代替原有的债权，完成债务置换以达到折价交易的效果。以上种种方式都是通过谈判将债务本身额度降低或者期限缩短，以达到解决债务违约问题的目的（参见表1）。

表1　在不同债务重组环节下的策略选择

重组环节	策略选择	主要内容
资金筹措环节	资产出售	将企业设备、经营权、租赁权等资产通过招标拍卖等方式进行转让，获得价款清偿债务
	引入战略投资者	以资本公积金转增股本的形式引入战略投资者，投资人注资通常专门用于偿付本金、利息及相关费用
	获得原股东的支持	包括对原股东配股筹资和原股东减持股票等
偿还的谈判环节	展期	债权人同意债务人延长偿付日期，例如展期3年，先付息，最后一次性支付本金
	削减利率或本金	削减债款的利率或者本金，减轻债务人还债的难度
	折价交易	债务人向债权人发行一笔或者一组新的债券，以替换原有的债券，起到债务置换效果
	债转股	将债权转换成股权

四、债务重组的现实问题

上述乐视网等债务重组案例给我们的启示是,在中国,债务重组制度仍属于"新鲜事",配套设施和主体认识尚显粗糙,各地实践水平极不平衡。虽然国家高层在各方面做了积极引导,但相较英美等西方发达国家,在微观层面还需市场参与主体,乃至政府与法院层面的进一步调试完善,存在许多有待解决的问题。

- 市场主体只关注个案推进,困境企业和实际控制人往往根据自身情况摸着石头过河,没有成熟的体系化债务重组机制,随意性较大。
- 地方政府和企业对债务重组的顾虑较多,社会稳定和经济发展等问题往往成为债务重组市场化的阻碍。
- 债权人之间缺乏协调性,通常为了追求自身利益的最大化而各自为政,甚至为满足个体利益而以牺牲群体利益为代价。
- 债权人大多过于追求现金偿还额度与速度,没有足够的耐心去研究分析企业信息,不能充分挖掘企业偿付潜力。
- 投资者重在追求上市公司的壳资源,对企业自身价值的发掘和塑造不足。债务重组市场资金供给不足,困境企业投资市场的活跃度不强。
- 债务重组的市场化和专业化程度不高,缺少健全完善的配套制度以及专业素质良好的重组专家队伍。
- 债务重组企业未有在全国范围内的、具备广泛受众的交易平台。信息披露制度以及交易平台的不健全,导致了在债务重组中难以形成有效的交易机制。

五、债务重组的发展方向

在中国的大环境下,我们始终认为债务重组的概念不应局限于债务。债务是要解决的主要矛盾,但解决方式是综合之道,包含债务调整、机能重塑以及发展重组一揽子内容。也就是说,债务重组并非仅是重组债务，而是要通过债务重组，使企业真正摆脱困境。所以未来债务重组的发展趋势，是更加重视为企业注入新的发展动能，通过资产重组与企业调整，来增强企业的自力更生功能。

- 资产重组。对企业的业务、负债、人员、机器设备、技术等要素重新进行组合配置，在降低企业杠杆率的同时也解决了企业发展的瓶颈。毕竟一个企业陷入债务危机，并不是表面所呈现的原因那么简单，大多数往往是因为企业经营管理方面的问题而导致企业资金链中断。
- 企业调整。以债务重组为契机，通过吸引战略投资人、与其他公司展开合作等方式开展并购重组业务，甚至通过变更企业的控制权引入优质资产，以调整企业的业务结构和经营管理模式。

总之，解决企业层面的债务危机，不能仅满足于调整企业的债务结构，缓解企业的资金压力，只关注于对企业输血功能的改善，更重要的是应该将其看作企业甚至整个行业起死回生的契机，把静态的价值分割、消极处置拓展为动态的价值再利用或主动创造。应当在此挑战中抓住机遇，在企业债务重组的同时，促进企业的转型升级，提高企业的创新能力和治理能力，不断强化企业的造血功能。

第二节　庭外重组

困境企业总有相似之处，它们的现金流紧张得入不敷出，在面临债务违约或其他风险时，可选择的空间和余地较少。一般而言，困境企业或是通过清算程序出售企业资产，偿还各类债务，或是与债权人开展谈判，减少或延期债务，吸收新的融资，确保企业的运营价值。截至目前，根据不同的划分标准，债务重组可以分为不同模型。如以司法介入程度为标准，可将债务重组大致分为三类基本模式：如整个债务重组通过某些司法程序进行，各项工作严格受到法院监督指导，一般称为庭内重组；如债务重组工作主要通过当事人之间的意思自治来完成，司法干预色彩较低，主要由企业债务人、债权人与投资人通过协商、谈判来完成，该类债务重组称为庭外重组。实践中也有将庭外重组与庭内重组的优势相结合的一种新型债务重组模式，最具代表性的是衔接庭外重组和破产程序的预重整制度。

一、庭外重组的基本理论

如果按照庭外重组与庭内重组来区分债务重组的基本模式，那么困境企业可能更愿意接纳庭外重组的方式，因其避免法庭的过多介入而具备主动性和灵活性。如果让我们给庭外重组下一个定义，我们更愿意从实践出发，自最广泛的角度来解读它。

（一）庭外重组的概念

庭外重组，也称为法庭外重组，主要是依靠企业自身与债权人、投资人进行谈判，在合同法、公司法、证券法等法律的框架下，对企业进行债务、业务等方面的调整，以达到清偿债务和拯救企业的目的的一种司法程序之外的救济手段。其中，债务调整指的是调整企业的存量债务，通过削减、消灭企业的债务，使企业摆脱危机；资产重构指的是调整企业的存量资产，通过盘活有效资产，既作为偿债基础，又作为使企业走向复兴的基础。

达成庭外重组协议是各方谈判成果的最终体现，主要是指债权人与债务人之间达成的私人和解协议。所谓"和解"，其法律意义是指当事人同意互相让步，不经法院裁判即规避冲突而订立新约。从在法庭外达成和解协议的角度去理解庭外重组，其不仅包括当企业陷入债务危机时，在没有启动破产等司法程序的情况下，企业债务人与债权人积极主动联系、沟通与协商，通过修改清偿条件、引入投资人与扩大融资渠道等方式，最大限度地提高债权清偿率，制定庭外重组协议，并获得全体或大部分债权人的同意，还包括困境企业进入破产程序后，债务人与全体债权人之间就债务清偿问题自行达成私下和解协议并经法院认可，这种破产和解制度也称为破产程序中的庭外和解。

根据司法程序的介入程序不同，世界银行将债务重组主要分类为协商式重组、强化式重组与混合庭外重组3类，但整体程序仍处于庭外私约阶段，具体而言：

- 协商式重组：指双方通过单纯的合同进行重新约束。例如，困境企业的负债规模与结构较为单一，债务压力主要来源于单一债权人。因此，困境企业将主要精力放在与其主要债权人谈判上即可，双方达成协议就债权进行延期清偿或打折清偿，债务企业即可获得喘息。
- 强化式重组：指单纯协商重组过程中，双方或其中一方通过特定的现行法律规范或者其他种类的合同及法定安排而固化谈判效果。例如，双方达成延期清偿协议，但该协议通过特定法律规定强化保护措施，例如约定债权加速到期条款并做债权强制公证，以此作为债务和解协议的增信措施，典型的如英国伦敦模式。
- 混合庭外重组：庭外重组并非完全不涉及法律程序，必要时也会涉及政府与法院的部分程序，但该等程序并不像启动破产程序等特定的司法程序般复杂。这种混合程序是指司法机关在某一环节参与进来，但不对整个债务重组安排造成主要影响。例如，双方通过诉讼程序实现和解，由法院出具民事调解书并赋予其执行的效力，又或者英美等国愈发热门的预重整制度。[1] 但是，能否充

---

[1] 在混合庭外重组模式中，还有两种模式较为新颖特别：预先安排计划与预先出售。预先安排计划（pre-arranged plans），这种计划与通过破产程序进行债务或资产重组的框架协议，抑或预重整中的预重整计划相似，属于法庭外空间的谈判成果。在各方进行实质性谈判，达成总体一致的情况下，正式依据本国破产法律规定进入破产程序，将上述约定通过司法程序进行强化并赋予法律强制力。当然，预先安排计划在破产程序中，需要按照表决流程和通过标准，获得利益相关方的同意。预先出售（prepackaged sales），这种预先打包出售规定在一些国家的破产法律框架内，在正式破产程序启动之前，按照计划将债务人的营运价值进行整体出售。这种预先出售是将具备良好前景的公司的运营价值最大化，避免其受到公司债务危机的影响而产生缩水或快速贬值的风险。这些运营价值因为价值独立而并不受困境企业债务本身的影响，可以快速变现并受到投资者青睐，因此，世界银行将其作为具备良好前景的困境企业的一种有效救治手段。

分利用上述法律程序达成某种具有法律约束力的协议，主要还取决于各个主体的自由意志。

上述3类皆属于庭外重组，但双方达成和解主要依靠自由意志，司法程序并不主动参与或仅依托于特定程序作为增信措施，起到巩固和解效果等作用。法院在此过程中并不起到决定作用或主要作用。所以，庭外重组绝不能僵化地理解为司法程序是否参与，其更深层次的意义在于，庭外重组系债权债务双方就债务现有清偿条件进行变更，通过私法意思自治的动态博弈，对清偿主体、金额、期限及相关事项进行重新约定，避免破产等司法程序的全方位介入，一定程度上避免司法干预和法律硬性规定的僵化，有利于快速达成一致，提升谈判效率。

(二) 庭外重组的特点

(1) 庭外重组的当事人包括债务人、债权人以及投资人，但整个协商过程中也会根据各国政策不同，出现政府背景的协商机构及应遵守的主要机制与规范。

(2) 充分尊重意思自治，属于法庭外的非司法性程序。庭外重组不受司法的直接控制，通过达成自愿协议来解决企业债务人的财务困境。

(3) 庭外协商程序更具灵活性、自主性。庭外重组不受时间和程序上的限制，当事人可以在重组谈判中自主决定是否适用该程序。

(4) 增加债权人对拯救过程的影响和控制力。在庭外重组中，债务企业无法享有庭内重组中的部分破产保护的法定权利，如拒绝履行不利的待履行合同等，债权人利益能够得到较大程度的保护。

(5) 无须任命破产管理人或者债权人委员。管理层继续掌握企业的控制权，不仅可以避免高额的管理费用，降低破产成本，还有利于保障企业经营的连续性、稳定性。

总之，庭外重组规避了庭内重组结构性与约束力的显著冲突，降低了重组成本，提升了重组的效率、速度和灵活性，也促使陷入债务危机的大多数中国企业首先选择庭外重组来帮助其克服困境。① 尤其相较于破产程序，庭外重组具备自主性与灵活性强、回收率高、负面影响小等优点，不仅能将债务重组对企业的影响降到最低值，而且还大大降低了企业被清算的风险。即使庭外重组失败，也不影响企业选择其他方式对其进行新一轮重组，不至于使企业因重组失败而宣告破产。

（三）庭外重组的基本模式

鉴于各国经济发展水平、政治文化背景以及破产法律制度完善程度的不同，庭外重组机制在各国的实践也存在差异。美国、英国等主要发达国家有着发达的市场经济、完善的破产法律体系，崇尚私法自治，政府干预与市场自由泾渭分明。因此，在这些国家中，庭外重组一直以来被认定为清理债务的"私人合同"，采取意思自治原则，重组活动常常由市场机制、合同法、公司法予以调整。但我们也发现，近年发达国家或出于避免企业倒闭给国家经济带来冲击，或出于减少债务人债务违约导致银行呆账、坏账等原因，也将具备一定强制效力的法律机制引入庭外重组，形成了各具特色的本国庭外重组模式。

1. 美国的庭外重组

美国的庭外重组重视私人协议的市场自动调节机能，通常在私营部门的主持下，由金融债权人作为主要当事人参与到重组谈判中。除此之外，在具体案例中参与的当事人还包括小商业债权人、雇员协会以及股东等。

即使美国的破产法等庭内重组机制非常完善，但相较《美国破产法》第十一章"破产重整"，发达国家的市场主体尤为尊重市场的自由意志，青睐庭外重组机制。多数债务人管理层为便于在重组中能将

---

① 中国企业对庭外重组模式的偏爱，也有着对债务重组中司法系统将在何种程度上进行干预，可能增加重组走向不确定性的担忧。

命运掌握在自己的手中，故很多困境企业，特别是有较大影响力的公司，倾向于通过协商、谈判等方式重组公司债务，而非单纯依靠破产等庭内程序。

美国庭外重组的主要操作模式为：

- 债务人与主要债权人谈判达成一项延期偿债协议，主要债权人同意临时冻结其债权的行使，以便给债务人留出喘息时间和重组机会。
- 由债权人选出债权人委员会代表全体债权人，对债务人的财产予以审查，尤其是债务人提交的资产负债表、利润表、亏损说明，对不能清偿的原因进行调查。
- 债务人与债权人委员会进行谅解谈判，达成和解协议。
- 如在谈判中发现债务人存在偏颇性清偿或欺诈性转移财产等行为，债委会通常会建议改用破产程序撤销上述行为，使债权人获得更多的清偿。
- 和解协议除了对延期偿债时间进行约定外，通常会就如何约束双方当事人在一定时间内的"逃债""追债"行为做出特别约定。
- 和解协议通常要求债务人提供第三人或者由其股东提供增信措施，作为和解协议履行能力的保证人。
- 和解协议不具备强制效力，对异议债权人不发生效力。

和解协议对异议债权人没有强制约束力，是庭外重组程序的一大不足。异议债权人可能会成为庭外重组谈判中的重大不确定因素，使得庭外和解协议的达成功亏一篑。为说服异议债权人，债权人委员会往往会基于破产程序本身可能使债权人债权清偿数额大幅度缩水为谈判条件，迫使异议债权人不得不评估庭外重组与破产程序之间的收益与风险，最终选择同意庭外和解协议。

由此可见，美国庭外重组的主要特点是依赖主要债权人做出让步，通过和解协议约束双方当事人行为。同时，以破产清算这一最坏结果恐吓异议债权人，促进重组谈判的达成。在此过程中，美国在庭外重组中使用的金融工具主要有：

- 修改原有的偿债条款。
- 当企业恢复经营而市场化预期有所提升时提出延期清偿债务。
- 扩大融资渠道清偿债务。
- 以资本转换股票的方式清偿债务。
- "秃鹫投资者"收购市场不良资产，购债换股获得对目标企业的控制力。
- 通过处置企业资产、并购等方式进行债务和业务的重组。

当然，美国的庭外重组有时也会与司法程序产生交集，例如我们说的预重整模式。预重整机制在多数情况下都是非正式的、颇受欢迎的一种做法，即通过债务人与满足一定比例要求的债权人，达成庭外重组和解协议，以此基础作为债务人正式进入破产重整程序的前提条件。这一做法可以在庭外重组中有效避免必须全体一致才能达成债权人协议的钳制成本，促成庭外重组成功。此外，在庭外重组过程中，债权人、债务人还享有随时依据《美国破产法》第十一章提起诉讼的权利。

2. 英国的庭外重组

英国破产法诞生较早，始于亨利八世于1542年颁布的《破产条例》，而美国第一部破产法即大量借鉴了英国破产法的内容。其后，英国破产制度经过长期发展，终于1986年将公司破产与个人破产相结合，并创设破产重整制度。至此，现代国家中破产法制度的几大基石制度的雏形确立，并对英联邦国家的破产法立法实践产生深远影响。

英国1986年的破产法将庭外重组称为"自愿偿债安排"（voluntary arrangement），包括composition和arrangement，指的是在破产程序之外，以合同形式与债权人达成债务和解协议。其中，composition是指债权人对债务清偿予以让步，接受低于其债权金额的一次或分期偿债。公司结构、股东之间以及对第三人的关系不发生改变，公司资产也不发生转移。arrangement 主要包括将债权转为股权，将有担保的债权改为无担保的债权，将有担保或无担保的债权改为次位债，增加或减少股本等。这一程序在其他国家也有类似机制，例如南非的折中程序等，目的都在于让债务人与债权人达成一种有约束力的锁定协议，为重组提供一个稳定的谈判平台，为困境企业恢复流动性争取时间。

除上述程序外，英国越来越多地使用了"预先打包"，即 prepackaged sale 的方式，以出售公司运营资产的名义进行债务重组，但这可能对债权人特别是普通债权人构成真正的危险。因为这种交易在债务重组，特别是债务重组计划中，妨碍了对普通债权人的保护。对此，我们认为普通债权人可以通过行使破产程序中的撤销权，来更好地保护自己的利益。

英国庭外重组中最著名且受他国推崇的"伦敦模式"（London approach），即实践中逐渐形成的以银行为主导的庭外重组模式，也被称为基于规范的庭外重组原型。英国银行业协会将其定义为"在英格兰银行支持下引入的非正式制度框架，处理由银行或其他贷款人针对处于财务困境的公司或集团组织的暂时支持性行为"，也是一种强化式重组的典型模式，包括一整套非约束性原则和操作方式：

- 设立债务重组协调机构，由所在地区金融机构组成金融监督管理委员会，负责指导庭外重组工作。
- 确立牵头银行或债委会为核心的议事规则体系。金融监督管理委员会要求全体债权银行推选牵头银行或指定债权银行组成债权人委员会，负责债权人会议的召集，代表债权人与债务人谈判，监督债务重组方案的执行等。
- 信息共享与尽调机制。银行层面对债务人信息建立共享与协商机制，聘请专业机构对债务人企业进行尽职调查，全程对企业经济状况等摸底监控。这一成果对贷款银行公开，但对外保密。
- 制订实施债务重组方案。主债权银行牵头主导,协商预重组方案,在主要债权人层面尽可能达成一致。
- 设置债务暂停期,达成"自愿性暂停协议"。债权人同意不通过强制手段催收债权,冻结行使申请破产的权利,全力保持困境企业的正常经营活动不受债务催收影响。
- 金融机构统一行动,避免个别追索导致的流动性枯竭,建设资本扶持机制。债权银行通过展期、提供贷款等方式来增强企业的流动性。

伦敦模式的显著特点在于,充分发挥了银行等金融机构在一国经济与社会生活中具有被社会公众所接受的经济权威地位的特性。各类债权人认可金融机构在处理一个困境企业中所能扮演的超出债权人角色本身之外的协调者和长者地位,即金融机构不仅能在债权清偿方面起到维护债权人利益的作用,更能在拯救企业方面做出更大贡献,这在某种程度上对其他债权人提升偿付机会亦是好事。

除英美国家的庭外重组工具和模式外,欧洲国家的庭外重组发展更进一步,已经突破了国家限制,并赋予庭外重组一定程度上的强制性约束力。例如欧洲各国拟创建一套庭外债务重组的标准协商程序,即探寻具有欧洲国家范围内普遍适用的纾困规则。比如《银行业解决和复苏指令》(BRRD)。虽然该等纾困工具在何种程度上可以降低欧盟成员国银行破产的系统性风险仍未达成一致意见,但是,几乎所有人都同意,没有强制效力的纾困工具在解决整体金融风险方面,因效率等原因,制度可发挥的空间在逐步缩小。因此,根据 BRRD 规则赋予欧洲成员国向债权人施压的实质性新权利,对破产程序之外的债权人谈判,尤其是"冥顽不化"的债权人的强制执行条款,有着极大的实用性。根据 BRRD 赋予其的纾困权利,在庭外重组规则依然适用的前提下,各个成员国更有可能通过谈判达成庭外和解方案。

3. 亚洲国家的主要庭外重组模式

（1）韩国的庭外重组模式。

1997年亚洲金融危机不期而至，韩国国内包括三星电子、LG集团与SK集团在内的许多大型财阀都深陷债务危机。韩国经济的显著特点在于，形成了以政府、财阀和银行主导的"铁三角"经济生态，倾国家之力打造出的大型财阀与银行信贷密切相连。在经济危机中，三星等财阀经济受损严重，导致金融机构不良资产飙升。

面对巨大的债务违约浪潮，韩国的债务企业、债权银行和政府都倾向于采用庭外重组模式应对危机。尤其是三星、LG、SK等财团，企业规模大、实力雄厚，具备自我消化损失与复原的能力，故更愿采取自我主导型的庭外重组。该模式主要涉及大型企业之间进行生产、经营环节上的合并重组，以及集团内部对过剩产能的调配消化。

但对多数韩国企业来说，受企业规模和财力限制，并不都适合自我主导型重组，故在实践中逐渐形成了由政府参与的庭外重组协议机制，该机制的主要内容包括以下几个方面：

- 成立金融机构债权人委员会并确立一家主导银行，组织债权人之间就偿付债务、企业经营管理等方面进行协商、谈判，由争议协调委员会对其中的分歧进行仲裁，以达成一致的初步意见。
- 金融机构遵循业务统一规则达成一致意见。例如债权人根据《韩国金融机构间促进公司重组协议》，对适用条件、适用对象、债权人会议、重整方案、表决方式等达成共识。
- 债权人是在对企业经营、财务、资产状况充分了解的基础上进行谈判的。企业信息主要通过企业主动披露以及债权人自行调查获悉，其中债权人调查的方式包括聘请专业机构入场调查等。
- 机构债权人委员会还可以聘请会计师事务所和投资银行等专业咨询团队对企业的资产及经营问题进行诊断，并参与核心问题的讨论，以辅助债权人做出决断。
- 在债权人内部达成初步一致意见后，再与企业管理层展开协商、谈判，制定包括财务与经营计划在内的重组方案。
- 常见的重组工具主要包括降低债务利率、直接削债、展期、债转股、处置资产等。另外，韩国债务重组中也有着异议债权人的债权收购请求权等特色机制。
- 庭外重组方案的通过须获得持有超过75%债权金额的债权人同意。

韩国庭外重组模式的特点在于，针对企业规模以及企业是否资金雄厚，可以采取自行重组或协议机制。此外，在庭外重组协议中，韩国企业尤其注意企业信息的充分披露以及专业咨询机构的引入，为庭外重组提供了专业的技术指导，从而为庭外重组的顺利达成创造了理性、规范与客观的外部环境。

（2）马来西亚的庭外重组模式。

不同于西方国家在重组实践中逐渐发展起来的庭外重组模式，亚洲很多国家建立庭外重组机制主要是为了应对1997年亚洲金融危机。在亚洲金融危机中，许多银行贷款或应收账款大幅度贬值，严重威胁到银行系统的完整性和稳定性。在此情况下，亚洲国家政府或中央银行有必要出手干预，这就促使庭外重组机制建立并发展起来。其中，马来西亚的庭外重组制度比较具有代表性。

马来西亚央行在亚洲金融危机时成立了企业债务重组委员会（Corporate Debt Restructuring Committee，简写为CDRC），旨在促进债务企业和债权人之间的协商并达成重组协议。在该模式出台前，马来西亚的困境企业和债权人主要采取诉讼等法律手段解决债务问题。随着CDRC重组框架的出现，实践中形成了通过债权人委员会来进行庭外重组的模式，主要内容包括：

- 陷入债务危机的企业须向CDRC提交债务重组的申请以启动庭

外重组程序。
- CDRC 在收到申请之后的一个月内，决定是否同意接受该申请。CDRC 在国家央行、证券交易委员会以及金融机构等专业机构的辅助下，对企业的负债规模、经营状况、资产结构等方面进行审查，以决定是否同意受理该申请。
- 庭外重组程序启动后，债权人须签署暂停协议，承诺在庭外重组期间中止任何司法执行程序。
- CDRC 和专业机构还要对庭外重组提供技术支持，并对谈判中的争议进行调解。
- 债务人与债权人委员会通过协商、谈判，就庭外重组方案达成一致，债权人委员会对重组方案具有最终的决定权。
- 重组方案通过后，由 CDRC 执行机构负责后续跟进事项，推动执行程序的顺利进行。
- 庭外重组执行成功后，CDRC 会收取相关的服务费用；若重组失败，则不会收取相关费用。

CDRC 采取自愿原则，其指导性规范"CDRC 行为准则"（CDRC code of conduct）并不具有法律强制力。其在司法程序之外建立了一套相对规范的庭外重组操作流程，为马来西亚顺利度过亚洲金融危机，迎来国家经济复苏做出了积极贡献。CDRC 在亚洲金融危机之后一直处于休眠状态，直至 2009 年，为化解全球经济危机所造成的负面影响，马来西亚又重新启用了该机制。

4. 中国在 20 世纪 90 年代的债务重组实践

中国在 20 世纪 90 年代早期的债务重组，其实质是通过变相出售壳资源的方式，对企业的债务及资产进行重组，最典型的是以"长春模式"为代表的国有企业"购售式债务重组"。19 世纪末 20 世纪初，长春以"购售式重组"对当地国有企业的债务问题进行纾困，取得了良好的效果。该经验遂被推广至全国，故又称为"长春经验"。购售式重组不同于以债务为中心的重组模式，其主要目的在于剥离不良资产，从根本上解决国企的债务危机，基本特征与做法是：

- 重组目的在于解决当地国企问题，故由政府直接出资成立新的国有独资公司，作为承接债务和资产，化解金融风险与职工维稳问题的综合性投资平台。此类公司在20世纪90年代解决债务问题中发挥了重要作用，同时在后续发展中继续保留下来，作为促进区域经济发展的投融资主体，例如各地的城投平台，延续发挥重要作用至今。很多市场化债务重组案件中，该等城投公司既可以作为直接投资者参与运作，有时也可以作为最后的债务承接主体。
- 平台公司作为协调机构与投资人，开展与大额债权人（主要是银行债权人）、困境企业的谈判工作，聘请专业机构对困境企业"优质资产"进行评估。基于平台公司的超然地位，该评估作价也将成为各方谈判的主要依据。
- 各方对优质资产的评估报告出具后，达成一揽子交易方案：债权银行承诺向新平台公司提供相应数额的贷款，用于购买优质资产；老企业则按照约定价格，将该资产转让给新平台公司；困境企业出售资产，取得的现金偿还银行贷款。
- 债务重组的交易结果是，新平台公司取得困境企业的优质资产与人员，后续通过资本运作，引进投资盘活资产，然后通过持股或出让股权，实现退出并取得收益；困境企业将资产与职工进行剥离并获得资金，用于偿付银行债务。剩余不良资产则慢慢清理并最终通过破产清算注销公司，彻底退出市场；银行债权人等通过向新平台公司提供新的贷款并实际收回部分债权，避免了困境企业在破产清算下的清偿率过低的金融风险。

购售式债务重组的核心在于对优质资产的处置盘活，新投资者与困境企业在"一买一卖"之间完成债务清理，解决紧迫的流动性不足问题。如果没有一家政府设立的国有背景公司，金融机构很难产生信任而愿意继续提供流动性，并通过该等"借新还旧"的方式实现自身债权的"自我偿付"。长春模式对中国国有企业的债务重组实践具有重要价值。在这种模式下，银行债权清偿率可达20%~40%，远远高于破产清算中的清偿率，有效降低了银行贷款不良率。在稳定地区金融秩序的同时，还挽救了危机企业的优质资产，妥善安置了国有企业职工，对中国经济发展和社会稳定具有积极意义。

但这种政府主导的模式的弊端也显而易见。一方面，在购售式重组中涉及政府出资设立新公司环节，而政府资金的来源是最大的问题。实际上，这些钱大部分来自银行。银行为了获得政府的破产豁免额度，通过"借新还旧"，以牺牲自身利益为代价来与政府达成默契。另一方面，主要问题出在资产作价处置环节。政府出于解决职工问题等维稳压力的考虑，往往为了能顺利实现重组，以"皇帝女儿也愁嫁"的心态，将企业资产以"白菜价"出售，既不考虑国有资产的市场价值，也不考虑企业资产的优化配置，而是一股脑儿地任意捆绑，把毫不相关的企业捆到一起。

债务重组模式也是不断发展完善的过程，上述购售式重组模式被市场逐步接受，并且随着市场经济体制的逐步完善，出现了"出售式重组"模式。该模式是指陷入债务危机的困境企业为其有效资产在市场上寻找符合条件的买方，双方就出售价格达成一致后由买方接盘，利用买方的优势资源对剥离的优质资产予以盘活，而债务人企业则通过破产清算的方式予以注销。这种模式的好处在于运用市场化机制，保障了优质资产即使在转让后仍能焕发持续的生命力，同时，通过"断尾求存"的方式，保障了原有企业经营事业的价值以及职工的就业，避免了社会资源的浪费。关于这一模式，实践中也适用于民营企业，其中以本书后文提及的"郑百文重组案"为代表。

从上述脉络可知，中国的庭外重组模式与市场经济不断发展、壮大是一脉相承的。从原先的以政府为主导、主要适用于国有企业的庭外重组模式，逐渐发展为以市场为主导、普遍适用于各种企业的庭外重组模式。这不仅是市场的进步，也反映了政府职能和观念的进步。

尽管如此，与发达国家的庭外重组模式相比，中国的庭外重组模式中行政、司法力量的介入程度仍然较高，如债转股须经相关监管部门的批准，涉及地方重要企业资产的协议转让，要经过相关职能部门的审批等。因此，在中国，完全不受行政、司法机关干涉的纯粹私人庭外重组，是没有发挥余地的。

不过，近年来我们惊喜地发现，中国的庭外重组模式不断地发展，随着各方主体参与程度的不断加深，实践中庭外重组的方式越来越灵活多样，已不再拘泥于上述所提及的固定模式套路。大多数案例以协议的方式，或通过出售资产、或通过豁免债务、或通过扩大融资渠道等方式来进行个案处理。

（四）庭外重组的适用条件

我们根据债务重组的实践观察，总结出庭外重组虽然具备独特优势，但有着较高的准入门槛，即可能产生较好效果的前提条件比较苛刻。

- 债务人存在财务困难是促发重组谈判的导火索。尽管财务困难的内容足够宽泛，可以涵盖很多的情况，但一般是指不能清偿到期债务。
- 存在多个债权人。非正式债务重组拟解决的问题，基本上和正式破产程序解决的问题一样，即债权人不能清偿其欠多个债权人的债务。而与此同时，多个债权人既要针对其共同的债务人，相互之间又会形成制衡。
- 一些银行或金融机构拥有大多数债权。在垄断性贷款的案例中，如果债务人是单一的银行或其他金融机构的融资，庭外重组工作更便于协调。
- 资产权属负担较轻。从债务人资产角度而言，庭外重组适用的前提是资产负债结构有着较大的腾挪余地，即权属负担较轻，主要价值资产不存在过重的担保等情况。否则，担保债权人基于债权可以通过强制处置抵押物的方式受偿，故与债务人达成债务重组豁免或延迟支付的新协议的难度将极大提升。
- 债务人业务具备存续能力。对于一个成功的债务重组来说，最重要的前提是债务人业务的存续能力，这一点要通过对债务人财务和严谨经营计划的全面分析再确定。如果债务人的业务不具备良好前景与生命力，那么最好通过破产清算来完成重组。
- 对谈判的积极态度。债务人和金融债权人应当认识到：通过谈判解决债务人的财务困境的方式具有优越性。这种谈判不仅发生在债务人和债权人之间，也存在于债权人之间。各方须基于诚实诚信的原则，对自身债权以及债务人现实困境给各方造成的严重后果有着合理的认定和共识。
- 正式破产程序的效力并非必须。债务人不需要得到债务减免或者正式破产程序的其他收益。如自动终止或者拒绝继续履行难以负担的合同。
- 一个促进重组的法律和监管体系。一个促进庭外重组的法律体系包括那些有利于庭外重组的措施，其对有效的破产和债权人权利制度有着重要影响和促进作用，因此正式的破产程序所能造成的最为不利的清偿后果，构成了庭外重组的一切谈判和权衡的背景。

二、庭外重组与其他债务重组程序的关系

（一）庭外重组与庭外和解的关系

庭外和解与我们通常所理解的债务重组中的庭外重组极其相近，但也稍有不同。本文所述的庭外和解，是指在破产程序启动之后、结束之前存在的，为避免破产清算这一"最坏结果"的私人协商行为，它不仅存在于破产和解程序中，还可以适用于破产清算和破产重整程序中。

如在上海宝山区法院审理的一起破产清算案中，上海一家经营金

属材料生意的民营企业欠债超过千万元,由于企业名下无财产可供执行,债权人向法院申请对公司进行破产清算。法院受理后发现,公司虽然已停止经营,但公司的实控人仍有继续经营的强烈决心和巨大潜力,并愿意由个人共同归还债务,公司还有被"救活"的可能性。法院多次组织债权人、债务人以及实控人协商,最终促成债务人与债权人达成分期还款的庭外和解协议,案件以破产程序终结的方式结案。

庭外和解主要适用于企业规模较小、债权债务关系较为单一的企业,当事人所达成的庭外和解协议也均是关于"欠债还钱"的内容。因此,就本书中所讨论的主要是以债务调整和资产重构为主要内容的庭外重组而言,庭外和解不具有普遍性,并不是本书所研究的重点。

(二) 庭外重组与破产程序的关系

在债务重组实践中,通常存在一种误区,将债务重组主要理解或等同于破产程序。但是,我们认为债务重组分为庭外重组与庭内重组,其中庭内重组的主要形式是破产程序,尤其是以破产重整作为主要手段的情形较多,但破产程序即债务重组或庭内重组的理解是错误的。

- 庭外重组与庭内重组之间的关系是复杂的,不存在主辅之分,是互相补充的独立程序。在有的案例中,非正式重组构成了正式破产程序的替代性选择,但在另外一些案件当中,庭外重组因各种原因难以启动或无法得到良好效果,则最终仍然采取破产程序实现债务重组的特定目的或不得不重归破产程序予以处理。因此,正式破产程序可以成为庭外债务重组程序的替代方案、补充方案或者其他程序实施结果的组成部分。因为庭外重组的基本前提和正式的破产程序几乎相同,所以重组程序可以作为正式破产程序的替代性方案。从这个角度来讲,庭外重组能够成为任何种类的正式破产程序,即重整或清算的替代方案。同时,破产程序也可以成为庭外重组的必要补充。
- 破产程序和非正式破产程序之间并没有清晰的区分。在任何一种单纯的协议重组或法定条款强化的庭外重组程序中，又或在另外一种试图把正式与非正式解决债务问题的方式优点结合起来的机制中，这种区别都是模糊的。债务重组本身存在不同选择，这些选择是彼此可替代的，或者在使用上具有偶然性。

- 财务困境的程度与所采用程序的"正式度"之间没有关联性。债务人承受的财务困境的程度和解决这一问题的最优程序路径之间没有直接关联性。骆驼往往是被最后一根稻草压垮的，较小的财务困难有时会导致正式的破产程序启动，也有可能很严重的财务危机在非正式重组的框架内得到解决。
- 二者涵盖的重组程序范围。法律体系赋予了财务困境企业可以选择解决债务困境的不同方法。例如，一个国家的制度仅涵盖正式破产程序，而没有中间程序，如强化重组或混合程序等，则意味着债务人和债权人可能选择的空间将被严重压缩，必须在合同性重组或法定的破产程序之间做出选择。
- 不同程序之间相互转化重叠。财务困境的选择程序往往在很多方面产生交集。这体现在庭内重组程序与庭外重组程序可以相互转化成一种混合程序，而混合程序又可能被转换成不同的正式程序。例如，在正式程序中，破产重整可以被转换为清算程序，反之亦然。因此，不同程序之间可能存在明显的重叠部分。对一个法律体系来说，重要的是保证所有可用程序之间的充分转换性，并且确保从一个程序转换到另一个程序的过程平稳可行，尽可能减少中断。

在很多情形下，庭外重组不能完全解决债务人的财务困境，此时的破产程序能够作为庭外重组的必要补充，帮助实现既定的重组目标。非正式程序可能有助于获得对债务人企业财务困境处置方案的支持。

整体而言，债务重组是整体概念，是极具包容性与灵活性的制度，其灵活性还体现在，破产程序与诉讼程序的交叉使用与设计。例如，除了上述庭外重组、庭内重组与交叉重组 3 种机制外，有时商事诉讼也会作为启动、推进债务重组的一种主要路径或辅助手段。"雪崩时，没有一片雪花是无辜的"，当数个债权人纷纷起诉企业，要求其偿还债务时，对原本就资金链紧张的企业来说，集体诉讼会加速困境企业危机的到来。法院在执行过程中发现企业没有可供执行的财产时，会通过"执行转破产"程序，将债务企业推向破产程序。而在涉及债权债务纠纷的情况时，要通过确认之诉对相关主体的债权人身份予以确认，使其获得参与债务重组的资格。这种情况下，债务重组的启动程序既可能是庭外重组，也可能是破产程序，还可能是诉讼等其他手段。

三、庭外重组的局限性

（一）理论指导滞后于商业实践

庭外重组多通过个案进行推进，并未形成理论化的制度模式，导致实践中的案例不具有普遍适用的意义。市场皆是"摸着石头过河"，重组过程缺乏专业化、市场化、规范化，有时会因债务企业的暗箱操作损害债权人利益，也有时会因债权人的漫天要价而导致各方损失进一步加大，故庭外重组的实际效果在个案中发挥的作用不稳定。

（二）重组谈判钳制成本过高

"谈判钳制"指的是在一些交易中，一方当事人利用优势地位，为自己争取有利条件，而以其他债权人利益为代价，通过采取某些策略行为，使得谈判无法继续的情形。庭外重组协议要求全体债权人一致同意才能通过。即使该协议能够满足最大多数债权人的利益，但如有一个或极少数债权人提出异议，就会导致整个协议不能通过。这种情况在债务重组案例中比比皆是，例如中小债权人对债务重组往往采取理性的漠视态度。一方面，该类债权人没有能力和精力专项参与重组谈判工作；另一方面，金融机构等大额债权人也更易同意对其给予清偿方面的补偿倾斜。为了使得重组协议能够得到执行，只有采取修改条款或附带协议的办法,让同意的债权人不得不以提高该异议债权人待遇为代价,来促成协议的达成。这就导致了小额债权人等未参与庭外重组的债权人的权利得以"搭便车",其权利反而可以不受庭外重组谈判的约束而能得到更高比例或全额比例的清偿。

但如果在谈判中,每一个债权人都为了自己在债务重组中获得更优渥的清偿条件而拒不让步,债权人之间的钳制就会阻碍重组协议的达成,这不仅会增加庭外重组的机会和时间成本,还会挫伤谈判债权人参与重组的信心和积极性,阻碍重组取得成效。

(三) 庭外重组中的聚合问题难以解决

庭外重组的工作难点在于沟通协调如何高效地达成一致。债权人的成分和诉求越多,聚合问题就越严重,达成一致的成本和失败的概率就越高。尤其在处理房地产公司等大型企业集团的债务重组问题时,我们将会遭遇百亿元级的债务规模与数以千计的债权人。他们的债权形成背景不同,有金融机构债权人、债券持有人,也有供货商债权人,更有施工单位及农民工等。从债权性质上来讲,有担保债权人,也有普通债权人,而担保债权人又会被划分为消费者购房人的法定担保权人和贷款方等意定担保权人。另外,从债权金额上来讲,可能还有部分相较于天文数字的整体负债规模,自身债权金额可以忽略不计的小额债权人,这些债权人甚至都不存在如何谈判的问题,反而是没有任何谈判意愿或能力,无法以一种理性与建设性的客观角度参与到债务重组中来。

这些多元化的复杂环境就形成了聚合问题,一个切实可行的高效运转的债务重组机制,无法面面俱到涵盖全部债权人。如果涵盖全部性质的债权人,则可能每类债权人的实质利益与经济诉求差异过大,甚至同类债权人也会产生严重冲突,根本无法达成一个切实可行的解决方案。因此,这也是上述各国庭外重组模式中,皆将主要债权人的参与者限定在大型金融机构的原因。

四、庭外重组的发展趋势

基于社会主义市场经济水平的逐步提高，庭外重组需要建立、健全"方式更为灵活、参与主体更为多元、法律制度更为完备"的机制。结合中国庭外重组的实际情况，可以在借鉴各国庭外重组经验的基础上，创新庭外重组形式，以更好地适用于困境企业。

- 引进伦敦模式中的"暂停偿债期"规定。在暂停期内，限制了单个债权人债权的行使，给予了债务人一定的"喘息空间"，为找到解决债务危机的合理措施提供条件。同时，在此期间，也应禁止债务人采取任何不利于债权人预期收益回报的行动。
- 建立发挥庭外重组债权人委员会制度，强化庭外重组协调机制。相较于破产程序等庭内重组，行政、司法介入力量较少的庭外重组，更要加强协调机制，尤其是债权人内部的协调，以避免无序的各自为政。在债委会组成机制上要统筹考虑不同类型的债权人，建立合理的债权人内部争议解决机制，确保一致意见的有效性和稳定性。
- 根据企业规模的大小以及案件的复杂程度，创设差异化的庭外重组模型。中国应因地制宜，充分发挥庭外重组自由化、市场化的优势。对规模较小的企业来说，应该尽量地放手，在市场运作中采取更为灵活、简便的庭外重组方式，快速化解企业的债务危机，为企业争取宝贵的起死回生时机。对体量较大、实力雄厚的企业而言，在适当监管的前提下也要给予最大程度的开放性，建立相应的配套机制来尽可能地促成庭外重组的达成，降低时间和机会成本。
- 保证债务企业的正常运营。困境企业债务重组成功的关键是维护企业的挽救价值，而挽救价值的前提是企业的运营稳定正常，这些都有赖于最低限度的运营资金。企业此时已经面临流动性危机，如何在困境企业庭外重组期间提供资金流动性至关重要。尽管正式的破产程序中采用 DIP 融资（参见 118 页）等方式，法律规定困境企业为融资便利可以提供多种增信措施，赋予出借方超级优先权，但庭外重组中并无此硬性规定。因此，如何打通庭外重组与庭内重组的某些法律藩篱，通过债权人内部协议提供这种对资金提供方的增信保护，且该等保护和承诺不被破产程序撤销就变得至关重要。
- 建立统一的庭外债务重组指导规则。在同一规则的情况下，增强认识，避免摩擦成本，提升谈判效率。该等规则并不具备法律上的约束力，但在一定程度上向社会公众展示了债务重组的指导原则和工具类型，增强各方对统一规则的适应性与接受度。

五、典型案例：郑百文的庭外重组

在资本市场上，我们将某类没有超强的盈利能力，但通过风口热点而致使一段时期内股价扶摇直上的上市公司称为妖股或龙头股，像乐视网、全通教育与暴风影音，皆在一段时期内独领风骚。即使昙花一现、时过境迁，但资本市场依然流传着它们的传奇故事。我们下面要说的也是一家具有传奇色彩的公司，即"上市公司的不死鸟"——郑百文。资本市场的老投资者应该有印象，在千禧年前后，百货商业像现今的互联网企业一样，正处于行业发展的黄金期，股票受到市场追捧也就不足为奇了。

郑百文当时披露的信息显示，其是中国商售领域霸主，背后的国有资本实力雄厚，其第一大股东是郑州市国资局旗下的郑州百文集团。根据郑百文 1997 年披露的信息，其主营规模等各项财务指标均名列沪、深两市商业公司榜首。这自然受到了资本市场投资者们的青睐，股价在 1996—1997 年不到一年半的时间里，最高涨幅达 200% 以上。1998 年 4 月，董事长李福乾在股东大会上高调宣称，郑百文要超额完成年销售收入 80 亿元的目标。截至此时，不论从何角度观之，郑百文都是股市当之无愧的"大白马"。

烹油烈火在繁花锦簇中渐燃渐熄，股票市场的投资者们不知一场危机已经悄然而至。就在李福乾高调宣称将超额完成业绩的 8 个月后，郑百文的年报突然变脸，净利润为 -5.02 亿元，相较于 1997 年净利润的 8 129 万元，1998 年的增长比率为 -718%。我们对比净资产收益率发现，郑百文在 1998 年、1997 年与 1996 年的收益率分别为 -1 148%、20.70% 与 15.87%，也就说，郑百文经营状况与财务数据在毫无征兆的情况下呈断崖式下跌趋势。

其后，郑百文于 1999 年 7 月 27 日发布《中期预亏公告》，宣布"1999 年将继续出现严重亏损"，再次震惊市场，因为大家皆未想到 1998 年并非业绩谷底，谷底之下还有深渊。果不其然，郑百文在 1999 年的亏损数字最终定格为 9.8 亿元，每股净亏 2.54 元，再次刷新亏损下限，成为当年中国上市公司中的亏损王。

市场事后梳理，郑百文上市即有"原罪"，其前身是一家百货文化用品批发站，通过财技包装强行上市。上市之后，公司融资渠道全面打开，股票价格扶摇直上，银行贷款滚滚而来。在发展过程中，郑百文通过银行贷款在全国范围内开展业务，一度将公司做到除西藏等少数地区外的全国各地，下设 20 个专业分公司，100 余家商品经营部。这种杠杆式发展模式，导致公司资产与负债规模在短时间迅速做大，但盈利能力却无法持续加强，在达到一定规模效应后边际效应明显降低，这又刺激公司加大投入维持净利润规模与增长，使得原本紧绷的现金流更为紧张，抗风险能力弱是这种模式的显著特点。

我们以郑百文的明星项目家电销售为例：郑百文向银行借款买断长虹电视，并以赊销的方式向下游零售商发货，这就导致长虹电视的货权与货款风险转嫁到郑百文身上。如果下游销售商顺利实现资金回笼自无问题，但如果下游销售商无法按时支付货款，则郑百文的资金链将出现缺口。其实，郑百文并非不知上述问题，但其本身就是以高周转率作为企业战略并享誉全国的，不可能在高速发展中自己踩下刹车。而高管们的业绩指标与奖励，则完全依赖于销售规模而非实际回款数额，自然也愿意通过这种模式大赚特赚。于是蒙眼狂奔的郑百文踩着油门不断提速，向危机越跑越快、越来越近。

1999 年前后，家电已经不是 80 年代或 90 年代初的市场紧俏品，各家电厂商的价格战已经初露端倪，且 1997 年经济危机已经对中国经济造成影响，因此，面对行业内部竞争加剧，以及市场销售端不振的内外交困，整个家电领域山雨欲来。郑百文天时、地利、人和皆已丧失，因此在下游渠道无法还款时，郑百文用资金堆出来的业绩出现断崖式下跌也就不足为奇了。与此同时，银行同样受到亚洲经济危机影响，贷款额度已经全面调低，从全力支持变为缓贷、惜贷，再转为终止贷款。

银行贷款一旦无法维持在高位供应，郑百文的承兑汇票就出现了回收难。为支付到期票据，郑百文现有资金流迅速耗尽。虽然期初还能勉强支付，且依托现有销售渠道筹集现金并能维持盈利，但随着彩电行业价格战的全面升级，终于出现了开头的那一幕，即 1998 年下半年的业绩变脸大戏。

郑百文最大的贷方金融机构建设银行在发现资金无法确保安全回收后，将该笔债权转给了中国信达公司。根据郑百文 2000 年 3 月 9 日发布的《破产公告》显示，建设银行贷款于 1999 年 12 月转至中国信达名下，双方签署《债权转让协议》，中国信达受让债权金额约为 19.36 亿元。

2000 年 3 月，最大债权人中国信达向郑州市中级人民法院提起破产清算申请，称"郑百文由于连年巨额亏损，无法偿还信达资产管理公司共计约人民币 21 亿元的债务，申请郑百文破产还债"。但法院考虑到如果郑百文一旦破产清算，不仅存在安置企业职工等维稳问题，而且作为主要债权人的信达公司所拥有的共计 20.76 亿元债权也只能回收数千万元，出于维稳和保护国有资产的考虑，驳回了这一申请，引发了在市场上广受关注的郑百文资产与债务重组案。

当时市场曾有猜测，中国信达提交破产申请并非本意，而是借此降低社会各方对郑百文的重组预期。不论真实原因为何，上市公司中的不死鸟郑百文都开始了资产与重组工作。当时,在中国的法律和商事实践中,对债务重组并无过多经验可供探讨和制度工具支持。因此,郑百文依托市场力量,通过各方谈判博弈最终实现企业的起死回生具有典型意义。中国信达作为最大的债权人,聘请了专业机构全程参与,开一时风气之先河。

中国信达在与郑州市政府以及相关主体经过多轮协商,最终选定三联集团作为战略投资者,通过庭外重组的方式化解债务危机,重塑郑百文资产与债务结构,保住上市公司主体资格,实现保护中小投资者的商业与社会目的。各方重组方案的基本内容如下:

- 资产与人员安排:剥离亏损业务与现有人员,实现上市公司的轻装上阵。鉴于郑百文已严重资不抵债,股东同意接手郑百文现有资产和从业人员;具体的步骤是百文集团承接郑百文公司除3 014万元房产外的全部资产9.7亿元,同时承接郑百文的部分债务共计5.92亿元,两者的差额3.78亿元,记为郑百文对百文集团的其他应收款。郑百文现有的员工由百文集团负责安置。
- 债务重组安排:战略投资者收购债权,使得现有债权人退出,但债权需要给予延期和折扣,战略投资人三联集团以3亿元的现金,采用分期支付方式购买郑百文所欠中国信达资产管理公司的部分债务约15亿元;中国信达剩余债务由郑百文母公司承担,郑州市政府提供担保。
- 三联集团实现借壳上市,通过资产重组增发新股。三联集团取得该部分新股,同时作为交易对价,将自中国信达公司获得的15亿元债务予以豁免;新股不足以覆盖债权部分,由郑百文公司的全体股东,包括非流通股和流通股股东,将所持50%的股份向三联集团无偿让渡。
- 保证公司未来持续运营能力。三联集团承诺长期持有郑百文股票,旗下的三联商社的部分优质资产装入郑百文的壳中。具体来说，郑百文对百文集团的 3.78 亿元其他应收款中的 2.52 亿元将与三联的总价值 4 亿元的优质资产进行置换，两者的差额 1.48 亿元记为郑百文对三联的负债。郑百文对百文集团的其余 1.27 亿元其他应收款及房产 3 014 万元之和，与重组前产生的留在郑百文的债务 1.57 亿元相对应。

- 各方在长达半年的时间内各展神通，在艰苦博弈中实现利益平衡，具体交易框架如下：

    ——对中国信达来说，作为最大的债权人，在郑百文重组前，其对郑百文拥有约 20 亿元债权。经过重组，信达公司放弃了大约 15 亿元无担保债权，总共从三联集团和郑州市政府那里获得约 6 亿元的现金补偿，其债务清偿率近 30%。用约 20 亿元的债权只换回 6 亿元的现金，看似损失巨大，实则收获不小。因为如果不能重组，郑百文只有破产清算并退市，破产后信达可以收回的资金数额显然要少许多。

    ——对战略投资者三联公司来说，最主要的目的是借壳上市。从上述重组方案的内容中可以看出，为引入重组所必需的资金，郑百文将 50% 的股权以零价格划转给出资参与重组的三联集团，再通过削债、资产置换等方式，将债务总额从 23 亿元减少到 1.5 亿元左右，解决了企业的债务危机。这种做法实质是通过出售企业上市壳资源的方式实现庭外重组，重组方获得了干净的壳资源，实现了"借壳上市"，打通了公司通过证券市场进行直接融资的渠道。

    ——对郑百文的中小股民而言，也避免了郑百文破产清算、出资人权益为零、股票投资全部损失的极端风险。在保留股权的同时，后续伴随三联商社的资本运营仍有溢价或者减轻损失的空间。

    ——郑百文更名为"三联商社"，其主营业务及结构发生较大变化，变更为家电类、信息类和通信产品类的零售业务。重组后的郑百文焕然一新，其财务状况和经营业绩不断改进，股东、债权人、公司职工的利益得到了较好的维护，其股价也在二级市场上表现瞩目。

郑百文庭外重组是 20 世纪初中国特殊制度环境和经济土壤中所产生的一个具有典型意义的案例，也是中国企业债务重组模式发展的一个转折点。在郑百文重组之前，庭外重组主要适用于国有企业，且操刀者多为政府，这极大地压缩了民营企业因陷入债务危机而试图通过庭外重组的方式求得生存的空间。作为中国第一例市场化庭外重组案例，它为当时的企业，尤其是上市公司，在陷入债务危机而破产重整制度缺位的情况下，提供了一个全新的"求生"思路。此外，中国的重组市场从没有现成模式可以套用，发展到与国际惯例接轨的削债重组、债务和解的多赢方案，郑百文重组方案已经超越了它自身的意义——通过以郑百文庭外重组为切入点，可以从纵向的角度更为深入地去理解中国庭外重组模式的演变历程。

第三节　庭内重组

庭内重组，是相较于庭外重组而言的，指的是各方博弈与交易皆通过特定司法平台进行，法律赋予重组模式、工具与结果的法律强制力，规避庭外重组谈判聚合和钳制成本过高的问题。最具代表性的即破产制度，其最大优势在于，依靠司法强制力赋予了债务人暂时摆脱债务缠身困苦的"偿债暂停期"。启动破产程序后，有关债务人财产的保全措施被解除、偿债执行程序被中止，使得债务人在因陷入危机而融资困难的情况下，最大限度地保全了维持业务所需的现有优质资产，为困境企业留有足够的机会与可能性来处理债务危机。

根据庭内重组的交易目的不同，可以将其分为两类：一类是通过对资不抵债的企业清产核资，所得价款用于清偿企业债务的破产清算程序；另一类基于困境企业存续价值，通过继续运营实现债务重组之目的的破产重整与和解程序。关于破产重整程序，系现代破产制度的亮点所在，它突破了人们传统观念上对破产的理解，使得仍有营业价值的企业经过破产重整恢复造血功能，最大限度地实现债权人利益，保留企业主体资格，妥善安置企业职工，维护社会公共利益。整体而言，庭内重组制度主要包括破产清算、破产重整和破产和解。

- 破产清算制度主要用于缺乏挽救价值，因市场竞争力低、负债率过高且丧失继续经营能力与盈利能力的企业，是通过处置资产，将全部资产形态转为现金的方式，用于支付破产费用、清偿债务，对剩余不能清偿的债务予以豁免，最终宣告企业破产，注销企业主体资格的法律制度。
- 破产重整制度主要适用于具备挽救价值，一时陷于困境但可克服并恢复，本身仍有良好的营业价值和投资价值的企业。对于该类企业，债务人、债权人以及相关利益主体通过重塑业务、人员、资产与负债结构，开拓新的融资渠道，调整经营方向，降低债务负担，盘活企业优质资产，激活企业的市场竞争力。
- 破产和解制度指的是负债率高但仍有存续价值的企业，通过债权人让步的方式，债权人与债务人之间达成具有司法效力的和解协议，以化解企业的债务纠纷，进而避免企业破产清算的法律制度。破产和解虽与破产重整一样，以企业重生为目的，但二者最大的区别在于破产和解多关注于企业债务偿付问题，很少涉及企业资产与业务的调整，例如本书后面专门提及的西王集团破产和解案。

一、美、日庭内重组模式

庭内重组制度主要包括上述破产清算、重整与和解 3 项司法制度，但根据各国政治、经济、文化发展的不同，在具体操作上各国也是存在差异的。以下主要来介绍美国和日本两个国家的庭内重组模式，对庭内重组的债务解决机制予以剖示。

（一）美国的庭内重组制度

庭内重组的"庭内"意指重组要在法庭监督指导之内，即各方重组安排必须通过特定司法程序进行，而该司法程序属于非诉层面的整套司法制度与机能，属于特定司法强制力的规则，过程与结果在很大程度上受到法院的掌控，最具代表性的即上述破产程序。提及破产程序，不可不提及引领时代潮流的《美国联邦破产法》，但该部法律的最终成形并非一蹴而就。一般认为，美国现代破产法肇始于1898年《美国破产法》，但这部法律实际已是美国的第4部联邦破产法了，它规定了破产清算制度和破产重整制度。其后，1938年，美国国会通过《钱德勒法案》（Chandler Act），对破产法律体系做出全方位的更新与修订，这其中最为引人瞩目的是形成了以"破产重整"和"偿债安排"等章节组成的一揽子困境企业挽救制度。当然，这部法律因时代的变迁也逐步变得陈旧，例如该法赋予法院裁判与管理的双重职能，使得法官自由裁量权的边界在实践中并不清晰，故在20世纪50年代前后又再次发生重大法律更新。在之后的1978年，美国逐步对破产制度完成了法典化的革新，《美国联邦破产法》一直沿用至今，主要包括破产清算制度与破产重整制度。

在美国的司法实践中，究竟是启动破产清算程序还是破产重整程序，主要取决于企业资产的状况，以及市场对企业持续运营给出的估值（市场价值）与企业各项资产整体或单独直接出售所产生的价值（快速变现价值）之间的对比。如果企业有继续存续的希望，且企业作为一个组织体，通过经营存续提升市场吸引力，从而取得的价值大于企业资产单独出售所获得的价值，则可以启动破产重整程序；反之，则表明企业恢复无望，各方会对企业进行破产清算。上述因素并无绝对的统一标准，主要由利益主体根据企业资产是否仍有剩余价值、企业整体资产的利用情况以及各项破产重组方案的可行性等因素进行判断，并向法院递交申请及等待法院最终裁判。

1. 重整制度

如困境企业符合重整的法定标准，则可根据《美国联邦破产法》第十一章申请破产重整，重整程序主要模式和特点如下：

- 根据申请重整主体的不同，可以将其分为自愿型破产重整和非自愿型破产重整。自愿型破产重整指的是由债务人主动向法院申请破产重整。值得注意的是，在该类型中，不论企业是否符合重整原因，债务人都可随时提起申请；非自愿型破产重整指的是由债权人向法院提出申请，债权人应为3人以上且须持有超过5 000美元的无担保债权，还须提供证据证明债务人无能力偿还到期债务或者在其提出申请前的120天内企业资产已由第三人实际控制。破产重整制度的适用范围不单集中于企业，还包括个人和合伙。

- 在重整期间内，企业可以继续经营，但经营范围要局限于标准业务范围内的销售、采购等行为，不能实施收购或出售资产、扩大规模等行为。虽然债务企业的对外经营行为依然以自己的名义进行，但内部决策将通过专业机构做出。

- 这种主体在重整程序中专门被称为管理人，承担对破产财产进行接收、管理、处分或参与诉讼等职责，具体实施重整职权的行为要受债权人会议或债权人委员会的监督。在特殊情况下，如管理人在重整程序中滥用职权、实施违法行为等，则由法院指定受托人接管公司。①

- 法律赋予重整期间内对债权人强制执行与保全等法律追偿手段予以限制的"暂停期"，任何债权人不得单独请求企业偿还债

---

① 在美国的破产法制度下，除破产管理人之外，还有专门的联邦托管人。联邦托管人隶属于美国司法部，居中统筹保护破产案件中的各方主体利益，履行与破产案件有关的行政职责，包含但不限于制定管理人名册、指定与监督管理人、审核管理人报酬与审查破产案件中的重整计划等。我国没有托管人制度，这一职能在一定程度上融合在破产法院的审判职能之中。

务,且在重整程序启动前所发生的债权诉讼也要对其进行冻结。这一点与伦敦模式为代表的庭外重组类似,但二者的根本区别在于破产重整中的暂停期属于法律硬性规定,司法强制力使得债权人无法拒绝。
- 在重整方案中较为特殊的一点在于,股东可突破劣后于普通债权人受偿的财产分配顺序,通过在谈判中争取普通债权人的同意将双方的偿付进行绑定,以突破法定的财产清偿顺序。
- 重整计划草案的制订与表决。根据美国的破产法规定,自申请人提出破产重整申请的4个月内必须提交重整计划。如有特殊情况,法院最多可将该期限延长至18个月。因此,在重整期间内,企业最重要的任务就是要制订出重整方案并努力获得每一类利益方的同意。利益方包括有担保债权人、无担保债权人、企业职工、其他享有法定优先权的债权人和债务企业股东。若重整方案未削弱某类利益方的利益,则该类利益方视为同意重整方案而无须投票表决;反之,则须获得参加表决的债权人1/2以上或股东表决权1/2以上,且其代表的债权或持股数额占该组债权或持股总额的2/3以上的同意。
- 法院最终有权决定是否批准重整计划草案。若每一类利益方都同意了重整计划,法院通常会直接批准该重整方案。若仅有几类而不是所有利益方均未通过,可以进行再次磋商和表决,也可以由法院根据最佳利益原则与绝对优先原则,最终决定是否予以强制批准。若各类利益方均未通过,则债权人不能向法院申请批准破产重整方案。
- 重整方案的实施。重整方案获得法院批准后,由债务人负责实施,并受债权人的监督。若在实施过程中债务人滥用职权或者实施违法行为,则债权人可以向法院提起异议或者申请任命托管人或监察人对其实施行为进行制约。
- 但如果未在规定期限内提出重整方案或未获得利益方及法院的通过,法院会对债务企业的破产申请予以驳回,或者转而适用于破产清算程序。

2. 清算制度

如果债务企业已经丧失存续价值，则债务企业与债权人皆可根据《美国联邦破产法》第七章申请法院进行破产清算，也称直接破产程序（straight bankruptcy）。在我国破产重整程序还较为鲜见时，人们通常理解的破产程序大多特指该类清算程序。美国企业适用本章程序处理的案件，每年都占据破产案件整体的大多数，且以债务人自愿提出破产申请者居多。

《美国联邦破产法》第七章"清算程序"通常包括 5 个阶段：（1）破产申请受理程序；（2）调查接管债务人财产；（3）出售破产财产；（4）将出售所得向债权人分配；（5）确定债务人是否对剩余债务获得破产免责。

破产清算程序的主要特点如下所述。

- 同上述破产重整程序一样，在清算程序中也分为自愿型破产清算和非自愿型破产清算。但在美国破产法实践中，非自愿型破产清算情形并不多见。
- 美国破产法规定下的清算程序既适用于企业，一般是在债务企业遇到了长期和无法克服的财务上的困难时实行；也适用于个人，但允许个人债务人保留特定种类和相当价值的自有财产。
- 清算程序启动后，企业仅在极为短暂的时间内可以维持运营，即在资产出售之前。在清算期间，同重整程序一样享有"暂停期"。
- 破产清算程序由法院指定的破产托管人进行。破产托管人具有极高的专业能力，不隶属于债权人、债务人中的任何一方，具有独立做出决策的能力，其主要职责包括对企业资产及债务情况的整理、处置，进行企业信息的披露、负责企业的经营、制订债权清偿方案等。
- 法院根据申请人的批准，通常会直接向企业发布救济令宣告启动破产清算程序。但当申请人为债务人时，法院也可能因有其他更好的方式来保护债权人和债务人的利益，依职权或者债权人或托管人的申请，驳回申请或中止案件审理。

总的来说，1978年的《美国联邦破产法》在世界范围内产生了重要影响，尤其是美国的破产重整制度，以及德国、日本、加拿大等国家破产法的制定与实施。先进的破产管理人制度以及完善的企业信息披露制度，不仅保障了庭内重组的顺利进行，也能真正做到平衡各方利益的需求，以实现庭内重组效益的最大化。此外，其庭内重组不仅只依赖于法院的推动与监督，也充分调动了破产管理人、律师、债权人对庭内重组进行监督，以防止企业逃避破产或者在庭内重组中谋取私利，损害债权人及股东的利益。

（二）日本的庭内重组制度

日本的庭内重组制度包括两种程序，再生型的庭内重组程序以及清算型的庭内重组程序。再生型庭内重组程序指的就是破产重整程序，日本称之为更生程序，法律依据为《日本公司更生法》《日本民事再生法》；清算型庭内重组程序即破产清算程序，适用依据为《日本公司法》中的特别清算程序以及《日本破产法》。

鉴于日本企业在申请破产时，采取再生型程序绝对优先的原则，因此，根据特别法优先于一般法的原则，申请破产时，适用法律的先后次序为《日本公司更生法》《日本民事再生法》《日本公司法》中的特别清算程序。清算程序主要是通过处置公司资产用以偿债，各国在处理流程上有些微差异，但区别不大，不再赘述。我们主要探讨日本的再生型程序，尤其是《日本公司更生法》的特点：

- 具有积极预防企业破产的功能。除陷入债务危机而濒临破产的企业可以适用再生型程序外，对那些尚未濒临破产但有破产征兆的企业同等适用，因此启动该程序的条件较为宽松。这有利于在公司陷入可能的困境时，尽早采取措施避免公司损失的进一步扩大以造成不良后果，将企业破产倒闭的可能消灭于萌芽之中。

- 与《日本民事再生法》在适用对象上的区别。《日本公司更生法》主要适用于大型股份有限公司，而《日本民事再生法》主要适用于个人、法人。

- 顺序上具有绝对优先性。当有数人依据上述 4 部法律向法院申请企业破产时，法院优先受理该再生申请。此外，即使企业已进入清算程序，仍可以在持有半数以上股权的股东出席的股东大会上征得占 2/3 以上股权总数的股东同意，申请公司更生程序。

- 公司更生期间的"中止执行"。进入公司更生程序后，之前涉及企业的司法程序都要中止，为企业更生创造相对良好的环境。

- 参与主体较其他庭内重组程序多。在申请主体上，不仅包括债权人和债务人，还包括股东、董事和承担监察职能的人员。这些主体还可以参加公司更生计划的讨论与表决。

- 更生措施多种多样。公司更生程序主要是通过债权人与债务人之间的协商、谈判，可以就调整公司的治理机制、更换管理人员、实施公司合并或兼并、处置公司资产、发行股票和公司债等达成双方认可的一致意见。

- 更生计划是公司更生程序的灵魂。更生计划不仅包括公司债务及业务的重组，还包括更生计划的制订和修改条款、利害关系人的权利和义务条款。法院在批准更生计划时侧重于对其公正性和可行性的审查。

- 对公司更生程序的限制较少。只要征得多数债权人的同意，即可通过公司更生计划；对更生计划没有调整的债务，可直接通过债务豁免的方式予以解决。此外，还允许企业采取重组并购的方式以达到再生目的。

由此可以看出，在日本公司重整更生程序中，其适用条件和适用程序较为宽松，这也反映了公司更生程序的侧重点在于预防企业破产。这样做，能使公司及早发现问题并及时解决问题，迅速恢复营业，进而促进国家经济的发展和就业的稳定。但它也有局限性的一面，公司更生程序的适用范围较为有限，仅适用于大型企业集团，而在破产案件中占有较大比例的中小型企业则不能适用。

上述是庭内重组制度的明显优势，但并非可以完全自动依赖的灵丹妙药，需要方案制订者殚精竭虑地考虑方方面面的关系。史蒂夫·米勒被美国华尔街称为"危机处理先生"，曾扭转了克莱斯勒、伯利恒钢铁等多家美国知名企业的颓势局面。他对破产程序等庭内重组的认识在于，破产是一个过程，帮你重焕生机，但不代表你在改造企业时不需做出任何决定。重组过程有时会比你预想的时间更久，有时代价高昂。如果你决定实行破产保护，就要立即采取行动，否则你的公司资产很快会所剩无几。[①]

二、中国的庭内重组制度

相较于其他国家，中国的破产制度确立的时间相对较晚。中华人民共和国成立后，于1986年12月颁布了第一部破产法——《企业破产法（试行）》。由于该法成就于计划经济的背景之下，且适用的对象主要是全民所有制企业，因此，在社会主义市场经济体制确立之后，该法就显得与经济体制改革的要求格格不入，尤其不能很好地适用于大量陷入债务危机的民营企业。在这样的背景之下，2007年《企业破产法》应运而生。截至目前，2007年颁布的破产法在解决债务问题中发挥的重大作用越来越被社会所接受。对比庭外重组程序，这些陷入财务困境的公司更愿意采取成本更高的正式破产程序，可能正是基于

---

① 资料来源：史蒂夫·米勒. 扭转乾坤：我如何拯救美国深陷危机的企业［M］. 郭国玺，译. 北京：东方出版社，2009.

社会对破产程序中司法强制力与自由裁量权的信仰，导致各方在利益与情绪对抗激烈的债务博弈过程中，产生对破产程序更为信赖的选择偏好。

（一）庭内债务重组之破产重整程序

2007年《企业破产法》首次规定了破产重整制度，与之前的《企业破产法（试行）》相比，这是这部破产法的最大亮点之一，它使得企业在陷入债务危机之后，可以选择除破产清算、破产和解之外的第三条路径来实施企业重组，挽救企业，其主要特点在于：

1. 破产重整的申请主体更为宽泛，一般情况下包括债务人与债权人。但在特殊情况下，债务人的出资人也可以作为启动重整程序的申请人，具体如下：

- 当债务人不能清偿到期债务且资不抵债，或者不能清偿到期债务且明显缺乏清偿能力，即使未达到资不抵债时，也可以向法院申请破产重整。这也是破产清算和破产和解的启动原因，也称破产原因。其中，明显缺乏清偿能力指的是债务人账面资产虽大于负债，但因资产市场价值严重不足或者财产不易处置变现、经法院强制执行、无人员管理财产、长期亏损且经营扭亏困难等原因，经债权人催告并在相当时期内无法清偿债务的情况。

- 当债务人不能清偿到期债务且具有明显丧失清偿能力的可能时，也可以向法院申请破产重整。这是启动破产重整所独有的原因，因此被称为重整原因。这是考虑到建立破产重整的目的是拯救企业，即使此时企业尚不具备破产原因，也允许其及时提出重整，以此来提高重整的成功率，更好地发挥重整的作用。

- 在进入破产清算后、宣告破产前，向法院申请破产重整。该程序也被称为清算转重整程序。如果现有清算程序是由债务人自身启动的，则不符合清算转重整条件。

- 在法定的特殊情况下，债务人持股 10% 以上的出资人，也有权作为重整申请人，向法院申请对债务人进行破产重整，但要符合以下两个条件：一是启动现有破产清算程序的申请人是债权人，此时，债务人和出资人要在法院受理破产清算申请后、宣告债务人破产前提出破产重整申请；二是该出资人的出资额必须占债务人注册资本 1/10 以上。

2. 《企业破产法》规定，法院受理破产申请的同时应指定管理人，由管理人负责管理债务人的财产和营业事务。在重整过程中，为了保证重整程序中企业经营的连续性和稳定性，也可以由债务人或者债务人的管理层来负责企业的重整事务。这样做，不仅能利用债务人或者其管理层熟悉企业情况的优势，还节省了管理人与债务人进行磨合所耗费的时间，提高了重整成功的概率。

3. 管理人或债务人在制订完重整计划草案后，须提交给法院。这一程序有着法定的时间限制，即自法院裁定债务人重整之日起，最长 9 个月内必须向法院提交重整计划草案。这一规定实质上是对破产重整的期限限制。如果未能按时提交，即视为债务人已失去重整成功的希望，由法院裁定终止重整程序，并宣告债务人破产。

4. 破产重整作为庭内重组的制度优势。中国自 2007 年颁布新的《企业破产法》并在制度层面确立破产重整制度后，相较于破产清算和破产和解，破产重整对市场的影响较大，这缘于重整实质是作为破产预防制度的如下优势：

- 困境企业往往资不抵债，意味着现有资产的变现能力与负债规模存在严重鸿沟。也就是说，困境企业最大的问题是无法足额偿付债务。对比其他庭内重组，破产重整的最大价值，在于避免清算给各方带来的最大损失，可以在债权人最关心的清偿时间、偿付比例与维权成本等方面提供有利的制度支持。我们以破产重整制度的时间优势为例，法律规定管理人必须在债务人进入重整程序的 6 个月内向法院提交重整计划草案，最长不得延长超过 3 个月。因此，这就有利于敦促法院与管理人提升办案效率，而困境企业相关重组工作的加快，也会显著提高危机企业的存活率。反向来说，如果困境企业在规定时间内提交切实可行的重整方案，则必须终止并转为破产清算程序，这就帮助债权银行可以尽快结束信贷保全成本持续增加，以及影响下一年度信贷计划等不利状况。

- 困境企业本身是有经济价值与社会价值的，重整程序可以最大限度地发挥危机企业的存量资产价值。面对危机，没有哪个企业家想直接注销，如果有一种机制可以帮助企业家实现涅槃重生，不但对债权人有利，更有利于整个社会运营经济资产的效率提升。破产重整正是这样一种制度，其目的在于拯救企业注销之命运，针对那些尚存经营价值与挽救希望的企业，通过对企业业务、债务及资产等各个方面进行整合，促进企业产业结构的优化升级以及业务的提升。这也就保留了企业的主体资格或原有价值资产，有利于对企业职工予以妥善安置，维护社会的稳定和经济的发展。

- 破产重整目前在中国或世界的运用日趋灵活，与市场力量配合无间。市场力量将困境企业推向对其最有兴趣、最看重的投资者手中。投资者可以是新的战略投资者，可以是困境企业本身的债权人，也可以是现有出资方。通过重整程序，债权人或第三方通过重整程序有序地获得控制权。这样的投资者会面向市场给出最贴近市场判断的报价，通过重整协议承诺追加债权人受偿，维护债务人资产。重整程序本身的兼容性，可以在其中使用多种复杂的衍生品、交易结构、投资模式与清偿方案，这就加深了债权人保护和信任，有利于达成重组共识。

- 企业重整时，法律允许由债务人或债务人的管理层继续负责管理企业。由债务人自己管理企业，可以保证企业经营的连续性、稳定性和有效性。相较于管理人的管理，可以极大地避免因管理人专业能力不足或者对企业基本情况不了解而错失企业重整机遇。由此可见，这是与破产重整的拯救目的一脉相承的，由债务人在破产重整中自我管理，可以保障企业利益的最大化。
- 重整程序可以运用的工具范围更加灵活、广泛与多元。破产重整根据不同阶段与诉求，可以采取多种重组工具。破产重整是为了债务人复兴，维护社会利益而设立的制度。[1] 因此，基于诉求的多元，在实践中的适用也较为灵活，选择的重组工具也是多种多样的，可以通过债转股、现金或非现金清偿、修改偿债条件等方式对企业的债务结构，甚至资产结构予以调整。当然在这个过程中，相关工具的使用也要留有余地，避免干扰困境公司在下一个可能的债务违约循环中再次开展重组的能力。

（二）庭内债务重组之破产和解程序

中国的破产法由三驾马车构成，即破产清算、破产重整与破产和解三大制度。实际上，破产重整与破产和解这两项制度，在通常意义上的破产法中讨论并不准确，二者实质是破产保护或预防程序。早些时候，如果市场讨论破产，第一印象特指破产清算程序，对其他两项制度知道不多，但随着近些年破产重整越来越多地适用于困境企业，这一片面认识已经好转。破产和解制度也是如此，它们存在的制度价值是避免清算的破产预防制度，提供除破产清算之外的债务重组可能性。

1. 破产和解的模式

破产和解制度的设计目的主要是用来弥补企业破产清算制度的缺陷，以避免"一刀切"地对陷入债务危机的企业进行倒闭清理。作为企业再生制度之一，其核心在于在法院的主持下，促使债务人与债权

---

[1] 资料来源：杨淼，牛宁. 论破产重整程序中的重整债权及保护［J］. 法制与经济（中旬刊），2009（6）.

人就债务偿还问题达成谅解协议。破产和解的模式如下所示。

- 关于债务和解的申请主体：在破产和解程序中，有且只有债务人享有申请权。债务人既可以向法院直接申请破产和解，也可以在企业进入破产清算程序后、宣告破产前向法院提出破产和解申请，这一程序也被称为清算转和解程序。此外，在向法院提出破产和解申请的同时，还应当一同提交和解协议草案。

- 关于破产和解的方案内容：和解协议草案的主要内容包括债务人资产状况说明、债务情况、债务清偿方式和期限以及确保执行和解协议的措施。由此也可以看出，破产和解的落脚点主要在于清偿债务，通过债务人与债权人之间就减免债务、债务的迟延履行等方面达成和解协议的方式来实现。

- 关于破产和解的表决规则：和解协议只有在同时得到债权人会议和法院的认可后才可获得通过，和解程序才能顺利完成。和解协议须得到出席债权人会议过半数债权人的同意，且其持有的债权额达到无担保财产债权总额的 2/3 以上时，债权人委员会才会通过该和解协议。即使如此，如果该和解协议未得到法院认可，仍意味着企业破产和解的失败，进而转为清算程序。

2. 破产和解的优势

- 破产和解属于法定程序，具备法律上的强制力。相较于私人和解协议，破产和解的强制性大大降低了企业重组失败的风险。私人间的和解，是在司法程序之外由债务人与债权人达成的清偿债务协议。但这种私人和解协议的达成却困难重重，一方面，由于当事人之间利益错综复杂，很难得到全体债权人的一致同意，另一方面，即使部分债权人同意了该私人和解协议，但对于剩余的异议债权人不具有约束力，其仍可通过民事诉讼或启动其他破产程序，使之前达成的和解协议"付之一炬"。

而在破产和解程序中，无须全体债权人同意，和解协议仅须达到法定比例，即可对全体债权人发生拘束力，这不仅大大节省了债务人与债权人协商、谈判的时间，还保全了企业的资产，避免债权人的个别追偿行为损害到全体债权人的利益。

- 从破产和解操作流程来看，它有着更为灵活与简洁的特质，是对重整程序的必要补充。破产和解对同样具有拯救功能的破产重整程序来说，操作流程较为简单，即债务人取得债权人的让步，通过修改偿债协议来达成和解。因此，这也决定了破产和解适用于债权债务相对简单、资产仍有存续价值的困境企业。
- 破产和解的适用成本更低，债权回收率更高。破产和解制度主要由债务人提出和解方案，通过协商谈判争取债权人的让步，所以采取的偿债措施也较为单一，主要包括削债、延长还债期限、修改还债方式等，这使得债务人可以在重压之下得以喘息，减少了企业的财务费用，降低了企业的拯救成本。此外，破产和解在保全企业的主体资格的同时，也最大限度地提高了债权人债权的回收率。因为相较于破产重整，破产和解并未对债权人的债权予以大幅度削减或转为预期利益，主要是与债权人达成合理的宽限期间，并在到期后多以现金清偿。

对于上述优势，理论界也有不同声音，这与中国的破产和解制度在企业债务重组中的运用场景并不多见有关。甚至有学者认为该模式适用范围与重整程序重复，且上述好处受到实操层面的阻碍，认为破产和解并不是为了挽救陷入困境的企业而新出现的重组形式，且在实践中的破产和解是费时、昂贵和低效的。① 对此，本书持有反对意见，破产和解的制度优势没有发挥，与破产案件整体有关，就像一段时间

---

① 资料来源：Zhang, Qinyu. Composition in Enterprises Bankruptcy Law of China: Crises, Reflection and Reshaping（《中国企业破产法的构成：危机、反思与重塑》）[J]. The American Bankruptcy Law Journal, Winter 2017, P55.

内对破产重整制度的适用同样较少，这需要一个市场与社会的适用过程。但针对特定情形，破产和解在挽救特定企业的个案中发挥了令人惊叹的作用，例如西王集团破产和解案。

3. 破产和解的实施效果

"健康中国，西王好油"，还记得张国立、赵薇等明星在央视一套黄金时段为"西王玉米胚芽油"代言的广告吗？这可能是中国老百姓耳熟能详的粮油品牌之一了。谁都没有想到，这样一家在粮油传统行业深耕多年，气质沉稳且总资产近500亿元的中国知名企业，有朝一日也会深陷债务危机。

2020年2月21日，西王集团向山东滨州市邹平市人民法院提出破产和解申请，并提交了和解协议草案。西王集团提供的财务报表显示：截至2019年年末，西王集团账面资产合计155.41亿元，账面负债合计166.93亿元，资产负债率为107.41%，所有者权益为负11.52亿元，西王集团已资不抵债。因此，法院认为西王集团符合破产和解的法定条件，裁定受理了和解申请，并指定西王集团清算组担任管理人，邹平市委副书记牵头担任清算组组长，组员包括当地政府各部门与北京市金杜律师事务所。

这样一场大型企业的破产风暴来时虽有征兆，但结果却令人始料不及。西王集团破产和解案在申请破产和解的40天后，即宣告和解成功，顺利度过规模百亿级的债务违约风暴，成为中国首例通过破产和解制度化解债券违约风险的成功案例。

据了解，西王集团申请破产和解的原因，主要是希望解决集团层面的债券违约问题。西王集团自2019年10月开始，名下多只债券出现兑付违约。截至破产和解时，违约债券数额已达8只，违约金额约55亿元。市场不禁要问，什么原因导致了西王债券的集中违约？我们认为西王集团陷入困境的原因可能是多方面的，但最主要的原因有二：

- 西王集团本身债务结构不合理的内因。《经济观察报》曾在"西王集团百亿危机化解始末"的报道中，援引集团高管评述：

"一般来说，企业的融资结构是：大半是银行贷款，少部分辅以发债。因为银行贷款到期可以续贷，债券则需要到期兑付。可是，在政策鼓励企业发债融资的 2015 年，西王集团曾还掉大笔银行贷款，代之以发债融资。西王集团融资一度各占一半。这就产生了资金的结构错配，也引起了债券集中到期、无法兑付的债务危机。"

- 西王集团受当地互保风险感染的外因。西王集团与滨州当地的另一知名企业齐星集团的互相担保关系，也为西王集团的债券违约埋下了伏笔。2017 年，齐星集团爆发了债务危机，作为最大担保方的西王集团自然无法独善其身。西王集团对齐星集团及下属子公司提供担保余额近 30 亿元，其不但要承担巨额担保责任，且其信用评级亦被下调，阻塞了融资渠道，严重影响了集团自身的融资能力和偿债能力。

实际上，西王集团临危授命托管齐星集团又予退出后，其债务问题已现端倪。西王集团为了尽快结束"互保爆雷"所引发的风波，以及为解决自己集中到期的债券，采取"借新还旧"的融资方式清偿债务。在这一过程中，西王集团通过发行企业债券、引入现金流等方式，偿还了齐星集团 2.5 亿元的担保债务。但是，正如前述影响，因为信用等级的下降以及经济下行压力的影响，企业在融资的高速路上踩了急刹车，后果非常严重。2019 年 9 月，西王集团原本计划发行"19 西集 05"债券 6 亿元，但最终只募得 1.5 亿元的现金。借新还旧的脆弱平衡被打破，在之后的一个月内，旗下多只债券相继出现了到期不能兑付本息的情况。随着一张张多米诺骨牌的倒下，西王集团的债务黑洞凸显在世人眼前。

幸运的是，滨州及邹平地区自 2015 年起，自群星纸业、齐星集团等大型企业集团相继通过破产重整程序顺利完成债务重组工作后，政府对处置大型企业债务问题的经验和模式渐趋成熟。2019 年 11 月，面对西王集团的债券集中违约，政府当机立断，召集银保监局等机构召开会议，协调金融机构不抽贷、断贷，保证企业不发生挤兑风险。但可惜的是，西王集团债务问题的核心是债券违约而非贷款违约，故金融机构的支持不足以帮助西王集团化险为夷。实际上，西王集团债务问题有着鲜明的特点，即无担保债券债权占全部债权的绝大多数，这也成为其债务重组模式选取市场上极其少见的破产和解程序的最根本原因。

西王集团的债券违约危机出现后，市场传闻可能采取与永泰能源处置债券违约危机时，曾想通过长达13年的延期偿付的相同方式来解决。如采取这一方式，鉴于西王集团债务规模较高的现实，延期支付的期限不会太短。这一方案随即遭到了债权人的激烈反对。实际上，西王集团无论提出何种庭外重组方案，面对已到期或未到期的15只总计百亿元的债券规模，都很难取得全体债券持有人的一致同意。只要有一家债权人不同意，其他债权人就很难做出让步，这种谈判"钳制成本"成为一个难解的死循环。因此，西王集团走上了破产和解之路，利用法定的债务重组工具，只要多数债权人同意即可"硬性"实施该方案，从而法定豁免债务。

2020年3月1日，西王集团召开第一次债权人会议，表决通过了下述《和解方案草案》。（1）对20万元以下小额债权予以特殊照顾，自法院裁定批准和解方案之日起6个月内全额清偿完毕。（2）债权人债权在20万元以上的部分，可以选择下述任一方式受偿。在债权金额不做调整，原则上全额偿付的情况下，"50%债权分4期在6年内偿付完毕，剩余50%转为上市公司股票和拟证券化资产"。留债期间按照一年期贷款市场报价利率支付利息。转股部分在2021年年底正式转股，合计本息转为西王食品的股票，定价为市价90%，或按照评估值转为西王糖业的股权。"全部债权在10年内分8期偿付"。偿付方案同时由管理人做出增信安排，对上述付款期限有加速安排，最快在7年内支付完毕。同时，西王集团自2023年起，如经营性净现金流支付留债债权后仍有盈余，可将其中50%提前偿付下一期留债债权（剩余部分需要预留运营资金）。同时，西王集团提供土地、房屋等作为和解方案的配套增信措施。

在西王集团进入破产和解程序后,市场解读多从破产和解的角度来报道重组过程和结果,但是,西王集团选择的债务重组模式绝非简单的破产和解模式,而属于庭外重组与庭内和解的新型范式。邹平政府、西王集团与管理人采取的这种模式,着实令市场眼前一亮,重组架构的设计非常惊艳——完全符合自身信用债券较多以及债权人结构的特点。

一般的破产程序,相关的清偿方案要在进入程序后逐步确定,例如在破产重整程序中,正常流程是债权申报审核、资产审计评估,然后根据困境企业资产负债状态选择战略投资者,投入资金获得股权并将注资向全体债权人分配。其中,各项工作都是动态的过程,如果资产在重整程序中急速升值并达到债权人受偿的心理预期,那么也就不再需要引进新的投资者,依靠企业自身资产处置变现也能满足债权人的心理底线。这一点在当年证券公司行政清理或现今地产行业中都曾出现过。反之,如果企业持续恶化,投资者也可能纷纷离场导致重整失败而破产清算。这样一个动态博弈的过程是较为常见的庭内重组流程。但是,西王集团的破产和解重组与常规模式显然不同。

- 将违约问题处理平台集中在集团层面,未出现近年来困境企业集团合并重组,牵连上市公司的情况。西王集团拥有境内外共计3家上市公司,分别为境内A股上市的西王食品,香港上市的西王特钢与西王置业。出现债券违约事宜的主要是西王集团层面,暂不涉及上市公司运营。因此,鉴于债务违约并未传染至集团全部关联企业,故风险隔离在集团层面,专心处理债券违约事宜是较为合理的解决方案。整个破产和解程序用时40多天,在表决和解方案前已经与大多数债券持有人达成默契。其中,因为债务偿付方式为延期清偿,故不涉及资产处置变现,又或者让渡股权而引进外部资金的事项。尽管通过留债的方式延长了债务偿还期,却保证了债权人债权的全额清偿,减少了坏账、呆账的比例，因此，本次和解方案最终获得债券金额占比达 2/3 以上的债券持有人的信任。

- 常规庭外重组涉及聚合问题和钳制成本，故通过破产和解程序的法定表决程度加以规避。只要取得出席会议债权人一半以上，债权金额占全部债权 2/3 的债权人同意，和解方案即可表决通过，经法院裁定批准后即对全体债权人具有强制执行效力。本身西王集团的债权人有很多多年的合作方，且持有债权数额较大，故在争取该类债权人同意后，再行通过司法和解程序巩固谈判结果，赋予其强制执行效力，就规避了破产和解失败的风险。虽然部分债权人的反对声音依然存在，认为西王集团关联密切的债权人的倾向性干扰了正常投票结果，但是法律并未对关联债权是否具有投票权做出限制性规定，根据商事法律之"法无禁止即允许"的基本原则，只要债权合法有效即应赋予其正常参与投票的权利。

- 在和解方案中，管理人出具的和解草案提供了增信措施。西王集团将土地、房屋等优质资产作为方案增信措施，以此来保证方案后续具有可执行性，这也提升了债权人的认同度。这一点在庭内重组中非常罕见。通常债务企业走破产程序的目的在于减轻企业债务负担，将普通债权比例清偿后，剩余债权视为全部偿付完毕。担保债权人按照实际资产变现价值或者资产评估值受偿后，要将优质资产释放出来成为没有权利负担的干净资产。但是，西王集团在破产和解中反其道行之，将信用担保的债券持有人提供的优质资产进行担保，作为和解方案的增信措施。

实际上，西王集团采取破产和解这一债务重组模式是市场其他困境企业可以借鉴但难以效仿的，这是因为：

首先，西王集团是资金错配导致的债务危机集中爆发，但也正是这种债券普通债权占据负债大部分的结构特点，具有了破产和解的适用前提。如果西王集团已将大部分优质资产向债权人提供担保，担保债权比例较高，就很难让担保债权人同意如此长期限的延期偿付方案，很可能最终要通过更为复杂的破产重整程序，去规避解决优质资产被优先债权人启动强制程序追偿的风险。

其次，部分债券持有人来自山东当地且多年来与公司关系密切。这部分债券持有人或债券承销商对该方案的支持，是能够迅速达成默契的重要原因。即使这样，该和解方案亦修改数十稿才在提交会议前的最后一刻提交表决，由此可见正常情况下的和解谈判又是何等艰难。本次西王集团的债务结构与本次重组的模式选择，与美国相关研究结果类似，即困境公司债务结构与债务重组模式选择息息相关。我们发现，在案件开始债务集中度较高的公司，更可能主动提交预先安排的债务重组或破产计划，快速完成重组过程，股东出资的变化与经营稳定性受到的影响相对较小。另外，这种债权集中度越高，该类债权的回收可能性反倒越大。甚至，如果在破产重组进程中出现较为频繁的债权交易，也预示着重组成功性与清偿可能性的超预期可能。当然，这种模式的重组在一定时间内较为有效，但本质上正是基于困境企业或其股东与大债权人的友好关系和信任程度，相关重组对其公司治理、人员结构、经营安排等大刀阔斧改革的可能性不大，那么后续改善也就不明显。如果企业本身问题较重，这种重组模式反倒会加深未来清算的可能。西王集团与沈阳机床在短时间内多次进行债务重组的案例，也进一步说明了这一观点。

再次，西王集团本次和解方案也是在债权人心理预期被市场持续打压的情况下做出的"无奈之举"。现今打破债券刚性兑付成为一种市场共识，尤其通过金融机构在滨州另一知名企业群星纸业重整（含关联公司）案的综合受偿率约为16.1%，齐星集团重整案的普通债权清偿率约为24.68%的横向对比，西王集团这种延期但不打折清偿的方式也给债权人提供了一些心理慰藉。毕竟，在2019年债券风波频发、市场高收益资产并不多的情况下，虽然该债券丧失了流动性，但当做永续债对债券投资者来说并非不可接受。

最后，滨州政府应对得力，成立了高达30亿元的纾困基金，这是当时山东省内最大规模的纾困资金，专项解决西王债务问题。这就给了市场充分的信心。不仅如此，西王集团还获得了政府在其他层面的强力支持。虽然整体债务重组以市场化为原则，由债权人在司法搭建的平台上表决和解方案，但府院联动机制作用明显。政府协调金融机构不抽贷、不压贷等措施，使得主要矛盾和风险未曾扩大化和恶化，风险停留在了集团层面的债券违约上，这就使得上市公司层面保持稳定。否则，如果上市公司受到牵连，影响了公司运营和股价，则本次和解方案的操作空间将会进一步压缩。

正是上述天时、地利、人和兼备，西王集团以"破产和解程序为明线，庭外重组为暗线"的整体纾困方案才能成形，并且在短时间内产生效果，化解了百亿元负债级别的债务危机。当然，正如之前谈及的，西王集团这种负债结构集中于普通债权，且债务集中度高的公司，虽可更主动地提交预先安排的债务重组或破产计划，快速完成重组过程，企业经营波动不大，但也意味着对公司无法进行大刀阔斧的改革，化解本次危机后的后续改善能否治标又治本，将留给市场来进一步检验。

（三）庭内债务重组之破产清算程序

破产清算制度主要是将不具备挽救价值的危困企业的全部资产予以处置变现，在所得资金按照法定顺位清偿各类债权后，最终注销企业主体资格的法律制度。通俗地讲，所谓破产清算，就是将企业的所有财产拿去还债，系破产制度的兜底程序。

破产清算制度具有兜底功能，是解决企业债务危机的最后手段。当破产和解与破产重整程序均以失败告终时，法院就会裁定终止破产和解、破产重整程序并宣告破产，这就是我们所说的破产重整转清算、破产和解转清算程序。通过对企业债务进行清算、偿还，对企业予以注销，企业主体资格归于消灭。

破产清算制度的核心在于，尽快处置资产并按照法律规定，依序公平清偿企业债务。采取破产清算的企业往往是那些丧失自我发展能力、信用评价较差、产能过剩与不具有拯救希望的企业，其主要作用在于使债务人不做无谓挣扎而浪费债权人更多的成本，快速根据管理人制订的破产财产变价方案和破产财产分配方案，通过处置债务人资产，将所得现金尽快用于清偿债权人债权。

破产清算制度较为"简单粗暴"，提供了"一劳永逸"的机会，能够彻底解决一揽子债务问题。在部分企业不具备挽救价值时，直接通过处置资产还债进而实现债权人的快速受偿，即使该种受偿比例在一定意义上可能较低。或者意味着企业处于危机时，各方并未尝试做出更优选择，做起死回生的最后努力。但对广大债权人来讲，当明知企业重组成功机会不高的情况下，不再投入人力、时间与财务成本，继续折耗于某种提升清偿的低概率事件上，显然也是一种合理的商业策略。在此意义上，破产程序实际上充分彰显了对债权人的友好。因为企业重组仍是"危机四伏"的，一旦重组失败，错过最佳处置资产时机，债权清偿比例将会进一步大幅缩水；而破产清算对大部分债权人来说却是相对稳妥的清偿方案，通过对企业资产进行售让、拍卖，即可以或有机会获得实实在在的现金。这折射出一种商业智慧，如那句谚语所言——百鸟在林，不如一鸟在手。

除此以外，现代商业实践的发达也赋予了破产清算以新的优势。由于破产重整具有严格的时间限制，启动条件也较为严苛，而破产清算的存在，就为那些还未做好准备的企业提供了一个相对宽松的"缓冲期"，为企业重组争取时间。在法院裁定受理破产清算后，企业仍可以采取措施以积极争取债权人、潜在投资者的支持，从而推动企业转入重整或和解程序，下述的金立公司破产清算案就是一个例子。

作为曾经的中国手机行业巨头，金立通信在2017年年底被曝出有资金问题后，就迅速转向"下坡路"。随后，又接连被曝出公司资产被法院冻结、创始人刘立荣负债百亿元的不利消息。消息一出，多家供应商开始上门讨债，金立的债务危机也随之浮出水面。

2018年5月8日，广东华兴银行深圳分行等3家债权人以金立通信不能清偿到期债务为由，向深圳市中院申请破产清算。而在 2018 年 11 月 20 日，经过长达几个月的上门讨债未果后，又有近 20 家金立供应商向深圳市中院申请破产重整。由此也可以看出，在企业破产过程中，各债权人之间的利益也是存在矛盾和冲突的。在同时符合破产重整和破产清算条件的金立破产案中，债权人或出于担心清偿率低而提起重整申请，或出于担心债权得不到保障而申请破产清算，法院对破产程序的裁定具有最终的决定权。在法院尚未做出最终裁定之前，金立也在积极与债权人进行谈判，希望债权人能同意公司的破产重整。

2018 年 12 月 10 日，法院最终审查裁定受理了金立公司的破产清算案。法院之所以选择破产清算，是因为相关债权人的债权已超过一年仍未获得清偿，足以说明金立公司明显缺乏清偿能力。此外，破产重整程序具有较强的时效性，需要企业及时提出具有可行性的重整计划方案，但鉴于金立公司的债权债务较为复杂，很难在重整期间内达成一致意见，因此，法院最终做出了受理破产清算的裁定。

但负责金立公司破产清算的管理人却对金立的破产清算非常乐观，并设置了公司重整事务部，希望通过破产清算转重整程序，为金立公司的债务重组赢得时间，从而理清公司的财务状况，积极寻找潜在投资人，推动公司的资产重组。

在受企业破产等不利消息的包围之下，2019 年 9 月，有新闻曝出金立公司又发布了两款新型手机，而企业高层也希望通过新机的发布，将金立带出破产阴影，开拓市场以提振投资者的信心。但之后，金立手机在市场再无消息传出，在手机市场苹果、华为格局渐趋稳定，OPPO、联想等份额持续下降，锤子、格力等重金打造的手机新势力亦未达到预想的情况下，金立手机翻身的概率已然不大，很可能会继续推进破产清算程序。这也说明，看似残酷的破产清算案，有时对大部分债权人来说反而是相对稳妥的清偿方案。

（四）庭内重组与刑事程序交叉的特殊问题

实践中，困境企业往往处于复杂的法律关系之中。特别是近年来随着各种融资模式逐渐增多，很多企业或相关方游走在合法与非法的灰色地带，一不小心就容易触碰法律的红线，所犯的罪名包括集资诈骗罪、非法吸收公众存款罪等。因此，如果一个企业陷入债务危机的同时，这个企业或相关方又涉及刑事程序，则该刑事程序是否会对困境企业采取债务重组程序造成阻碍？对此，由于中国缺乏详细的法律规定，当事方、法院、检察院与公安机关对此理解亦有分歧，故很多困境企业经常出现债务重组过程中因涉及刑事案件而导致债务重组搁置的情形。

整体而言，我们认为庭内债务重组（主要是破产程序）与刑事程序分属两项独立法律程序，实践之所以产生交集，主要牵涉两项问题：其一，程序间的优先顺位问题，即债务庭内重组程序与刑事程序谁更优先，即如有冲突，谁给谁让路，哪个更为优先处理的问题；其二，在实体上，该标的企业的财产范围应当如何认定的问题。财产之所以成为两大程序的交接点，就在于债务重组的"棋眼"是资产的分配，而刑事程序除刑罚之外，在经济类案件中，被害人最为关心的亦是赃款赃物的分配。

鉴于现实情况的千变万化，刑事程序与庭内重组程序发起的时间、涉及的刑事罪名及所处阶段等因素均会产生不同的影响，故本书将各种常见"破刑交叉"场景进行下述分类：

- 庭内重组发生在刑事程序开始之后，且该刑事案件的裁判结果将有可能影响破产财产范围的认定。例如，某公司无法偿付到期债务，亟须进行破产重整，但因实际控制人涉嫌犯罪，已被刑事机关立案侦查，其犯罪所得与公司财产将有可能存在混同现象。
- 庭内重组发生在刑事程序开始之后，但该刑事案件的裁判结果将不会影响破产财产范围的认定。例如，某公司无法偿付到期债务，亟须进行破产重整，但因实际控制人涉嫌犯罪，已被刑事机关立案侦查，其犯罪行为与公司财产不存在混同现象。

- 庭内重组发生在刑事程序开始之前，且该刑事案件的裁判结果将有可能影响破产财产范围的认定。某公司已经进入破产重整程序，但尚未完结，其后实际控制人涉嫌犯罪被立案侦查，其主要犯罪行为依托该公司进行，公司财产与犯罪所得存在一定交集。
- 庭内重组发生在刑事程序开始之前，但该刑事案件的裁判结果将不会影响破产财产范围的认定。例如，某公司已经进入破产重整程序，但尚未完结，其后实际控制人涉嫌犯罪被立案侦查阶段，其主要犯罪行为与公司无关，公司财产与犯罪所得不存在交集。

我们认为，不论实际债务重组程序与刑事程序如何变化，多数都围绕程序优先性，以及财产所有权的归属开展，且基本可以囊括上述基本类型。

1. 程序上采取破产程序与刑事程序交叉中的"先刑后民"原则

"先刑后民"是实践中刑事程序与民商事程序发生交叉时，处理程序性矛盾的一般原则。对于该原则的一般规定，主要集中在1998年4月21日发布的《最高人民法院关于在审理经济纠纷案件中涉及经济犯罪嫌疑若干问题的规定》中。该规定的第一条、第十条、第十一条、第十二条等条文确定了"先刑后民"是处理民刑交叉案件程序冲突的基本原则。《最高人民法院关于审理存单纠纷案件的若干规定》《最高人民法院、最高人民检察院、公安部关于办理非法集资刑事案件适用法律若干问题的意见》等法律规定及司法解释均对"先刑后民"原则做出了更加具体的规定。

但是，"先刑后民"只是实践中的一种较为通俗的说法，实质上并非一切刑民交叉的案件都一定先刑后民。该原则的运用要符合法定条件——适用"先刑后民"原则的案件必须符合"同一事实"的前提条件，即依据《中华人民共和国民事诉讼法》第一百五十条规定，民事案件的审理必须以刑事案件的审判结果为依据，只有在此情形下才符合适用"先刑后民"原则的前提条件。

在破产程序与刑事程序出现交集的案件中,只有当破产程序关于企业资产的认定,必须以刑事案件的审判结果为依据,或者刑事审判的结果会实质影响破产程序关于企业资产认定的时候,才具备了适用"先刑后民"原则的条件。

因此,关于破产程序与刑事程序交叉时程序的选择,前文假设的4种情形中只有第1种与第3种情形下,刑事案件的审判结果可能会影响破产程序的标的企业的资产范围认定,才能够适用"先刑后民"原则。此时,不论债务企业的债务重组程序进展到何种程度,例如困境企业已经被法院裁定破产重整,一旦相关刑事案件牵涉该企业的破产财产,在破产财产与赃款赃物没有完全区分前,都意味着破产程序必须中止,待将刑事程序中所涉"赃款赃物"剔除于"破产财产"后,破产程序方具备重新启动的前提和基础。否则,如果债务企业的财产范围无法确定,那么后续重组方案是无法制订并表决的。

而对于另外两种情形,不具备破产程序让路给刑事程序的前提条件,破产程序与刑事程序应当按照各自的程序正常进行。例如某上市公司的实际控制人涉嫌犯罪,但其犯罪行为并不牵涉上市公司,故上市公司依赖自身财产开展重组行为,自然无须等待刑事程序的结果。

2. 实体上:破产程序与刑事程序交叉中的"破产财产"认定

通过上述破产程序与刑事程序如何行使优先适用规则的分析可知,二者最为关键的问题还是落脚于"财产范围"。如果困境企业资产与刑事程序的赃款赃物可以明确区分,则理论上二者可以同时进行。因此,破产财产与赃款赃物的"界分规则"将变得尤其重要。

一般理解,破产财产的范围是指困境企业的合法财产。刑事程序中的涉案资产往往都无法认定为"合法财产",因此当程序发生交叉,就会必然导致涉案财产与破产财产的交织。如何在企业现存资产中,将破产财产与涉案资产相剥离,既能使刑事被害人通过刑事程序获得救济，又能使破产企业的债权人通过破产程序获得清偿，就成为交叉程序中最为核心的问题，同时也是司法实践中的难点之一。

2009年《最高人民法院关于依法审理和执行被风险处置证券公司相关案件的通知》（以下简称《通知》）第五条规定："证券公司进入破产程序后，人民法院做出的刑事附带民事赔偿或者涉及追缴赃款赃物的判决应当中止执行，由相关权利人在破产程序中以申报债权等方式行使权利；刑事判决中罚金、没收财产等处罚，应当在破产程序债权人获得全额清偿后的剩余财产中执行。"

最高人民法院在"2005年全国部分中、高级人民法院审理证券公司破产案件座谈会"上也明确表述："在向人民法院提出破产申请时，公安机关查收的资产、账簿必须处于可随时向破产清算组移交的状态，也就是说应当掌握在行政清算组手中。"

通过上述规定可以得知，如果标的企业为证券公司，则不区分刑事被害人与民事债权人，无论债权产生的原因是民事的还是刑事的，相关主体都要通过破产程序获得救济，刑事程序中的赃款赃物并不会从企业资产中剥离出来，而是列入破产财产一并在破产程序中加以分配。也就是说，破产财产是包含刑事程序中的涉案资产的。

但是，这又与《刑法》的规定相悖离，《刑法》第六十四条规定：犯罪分子违法所得的一切财物，应当予以追缴或责令退赔；对被害人的合法财产，应当及时返还。2014年10月30日最高人民法院《关于刑事裁判涉财产部分执行的若干规定》（以下简称《规定》）中明确了"对赃款赃物及其收益，人民法院应当一并追缴。对于被害人的损失，应当按照刑事裁判认定的实际损失予以发还或者赔偿"。换言之，刑法视域下，对于被害人财产，是要通过刑事程序来返还给被害人的。刑事程序中的涉案资产不属于企业破产财产的组成部分。

考虑到最高院的上述意见是建立在审理证券公司破产案件的特殊历史时期下，且根据上位法优于下位法原则，《刑法》的规定应当优于司法解释《通知》的效力。根据"后法优于先法"原则，《规定》

的效力应当高于《通知》的效力。因此，在刑事涉案资产是否应当属于破产财产的问题上，我们倾向于认为应当遵循刑法的相关规定，即刑事程序中的涉案资产包括犯罪分子的违法所得以及被害人的合法财产，这些财产均应当从破产财产中剥离出来，通过刑事程序进行处理。

因此，这就又回到第一个问题，如果"破产财产"与"被害人财产"存在交织，既不能完全适用最高院关于审理证券公司破产案件中的意见，即"人民法院做出的刑事附带民事赔偿或者涉及追缴赃款赃物的判决应当中止执行，由相关权利人在破产程序中以申报债权等方式行使权利"，破产程序还应当等待刑事程序关于赃款赃物的认定结果，也不能完全遵循"先刑后民"原则，这种优先不是绝对优先，必须等到刑事程序完毕后，才能开展破产工作，而是应当在财产甄别工作进行完毕，破产程序与刑事程序不存在重大交叉问题后，即可启动或继续破产程序。

但在实践中，破产法院有时会根据谨慎性原则，一旦在庭内重组中出现刑事问题，会暂停受理或审理相关主体的破产程序等，避免两大程序交叉进行可能带来的信息不对称风险，也避免可能出现的工作失误，以及给有关利益主体带来的难以弥补的经济损失。

3. 不同情形下的不同选择

根据以上分析可以得知，当破产程序与刑事程序相交叉时，程序发起的时间不会对结果产生太大的影响。在程序与实体两方面，对于破产程序形成影响的主要是刑事案件的审判结果是否将会影响破产财产的认定。因此，我们认为前文提到的4种情形，在程序与实体两个方面的选择，基本可以得出如下判断：

- 庭内重组发生在刑事程序开始之后，且该刑事案件的裁判结果将有可能影响破产财产范围的认定时，破产程序应当中止，等待刑事案件的裁判结果，并根据该结果继续破产程序。
- 庭内重组发生在刑事程序开始之后，但该刑事案件的裁判结果将不会影响破产财产范围的认定时，破产程序与刑事程序可以各自分别继续进行。

- 庭内重组发生在刑事程序开始之前，且该刑事案件的裁判结果将有可能影响破产财产范围的认定时，法院可以对于该破产申请不予受理，等待刑事案件的审判结果，之后再进行破产程序。
- 庭内重组发生在刑事程序开始之前，但该刑事案件的裁判结果将不会影响破产财产范围的认定，那么法院可以依法受理企业破产申请，并与刑事程序分别同时进行。

三、庭内重组的局限

"龙生九子，各有不同"，庭内重组亦是一个包容性概念，公司法意义上的自行解散、清算或强制清算皆可纳入其范畴，但核心是上述3项破产制度因各自特点及适用情形的不同，也分别具有不同的局限性。

- 破产重整既是企业重生的良方，也可能成为企业逃避债务的工具。为了逃避企业破产清算，债务人往往倾向于选择破产重整做"最后一搏"。但因为企业的资产会随着重组的进展而不断变化，且启动重整程序通常要花费巨大的费用，债务人基于各种目的启动破产重整，会使得债务人错失破产清算的"良机"，导致企业资产在反复的破产程序中进一步贬值。此外，破产重整期限也是一把"双刃剑"，法律规定自进入重整程序之日起最长9个月内必须向法院提交重整计划草案，这种期限的限制有利于提高重整效率，但对那些债权人数量众多、债权债务关系复杂、资产规模较大的企业来说，由于考虑到重整期限的限制，也可能会对重整程序"望而却步"。
- 破产和解相较于破产重整、破产清算，体现出更多当事人的意思自治，这是该制度的亮点所在，也是这一制度产生问题的根源。一方面，破产和解制度主要是通过当事人签订和解协议来解决企业债务的燃眉之急，但在此过程中，会不可避免地出现债务人与债权人之间、担保债权人与普通债权人之间的利益冲突，阻碍和解协议的达成；另一方面，双方和解仅着眼于解决企业一时性的债务问题，却忽视了企业陷入债务危机的实质问题，不仅不利于对债权人利益的维护，也不利于对企业从根本意义上的拯救。基于此，也使得破产和解制度本身遭受广泛质疑。

- 对破产清算来说，最大的弊端就在于其制度的目的上。为了清偿债务，被破产清算的企业要通过处置资产的方式，将所获对价分配给债权人并对剩余无法偿还的债务予以豁免，其最终的后果是导致企业主体资格归于消灭，债务人失去了继续从事经营活动的机会和资格，这也是大多数债务人不愿意申请破产清算的原因所在。企业倒闭后，还会导致失业率的增加，进而影响社会的稳定，法院在府院联动机制与社会价值的衡量下，对可能引发社会稳定的重大公司清算案持有更为审慎的态度。

- 与庭外重组相比，破产重组往往会导致过高的失业率与经济产出的减少。美国研究人员通过对 2006—2014 年经历财务困难的美国公司的大量抽样调查发现，申请破产并进入破产程序的公司比其他庭外重组公司造成了更多的失业及产量减少。2014年，美国破产企业造成的生产损失达到其国内生产总值的 2.3%，而庭外重组造成的损失仅为国内生产总值的 0.3%。

四、庭内重组的未来趋势

美国、日本两国的庭内重组制度，尤其是破产重整程序，对于中国庭内重组制度的发展具有积极意义。我们在处理债务重组模式的选择问题上，应注意下述问题：

- 不论困境企业还是相关利益主体，在解决企业债务危机的过程中，要充分理解各个庭内重组模式的区分与衔接，在理解各个程序的适用范围的基础后，既不僵化地理解庭内重组与庭外重组，也不孤立地看待各项债务重组工具在庭内与庭外重组中的选择与运用。例如，我们要充分发挥庭外重组博弈的灵活性，以及庭内重组的司法强制力，将二者的长处综合运用于债务重组方案中。西王集团通过庭外重组获得足额的表决权，然后再通过破产和解程序专项解决债券违约事宜，突破了之前市场的预计，就是结合债务公司实际情况而获得各方认可的优秀案例。

- 继续强化庭内重组中的重整机制作用，适当降低破产重整的启动门槛。只要是申请破产重整的企业都应尽可能地启动司法程序，将企业救助时间尽量提前，这会有效降低重整的成本和提高重整的成功率，避免因启动时间晚而给企业造成巨大的损失。

- 在庭内重组中充分重视出资人的权益，尤其是中小股东的利益，发挥股东的积极作用，加强对庭内重组制度的监督，更能有效防止企业为逃避破产清算而损害利害关系人的利益。

- 在重整期限限制的问题上，一是在实践中应积极探索、实施衔接庭外重组与庭内重整的预重整制度。预重整的适用，能够为陷入债务危机的企业开辟出一条新的"求生"道路，给予债务人更多的时间为企业重整做好准备。二是对确有重整成功希望的公司，可以适当放宽重整期间的9个月时限要求。对合并重整等特殊情况，重整期间以最后一家进入重整程序的裁定时间为基准日。

- 就中国的破产和解制度而言，应充分发挥该程序简单易行的长处，将其适用到那些规模小、债务关系单一、资产仍具有存续价值的企业当中，以提高重组成功的概率。此外，在通过破产和解程序解决企业债务危机时，也应注意对企业经营管理水平的改进和营业业务水平的提升，以达到治标又治本的效果。

一个平稳的破产过程就像是轮回，虽濒临死亡却可以通过重组程序摆脱旧债的束缚，获得新的生命。目前，中国的债务重组实践正在快速发展，其他亚洲国家也在迎头赶上。《经济学人》曾报道称，印度政府迫切需要一种制度，来化解银行资产负债表中高达近84万亿卢比（约合1 300亿美元）的不良贷款，于是在2016年12月通过了一部破产法，以降低企业无序倒闭给公共财政造成的巨大压力。因此，破产法作为债务重组体系的关键一环，印度等国家目前正在补足短板。

第四节　预重整制度

预重整制度，是衔接庭外重组与庭内重组的制度。在债务危机中，困境企业针对自身特点选择适用不同的债务重组制度。庭外重组缺乏必要的法律约束力，导致实践中在适用这种模式时，债权人之间的谈判钳制成本过高，且一直没有很好的工具可以解决，这就阻碍了债务重组进程。如果选择庭内重组模式，因为属于司法程序，又面临耗时长、成本高的不足。这两项基本重组模式的弊端始终存在，在一定程度上会限制部分企业进行债务重组的积极性与适用性。

鉴于庭外与庭内制度的固有弊端，各国在破产法实践中逐渐建立起了一套"预重整模式"，指的是在破产程序启动之前，由债务人与债权人进行自愿谈判而达成重组方案，并以此为基础向法院申请启动重整程序的模式。

根据本国经济以及企业的特点，各国形成了各具特色的预重整制度。以下将就美国、欧盟等国家和地区的预重整制度进行简要的介绍，据此结合中国债务重组实践先行的特点，量身打造最适合中国自身特点的预重整债务重组模式。

一、预重整制度比较研究

（一）美国的预重整制度

美国的预重整制度在破产法实践中反复应用而渐趋成熟和制度化，

并纳入 1978 年《美国联邦破产法》中。① 美国的预重整制度主要有以下 3 种类型:

- 单轨预重整。这是最常见的预重整类型,大多数债务重组的企业在选择预重整模式时都会选择这一类型。它指的是在申请庭内重整程序之前,债务人组织进行与债务人的谈判并提出重组方案,征求债权人的同意后再启动庭内重整程序。
- 双轨预重整。"双轨"指的是庭内重整程序和自愿型庭外重组。债务人首先以自愿进行庭外重组开启与债权人的谈判并形成重组方案,如果取得了全体债权人的同意,则不会再启动庭内重整程序;反之,如果庭外重组失败,则将会进入庭内重整程序。
- 部分预重整。适用该类型的预重整案件相对来说较为少见,具体是指在启动庭内重整前,先征得一部分债权人对重组方案的同意,在进入庭内重整程序之后,再争取其他剩余债权人的同意。

根据上述 3 种预重整类型,可以看出美国预重整制度主要分为两个阶段,分别是预重整阶段与破产重整阶段。二者所体现的程序大致相同。因此,从整体上看,美国预重整制度的操作模式主要包括以下几个方面的内容:

- 当企业认为其自身的债务状况已经到了需要重组的境遇时,便开始积极组织与债权人就债务清偿问题进行协商谈判。
- 预重整方案制订的主体既可以是债务人也可以是债权人,但在一般情况下主要由债务人制订;特殊情况下,如债务人未在其提起重整方案的 120 天专有期限内提出重整方案,债权人也有权提起预重整方案。
- 预重整阶段,债务人应向债权人、股东等利害关系人进行充

---

① 资料来源:杜军,全先银. 公司预重整制度的实践意义 [N]. 人民法院报,2017 - 09 - 13.

分、准确、完善的企业信息披露，以保证各方掌握信息的对称性，辅助债权人就是否同意预重整方案做出正确的判断。①
- 预重整方案的表决程序。预重整方案并不要求所有类别的利益方均要知悉，允许其仅向部分类别利益方发出，但须使该类别利益方中的所有成员知悉。对预重整方案的表决期限并未给予明确的限制，但规定了不得要求利益方在"不合理的短暂期间"内进行表决，这主要是鉴于对企业信息披露期限的充分考虑。只要预重整方案达到某类别利益方持有债权或股权总额的 2/3 以上且占该类别人数的 1/2 以上，即意味着该类别利益方同意了预重整方案。
- 预重整方案通过后，即可向法院申请破产重整程序，同时应一并提交预重整方案。在申请破产重整程序后，法院会启动听证程序，以了解预重整阶段是否进行了充分的信息披露。法院根据调查结果，决定是否批准重整方案。

美国预重整制度特别重视企业信息的充分披露，在未进入司法阶段之前，主要靠债权人与债务人之间的意思自治。预重整阶段缺少法律的监管，如果缺少相关的监督机制，极易引发侵害债权人利益的情形，所以要实施充分的信息披露制度，有效减少信息的不对称性，以保证债权人在充分掌握企业资产负债等相关信息的基础上做出正确、理性的判断。

（二）英国的预重整制度

英国在破产法实践中也形成了较为成熟的预重整制度，该制度的做法主要有：

- 当公司有陷入财务困境的危险时，公司管理者聘请破产执业

---

① 美国《联邦破产法典》第 1125 条第（C）款规定，披露报告必须送达每一类别债权组中的每位债权人，同时，还应向出资人进行完整披露。当然因对象不同，在信息数量和程度方面可做差别处理。

- 者，由专业人士对企业资产负债进行摸排、评估并对债务重组方案进行专业设计。
- 在初步方案设计完成后，破产执业者与债权人就重组方案进行协商，在征求债权人的意见的基础上形成最终的预重整方案。
- 预重整方案形成后，即可向法院申请公司破产重整。在破产重整程序中，由破产执业者作为管理人负责公司重整。
- 破产执业者被任命为管理人后，无须经法院和债权人的批准，即可对公司资产负债进行处置。

在预重整阶段引进具有专业能力的破产执业者，使得专业人士能提前介入企业债务重组中，为预重整方案的制订提供专业的指导，能有效预防企业破产，帮助企业顺利度过危机。

二、预重整制度的特点

相较于债务庭外重组与庭内重整，预重整制度是在吸收两者优点的基础上，对企业债务重组模式上的创新，其主要具有以下几个方面的特点。

（一）协商程序前置

在启动庭内重整程序之前，就开始与债权人进行协商、谈判，制订企业债务重组方案，并征求债权人的意见。预重整程序将债务人与债权人谈判协商的时间予以提前，为双方提供了一个沟通交流的平台，通过双方之间的沟通交流，在充分尊重意思自治的基础之上，使得债务人在进入庭内重整程序之前，就对各方债权人的利益诉求有了一个大致的了解，并对将来重整过程中可能出现的各种状况做出预判。此外，通常在这个阶段中，债务人已就重组方案取得了多数债权人的同意。

（二）预重整方案在先

债务人在向法院申请企业破产重整时，同时会提交预重整方案。

在传统的庭内重整程序中，债务人只有在进入重整程序后，才开始围绕制订重整计划开启各方谈判，待形成重整计划并得到多数债权人的通过后，法院才会批准该计划。

（三）司法强制效力

重整申请前达成的预重整方案，在进入重整程序后被赋予法律约束力。预重整制度最大的特点就在于启动重整程序后，法院仍然承认在申请重整前企业所做出的各个方面的努力，这也是建立预重整制度的初衷。在预重整阶段，多数债权人就方案达成一致，自进入重整程序后，便会产生对所有债权人的约束力。

三、预重整制度与相近债务重组制度的区别

（一）预重整制度与庭内重整制度的区别

预重整制度与庭内重整制度既有联系也有区别。

- 程序流程上的差异。在预重整制度中，预重整方案的制订、表决，企业信息的披露等工作都发生在庭内重整申请之前。而在传统的庭内重整制度中，是在法院受理破产重整之后才开始进行债务人与债权人之间的谈判、清产核资、盘查企业运营状况、制订重整方案并召集债权人会议表决等工作。
- 为缩短庭内重组的耗时问题提供了一个相对充裕的缓冲期，提高了庭内重整的成功率。庭内重整程序启动后，债务人通常要花费大量的时间去同债权人进行谈判、协商，就重整计划达成一致意见。但由于重整计划的内容主要涉及债权人的偿付安排，需要债权人做出大幅度让步，因此，管理人需要花费相当多的时间去说服，使债权人信任重整计划。但在这一过程中，重整所涉及的企业资产价值、债权人组成、投资方案、出资人权益调整、债权偿付安排等每一个环节，都可能出现导致重整

计划流产的不确定性因素。这些与重整期间的时效性有着巨大矛盾，往往一个环节出现的"失误"，就可能会使在规定的期限内无法提交重整计划草案，最终的结果就是重整转破产清算，企业被宣告破产。而预重整制度的出现，将庭外与庭内予以衔接，在启动重整程序之前，债务人利用重整程序启动之前的时机，积极游说债权人，就双方协商谈判的结果拟定一个初步的重组计划，并在取得大部分债权人的同意之后再启动重整程序，这将大大减少庭内重整的所耗时间，提升了重组成功的可能性。

- 大大降低了企业债务重组的成本。重整程序启动后，企业陷入债务危机的消息就会公之于众，会严重影响企业的声誉。在这一期间内，如能尽快拿出拟好的重整计划，对企业来说无疑能有效降低重整带来的负面影响，实现企业资产的保值。此外，在庭内重整过程中，往往需要聘请相关的专业机构为企业提供咨询、评估等相关服务。如果法院指定管理人的话，管理人的费用也是一笔不小的支出，而这些费用也会随着时间的延长而逐渐增加，从而加重企业的财务负担。但在预重整制度中，因为大量的前期工作已经在庭外重组中完成，企业进入司法程序后，便会立即采取积极行动，缩短重整时间，向市场抛出利好信号，这样一来，不仅会减少破产费用，还会极大减少重整所造成的消极影响。

（二）预重整制度与庭外重组制度的区别

预重整制度与庭外重组制度的主要区别在于两点。

一是预重整制度具有司法效力，而庭外重组并不具有该特征。法院认可预重整阶段所达成的预重整方案，不会使债务人在重整程序启动前所做出的努力付之东流。预重整方案在正式进入重整程序后，因多数债权人已经通过，故对债权人具有约束力，并将其范围扩张至全部债权人。而在庭外重组过程中，所通过的庭外重组方案仅对表决通过的债权人具有约束力，如果一旦庭外重组失败进入重整程序，该庭外重组方案的约束力将会不复存在，债务人或管理人需重新制订重整方案以征求所有债权人的意见。

二是预重整方案只需经多数债权人同意即可通过，但庭外重组方案需取得全部债权人的同意。经庭外重组是债权人与债务人意思自治的结果，但这也是其最大的缺陷所在。庭外重组方案需要取得全体债权人的同意，但由于其缺乏司法强制力，庭外重组往往不能有效解决债权人内部之间的利益纠纷。在方案征求债权人同意的过程中，总是会出现债权人之间的钳制问题，阻碍重组方案的通过。但是，预重整方案将庭外重组与庭内重整予以有效衔接，扬长避短，凭借司法程序，只要取得多数债权人的同意即可通过重组方案，这将有效解决庭外重组所出现的钳制问题。

四、中国的预重整制度

破产法学者李曙光认为："预重整是指债务人在向法院提起重整申请程序之前已经完成重整计划的起草，先与一部分而不是全部债权人就重整计划的条款进行谈判，并成功地征集到投票和通过该计划。"王欣新教授认为："预重整是对重整程序和庭外重组两种企业挽救制度予以结合创新而产生的新型企业挽救辅助模式。之所以称为'预'重整，是因为其实施时间前置于重整程序，而实施内容则是为重整程序的顺利完成预先做相应工作。"

中国尚没有在全国立法层面对预重整制度予以认可，但最高人民法院以及浙江、深圳等地方法院发布的司法文件，已对这一制度进行了规定。就目前中国的预重整制度来看，理论与实践并不成熟，各地实践上的运用也多是依赖于法院颁布的司法文件，而这些规范性文件只是对该制度做了笼统的规定，并未就预重整阶段如何操作、预重整方案的表决与效力、如何与庭内重整程序进行衔接做详细规定，且仅就其名称而言，理论实践上的称谓也各有不同。

从当前的立法态度与实践经验来看，预重整制度作为庭外与庭内的衔接机制,是对两种传统制度相融合的一种创新与变通。它不是一个严格的司法程序,而是通过庭外重组的方式与债权人进行接触沟通,只要能获得初步的一致意见,减少债权人利益的冲突,即完成了预重整阶段的使命——节省了庭内重整债务人与债权人因利益纷争而推诿争议的时间损耗,也提升了当事人达成一致意见而形成重整方案的预期。

如果债权人与债务人在预重整阶段即达成了一致意见,也可以不经庭内重整程序而直接达成双方协商一致的和解协议以完成企业的重组。

(一) 中国的预重整制度模式

中国的预重整制度是在庭外重组与庭内重整相结合的司法实践中逐渐发展形成的,其不仅吸取了二者的优点,也有效克服了二者的缺陷。结合中国企业的重组案例,根据重整申请提出时机的不同,可以将预重整模式归纳为 3 类,即法庭外预重整、预立案阶段的预重整、受理清算宣告破产前的预重整。

1. 法庭外预重整

法庭外预重整模式指的是在启动庭内重整程序之前,债务人就开始与债权人进行接触、沟通,必要时可以建立主要债权人委员会,就预重整方案开展充分的谈判、协商,在征得多数债权人同意后,再启动庭内重整制度。二重集团破产重整案就是适用法庭外预重整模式的典型案例。二重集团为国家重大技术装备国产化基地和中国最重要、最大的新能源制造基地之一,二重(德阳)重装公司为其二级控股企业。由于二重集团、二重(德阳)重装公司连年亏损,严重资不抵债,2015 年 9 月 11 日,两家企业的债权人向法院申请对二企业进行重整。

二重集团重整案的亮点在于,在申请企业破产重整之前,两家企业就组成了包括以银行为主的金融债权人委员会,由其与企业股东开展庭外谈判,调整债权债务。在初步达成框架性重组方案之后,债权人才向法院申请了二重集团、二重重装的破产重整。进入破产程序之后，法院对该框架性重组方案予以认可，不仅对预重整阶段表决通过的债权人具有约束力，其他债权人也在该方案的基础上进行表决通过了重整计划。

2. 预立案阶段的预重整

预立案阶段的预重整模式是浙江杭州等地区为尽可能避免破产重整时间长、成本高等弊端，在破产重整制度的基础上进行的创新而形成的制度。在该模式中，对重整条件不成熟的企业先进行"预登记"，待企业重整条件成熟后再予以受理。杭州怡丰成公司预重整案就是适用该模式的典型案例。

怡丰成公司是浙江杭州的一家项目开发商，2015年，由于公司经营管理失误、现金流短缺等原因，公司资产负债比超过100%，资不抵债。此外，受债务诉讼影响，公司的全部银行账户均被冻结，项目土地、未售房被查封或抵押，导致公司的开发、预售等营业行为的暂停。无路可走的怡丰成公司不得已选择申请了破产重整，在业界引发轩然大波。由于怡丰城债权债务关系较为复杂，公司债权矛盾处于激化状态，破产重整的条件并不成熟。法院考虑到若直接裁定破产重整，公司将会承受极大的重整期限压力。如果无法在法定重整期限内制订出重整计划草案，最终会导致重整失败的公司被宣告破产，进而造成更为严重的后果。因此于2015年6月，法院对其进行了"预登记"，给予企业充分的准备时间，待条件成熟后再启动破产重整程序。

在启动破产程序之前，法院指定了管理人开展预重整阶段的工作。管理人一方面摸清了公司的资产负债情况，并与债权人积极沟通，取得了债权人意见的初步统一；另一方面，管理人积极与杭州银行余杭支行进行洽谈，为尽快恢复施工建设提供资金条件。重整程序启动后不久，怡丰成公司便顺利召开了第一次债权人会议，对会议中所提出的各项事项，均得到了债权人会议的认可。

3. 受理清算宣告破产前的预重整

与前两种预重整模式不同，受理清算宣告破产前的重整模式是在启动司法程序后进行的预重整制度。它具体指的是在企业进入破产清算阶段后，经过管理人对企业资产、负债的摸排，以及债权人与债务人之间充分的协商，在初步通过重整方案后，再申请清算转重整程序。该模式在实践中也有企业予以适用。

安徽阳光半岛公司作为一家房地产公司，因长期依靠高利贷融资并为多家关联企业提供担保，导致企业资金链断裂，不能清偿到期债务，资不抵债。2014年7月3日，债权人向法院申请了企业破产清算，随后法院裁定受理了该案。考虑到该案涉及房地产项目，若继续破产清算，可能出现企业资产被低价出售、项目烂尾闲置、清偿率为零等情况，进而导致社会矛盾的激化，故法院积极引导本案由破产清算转为破产重整程序。为了提高公司重整成功的概率，在启动破产重整程序前，管理人便开始寻找有意向注资的投资者，并同时积极组织债权人进行协商谈判，在初步达成一致意见后，债务人便向法院申请转为破产重整程序，此举为破产重整赢得了宝贵的时间。

(二) 中国的预重整制度的局限性

中国的预重整制度缺乏法律的明确规定，造成了预重整制度衔接不完善以及政府过度介入等问题，大大增加了适用预重整制度的风险与难度。

以怡丰成公司预重整案为例，其主要依据的是浙江省高院《关于企业破产案件简易审若干问题的纪要》的规定："债权人在预登记期间对债务清偿方案所做的不可翻悔的承诺，在债务人进入企业破产和解或重整程序后，相关承诺对承诺方仍然具有拘束力。法院受理企业和解或重整申请后，可以以预登记期间（含集中管辖期间）形成的债务清偿方案或资产重组方案为基础，由债务人或管理人制订和解协议草案或重整计划草案，通过债权人会议予以确认。"但在该纪要中，对预重整所重点关注的问题，如对庭外重组与庭内重整的衔接、预重整阶段企业的信息披露、预重整方案在破产重整程序中的效力、预重整阶段债权人会议的作用等均未提及。

通过上述案例可以看出，在预重整制度中，法院在预重整阶段对司法权的介入较为克制，其通常仅在预重整阶段结束后债务人等向法院申请破产重整时对预重整方案进行审查,以决定是否受理该重整申请。在大多数案例中,预重整阶段多依赖的是银监会和国资委的组织协调,在企业债权人以银行等金融机构占多数的情况下,当然没有债权人提出异议,预重整制度所具有的尊重债务人与债权人意思自治的功能也未能真正发挥作用。

(三) 中国的预重整制度的未来展望

当下对预重整制度的探讨,主要集中在如何衔接好庭外重组与庭内重整方面,最高人民法院陆续出台的司法文件中也提到了这一问题。解决这一问题的关键在于,赋予企业预重整方案以司法效力,建立健全预重整期间的主体磋商、信息披露等相关制度。

首先,可以从浙江、深圳等地的预重整实践中总结经验,建立规范的预重整登记制度,这不仅能有效避免在申请重整时,法院可能拒绝承认预重整方案的法律效力问题,还能促使法院积极参与企业的预重整阶段,在尊重债权人与债务人意思自治的基础之上,对预重整阶段的信息披露、方案表决等环节予以监督,以保证预重整阶段的有效进行。

其次,借鉴美国预重整制度的成熟经验,建立健全预重整信息披露制度。在美国的预重整制度中,要求企业在预重整阶段进行充分的信息披露,以保证债权人与债务人信息的对称性,从而真正做到债权人对预重整方案的正确判断。此外,为了保证预重整阶段的信息披露是有效且真实的,在进入重整程序后,法院还会召开听证会以听取债权人等各利益方的相关意见,并对企业的信息披露进行调查。这种做法使得债务人为了促使企业重整成功,在预重整程序中能切实履行好信息披露的义务。

最后,在预重整阶段可以引进专业机构对企业的重组进行指导。在预重整阶段,可以指定管理人提前介入,更好地了解企业的经营及资产情况,从而更好地开展企业重组业务。此外,还可以引入专业机构对企业预重整方案、资产处置、债权分配方案等提供设计与指导,从而提高企业预重整成功率。如果顺利进入重整程序，上述机构可以优先作为管理人成员，继续开展服务并依法获得报酬，提升专业机构参与的积极性。

由此可见，作为新生事物，预重整制度需要完善的地方还有许多。因此，在实践中要有一双善于发现经验的"眼睛"，充分吸取各方优秀经验，更好地衔接起庭外重组与庭内重整制度，以服务于困境企业的债务重组。

第五节　债转股

债务重组中，在上述基本重组模式下，具体的偿债工具包括以现有资产清偿债务、修改清偿条件、将债务转为资本以及上述3种方式的混合形式。以现有资产清偿债务是最为简单的一种"欠债还钱"的方式，债务人用现金或非现金的方式对所欠债务予以清偿；修改清偿条件的其他方式是在债务人"手头紧"的情况下，请求债权人对欠账的偿付方式予以宽限的常用方式；而将债务转为资本，即我们常说的债转股，是企业"欠债还钱"的独有方式，通过将债务转为企业股本，达到偿债的效果。

债转股作为企业降杠杆和债权人资产保全的一种方式，在企业债务重组中发挥了不可替代的作用。由债权转为股权，其实质是将债务融资转变为股权融资，将刚性的债务本金和利息支出转化为非刚性的股利支出。

实践中根据不同的标准，对债转股有多种分类，主要有以下几种形式。根据债权性质的不同，将债转股分为广义的债转股和狭义的债转股：广义的债转股指的是企业债务人与银行、职工、其他企业等债权人之间将债权转为股权，它可以发生于任何主体之间，适用范围较为宽泛；狭义的债转股仅指的是银行、资管公司等金融机构与企业之间的债转股，当前中国企业贷款大多来自银行，因而实践中大多债转股都属于这种狭义的债转股。

狭义的债转股根据实际运作主体的不同又表现出多种形式：根据

债务人性质的不同,可以分为上市公司的债转股、非上市公司的债转股以及非上市公司与上市公司合并破产情况下的债转股;根据债转股主导对象的不同,可以分为政府主导型债转股和市场主导型债转股。

债转股类型的多样性,表现出其在企业重组中运用的灵活性。债转股通过对偿债方式的变通,兼顾了债权人与债务人之间的利益。对企业债务人而言,其不仅减少了企业资金的调度成本,推迟了企业现金流出的时间,增强了企业现金流的充裕度,而且改善了企业的资产和负债结构,有效缓解了企业的偿债压力,甚至因引进了强有力的新股东而创造出新的市场机会。对于债权人来说,将债权转为股权,没有简单地将债务一笔勾销,而是将借贷关系转变为不需偿付的投资合作,有效地提升了债权清偿率,确保了债权人利益的最大化。

一、债转股的基本方式

不同的企业根据经营、资产及负债等状况,在实践中发展出了不同的债转股模式。不同于前文所述的广义上的债转股,在以下所提及的债转股模式中,主要是通过将债务转为新增股本的方式来化解企业的债务危机的。结合企业重组案例,可以将现有的债转股主要概括为购债入股、售股还债、以债转股 3 种模式。另外,在实施债转股的过程中,要涉及转股时机、转股价格、转股评估、转股成本与标的公司前景等一系列问题。因此,可以根据企业情况的不同,单独或综合运用上述债转股模式,这样不仅有利于企业债务结构的优化,降低企业债务杠杆率,还能同时兼顾公平与效率,实现各方利益机制的平衡。

(一) 购债入股

购债入股指的是实施机构收购债权人的债权,而将债权人"解绑",债转股实施机构转而再将所受让的债权作为对目标企业的出资。

其主要做法是实施机构以市场为导向选择目标企业,并通过自有资金、发行金融债券或引入战略投资人成立私募股权基金等方式,募集转股所需资金。然后,实施机构同目标企业之间通过协商、谈判来确定转股比例或价格，并拟订债转股方案。最后是目标企业经营管理以及债转股后续退出方案的实施。

该模式为上一轮行政化债转股广泛采用，但从中国本轮市场化债转股签约和落地方案来看，该模式的适用并不常见。原因是债转股项目多涉及大型企业，而大型企业在债权债务关系、资产结构、企业规模等方面都较为复杂，各利益方之间的利益关系错综复杂且很难达成一致意见，因此，就债权转让以及债转股增资定价等方面的谈判进展较为缓慢，且由于实施债转股时企业多已陷入债务危机，实施机构也会借此机会压低收购债权的价格，从而债权人的积极性普遍不高，致使债转股方案很难推行下去。

（二）售股还债

售股还债是中国企业债转股项目中较为常用的模式。它是指先由实施机构通过股权投资的方式向陷入财务困境的企业进行增资扩股，企业利用股权的投资向债权人偿还债务。在该模式中，"售股"存在多种方式，其中比较有代表性的是并购基金模式，其主要做法是：由银行债权人、实施机构、目标企业等组成普通合伙人（GP），吸引银行理财产品资金、社会资金、目标企业下属实体等作为有限合伙人（LP），共同设立债转股专项基金，将募得的资金注入目标企业用于偿债。

这种模式的便利之处在于，一是通过发行股份的方式筹集资金用于偿债，可以有效解决债权与股权进行置换时定价困难而导致债转股方案难以推进的问题，这不仅减少了债转股的操作风险，有效提高了债转股的成功率，也最大限度地减少了各方之间的利益博弈，保护了各方推进债转股工作的积极性。二是创设债转股专项基金模式有利于扩大融资渠道，为企业债务重组提供充分的现金支持，同时也可以针对不同类型的投资者设置不同类别的风险和回报水平，以增强投资的积极性与安全性。但该模式的主要问题在于募集来的资金该如何使用，尤其是在债务人缺少监管、制约的情况下极易诱发挪用资金、转移公司财产的违法行为，因此实施机构通常会与目标企业就股权融资资金的使用方式进行约定，并制定一系列监管措施，以防债务人滥用职权侵吞资产情况的发生。

中国本轮的市场化债转股主要采用的就是售股还债模式。陷入债务危机的企业，尤其是规模较大的大型企业，为了调整企业资产负债结构以降低杠杆率，往往会通过这种模式以达成目的。山东能源债转股案例就是适用这种模式的典型代表。

2011年，在对多家省属煤炭企业进行整合的基础上，成立了山东能源集团，其也是第一家进入全球500强的山东省属大型国有独资企业。山东能源集团从成立之初就一直受国际经济下行压力以及国内产能过剩的不利影响，承受着巨大的集团财务压力，背负着数以百亿元计的债务，仅是债务利息支出就是一笔不小的费用。从山东能源集团的负债结构来看，其主要债权人包括农行、中行、建行等多家银行，如果山东能源集团不能及时、妥善完成债务重组，不仅集团本身要破产，还会增加债权银行的坏账呆账比例，甚至造成区域性金融风险。

2016年11月14日，建设银行、山东省国资委、山东能源集团共同签署了市场化债转股框架合作协议，正式开始了山东能源集团市场化债转股项目，也由此开启了全国煤炭行业首单市场化债转股项目。其债转股方案主要的实施方式为：

- 建设银行通过社会资本作为普通合伙人的方式设立了3只产业基金，并以其理财资金和其他社会资本作为有限合伙人。3只基金是分阶段设立的，共计210亿元，分别包括150亿元的山东能源集团转型发展基金、30亿元的医疗并购重组基金和30亿元的资本结构优化基金。
- 通过基金所筹集来的资金分别作为银行股权和债权注资到山东能源集团，主要用于偿还集团债务、经营周转以及并购重组。
- 在银行股权的退出机制上，如果山东能源集团能如期完成上市，则可通过二级市场转让退出；如果未能如期上市，则通过集团回购或者转让基金份额等方式实现债转股的顺利退出。

山东能源债转股模式之所以能作为典型案例被载入"教科书"，原因在于山东能源所采用的以设立银行产业基金的方式偿还集团债务创新了售股还债模式。它不是政府主导的"拉郎配"，也有别于"明股实债"的做法，而是由建设银行与山东能源集团在自主协商的基础之上，依据市场机制确定入股企业和入股价格，各主体之间形成了风险自担、收益自享的相互关系。

（三）以债转股

以债转股模式，顾名思义，就是直接将债权人的债权转换为股权的模式，是最为"直抒胸臆"的一种债转股模式，主要做法是：企业债务人以资本公积金转增股本或发行新股的方式，将股票定向发行给企业债权人，用以清偿债务。但值得注意的是，早期在一般情况下，银行不得直接作为债转股的主体将其债权转为股权。

而在熔盛重工债转股案例中，则突破了银行债权不能直接转为股权的限制。2012年以后，受信贷政策紧缩、产能过剩以及航运行业经营低迷等不利因素的影响，企业陷入债务困境。2016年3月，为解决企业杠杆率过高的问题，企业制订了债转股方案，计划通过股份合并和增加法定股本的方式，分别向22家债权银行发行141亿元股权、向1 000家供货商债权人发行30亿元新股，用以偿还企业所欠的171亿元债务。

债转股方案一出，在经过与22家债权银行的协商谈判之后，就与12家债权银行签订了涉及125.98亿元银行债权的债转股意向书，占到银行债务总额的89.3%。如果熔盛重工债转股方案能顺利实施，作为第一大债权人的中国银行将成为熔盛重工的第一大股东。据了解，此次由债权银行主导实施债转股项目是经国务院特批的，它打破了银行不得直接进行债转股的规定。

以债转股模式有效调整了企业的负债结构，减少了财务成本，是一种操作方式较为简便的债转股模式。但该模式的弊端在于，以"简单粗暴"的方式将债权人的债权直接转换为股权，将当前能实实在在获得的债权现金变成了未来不确定性的股权利益，因此其重组方案不易取得债权人的同意，进而也增加了企业重组失败的风险。

（四）债转优先股

除了上文所归纳的典型模式外，还存在一种债转优先股的创新形式。《关于市场化银行债权转股权实施中有关具体政策问题的通知》中也曾提出："允许以试点方式开展非上市非公众股份公司银行债权转为优先股。"

债转优先股模式是指实施机构将债权转换为目标企业的优先股。企业优先股指的是当企业处于清偿阶段时，持有优先股的股东享有对公司剩余财产和利润优先于普通股股东分配的权利，但优先股股东在参与公司经营管理时，其权利要受到限制的一种股权。债转优先股在发达国家的资本市场中，是一种十分受欢迎的混合型权益融资工具。

该模式因优先股的特殊性，主要具有以下两方面的特点：

一是对于通过债转优先股获得股权的原债权人来说，该方案更易于被接受。原因在于相较于普通股，优先股更有利于保全原债权人的利益。对债权人来说，债权人不愿意将其债权转为股权，主要是因为债权人债权的偿还被无限期延长，加之企业未来经营的不确定性，更增加了本金收回的风险。如果企业未能重组成功，则变为股东的债权人作为清偿顺序的末端，大概率下会"血本无归"。但在债转优先股的模式下，原债权人获得了相较于普通股股东的优势地位，不仅可以通过企业的未来发展提高偿债率，即使企业最终经营失败，也可以在企业清算阶段优先于普通股股东获得财产分配，避免陷入被动地位。

二是相较于普通股股东，转股后的优先股股东对企业的经营管理和公司治理参与程度更为受限。这虽然限制了转股后的优先股股东在改善企业经营管理方面发挥作用的空间，但也防止了类似于20世纪90年代日本银行在广泛参股实体企业中，因经验不足和过度干涉企业经营而给企业造成损害的可能性。在实际操作中，优先股股东仅在诸如表决重大投融资等公司经营管理上享有有限的权利。其实这种对公司管理权限的限制，尤其对金融机构而言并非不可接受。在很多实践案例中，金融机构对参与公司具体运营本身兴趣寥寥。受限制的参与权，也解放了金融机构的人员安排与内部归责等问题，这并非坏事。

越秀集团与工商银行实施的债转股项目就采用了该模式。2017年1月，在广州市国资委的支持下，越秀集团与工商银行达成了开展债转股项目的合作意向。越秀集团为了满足债转股项目的前提条件，于同年6月开启了股份制改造，为集团日后实施债转股项目做好了充分的准备工作。2018年11月，经国家发改委、中国人民银行、财政部、国务院国资委、国家银监会和保监会6部门的批准，正式通过了越秀集团与工商银行的债转优先股方案。根据该方案，工商银行通过设立越秀集团债转优先股特殊机构（SPV）的方式来募集社会资金，并以该资金以及其自营基金认购100亿元越秀集团优先股。通过该债转优先股方案，越秀集团不仅改善了其资产负债机构，还大大增强了集团的资金实力，为企业恢复生产经营提供了充分的物质保障。

二、美国的债转股实践

债转股作为化解企业债务危机的工具之一，因其所具有的灵活性与可操作性，在各国应对企业乃至国家债务危机、金融危机以及深化经济体制改革方面都发挥着重大的作用。这种方式尤其利于实现债务重组的目的，即为实现总收入对总成本完全覆盖这一目的，最有效的方式就是债转股，如果商业银行选择债转股，则会削减企业的固定成本，使企业有足够的收入去支付其他成本。① 在20世纪70~90年代，为化解拉美等地区的国家债务危机，有关国家通过将外债转化为其他国家直接投资的方式，以达到在减轻外汇压力的同时，防止国家资金

---

① 资料来源：R. A. Posner, Economic Analysis of Law (6th ed) [M]. New York：Aspen, 2003, p. 421.

流出和吸引外资的目的。又如1929年意大利为应对金融危机，采取债转股方式来化解国内企业的债务危机，成立伊利亚控股公司收购被转化为企业股权的原银行贷款，以降低银行的不良资产占有率。

在美国，债转股制度更是内化到破产重整制度当中，在企业债务重组以及应对国家金融危机中发挥着重要作用。以下将就美国资产重组信托公司债转赔偿请求权模式以及美国国际集团债转股模式做出说明。

（一）RTC债转股模式

RTC债转股模式是指产生于20世纪80年代美国储贷危机之中的资产重组信托公司（Resolution Trust Corporation，简称RTC）的债转赔偿请求权模式。当时，企业由于经营危机而频发信用违约事件，导致为其提供贷款的许多银行以及储蓄贷款协会陷入破产倒闭的危机。为了应对危机，1989年美国通过制定《金融机构改革、恢复和强化法案》成立了资产重组信托公司，其职责为接管、处置这些问题银行以及储蓄贷款协会，将债权转换为赔偿请求权，其运作流程包括以下几个方面：

- 当企业陷入债务危机而无法清偿到期债务时，银行以及储蓄贷款协会等金融机构作为债权人，既可以选择企业破产清算，也可以选择企业破产重整。
- 若选择破产重整，其债权由RTC接管并转化为赔偿请求权，该赔偿请求权可在市场上进行流通交易，因此从实质上来看，赔偿请求权就是债转股的一种变通形式。
- 企业可在债权转换为赔偿请求权后进行重组。对企业重组持有异议的债权人，可由其他债权人先收购其赔偿请求权，再进行企业重组。
- 此外，若有投资者对企业前景存有较好预期，也可以通过二级市场收购该企业的赔偿请求权。

由此可见，该模式充分发挥了市场机制的作用，保证了债权定价机制以及赔偿请求权交易机制的市场化，不仅解决了在债转股实施过程中债权人内部意见不一致而导致进程缓慢的后果，还有效化解了银行和储蓄贷款协会不良贷款比重过高的问题。

（二）AIG 债转股模式

AIG 模式是指美国国际集团（American International Group，简写为 AIG）债转股模式，即美国次贷危机爆发后，以美国政府出手救助美国国际集团为例所采取的债转股模式。AIG 是一家从事保险及金融服务业务的跨国集团，资产一度高达 1.1 万亿美元，业务遍及世界 140 多个国家和地区，拥有客户数量超过 7 600 万，雇用职员多达 11.6 万，在全美乃至世界都具有重要的经济地位。受美国次贷危机影响，集团资金链断裂，遭遇大量的信用违约而濒临破产倒闭。如果其真的倒闭，后果将不堪设想，因此，美国政府对其实施了大型的资金救助计划，这其中就包括债转股项目。

- 2008 年 9 月 16 日，美联储授权纽约联邦储备银行向 AIG 提供紧急贷款共计 850 亿美元，贷款期限为 24 个月，但须以持有公司 79.9% 的股权并有权否决向股东派发股息作为条件。除此以外，相较于公司其他债权人和股东，转换为股权的紧急贷款具有优先偿还权。
- 2008 年 11 月 10 日，美联储和财政部再次向 AIG 提供 400 亿美元的资金援助支持，作为条件，AIG 将出让公司 2% 的优先股并向政府支付 10% 的年息。此外，由纽约联邦储备银行出资 525 亿美元成立公司来收购 AIG 的不良资产，以帮助 AIG 渡过难关。
- 2009 年 3 月 2 日，纽约联邦储备银行又再次出资向 AIG 两家子公司购买优先股，约定固定股息率为 5%。

由此可以看出，在 AIG 债转股模式下，主要由政府操刀指挥，将政府的资金支持转换为企业的优先股，改善了企业的资金状况和信用评级状况，为企业的债务及业务重组争取了宝贵时间。

三、中国的债转股实践

我们将《国务院关于积极稳妥降低企业杠杆率的意见》（国发〔2016〕54号文）及其附件《关于市场化银行债权转股权的指导意见》（以下简称国务院第54号文）的颁布作为债转股中国实践的分水岭，其发展脉络分为以下两个时期。

（一）行政主导下的债转股

第一轮为由政府主导的行政化债转股，时间为1999年~2016年9月，侧重点在于化解商业银行的不良资产风险。

受亚洲金融危机影响，中国的国有企业受制于经营管理市场化程度不高、产业结构不合理、出口规模锐减、资金链断裂等不利因素的影响，亏损问题突出。由于其融资渠道主要来自银行的贷款，因此国有企业的"寒冬"直接导致的结果就是银行不良资产率节节攀升。在此背景下，为了降低银行不良贷款率，化解银行的债务危机，稳定国内的经济形势，中国政府开启了第一轮债转股浪潮。其主要方式为：

- 经国务院批准，成立信达、华融、长城和东方4家资产管理股份有限公司，用以处理工、农、中、建四大银行的坏账、呆账问题。这4家公司均属于国有独资企业。
- 财政部共计提供100亿元资金支持，再加上央行再贷款共计发放了5 700亿元，用于收购债权银行对全国约580家企业的不良资产并进行债转股。
- 资产管理公司主要通过追偿债务、资产租赁或转让、企业兼并重组等方式对相关企业资产进行处置和管理。

经过第一轮债转股，国有商业银行不良贷款率显著下降，缓解了国内经济形势严峻的局面，但这种方式却是"治标不治本"的，不仅适用范围有限，更为重要的是，其并未从根本上解决国有企业的债务问题。

（二）市场化的债转股

自 2016 年 10 月至今，中国的第二轮由市场主导的市场化债转股拉开序幕，本轮债转股是配合去产能、去库存和去杠杆而进行的市场化资产处置行为，本质是为了提升企业的经营效率。

2016 年，在降低企业杠杆率、推动供给侧结构性改革的背景下，李克强总理提出可以通过市场化债转股的方式来逐步降低企业杠杆率的改革思路，由此开启了新一轮债转股浪潮。同年，国务院第 54 号文规定部署了如何积极有效地降低中国企业杠杆率的有关内容；《市场化银行债权转股权专项债券发行指引》就有序推进市场化银行债转股工作相关内容进行了规定；2018 年 1 月，《关于市场化银行债权转股权实施中有关具体政策问题的通知》主要就债转股的运行模式及资金来源、投资主体参与资格及可实施的范围等进行了详细的政策指导，旨在解决市场化债转股在目标企业具体实施过程中所遇到的问题。

与上一轮行政化债转股相比，本轮债转股更加强调市场化、法制化，鼓励社会资本参与，因此也称为市场化债转股。其在实施对象、资金来源、实施机构、退出机制等多个方面均有所发展。

- 只要是发展前景良好但遇到暂时困难，符合国家产业发展方向，信用状况良好的企业，都可以成为转股对象。同时禁止那些丧失盈利能力、市场信用评价恶化、产能过剩、产权不明晰以及债务纠纷复杂的企业实施债转股。
- 实施机构不限于 AMC（资产管理公司），还包括金融资产投资公司、国有资本投资运营公司、保险资产管理机构以及各类私募股权投资基金等，但禁止银行作为实施机构直接将债权转为股权。目前的债转股案例中，主要是以银行为主导，参与方式为银行通过设立全资资产管理子公司或者借助外部基金投资来参与债转股，基金的年限一般较长。
- 标的债权仍以银行债权为主，但不限于不良资产，还包括银行的其他债权。财务公司贷款债权、委托贷款债权、融资租赁债权、经营性债权等也属于本轮债转股标的，但民间借贷不在此限。
- 债转股资金不再依靠国家出资，而以吸纳社会资本为主，资金来源包括保险资管、养老金、券商资管、银行理财等。
- 债权转为股权后的退出机制以从二级市场退出为主。对于上市公司，股权可以通过在二级市场上转让得以退出；对于非上市公司，可通过公司上市或参与并购重组成为上市公司的一部分由二级市场上推出，也可以利用并购、中小企业股份转让系统等方式转让退出；除此以外，债转股还可以通过回购或基金份额转让等方式退出。

四、债转股的现实困境

自实际运作来看，相较于行政化债转股，中国的本轮债转股在市场化、法制化方面均有长足进步，但仍存在以下问题：债转股参与主体仍主要集中于国有企业，民营企业较少。中国民营企业数量众多，是中国经济的重要组成部分，缺少其参与，债转股降低实体经济杠杆率、防范系统性金融风险的目的就无法真正实现。而民营企业债转股"难"的主要原因在于其资金来源较少，实施风险较高，企业盈利能力较低。

债转股具有"明股实债"的特点。"明股实债"指的是投资者形式上是以股权进行企业投资，却在投资协议中约定了回购、第三方收购、对赌、定期分红等条款，以避免企业经营不善而导致股价下跌、投资缩水，实际上是将不确定的股权收益转换为了定期获得固定收入的债权收益。在部分债转股项目中，企业债权人尽管名义上将债权转换成了股权而成为企业股东，但一般都会要求固定分红以获得稳定的投资回报,这未能真正将债权转为股权,也未能从根本上化解企业的债务危机,反而在一定程度上增加了企业的财务负担。

债转股项目落地难。基于债权人与债务人利益的矛盾与冲突,债转股谈判、协商较为困难,即使双方达成一致而签约,也存在着落地难的困境。如 2018 年市场化债转股签约项目总数达 226 个,资金到位项目 142 个,资金到位金额 4 582 亿元,资金到位率仅为 25%。

债转股退出路径不顺畅。由于国内尚未建立多层次的资本市场体系,缺乏健全的股权交易市场,且实施企业多为上市公司,因此,国内债转股退出机制主要是通过二级市场转让来实现的,未建立较为顺畅的退出机制,这会极大地影响债转股有关各方参与的积极性,从而增加长期资金占用的压力。

五、债转股的未来发展

针对债转股所面临的困境,可以通过以下几个方面予以改进。

债转股项目落地难,究其原因在于投资者对债转股缺乏合理预期。要解决这一问题,关键在于完善企业的信息披露制度和企业信用记录管理。企业信息公开以及信用风险评估的质量,直接影响到实施机构对标的企业的发展前景、转股时机、转股价格等方面的考虑,关系到债转股实施的成败。

针对民营企业所遭遇的困境,可以从债转股方案入手,设计出一套能降低债转股风险,增强自身盈利能力的债转股方案,以提高投资者的心理预期。如在远兴能源债转股案中,远兴能源以旗下相对优质、收益稳定的子公司股权为标的,交换银行对其他子公司的债权,有效化解了在债转股实施中遇到的负债子公司业绩不佳、不适宜直接将债权转换为股权的问题。此外,还需要采取多种措施促进民营企业的转型升级,提高盈利能力,增强投资者信心。

股权退出作为债转股链条的最后一个环节,不仅要运用主板、中小板、创业板这些常规的退出机制,还要充分利用新三板等新型股权交易平台的作用,提高债转股证券化和市场流动性;同时要积极探索优先股流通转让方案，变通普通股交易转让制度，以实现债转优先股的顺利退出。

第六节　债务重组的比较研究

债务重组模式的选择与国家当前所处的宏观经济环境关系密切。近年来，由于中美贸易摩擦的影响，中国的国际贸易交易额剧减，在经济全球化的大背景下，对国内的经济发展造成了一定的冲击。且在2020年年初，全球暴发的新型冠状病毒疫情对全世界范围内的经济活动产生冲击，国际油价大幅下降、美股已经连续3次触发了熔断机制、国内为遏制病毒蔓延延迟复工复产。从现有状况来看，新型冠状病毒疫情这个"黑天鹅"将加重国内经济下行的压力。此外，由于疫情期间政府动用财政支出免费医治病人、调拨人力物资等，将使国家财政赤字进一步增大，在此情境下，国家在面对个别问题企业困境时是否还会注资"拯救"？在当前经济下行、去产能的大背景下，国家又该如何通过债务重组的方式清理不能良好运营的"僵尸企业"？这一切都向中国破产制度的发展提出了新的挑战。而历史总是相似的，或许通过回顾1997年亚洲金融危机前后韩国、马来西亚等国的处理方式，可以对中国企业债务重组新模式的提出有所启发。

一、中外债务重组的不同范式

即使在欧美资本主义国家，政府在经济危机中的作用也是激烈辩论的中心问题。在2008年的金融海啸中，美国经济界实权人物的观点也是截然相反的，一种观点认为政府出手挽救困境企业是对资源的浪费，AIG、雷曼兄弟等大型企业不应该独立于其他企业之外而享有特权，时任美国财政部长鲍尔森即是这种观点的持有者。反对派亦有之，他们认为经济衰退是对资本主义制度基础的侵蚀，不干预才会对资源造成难以弥补的损失。美联储前主席伯南克即认为：你有权放任邻居抽烟而引起的火灾，认为他罪有应得，但你要知道你正住在他的隔壁。

如果你们的房屋都是木质的,你也将会遭受一样的损失,更何况如果全城市的房屋都是木质的又会如何?后面的故事我们都知道,美国政府入市对超大型企业直接主导重组,美联储采用包括允许金融机构以证券抵押申请紧急贷款、提高短期贷款拍卖频率等方式注入流动性并恢复市场信心。

这样的故事在2020年再次上演,因新型冠状病毒侵袭,美国股市自2020年2月19日的急跌连续熔断:2020年3月9日21点34分,投资者见证美股史上第2次熔断;2020年3月12日21点35分,投资者见证美股史上第3次熔断;2020年3月16日21点30分,投资者见证美股史上第4次熔断。在此之前,巴菲特称自己只曾在1997年10月19日见过美股历史上的第1次熔断,但我们在2020年的3月已经见证了3次。

面对突然而至的股灾,在特朗普公开喊话对美联储行动迟缓表达不满后,美联储召开第3次紧急会议,宣布了一系列振兴市场的新计划,包括不限量购买债券以保持借贷成本在低水平,并制订计划以确保信贷流向企业以及州和地方政府。美联储宣布3月的第4周每天都购买750亿美元的国债和500亿美元的机构住房抵押贷款支持证券(MBS),每日和定期回购利率报价利率将重设为0%。美联储还表示将很快宣布"主街(MainStreet)商业贷款项目"以支撑中小型企业贷款,为联邦中小企业局的措施提供补充,为企业债新设两个流动性工具。

美联储上述做法意味着,美国正再次处于无限制量化宽松的状态,实施了伯南克所称的"直升机撒钱"之举。现今,在资本主义国家,例如美国等政府直接出手干预经济已经成为基本共识。当然,从微观角度而言,地方政府是否应当直接挽救当地支柱或龙头企业,挽救标准和操作流程应当如何控制,仍是一个见仁见智的问题。

上述争议在中国也是如此。在每一次应对债务危机的过程中,政府应该发挥何种作用都是市场绕不开的话题。一种观点认为,应该尊重市场的无形之手,不要过度担心企业的未来。如果该类企业资产确实有挽救的必要,市场自然会发挥优胜劣汰的作用让它起死回生。在2008年次贷危机中,针对政府是否应该直接出手避免龙头支柱企业破产,《第一财经日报》曾有过评论,大意是私营企业享有"破产"的权利,同样也该承担责任。政府应该清楚,介入私营企业的运营和重组是危险的,除了道德风险外,一旦政府资金介入,没有人能够保证企业不会越陷越深。多年来政府想方设法挽救龙头企业,这就剥夺了其他公司获得廉价资产的权利。这种观点在一定程度上是对的,政府对困境企业的注资能避免其被清算,却对其他竞争者不公平,导致经营良好的企业只能享受行业集中的"奖励"。

但是我们也要看到,不论是次贷危机还是2008年之后的"杠杆危机",每个时代的债务危机都有着一个特性,就是危机的传染性。在1997年的亚洲经济危机中,我们发现市场不缺流动性,而是信心比黄金还要珍贵。如果政府毫不作为,则这种传染性将迅速扩展到整个行业或地区。此时,不仅不存在优势企业逆势扩张的问题,反而会因为银行对同一行业的惜贷抽贷行为,导致行业的整体危机。中国改革开放的制造业优势就是在一个地区建立了稳定的产业生态,即一个龙头企业周围,同时存在着大大小小的供应链企业,这种集群效应在正常发展时是巨大优势,而一旦龙头企业发生问题,则将摧毁一个地区的人们的稳定就业生态。

除产业集群可能导致的群体性企业危机外,我们在2015年的危机过程中也会发现新的风险点在逐步产生,例如温州等经济发达地区的民间集资与互保链条大量滋生,一旦某一家大企业倒闭,连锁反应将在地区迅速蔓延。一个企业一个企业地垮掉,一个链条一个链条地传递,最终的经验告诉我们,除实体经济外,资本市场由于大量股权质押的存在,也将影响金融秩序的稳定。因此,债务违约的暴发总是与宏观经济形势变差相伴相生,我们需要对不同时代下不同国家的经济危机与应对模式进行剖析,这些将对我们今后处理的经济危机有着重要的参照作用。身处债务问题大量出现的时代,如果要对每个案件进行个案平衡显然效率低下,但是,如果大量的债务违约问题不能得到及时的处理，则可能会引发严重的社会问题。如何建立普适性的债务重组新模式来主动应对风险，是对当前众多国家提出的考验。各国普遍选择采取对债务危机企业提供财政支持、建立资产管理公司处理不良资产等模式，对身陷债务危机的企业进行救助。其中有些模式具有显著特色，且具有一定的借鉴性。韩国的主要特色是选择差异化重组的安排，以及协议安排机制完善的庭外重组模式；而美国由于破产法律建构比较完善，为避免庭外重组可能出现的信息不对称和制度无从监督等问题，企业偏向于选择司法途径解决债务问题；马来西亚则出台了专门的法律法规，同时提供专门的机构帮助庭外重组的实施，从而使法院案件分流，减轻庭内诉讼压力。前文对于这些国家的债务重组模式与工具进行了一定的介绍，下面我们将着重从具有最鲜明特点的制度进行解读，希望可以对债务重组实践提供参考。

（一）韩国：差异化重组 + 庭外协议重组制度

1. 差异化重组

谈及韩国经济，很多人首先想到的就是"财阀垄断"。在2019年的韩国财阀排名中，三星位列第一，紧随其后的是现代、SK、LG、乐天等大型集团。韩国排名前10位的财阀可谓垄断了市场和经济，其市场份额占比达到韩国前59个集团总资产的70%，资产规模占到韩国当年GDP（国内生产总值）的95%。"二八法则"[①] 在韩国的经济中体现得尤为明显，真的做到了20%的企业掌握了80%的资产。而面对这种企业格局，1997年金融危机爆发之时，韩国选择了差异化重组的

---

① 二八法则是一种量化的实证法，用以计量投入和产出之间可能存在的关系，是由意大利经济学者帕累托于1897年首次提出的。帕累托在研究了19世纪英国人的财富和收益模式后发现，大部分的财富流到了少数人手里。同时，他还发现，这种微妙的关系一再出现在很多国家之中，并且在数学上表现得十分稳定。于是，帕累托从大量具体的事实中发现：社会上20%的人占有80%的社会财富，即财富在人口中的分配是不平衡的。继而，人们发现这种不平衡的现象发生在社会生活的方方面面。因此，二八法则成了这种不平等关系的简称，而不管结果是不是恰好为80%和20%（从统计学上来说，精确的80%和20%出现的概率很小）。

方式。

何为"差异化重组"呢？顾名思义，就是根据企业体量的不同将企业进行分类，并给予不同的债务重组模式的配合。韩国的现代、三星、LG、SK、大宇五大财阀资本实力雄厚，面对经济下行的不利冲击，尚不至于直接陷入经营困境和债务违约困境之中，因此，在"五大财阀"内部进行不良资产的自我消化是应对时局的较好方案。韩国政府赋予它们较高的自由权，可以由企业实施"自我主导式破产"。"五大财阀"内部通过类似经营业务的合并重组，完成了资产优化、消耗掉过剩产能，从而内部消化了损失。经此一役，"五大财阀"受创不大，其在韩国经济中的主体地位未曾改变。从另外一个角度上讲，韩国用阵痛最少的方式化解了绝大部分经济体量面临的债务压力。这种模式本质上属于庭外债务重组模式，即依据债务人具有的经济与政治优势主导重组进程而化解危机。

而对于排位靠后的其他韩国中小企业来说，在经济危机爆发时，自我消化不足以解决企业的债务问题，需要政府的相关政策扶持。因此，在庭外重组的过程中，政府派出相关金融专家和破产专家进行协议安排，扶助韩国中小企业，以降低不良资产比例为目标，同时对中小企业的杠杆率提出要求，最终高效地解决了中小企业的经营困境问题。

2. 庭外协议重组制度

如前文所言，韩国为中小企业提供了相关政策的扶持，在庭外重组中设置了协议安排制度，从危机暴发以来，很多企业通过庭外协议重组的模式的指引、运用债转股、出售资产、债务展期等手段完成了债务重组。该制度在人员组成、重组启动、重组实施等方面的设计均巧妙且新颖，或可为中国企业所借鉴。

- 人员组成：庭外重组协议由三部分主体构成。第一部分是债权人委员会，这一点与一般破产模式差别不大，由一家主导银行牵头全部机构债权人组成债权人委员会。第二部分是成立重组协调委员会，该组织负责平衡债权人之间的博弈行为，一方面可以推进重组进程，另一方面也可以调解债权人之间的矛盾，争取"多赢"的局面。第三部分是主导银行或外部金融专家。通过聘用外部金融专家团队对企业债务重组过程中的金融风险进行提示，解决庭外重组谈判队伍"专业性不够"的问题，充分保证了债务重组的效果。

- 重组启动：在债务重组正式实施之前，需要相关企业做好对债权人委员会的组建、对外部金融专家的聘任等工作。同时，在重组协调委员会的组织下，进行初步磋商和谈判，明确各债权人的需求，对后续企业的经营战略进行商讨和决策等。随后，根据债权人商讨出的结果与企业管理层进行沟通，为下一步协议制订重组计划做准备。

- 重组实施：根据前期达成的初步一致意见，进行正式的重组进程。在重组实施的过程中，需要注意三点核心问题。第一，保证债权人与企业管理层共同完成重组过程。要做到这一点就需要企业为债权人提供充分、准确的信息，尽量消除庭外重组过程中的信息不对称现象。债权人根据企业提供的经营信息、财务信息与企业共同做出决策，同时由外部金融专家进行辅助，提高重组效率、优化重组结果。第二，需要企业保证较低的杠杆率水平。高杠杆率可能是众多陷入债务问题的企业所面临的共同难题，而如果无法切实做到降低杠杆率水平，即使重组成功推行，债务问题也有可能在未来的某天"死灰复燃"。为了降低企业杠杆率水平，重组企业和债权人会选择出售企业固定资产、债转股、背债、债务展期等技术手段。第三，需要解决股权稀释问题。如果企业选择债转股等重组方式，大股东的股权将面临稀释的问题。面对此问题，大股东和新进投资人、大股东与债权人之间均会产生较强烈的利益冲突。而韩国庭外协议重组制度规定，只有债务重组方案获得至少75%的债权人的同意时才能通过，这一制度从一定程度上缓解了大股东与其他债务重组主体之间的利益冲突,消解了激励不相容的问题,使全体债权人和公司股东为债务重组方案得以推行共同努力。

(二) 美国:预重整+DIP融资

与韩国推崇庭外重组的风格不同,美国由于破产法律体系较为完善,企业在陷入债务危机之后倾向于选择通过司法程序解决困境。而即使进入了司法程序,各方主体也更倾向于选择重整程序而非破产清算程序。因此,为了更好地满足企业对破产重整程序的要求,美国在破产重组过程中推行的预重整制度为债务重组领域打开了新思路的大门。

1. 预重整制度

美国的预重整制度之所以为全世界债务重组界津津乐道,是因为其融合了庭内重组和庭外重组双方的优势,并且能取得较好的效果。其中,预重整程序的"预"是指在庭前进行对于重组方案的协商和表决,提高庭内效率,压缩庭内流程。预重整程序以美国破产法为核心进行,按照是否会在庭前会议上对重组方案进行投票划分为预先打包模式(pre-packaged)和预先安排模式(pre-arranged)。其中预先安排模式只要求主要债权人在庭前签署"lock-up协议"[①],承诺同意重组方案,且并不需要所有债权人在庭前会议中进行投票。预重整制度通过庭前会议先行敲定了部分本需要在法庭中解决的问题,这就极大地提升了重组的效率,既发挥了庭外重组"商讨充分"和"清偿率高"的优势,也解决了庭外重组常见的"久拖不决"和"执行无保障"的难题,因此获得众多债权人的青睐。

2. DIP融资制度

DIP是Debt In Possession的缩写,中文译为"占有中的债务人"。DIP模式的核心在于其融资制度,是指在重组程序开始后债务人经法院批准,可以直接从外部融资的制度设计。债务人在获得融资资本之后,

---

① "lock-up协议",即承销商与公司的内部人士之间具有法律约束力的合约,规定在特定时期内,这些人士不可出售任何该公司的股票。

可以将其用于重组过程中的重组资金使用。而且 DIP 模式并未对出资人主体进行限制,商业银行、对冲基金、私募股权基金等均可以作为出资方。此外,出资人可以相应的获得优先受偿权,可以优先于其他债权获得清偿。因此这种制度很好地保护了出资人的权益,出资人通常可以拿回全部本金外加丰厚的利息,这种正向激励机制使得出资人乐于借钱给破产企业进行融资,进而保证了 DIP 模式的有效推行。

而随着 DIP 模式的逐渐推行,丰富的资本进驻破产企业之中,一方面带来了破产企业重组计划推行所必需的本金,另一方面也使得公司股权结构发生变化,部分注资较多的对冲基金、私募基金等可能进入公司管理层。此外,这些资本市场中专业的基金公司作为破产公司的债权人,往往在债权人委员会中占据一席之地,可以更深入地参与对重组计划的讨论,促进企业焕发新的活力。

(三) 马来西亚:专门机构为庭外重组提供帮助

马来西亚在 1998 年爆发金融危机之前,其债权人大多选择走司法途径解决债务问题。在金融危机爆发后,不良资产企业集中破产,法院不堪重负,马来西亚开始探索庭外重组方式,并设置"企业债务重组委员会+执行部门+债权人委员会",共同为顺利推行庭外重组制度保驾护航。

企业债务重组委员会(Corporate Debt Restructuring Committee,简写为 CDRC)是为了促进债权人与破产企业达成重组协议而成立的组织。CDRC 并非法律组织,其行为不具有法律强制性,其性质有些类似于国内的"人民调解员",希望用 CDRC 的手段将部分债务问题化解在庭外。因此,破产企业是否寻求 CDRC 的帮助也完全是企业自愿行为,为保证 CDRC 的工作效率,寻求 CDRC 帮助需要满足一定的门槛:第一,企业有被拯救的必要,仍属于活力企业;第二,企业累计负债至少 5 000 万林吉特[①];第三,企业的债权人至少有两个以上。该

---

① 马来西亚的法定货币以及部分国家的流通货币。

组织在亚洲金融危机期间应运而生,其间成功处理了总金额达458亿林吉特的重组问题,继而销声匿迹,直至2009年被再度启用。受2008年美国次贷危机的影响,马来西亚经济下行,债务问题再次大量出现,CDRC随即重出江湖,再次发挥了巨大的作用,为困境企业的重组方案进行指导并对债权人之间的矛盾进行调解。CDRC由来自央行和金融监管机构中具有法律和金融背景的专家组成,其专业化的意见为困境企业化解债务问题提供了有力帮助。

- 执行部门:庭外重组无法保证执行的问题长期遭人诟病,马来西亚设置了专门的执行部门来保证债务重组计划得以顺利执行。CDRC有权任命执行部门的成员,执行部门的设立更好地保证了债务问题的解决效率,收效良好。
- 债权人委员会:马来西亚债权人委员会的设立与其他国家大同小异,也是通过对各类债权人进行分类,由每一分类中的代表组成债权人委员会。债权人委员会拥有对重组方案的最终决定权,只有经过债权人委员会评定、协商并最终通过的重组方案才能最终生效。
- 重组的主要流程:当债权人或者债务企业提出破产申请后,由于只有有活力的企业才可以适用由CDRC来解决,所以首先进行的是对企业生存能力的评估,该评估应当自申请后1个月内做出是否通过破产申请的决定。而后,全部参与的机构签署暂停协议,确保其不通过司法途径寻求救济。最后成立债权人委员会并通过重组方案的草案,该草案经债权人委员会商议通过后方可达成正式债务重组协议。

(四)日本:庭外+庭内

1. 庭外重组

近年来,日本的债务重组模式不断发展,其中庭外重组制度的完善主要集中于以下3个方面。

第一，《庭外重组指引》的颁布。日本在 2001 年前后，总结亚洲金融危机中庭外重组案例的经验和教训，在全国银行业协会以及日本经济联合团体等事业机构的帮助之下，总结出《庭外重组指引》方案并向社会公布，反响良好。该方案不具有法律效力，只是作为金融机构参与庭外重组过程的建议性"行为准则"。从内容上讲，该方案对于进入司法程序之前各个当事人主体之间进行的债务调整相关问题做出回应，保证了在进入司法程序之前将部分纠纷扼杀于萌芽之中。

第二，事业再生 ADR[①] 程序的建立。事业再生 ADR 程序是日本民间 ADR 机构适用《非诉型纠纷解决程序法》的规定对事业再生（即"债务重组"）程序进行仲裁。该程序的公平性与专业性可以从两方面保障：首先，事业再生实务家协会是唯一有资格从事事业再生 ADR 程序的机构，其成员选任严格；其次，由于事业再生 ADR 程序是以法律性文件为依据，可以更好地得到被仲裁双方的信赖，从而很好地保证了事业再生程序的进行。

第三，中小企业支援协议会的建立。该协会设立的受众主要为中小企业，即资本金 3 亿日元以下或员工 300 人以下的企业。由于日本的中小企业同样面临融资难的问题，因此单靠中小企业自身的力量完成事业再生难度较大。所以，日本通过设立中小企业支援协议会对中小企业的债务问题进行解决，以庭外重组模式为基础，政府为在此过程中遇到的问题提供公平、公正、中立的帮扶。

2. 庭内重组

21 世纪以来，日本的庭内重组政策主要在重组过程的"速度"和"效率"两方面做文章。由于推行"小额财产管理程序"和"监督委员许可程序"，提高了法院处理事务的效率，因此日本的庭内重组得以迅速推行。2000 年颁布的《民事再生法》就充分体现了日本庭内重组

[①] ADR（Alternative Dispute Resolution）是指利用非诉讼手段解决争议的方式，起源于美国，由于程序相对简单，且不会摧毁当事人之间的信任与合作关系，因而越来越得到广泛的应用。

制度的特点。

其一,《民事再生法》的设计较为灵活多变。这种灵活是惠及双方的,一方面企业可以根据自己的经济情况选择方案,另一方面法院也可以根据不同情形选择不同的处理程序。如此一来,债权债务关系简单的企业可以较快地完成重组过程,同时也节约了司法资源用于处理体量较大、债务关系复杂的大公司的破产问题,提高了庭内重组的效率。

其二,参与主体的广泛性。与日本《破产法》不同,《民事再生法》允许与债务相关的所有主体参与至再生过程中来,比如公司股东、普通债权人、担保债权人等。这些相关主体同时参与商讨可以很好地避免部分债权人谋取私利的问题。比如在日本的破产清算程序中,担保债权人不被允许参与该程序,因此会造成有担保的债权人通过行使自己的担保债权来获得优先清偿,而其他普通债权人则极力促成破产清算程序的快速进行以便自己可以获得清偿,在两类债权人的争抢之中,实际受损的是破产公司的利益,该公司永远失去了东山再起的希望。

二、外国债务重组实践的经验对于国内的启示

(一)国内现状

近年来,世界经济运行压力都比较大,尤其是受到新冠病毒肺炎疫情影响,中国经济的下行压力进一步加大。此时,这种世界经济发展的黑天鹅事件可能导致许多企业的负债率和杠杆率气球被突然刺破。国际货币基金组织(IMF)第一副总裁利普顿在2016年6月14日对中国不断攀升的债务负担风险发出警告,称中国企业债务虽仍可控,但数额庞大且快速增长。为避免今后出现严重问题,解决企业债务问题已经势在必行。可喜的是,随着中国破产法律体系的进一步完善和资本市场体系的进一步发展,庭内重组和庭外重组的模式均已取得了长足的进步。企业可以根据其所处的行业特点和自身经营情况选择合适

的重组方式。

广义的债务重组工具既可以适用于正常经营阶段,又可以适用于经营困境阶段。在企业正常经营时,债务重组是一种常见的融资手段,企业可以使用债务置换和赎回的工具,来获得更加稳定的现金流。如通过对于已经发行的债券进行优化的同时对已经到期的债务进行滚动融资,以保证企业的现金流不至于枯竭从而确保生产经营不被影响,同时企业还可以通过债务赎回的方式降低企业的负债总额,同时消耗掉过剩的现金流。可以说,正常经营企业的债务重组是调整企业现金流规模的利器,对于企业更好地实现自身的经营计划助益颇大。但是本书讨论的对象主要限定为狭义的债务重组,即当企业因债务问题陷入困境时,为对其救助使其得以继续生存而适用的债务重组。

当企业陷入经营危机以后,可以适用庭内重组和庭外重组的方式对不良资产进行解决,企业可以根据自己所处的环境以及债权债务关系的复杂性等对不同方案进行选择。通过总结经验和教训,我们可以发现,从债务重组的实施过程来看,国内债务重组面临的主要挑战如下所示。

首先,债务重组未总结出普适性规律,造成企业选择困难。在过去很长一段时间,国内的债务重组呈现出一种个案平衡的态势,企业对于自身情况认识得很清楚,但苦于对债务重组知识认识不足,因此在面对债务重组的复杂结构之时难免心存顾虑。所以,对个案中的经验进行提炼总结,争取找出一般性的规律是当前中国债务重组研究的发展方向之一。

其次,由于国内实施债务重组的过程中信息披露机制不完善,各个债权人之间信息并不对称,使得债权人与债务人无意间形成了类似"囚徒困境"般的博弈关系,每个债权人都害怕自己的利益受到影响,并由此引发猜忌和恐慌,从而导致债权人不顾整体重组效果而仅考虑如何实现个体利益的最大化,这将有可能导致市场价格机制失灵。虽然在个案中,这样做往往看似另一些人的诉求得以满足,但是,因为在博弈过程中一些利益被损耗,从而导致无法达到整个债权人与债务人博弈的"纳什均衡",所以债务重组的最终成果未必能够达到预设的最优程度。

最后,中国债务重组市场活跃度较低,市场中的资金供给也较为贫乏。债务重组本质上应当是市场中交易主体之间相互博弈救活公司的过程,然而在中国的债务重组实践中,大量的案例是由于政府部门的扶持和注资才取得了债务重组的成功。政府部门的干预或许可以减少债务重组过程中所遇到的困境难题,但本质上并不利于中国债务重组市场的良性发展。或许在上一阶段的发展中,由于国有企业改革,大量国有企业不良资产需要进行剥离,为避免出现社会问题,国家和政府才"出手"进行干预,但这终非长久之计。因此,提高债务重组市场活跃度、发挥市场参与主体的积极性是中国债务重组市场的当务之急。

(二) 外国经验对于国内债务重组的启发

2020年是魔幻现实主义的一年,新型冠状病毒的暴发导致全球资本市场的动荡,原油价格跳水、国际贸易受阻、美股市场熔断、中小企业破产,这一个个不利消息无疑会引起中国乃至世界的债务市场的动荡不安,债务危机如幽灵般徘徊。所以,不利的市场环境为中国破产重组市场的建立提出了新的要求和挑战。

师夷长技,取长补短,学习其他国家的先进经验为我所用,是解决当前中国面临的债务问题的捷径。面对上述问题,国外部分有益经验已经为问题的解决提供了思路,比如美国的预重整制度和马来西亚的CDRC程序均为债权人之间的预先矛盾化解提供了可能,而美国的DIP融资手段则解决了市场供给资金贫乏的问题等。通过借鉴国外有益经验并结合当前中国国情,可以对国内债务重组的实施提供些启示,具体如下所述。

1. 债务重组类型的复合性有助于推进重组进程

庭内重组和庭外重组各有利弊,因此,如果可以推行多元化、复合型的重组手段,扬长避短,或可保证重组过程更有效地推行。相较而言,庭外重组方式更加灵活、手段更加多样,不需要拘泥于法律规定,同时因为其进行过程的私密性,也不会对公司的商誉造成较大的减损。但也正是如此,导致庭外重组的谈判过程可能较为漫长,债权人之间难以达成一致意见,债务问题久拖不决,利息像滚雪球一般越滚越多。此外,庭外重组由于不受程序性规定的限制,其谈判前的信息披露以及谈判后的计划执行均无法保证。而庭内重组则是在法定程序下进行,当债权人按照一定比例要求表决通过后即可通过重组方案,而且在表决过程中的债务停止计息,可以做到及时止损,防止久拖不决。因此,在实践中,企业可能选择先进行庭外重组,一旦谈判破裂再转入庭内程序,选择破产重整或破产清算。

资本重组和债务重组可复合进行。针对国内债务重组过程中资金不够充足的问题,可以通过引入投资人进行资产重组的方式解决,从某种意义上讲,如果企业只进行债务重组,而未完成资本重组,那么即使企业暂时将债务问题解决,也是治标不治本,为将来埋下了隐患。从国际经验来看,美国的 DIP 模式很好地解决了这个问题,通过引入对冲基金等外部资本丰富了债务重组资本的来源,同时也为其他国家实现困境企业债务重组提供了新思路和新模式;韩国通过引入外资的形式,使其参与债务重组,从而拓宽了债务重组过程中的资金来源渠道。因此,可以鼓励国内资本市场引入不良债、信用违约债等形式,将资本市场的资金引入债务重组过程中,解决债务重组中部分企业融资难的问题。

2. 提高重组参与人员的专业水平

为了建立债务重组过程的良性"谈判桌",提高参与人员的专业素质、引入专门机构对信息披露等问题进行监管是其题中应有之意。

债务重组参与者的专业程度是提升重组效率、节约重组时间的关键,同时,参与者的专业性可以保障企业在纷繁复杂的债务重组工具中选择最适合自己的一种,从而更好地实施重组计划、压低成本。美国债务重组制度发展成熟的重要原因在于该领域专家在进行十余年的司法实践后可以较好地对重组工具进行选择,同时,这些专家对金融资本市场的认知也极为深刻,可以给出企业在重组过程中专业的融资意见，保证了重组计划的顺畅执行。马来西亚在实施债务重组时的CDRC小组是由精通金融知识和法律监管的人才组成，而美国从事破产行业的律师也均具有丰富的金融和法律的经验。由于经验丰富，所以债务重组推行速度快、效果好。参照国际经验，中国在债务重组过程中也应引入专业参与者。

加强对于信息披露的要求、减少信息不对称对重组过程的困扰是中国的债务重组走向成熟的必经之路。良好的信息披露机制可以建立良好的市场秩序，为价格机制的良好运行打下基础。只有企业提供充分的信息，后进场的投资者才能做出正确的决断，通过债转股等手段，实现更合理的股票估值和定价。因此，专门机构在此方面进行更加客观、公开、透明的监管，有助于市场上的困境企业更好地走出困境，也有利于中国债务重组市场的成熟。

3. 保证债权人的参与程度方能更好地博弈

提及债务重组，其本质是一场围绕债务的各方主体之间的博弈。政府可以通过出台相关政策对这场博弈的积极性和公平性做出保证，同时，还可以动用行政手段来创造双方高效沟通的机制，平衡各方主体的利益，争取做到部分债权人以退为进，牺牲自身部分利益来保证整场债务重组活动可以达到纳什均衡。政府构建好公平的"谈判桌"，而具体的谈判内容和重组计划则交给市场和公司自行安排。

事实上，国外许多国家都是通过制度构建来保证债权人的参与程度的。例如韩国构建庭外重组扶持机制来保证债务重组中的各个主体可以参与到博弈中来、美国完善破产法律制度、马来西亚成立CDRC平台对重组进程进行控制和扶持、日本《庭外重组指引》的颁布等，都是政府层面上对债务重组市场进行完善和监督的不同形式。政府仅负责保障制度设计的合理性和公平性，构建公平的谈判桌，而其余的内容则交给市场这个"看不见的手"来处理。

前文通过分析韩国、美国、马来西亚、日本在债务重组中的先进经验并结合中国的实际情况，认为其从以下几个方面可为中国所借鉴：首先，从程序本身来说，可以通过复合运用各种债务重组手段和工具平衡债权人和债务人之间的利益,并可通过资本重组与债务重组的结合解决债务重组过程中资金不足的问题;其次,从参与人员水平分析,提高参与债务重组人员的专业性有助于提升重组效率、改善重组效果、解决"治标不治本"的问题;最后,从参与主体分析,需要提高债权人和债务人的参与程度,保证他们可以参与重组程序,从而主张自己的利益。

小结

结合中外债务重组的实践操作方式,我们对企业债务重组有了一个大致的了解。可以看出,在债务重组的模式选择上,庭外重组与庭内重组并不是相互排除的关系,而是互相合作与融合的关系,我中有你,你中有我,即使是在庭内重组模式之中,破产清算、破产重整与破产和解之间也存在着相互转化的关系。在运用其解决企业债务危机的过程中,绝不能僵化死板,而应该根据企业债务规模、债权人特点、业务结构等方面的条件予以恰当选择,帮助企业度过危机。

在债务重组工具的选择上,企业也会根据自身的特点,选择其一或者混合运用,以改善企业的债务结构。鉴于以现有资产清偿债务以及以修改清偿条件清偿债务的方式灵活性较低,企业在陷入财务困境后缺乏流动性以及资产贬值等原因,在实践中又发展出了将债权转为股权的方式用以清偿债务。这种重组工具不仅增强了企业债务重组的灵活性,也有效改善了企业的资产负债结构,受到了大多数债务重组企业的欢迎。在重组方案中,企业通常采取以债转股为主,其他重组工具并重的操作模式,根据债权人不同的特点,采用不同的重组工具。

通过本章对债务重组的介绍,我们认识到债务重组是通过"模式+工具"的灵活组合,创造出破产实践中别样丰富的重组模式。将这些模式予以固定化、理论化,不仅有利于对这些模式进行深化了解以更好地运用到债务重组实践中去,还有利于在面对企业不同情况时"举一反三",灵活运用到各种企业重组案例中去。由此也可以看出,本书是立足于实践的角度来对企业债务重组进行思考讨论的,通过对本章的解读,希望能在债务重组实践中帮助有需要的读者操作运用。

| 第三章 |

困境企业视角下的债务重组

破产保护是一个过程而非解决方案。它为你赢得时间,获得新的融资,重塑企业,但并不意味着你在改造企业时无所作为。

——史蒂夫·米勒

债务重组不应仅侧重于对企业债务的调整，从困境企业的视角来看，更要通过此次机会重塑企业生命体的各项机能，从根本上扭转企业的困境局面。因此，从这个角度来讲，本书在展示困境企业不同重组模式的同时，更是意图鼓励困境企业在陷入危机时能选择适合的重组机制来起死回生。尤其是债权人等主体，要认识到破产清算是债务重组的最后一道防线，对困境企业不能一破了之。

不同类型的企业应根据企业规模的大小，选择不同的模式，才能达到事半功倍的效果，不仅能有效改善企业的负债结构，还能提高债务重组的成功率。以破产重整程序为例，并不是所有企业都能适用，由于其成本高、门槛高等特点，会将大部分企业拒之门外。但对于那些仍有存续价值又不能适用重整程序的企业，又不能简单地一破了之，因此可以通过和解、庭外重组等方式进行重组。

债务重组的企业，在经过短暂的阵痛后，采取多种措施加以输血、造血，增加了企业现金流，恢复了企业的经营管理能力和盈利能力，有的企业甚至通过重组改造突破多年瓶颈而实现质的飞跃。但福祸相依，再好的制度，也有其需要改进的地方。重组过程中处处充满着风险，如果思虑不周，任何一个环节出现了差错，都会导致满盘皆输。即使侥幸重组成功，有的企业也会面临着股价下跌、企业信用评级降低等风险。

综上，困境企业在选择企业重组时应当慎重，应根据自身规模特点、行业特点，面对具体问题，选择适合的重组模式，利用拍卖等重组特别工具，激活现金与资产的流动性，快速恢复企业的运营能力，实现困境企业的救治目标。

第一节　债务重组中的大公司与小公司

债务重组是一整套精细的体系，如想对症下药，则需找准不同企业的症结所在，不同规模和性质的企业有着各自的特色。假设我们将困境企业暂时按照资产规模区分为大企业和中小企业，那么，它们视野下的债务重组可能是两个不同的世界和景象。

一、大小企业在债务重组实践中的比较分析

（一）大小企业的概念界分

大型企业与中小企业存在许多的不同之处，大型企业在内部组织形态上遵循业务标准化、人才专业化和管理职业化，核心是筹设完备的董事会、股东会和监事会的现代公司治理结构，用集体的专业化决策避免个人的武断，从而为企业发展设立方向。大型企业在外部关系上，其所从事的行业一定要有广阔的市场空间和消费群体，依托水大鱼大的消费天花板，通过标准化的大规模生产和销售体系满足规模效应，据此组织、分工与协作。当然，这些又以内部组织体系的标准化与专业化为基础。而中小企业的定义，因经济与法律制度、管理逻辑和市场环境等不同的角度而有多重标准。一般而言，中小企业指的是在其所处行业，资产与人员的规模相对较小的企业，归纳起来一般有两个标准：一是企业的外在规模、组织形式达到一定的标准和程度；二是通过企业自身实力及从业人员的规模进行判断。

关于大型企业与中小企业的划分，在债务重组中有着重要意义。例如，在美国破产法实践中，即将公司分为总资产规模小于400万美元的小型公司、股权集中的大型公司以及上市公司3类。而我国的划分依据是《关于印发中小企业划型标准规定的通知》（工信部联企业〔2011〕300号），其将国内涉及16种行业的企业依照营业收入、资产规模和职工人数等标准划分为中型、小型、微型企业。

以工业行业为例，职工人数在 300 人以上 1 000 人以下，且营业收入在 2 000 万元以上 40 000 万元以下的为中型企业；职工人数在 20 人以上 300 人以下，且营业收入在 300 万元以上 2 000 万元以下的为小型企业；职工人数在 20 人以下或营业收入在 300 万元以下的为微型企业。

再以建筑行业为例，营业收入在 6 000 万元以上 80 000 万元以下，且资产规模在 5 000 万元以上 80 000 万元以下的为中型企业；营业收入在 300 万元以上 6 000 万元以下，且资产规模在 300 万元以上 5 000 万元以下的为小型企业；营业收入在 300 万元以下或资产规模在 300 万元以下的为微型企业。

我们应该看到，在司法实践中，中国虽然在公司法、破产法等法律层面没有对企业规模划分制作不同的重组模式和程序，但债务重组中确实已经实践引领立法，利益主体在实践中，尤其是国外的相关制度，已经通过对大中小企业的甄别而使用不同模式挽救困境企业，并取得良好效果。

（二）债务重组原因的异同分析

1. 债务重组原因的共同性

大企业的危机往往来自外部，国内外知名大企业皆是如此，很多曾经如日中天的公司，在我们的印象里本是与破产无关的，却仍旧摆脱不了破产的命运。像芬兰的诺基亚、美国的西尔斯，这些曾在各自领域比苹果、亚马逊更具统治力的神话，因为智能手机时代的来临，又或者受到互联网购物对零售行业的冲击，逐步无法跟上人们消费习惯的变化，导致债务问题逐步堆积，待觉醒时已经无力回天。这些大企业破产的原因与中小企业的债务问题有明显差异，困局的症结可能是多层次且复杂的。我们先看通病，主要包括以下 3 个方面的原因。

- 人无百日好，花无百日红，大小企业皆是同理。外部因素更迭导致很多企业未能及时跟上时代变化而破产。如作为"胶片之王"的柯达公司，领导人无视电子市场、数字技术的发展，始终将企业重心放在传统胶片上，它虽战胜了包括富士等在内的所有强大的竞争对手，最终却输给了自己。另外，市场变化导致流动资金匮乏，也会导致企业不能正常运转，如中国东南地区的"企业倒闭潮"大多是因企业资金链断裂造成的。

- 内因决定外因，内因是关键。企业的一切问题终究是人的问题。由于企业决策层对企业的负债规模、融资渠道等方面的选择不甚合理，以及对筹措资金的使用不当，使得企业的负债杠杆过高，一旦出现资金链断裂而无法偿还到期债务时，企业就会面临破产倒闭的风险。
- 内部财务监督体系的不完备不健全可能是大小企业的通病。困境企业的内部规制往往不健全或者监督机制出现问题，例如账目管理混乱、财务人员人事管理不规范、财务制度管理执行不力等问题。

2. 债务重组原因的差异性

大型企业与中小企业的不同，也主要体现在二者的债务问题在原因上的差别，其中的差别主要表现在以下几个方面。

首先，中小企业的融资渠道单一，财务成本较重，抗风险能力薄弱。大型企业具有规模大、多样化的经营特点，能有效地分散经营风险，具备更高的负债能力，而中小企业经营的产品或提供的服务较为单一，企业经营受市场影响较大，其经营更多依赖的是自有资金、社会资金或银行短期借款。

其次，社会对中小企业的违约容忍度显著低于经营能力强大的大型企业。经营能力强大的企业其所获取的营业收入源源不断，与之息息相关的盈利能力也较为充沛，能为企业在市场上的良好声誉提供物质保证。因此，大型企业不论是在现金流的充沛程度还是融资渠道上，都有较为强大的市场优势。而中小企业由于其业务单一、规模较小，在经营能力和盈利能力上抵抗风险的能力较差，市场对其经营预期较大型企业差，因此其负债规模与融资渠道也要受到相应的限制，当企业出现经营困难与财务危机时，容易出现挤兑风险，甚至导致企业破产倒闭。

再次，相较于中小企业，大型企业的用人成本更高。日益高涨的薪酬是所有企业都要面临的共性问题，但对于职工人数较多的大型企业来说更是如此。大型企业在薪酬、保险等职工福利方面较中小企业来说承担着更重的压力，不断增加的用人成本也在不断加重企业的债务危机。

最后，大型企业的公司治理机制掌握着企业的生命线。中小企业的规模较小，往往不具有规范的董事会、股东会和监事会，企业的大小事务通常由企业家一人说了算，且由于企业业务结构单一，通常只要做到不违法并保证正常的生产经营秩序，企业就不会陷入债务危机。但公司治理机制对大型企业来说却至关重要，其业务结构的复杂多元，使得管理层的决策失误往往会牵一发而动全身，导致企业整体经营的死亡。

综观各国破产法律实践，债务重组是奢侈品，即适用于规模较大、前景较高的公司，部分中小企业并无债务重组的空间。但实际上，不论大小企业，债务重组的需求始终存在，中小企业面对困境所要解决的问题与大公司显然不同，同样可以通过债务重组实现特定商业目的。

（三）重整重组模式的差异

如前文所述，我们暂以债务重组中的庭内重组为例。破产重整制度虽然规定在破产程序中，但其以避免破产清算为目的，是破产清算的挽救制度。一般而言，只有具备挽救价值的企业才适用重整制度，适用有限的司法资源。因此，我们习惯将重整制度比作司法制度的奢侈品。但目前小微科技创新公司越来越多，简单的中小企业对债务重组的需求也在不断加大，故我们需要重新对破产重整等债务重组制度的内涵和外延进行再认识。

债务重组属于复合型的一揽子安排，并非一定需要通过司法程序进行。但是在债务重组实践中,因为庭外重组经常面临较高的钳制成本,故在不同债务重组模式下,我们还是需要司法程序配合,即灵活运用破产法等部门法域下的破产制度等司法程序,提升债务重组的成功率。

简言之,破产制度包括破产清算、破产重整和破产和解 3 种制度。债务重组中,我们在此着重强调一下破产重整制度的作用。重整制度虽然在中国的破产法律制度的立法中最后出现,却凭借推动企业"重生"的拯救功能,使其为更多的企业所使用,也为更多的国家和地区所重视。

中国的破产重整立法尚待完善,其设置的各项审查、批准、异议、投票及执行等环节,主要适用的对象是大型企业。由于其所有权与经营权分离、股东人数众多、公司资金规模巨大、业务涉及广泛、债权债务关系复杂,所以重整程序具有复杂性、耗时性和高成本性。因此,中国的破产法在很多制度设计上虽然都是普适性的规则,但诸如对董监高的各种规制措施,整体上看还是针对大型企业而言。

当然,伴随中国经济的转型,中小企业呈现出债务重组案例显著增多的态势,其中一个很重要的原因是科技驱动了商业革新,例如互联网和科技新兴企业,虽在传统意义上属于中小企业,但其新增市场空间不断扩大,市场红利的持续释放将不断提升市场天花板。这些企业虽然在传统行业的巨无霸公司面前仍属于小众市场,但是高增长性已经在市场上获得较高认可,故通过债务重组挽救公司的案例激增。

这些中小企业与大型企业相比,经营模式较为单一,其在适用债务重组的司法资源时也存在独特之处,我们暂以破产重整为例。

- 重整申请权方面:鉴于重整申请是启动重整程序的关键,在实践中,通常认为谁占有了申请破产重整的先机,谁就掌握了重整程序中的先发优势。根据法律规定,企业债权人、债务人均有权申请破产重整,但在现实中,中小企业的破产重整通常是由债务人主动申请的,而大型企业的破产重整则常常是由债权人提起的。

- 重整企业管理模式方面：大型企业根据其经营状况的不同，对管理人管理模式和债务人管理模式的选择数量基本是不分伯仲的；而中小企业大多采用的是管理人管理模式，仅有个别案件采用的是债务人管理模式。

- 重整程序用时方面：法律对重整很多事项的时间都有限制，但由于大型企业情况复杂，法律规定可以对重整计划提交表决的时限予以延期3个月。而中小企业股东人数通常为个位数，董事、监事经常由股东交叉担任，且企业资产规模下的债权债务关系简单，所以中小企业较大型企业更容易就重整方案达成一致意见，司法实践也因此出现了旨在缩短相关企业重整时间的操作。

整体而言，根据发达国家的债务重组实践，发现了很多理论模型结合企业规模、行业特征、股权结构和债务结构的案例。美国的破产重整制度在公司重组和价值保全方面更有效率和吸引力。[①] 因此，以美国为例，利用美国破产企业的综合样本，破产重整程序更为适用于规模较大或者重资产行业公司。对此，本书下文将会分别论述。

二、中小企业可选择的债务重组模式

纵观各国，中小企业都是推动国家经济发展、促进社会稳定的基础力量，它们在确保国民经济增长、缓解就业压力、优化经济结构等方面都发挥着举足轻重的作用。但就目前中小企业在国际社会中的境遇来看，其经营失败率极高，即使在欧美发达国家，多数中小企业的生命周期也仅有5年，而在新兴市场经济国家中，这一数据更为严峻。

---

① 资料来源：Kai Yu and Dongwei He. The choice between bankruptcy liquidation and bankruptcy reorganization: a model and evidence（《破产清算与破产重整的选择：模型与证据》）. Journal of Management Analytics, 2018, Vol. 5, No. 3, P170 – 197.

现今各国逐渐意识到，解决中小企业破产问题对应对经济危机、保持经济增长至关重要。不过破产重整等庭内重组程序有时像是奢侈品，尤其对小企业并不友好。这种不友好首先体现在成本上，不论案件规模大小都需支付必要的重组成本，美国学者林恩·洛帕克（Lynn M. LoPucki）和约瑟夫·多尔蒂（Joseph W. Doherty）在2004年的一项研究报告中指出："费用与资产的比率受到规模效应的影响。随着案件规模的扩大，费用与支出的比例下降。"这一点后来得到了吕本（Lubben）教授的回应，他的研究报告也证实："相对而言，较小的案件比较大的案件花费更多一些。"① 因此，为保证中小企业更为顺利地推进重组工作，规避重组高昂的弊端，找出中小企业克服危机所必需的因素和资源，并以可持续发展的方式进行重组似乎更为有利。有效的债务重组制度是提振企业家信心和稳定金融秩序的关键因素。因此，世界各国以及贸易组织都致力于研究如何保护中小企业弱势群体。

2018年10月，世界银行发布了重磅报告——《拯救企业家，拯救企业：关于对待中小企业破产的建议》，该报告以2017年《关于中小企业破产处理的报告》为基础，以自然人和中小企业为研究对象，就简化其重整制度、重组模式选择、债务豁免等几个方面提出了建设性的指导意见。

1. 债务豁免

对多数中小企业来说，企业的市场信誉、客户资源多与企业家的个人背景息息相关，且企业财务、主体资格常常与企业家个人出现混同的情况。因此，当这些企业濒临破产倒闭时，企业家往往要对企业债务承担无限连带责任，巨额的债务无疑会将企业家逼上绝境。而债务豁免制度能有效解决这一困境，其不仅能防范市场道德风险，还能给予企业家从头再来的希望，促进商业贸易的繁荣。

2. 鼓励重整

对于以法人形式经营的中小企业，其在选择破产重整还是破产清

---

① 资料来源：Edward T. Gavin. How to Lessen the Big Costs of Small-Business Bankruptcy（《如何降低小企业破产的巨大成本》）. ABI Journal, 12 December 2016, p101.

算时总是摇摆不定。考虑到重整程序的复杂性、高成本、利益平衡困难等特点，企业家在选择重整程序时往往较为慎重，而债权人也会基于自身利益，对即使仍有拯救希望的中小企业，鉴于"一破了之"的简便性，而往往倾向于选择破产清算。因此，为促使以法人形式经营的中小企业选择重整，最佳做法是简化破产重整程序。实践中部分国家已开始通过摒弃债权人委员会、降低债权人投票比例、规定更严格的期限和报告要求等方式，设计了一套便捷、便宜的重整制度。

3. 及时清算

鉴于中小企业资产负债结构简单、债权人对债务人企业情况较为熟悉等特点，还可以通过庭外重组的方式来化解企业的债务危机。对于那些没有重整希望的企业，则应果断选择破产清算，以最大化债务人资产价值，确保按照法定分配规则在债权人中公平清偿。

尽管上述手段确实在一定程度上行之有效，但中小企业重组的空间仍小于大型集团。破产倒闭将会持续影响初创型企业，相较于资产负债体量，这些企业债务重组的成本更高、破坏性更大，我们要通过大量案件处置经验，找出中小企业克服危机所必需的因素和资源，并以可持续发展的方式进行重组。中国的困境中小企业化解危机、扭亏为赢的关键因素是通过债务重组重新定位，找到独特有效的销售模式与创新变革，积极拥抱互联网经济。

（一）中小企业的破产清算程序

中国的统计数据表明，中小企业的平均生命周期只有 2.5 年，超过 5 年以上的中小企业占 7%，超过 10 年以上的不到 2%。近几年来，由于中美贸易摩擦不断，客观上对国内民营经济形成了一定的负面影响，导致大量民营企业营收下滑。此外，中国当前正处于经济体制改革和产业转型升级的深水期，经济下行压力较大，生产成本逐年增高，以制造业为主的中小企业和个体经营者的压力就更大了。

对这些中小企业来说，虽也存在剩余资产仍有存在价值的企业，不排除采用破产重整制度，以使社会资源得到最大程度的利用，但由于破产重整程序复杂，且运作成本较高，它们仍大多选择简便易行的破产清算制度。这一选择主要基于下述原因。

其一，中国的中小企业生产的产品或提供的服务往往结构单一，普遍存在技术水平较低、品牌效应不强、产品质量不高的问题，替代性很强，对于这些不具救治价值或重生无望的企业，要及时果断通过破产清算实现市场出清，尽快盘活存量资产，释放资源要素，促进经济高质量发展。

其二，相较于大型企业，中小企业的盈利能力和经营收入相对较低，企业经营风险较大，不易从债权人、投资者处筹措到所需资金。在当前经济下行压力较大、银行收紧信贷规模的背景下，中小企业普遍存在着融资难的困境。[1] 当中小企业因资金链断裂而陷入债务危机时，很难寻找到实力雄厚、愿意投资的投资人，因此在实践中，多数中小企业破产会选择破产清算。

其三，相较于破产和解与破产重整制度，破产清算制度是一种以债权人为中心的强制偿债制度，在当前产业结构转型升级、深化供给侧结构性改革的关键时期，遵循"物竞天择，适者生存"的自然规律，对市场上所占比重较大的中小企业的退出机制采用破产清算制度，能最大限度地平等保护债权人之间的利益，加快淘汰落后产能，优化社会资源配置。

其四，关于破产清算，目前实践中仍然以最大化债务人资产价值，确保按照普通优先权原则在债权人中公平清偿为目标。关于破产重整，在何种程度上干预债权人和债务人协商是拯救企业的核心问题。重整注重社会效益的考量，但是由于中小企业规模小，孤立地看某一个中小企业，其对于就业和社会影响较小，无法突出其继续营运的价值。

---

[1] 作者 Bridata 在公众号"PPP 知乎"发表的《民企与国企融资现状"冰火两重天"》一文中统计，在发债方面，2019 年 1 月 1 日~2020 年 4 月 21 日，国企与民企分别发行公司债 31 406 亿元与 2 368 亿元，前者是后者的 13 倍多。银行授信方面，国企合计授信额度 175 万亿元，民企合计额度仅 19 万亿元，前者是后者的近 9 倍。除规模不在同一量级外，还存在"同资质不同评级，同评级不同利率"等情况。

基于上述原因，竞争力不强、市场前景偏弱的企业多是采用破产清算退出市场。这一点在最高人民法院全国企业破产重整案件信息网中的案例上也可见到。如在全国企业破产重整案件信息网中搜索2019年企业破产案件数量，可以发现适用破产清算程序的企业多达一半以上。虽然现代破产法更注重于破产预防和拯救制度的发展，但破产清算制度的重要性不可忽视，尤其是在深化供给侧结构性改革时期，要大力破除无效供给，推动化解过剩产能，就要积极发挥破产清算制度的功能，以淘汰落后产能、优化市场资源配置，特别是对于清理"僵尸企业"、提升社会有效供给的质量和水平、防止产生新的产能过剩等具有重要意义。

例如，上海杰克沃克服饰进行破产清算，就是为了出清产能、集中精力发展企业核心业务的最好例证。杰克沃克是上海拉夏贝尔旗下的控股子公司，主要经营拉夏贝尔旗下 O.T.R. 休闲男装品牌。拉夏贝尔作为中国著名快销时尚的女装品牌，为了开拓男装市场业务，在2015年6月以7 500万元的价格收购了杰克沃克，并成为该公司的最大股东。拉夏贝尔原本收购该公司是用于巩固自身在国内市场上的服装领导地位，借以开发男装市场来扩大市场占有率和提升市场知名度。但事与愿违，据2018年公布的财年数据显示，杰克沃克营业收入为1.71亿元，而亏损达1.62亿元。为了扭转局面，杰克沃克尝试通过引入投资者、调整经营模式等方式扭亏为盈，但均已失败告终，企业的资金和经营困境未见改观。拉夏贝尔鉴于品牌竞争力不强、业务转型成本过高、盈利前景不容乐观，最终启动了破产清算程序，在清偿债务后剥离该项业务。在当前服装市场竞争压力巨大的背景下，拉夏贝尔只有选择转型升级，找准市场定位，才能在各服装品牌中突出重围，占据一方位置。而杰克沃克虽有利于拉夏贝尔开发男装市场，但无论是品牌的知名度还是认知度都比较低，如果持续投资，不仅存在资金无法回笼的危险，甚至可能拖垮拉夏贝尔整个业务链条。因此，对拉夏贝尔已属负担的杰克沃克，及时止损地直接通过破产清算进行割舍，才能确保拉夏贝尔集中精力发展其核心业务。

(二) 中小企业的破产和解程序

破产清算制度针对的是那些没有剩余价值的企业,通过对其有限财产进行处置,按照一定的比例对债权人的债权予以清偿并对剩余债权予以豁免。但对于那些仍有存续前景却规模较小不适宜重整的企业来说,和解程序无疑也是一种恰当的重组机制。实践中,选择破产和解的原因主要有:

一是相较于破产重整,破产和解的操作程序更为简单,运作成本也相对较低。启动破产重整后,不仅需要根据不同的情况聘请具有相关资质的评估、咨询人士,而且还要经过一系列复杂的流程,才能推动重整计划的制订完成,这都使企业要承担一笔数额不小的重整费用。但在破产和解程序中,只要债务人与债权人就修改偿债协议方面达成一致,就可以完成该程序。

二是相较于大型企业复杂的破产原因,中小企业大多是因资金链断裂而导致债务危机。就企业陷入债务危机的表层原因来看,都是因为资金链断裂而造成的。因此,对中小企业来说,通过简单、方便的程序来与债权人就债务偿还达成相关和解协议,能迅速化解中小企业的债务危机。

三是中小企业债权债务关系较为简单,容易达成协议。中小企业因市场对其违约风险的容忍度相对较低,其融资渠道多依赖于企业家们的私人关系,债权债务关系相较于大型企业来说较为简单,债务人与债权人之间以及债权人内部之间的利益矛盾较少,协商谈判过程也较为容易推进。

四是破产和解的企业仍具有继续经营的价值。相较于破产清算,破产和解立足于拯救企业,债权人之所以能同意债务人启动破产和解,关键在于对企业的未来生产经营仍具有良好的预期。

例如,江苏中原兴茂绒业作为一家中小企业,其企业的融资渠道主要来源于该企业的法定代表人的私人人脉关系。2015年以来,鉴于企业的经营失败以及资金链断裂,最终向法院申请了破产清算。江苏省宜兴市人民法院（以下简称宜兴法院）于 2015 年 12 月 25 日裁定受理了该企业的破产清算申请。因企业的融资渠道主要依赖于法定代表人的个人关系，且多为民间借贷关系，因此鉴于对私人关系以及企业经营管理能力的信任，债权人希望通过企业的复产以提高债务清偿率。双方就和解协议达成初步一致意见后，中原公司遂于 2017 年 6 月向宜兴法院申请了破产和解并提交了和解协议草案，后法院裁定受理了该破产和解申请。进入破产和解程序后，中原公司与债权人迅速达成了破产和解协议，宜兴法院于 2017 年 9 月 12 日裁定确认了中原公司的破产和解协议并终止了破产和解程序。此后，中原公司按照破产和解协议的约定完成了对债权人的债权清偿，并恢复了企业的生产经营。

（三）中小企业的其他债务重组机制

通过上述案件可知，市场经济的灵活性决定了企业在陷入债务危机时可以选用多种重组方式进行自救，中小企业也不例外。对那些仍具有救治价值和品牌效应的中小企业来说，只要能寻找到愿意为企业注资的投资者，仍可以采用庭外重组机制以挽救企业。具有雄厚资金实力的投资者不仅能解决企业资金链断裂的问题，还可以通过提升企业的生产经营能力来壮大企业的资产规模。

此外，为了使破产重整程序更适于中小企业，在破产理论和实践中，还发展出了中小企业破产重整简易程序，通过对重整程序中的相关环节予以简化，而减少重整程序的复杂性。中国现行的《企业破产法》虽没有规定破产重整的简易程序，但对其在相关环节及时间的简化，已有相关的理论及实践研究，如浙江、广东等地对简化破产程序有所提及。因此，在破产实践中，在不损害重整程序参与人的合法权益的前提下，可以积极探索破产重整简易程序，以消除重整拖延，降低重整成本，加快案件审理的速度。

总体而言，不同行业的不同企业在面临债务危机时，根据自身情况可能采取多种策略。例如在互联网行业中，网络直播、电商平台、共享单车、视频平台等 App（手机应用软件）如雨后春笋般出现，各类互联网行业正在经历一场"大洗牌",对那些从竞争中败下阵来的企业,由于其资产、品牌并不具有较大的市场效应,所以大多采用的是破产清算制度。另外,对于以服饰、鞋业、房地产等为主的传统行业,如杰克沃克男装、德尔惠等企业,因产业结构转型升级、企业盲目扩张、资金链断裂等原因而陷入债务危机,最终导致企业被宣告破产。但是,这样的企业往往具备土地、房屋、机器设备或出口指标等,也有可能被投资者看中而进行重整。

因此,破产清算虽在确保债权人利益最大化、耗时较短、成本较低等方面具有一定的优势,但在中小企业破产程序的选择上也不应僵化,应结合企业的具体情况灵活适用相应的重组工具。对于那些债权债务关系简单、具有拯救价值的企业,仍要积极探索破产和解和破产重整新路径。

(四) 中小企业之小黄狗案例评析

2020年的鼠年春节,将成为国家记忆而被永远铭记。在新冠病毒的肆虐下,中国人传统的春节"假期"尤为漫长。在这期间,突然出现的"小黄狗重整计划获得批准"的新闻,注定不会引发太大的社会关注度。这则新闻很快被淹没在疫情的实时通报里,但是对债务重组领域内的人士而言,小黄狗的重整成功,意味着市场上又出现了一起新兴中小企业重整成功的典型范本,值得在这个漫长冬日精研体会。

小黄狗,很多人初听可能一头雾水,不知道它究竟是一个怎样的企业?但是你可能或多或少的在2019年的某一天,在媒体或社交网络中见过或听过一个互联网金融领域的名字——唐军。"其勃也兴焉,其亡也忽焉",这可能是对网贷行业在2018年与2019年的发展历程最直观贴切的描述,而唐军正是互联网金融行业中最具代表性的人物之一。

2012年6月,唐军创办了P2P(点对点)互联网金融平台团贷网。同年,媒体报道,唐军花费213万的天价拍下与史玉柱一起吃饭的机会,结识了民生银行董文标、分众传媒江南春等金融大亨。随后几年,是互联网金融高速发展的黄金时期,唐军和他的团贷网异军突起,成交额两年突破31亿元，一度跻身到全国前10。自此，唐军不再满足单纯企业自生式的发展模式，开始了资本运作与布局。

唐军的资本嗅觉十分敏锐，可能认识到P2P行业的凛冬将至，便在2016年7月，将团贷网的运营主体变更为派生集团。2019年1月，通过接近两年时间的腾笼换鸟，唐军收购上市公司鸿特科技并更名为派生科技，作为后续一系列资本运作的平台，其中也包含了后来的小黄狗项目。

小黄狗全称小黄狗环保科技有限公司，主营业务为智能垃圾分类回收环保项目。当时，垃圾分类正是资本市场的风口，该项目成功吸引了包含中植资本等知名机构的投资。

首先，上市公司派生科技以自有资金3亿元收购了新三板公司远见精密100%的股权。其次，小黄狗向远见精密下达订单，金额高达5亿元。再次，远见精密承诺3亿元股票增持派生科技。这样一来，上市公司通过收购一家手中握有大量订单的新三板公司，取得股权投资收益。其后，该收益的确立又为上市公司股价上涨产生炒作联动作用。最后，上市公司派生科技的股价反过来又会增加其在资本市场的融资增信能力，再为小黄狗公司的扩张补充流动性。小黄狗获得与上市公司等同的融资能力。

在统一布局下，派生科技、远见精密与小黄狗打通了上下游产业链条，在资本市场产生了较大的吸引力。派生科技的股价在2019年3月29日最高涨至60.17元/股，市值高达230亿元。而就在2019年1月，该股股价不过33元/股。彼时，唐军作为上市公司派生科技的实际控制人，其个人也是十大流通股东之一，而小黄狗也成为第七大流通股东，持有1 093万余股。

随着2019年3月27日团贷网爆雷，派生科技也受到牵连。截至2020年2月14日收盘，派生科技股价为8.03元/股，市值31亿元，不到一年的时间，股价跌幅高达86%，市值蒸发了200亿元。同时，小黄狗也受到牵连，等于在最需要市场培育和开拓的高速发展期遭遇断奶。无奈之下，资金链断裂的小黄狗走上了债务重组的道路。

债务重组

2019年7月，小黄狗以受关联公司"团贷网"爆雷影响，运营出现困难为由，向东莞市第一人民法院申请破产重组。另一家上市公司易事特投资小黄狗时的公告显示，截至2018年9月30日，小黄狗拥有11 000多台智能垃圾分类回收柜，总资产9.12亿元，负债4.11亿元，净资产5.02亿元。但是，根据部分媒体报道，截至2018年12月31日，小黄狗总负债10.19亿元，收到的加盟保证金为3.31亿元，净利润亏损1.56亿元。

2020年2月3日，派生科技发布公告称，公司召开董事会审议通过了《关于确定小黄狗环保科技有限公司破产重整偿债方案暨关联交易的议案》。该方案的主要债权清偿内容为："最大限度地保护普通债权人的合法权益，本重整计划较大幅度地提高普通债权的清偿比例（根据《偿债能力分析报告》，小黄狗在破产清算状态下的普通债权清偿比例约为29.56%，该清偿比例尚存在不确定性）。"具体安排如下：

- 每位债权人50万元以下部分（含本数）100%现金清偿，自重整计划获得法院裁定批准之日起6个月内一次性现金清偿。
- 每位债权人超过50万元（不含本数）的部分给予清偿方式选择权，每位债权人仅可以选择以下一种方式获得清偿。
  ——现金清偿方式：每位债权人超过50万元（不含本数）的部分按30%的比例清偿，自重整计划获得法院裁定批准之日起6个月内一次性现金清偿，未获清偿的部分不再清偿。
  ——债转股方式：每位债权人超过50万元（不含本数）的部分按照统一的标准全部转换为小黄狗公司的股权。

小黄狗重整案是较为典型的中小企业债务重组案，困境企业本身属于资本市场较为追捧的高科技朝阳企业，但依然受限于中小企业普遍存在的先天不足。例如，企业正值高速发展期，资金链最为吃紧，但企业还未成熟稳定，优质资产不足，授信能力偏弱，抵御风险的能力不强，尤其是现金流基本依赖于投资人输血，一旦发生像团贷网或派生科技这样的黑天鹅事件，企业很难不受影响。可是，企业本身具备良好的发展前景，如果任由企业倒闭，显然不符合社会经济效益的最大化，各方主体全部损失惨重。此时，中小企业就可以通过债务重组的方式挽救自己。

三、大型企业可选择的债务重组模式

（一）大型企业采取破产重整模式的制度优势

大型企业拥有科学的公司治理模式，经营结构多元，资金实力雄厚，无形资产和品牌影响较大，在抵抗风险方面的能力较强，相较于中小企业，社会和政府重视程度更高。但在商业实践中，大型企业也可能会因经营不善、受市场环境影响等因素而不可避免地陷入债务危机。可由于大型企业所具有的上述优势，能在困境中拓展融资渠道，吸引资金雄厚的投资者，故其在债务重组的选择方式中更具灵活性。

通过对大型企业债务重组的相关案例进行梳理可以发现，破产重整制度所具有的复杂性、高兼容性、灵活性、拯救企业等特点，在拯救债权债务关系复杂、仍然具有经营价值、不缺乏资金来源的大型企业中具有独特优势，使其成为许多上市公司的首要选择制度，主要原因如下：

其一，破产重整程序相较于破产清算、破产和解，兼容性更为灵活。破产清算程序是通过处置资产所得清偿债务的方式来化解企业的债务危机，破产和解程序是通过债务人与债权人的充分协商以争取债权人的妥协来达成和解协议以摆脱企业的债务危机。而在破产重整程序中，不仅在实践中将其与庭外重组程序相结合创制了预重整制度，还发展出了多种不同的破产重整模式，如下文所提及的出售式重整模式、反向出售式重整模式等，使得大型企业在进行债务重组时有了多重选择的空间。

其二，破产重整程序以拯救企业为目的。大型企业的体量巨大，在社会稳定及经济发展中都具有重要的作用，在承担着维稳与创收的

双重压力之下，不仅是企业，政府、法院也都尽量避免大型企业的破产倒闭。此外，鉴于大型企业利益关系错综复杂，争取债务人与债权人达成和解的方式来启动破产和解程序的困难度较大，也使得大型企业倾向于选择破产重整程序。

其三，破产重整程序中债务重组工具常常混合，以尽最大可能平衡债权人与债务人之间的利益。在破产重整方案中，为了尽最大可能争取各利益方的同意，大型企业往往会混合使用资产处置、债转股、修改偿债条件等债务重组工具，并根据债权人利益需求的不同制定有针对性的债权调整方案。

基于破产重整的上述特点，以上市公司为代表的大型企业，债务重组的方式虽然多样，但破产重整是较为常用的方式。破产重整所采取的主要模式，又包括存续式重整、清算式重整和出售式重整。

- 存续式重整是最为传统，也是实践中最为常见的破产重整模式。它指的是招募企业投资者，通过投资者注资的方式化解企业的债务危机并盘活企业的有价值资产，使得企业主体资格得以保存的重整模式。
- 清算式重整是集破产清算的效率优势与破产重整的挽救功能于一体，在通过处置资产的变价所得来偿付债务、化解企业债务危机的同时，使企业的主体资格得以保留的重整模式。
- 出售式重整源于美国的破产法实践。所谓出售式重整，顾名思义，指的是债务人为了避免因不良资产的拖累而拖垮整个企业资产，将企业有价值的资产转让给愿意接盘的投资者，以保全这部分资产，使其能够在其他企业主体中继续存续发展，并对原企业进行破产清算的重整模式。

在上述3种模式下，存续式重整是最为常见和传统的重整模式，而出售式重整是在当前破产法实践中的新发展趋势，美国汽车公司克莱斯勒及通用的破产重整案就使用了该种模式。此外，这种模式在实践中还进行了变通,并发展出了反向出售式重整模式。以下将对通用汽车公司破产重整案、中城集团破产重整案与渤海钢铁重整案进行分别分析,对新颖的出售式重整模式予以详细说明。

(二) 大型企业集团适用重整模式的典型案例

1. 通用汽车公司破产重整案:出售式重整

大家所耳熟能详的别克、雪佛兰、凯迪拉克、悍马等汽车品牌,皆为通用汽车公司所拥有。通用汽车公司在全球汽车市场上占有极高的市场份额,是全球最大的汽车公司。公司股价曾在 2000 年上涨至每股 94.62 美元,并一度跻身于世界公司 200 强榜首的位置。而在公司爆发债务危机之前的 2007 年,其在全球汽车市场上更是售出了大约 937 万辆汽车,位列财富全球 500 强公司营业总额第 5 名,连续 77 年蝉联世界汽车销量冠军。

就是这样一家公司,同样难逃因债务危机而导致企业破产重整的厄运。实际上,从 2005 年起,通用汽车公司受市场占有率下降的影响,销售额一直处于下滑状态。至 2007 年,通用汽车公司的亏损额达到了 387 亿美元,较 2006 年市场销售额下滑将近一半。更为雪上加霜的是,受 2008 年美国次贷危机的影响,通用汽车公司的销售业绩和股票市场更为惨淡。2009 年 5 月 15 日,其股票价格一度达到每股 1.09 美元的历史新低,市值严重缩水,且其亏损总额连续 4 年累计达到数千亿美元,遭遇了公司前所未有的财务困境。

通用汽车公司遭遇困境的主要原因有如下几点。

一是劳动力成本过高,导致公司成本增加。通用汽车公司与美国汽车工人联合会(UAW)存在长期的劳资博弈,旗下的职工多为美国汽车工人联合会的会员,使得公司不仅要承担在职员工高昂的保险费用,还要承担巨额的退休员工及其家属的医疗福利费用,其一度因此而欠下超过 500 亿美元的雇工费用。与通用不同的是,同样是在美国本土生产的日本丰田汽车公司,为了避免这样耗资巨大的劳资拉锯战,其在招工时拒绝招收那些美国汽车工人联合会的会员,因此,其每小时的雇工成本比通用低一半还多。

二是管理层屡屡决策失误，导致公司经营管理出现问题。2001年"9·11"恐怖袭击事件后，美国汽车市场陷入了消费低迷期，为了摆脱这一困境，通用采取5年零息信贷措施以达到刺激消费的目的，而低息融资的直接后果就是将高昂的财务费用直接加在了通用身上，增加了公司的财务负担。除此以外，管理层放弃旗下电动车项目、将主要精力投入到SUV（运动型多用途汽车）生产线、坚持高耗能产品线等一系列决策的失误，不仅导致公司错失了产业转型的关键时期，而且过于依赖单一的产品线还令公司无法适应汽车市场对新能源汽车的需求，在未来市场竞争中处于弱势。

三是次贷危机加剧了通用的财务及经营危机。次贷危机严重影响了美国的实体经济，大量企业倒闭导致社会失业率急剧升高，与之息息相关的市场消费能力也在不断下降，汽车行业作为奢侈品销售市场在不断地萎缩。通用在遭受盈利能力不断下降的同时，受信贷政策紧缩的影响，公司现金流也出现了枯竭。公司在双重打击下，最终走向了破产重整之路。

2009年6月1日，通用汽车公司向法院提出破产重整申请，当时其负债规模达到了1 728.1亿美元，足足比公司现有资产多出一倍还多，已达到严重资不抵债的程度。从通用的负债结构来看，其有财产担保的最大债权人为美国政府，其普通债权的主要债权人为美国汽车公司联合会和威尔灵顿信托公司，负债结构主要为公司债券和劳动债权。通用汽车公司所提出的出售式重整的模式亮点在于，其向法院提出了对公司主要营业资产予以出售的申请，通过对资产的出售来实现对公司的债务重组。其重组的主要内容包括以下方面。

美国财政部出资成立汽车收购控股有限责任公司，即成立"新通用"，收购原通用的主要营业资产及旗下雪佛兰、凯迪拉克、别克等品牌，用以剥离原有企业的不良资产，以挽救通用仍具有存续价值的资产。美国财政部作为最大的控股股东，持有新通用60.8%的股权。根据新通用与原通用签订的《主出售与购买协议》，新通用在获得原通用主要营业资产的同时,还获得了原通用的债权,同时要承担原通用480亿美元的债务;而原通用除了得到资产出售的对价外,还获得了新通用10%的股权。除了处置资产所得收益以及新通用所承担的480亿美元债务以外,通用汽车公司还分别获得了美国、加拿大政府提供的242亿美元、91亿美元的贷款。利用这些资金,进入破产程序的原通用在清偿完债权人债权后,将企业主体资格予以注销。

在通用汽车公司破产重整案中,其所创制的出售式重整模式,使得该案成为破产重整的经典案例。相对于传统的存续式重整模式而言,出售式重整模式另辟蹊径,其所追求的不是保留企业的主体资格,而是通过出售资产的方式保留企业的主营业务,使其在新的企业中能够继续经营,即以变通的方式延续了企业的生命。这种模式有效防止了企业在债务重组中无论其资产是好是坏,都要对其进行全盘接收的情形,将企业中的优质资产与不良资产进行分割,使得优质资产能够在受让者手中发挥价值、产生效益的同时,也通过处置资产所得清偿了企业的债务,巧妙化解了企业的债务危机。

2. 中城集团破产重整案:反向出售式重整

温州中城集团当时是浙江省温州市唯一一家具有建筑施工总承包特级资质的企业,并一度跻身于中国民营企业500强,截至2009年,其集团资产的总体规模达到了36亿元,年生产总值更是达到了39亿元。新国光商住广场等温州市标志性建筑,均为该集团承建。除了房地产项目等集团主营业务外,中城集团还跨界涉足于酒店、建材等行业,可见其集团业务的广泛与实力的雄厚。

受经济下行压力及企业盲目扩张的影响,集团生产成本急剧升高,占用了企业大量的现金流,导致企业出现大量的债务违约并影响到了企业的银行信贷。雪上加霜的是,2011年受温州民营企业互保危机爆雷的影响,中城集团陷入了更为深重的债务危机之中。例如,中城集团对外担保金额高达3亿元,其中仅作为温州企业眼镜生产商信泰集团的担保人,在信泰集团董事长因债务违约而跑路后,不得不为其承担6 329万元的担保债务。

最终中城集团于 2014 年 3 月 8 日向温州法院申请了企业破产重整，法院于 3 月 14 日裁定受理了该破产重整申请。中城集团在重整程序中审计评估后，资产总额为 1.4 亿元左右，模拟清算条件下的普通债权清偿率为零。另外，中城集团因为属于建筑施工企业，一旦破产清算，其挂靠的全部施工协议都面临无效或难以继续履行，这将使挂靠单位承建的数百亿元建设工程面临烂尾风险，也会使数万名建筑工人面临欠薪危机。

上述这些建筑施工企业的特点，致使房地产企业选择债务重组模式时不能是做简单的数学题，而要考虑各个方面的影响。如果任由中城集团采取通常意义上的存续式重整程序，战略投资者面临数十亿元的债权踌躇不前，可能导致破产程序停顿，严重的会使其他社会问题集中暴发，结局就是错过困境拯救的黄金期，最终只能是破产清算。一旦清算，中城集团最优质的资产——资质等无形资产的价值将一文不值。即使抛开上述社会衍生问题不谈，仅就现有债权人清偿角度而言，除有价值资产作为担保财产向担保债权人清偿外，剩余可供普通债权人分配的资产价值所剩无几，清偿率为零。

因此，法院采取的最终方案为反向出售式重整模式。中城集团出资设立一家全资子公司，作为集团全部资产与负债的接收平台，由中城建设集团委派管理人员，以清算债权债务为主要任务。该平台在资产与负债方面实际替代了中城集团的主体地位，由债权人会议参与决定，债权人委员会、管理人监督。这一模式的核心在于，保留了中城建设集团的建筑企业特级资质。

中城集团的破产重整方案显示，中城集团将集团所持有的 100% 股权经过公开拍卖，以 5 800 万元转让给了兰州市第一建设股份有限公司和周剑组成的联合竞买人。此外，中城集团还将项下的部分固定资产、无形资产及其附随于集团主体资格的各项资质一并转让给了它们。因此，兰州市第一建设股份有限公司和周剑在这次转让中实际取得了该集团的外壳并获得了与其相关的特级资质，也顺利将可供偿债的财产价值最大化。

根据上述安排以及中城集团披露的重整计划，可供清偿的资产总额为 2.05 亿元（含股权转让所得），合计已裁定无争议债权为 17.2 亿元。其中，担保债权 1 亿元，职工债权 0.019 亿元，税收债权 0.037 亿元，获得 100% 清偿，3 个月内清偿完毕。普通债权 16.16 亿元，其清偿方案由基础清偿率与追加清偿率两部分组成，基础清偿率由破产清算情况下的 0 调整为 5.45%，追加清偿率以实际为准。通过最终的方案可知，如没有股权部分的价值，以及依靠无形资产得以控制的持续经营状态下的财产增值溢价，普通债权人基本将会血本无归。

由本案例可以看出，反向出售式重整模式指的是通过将企业不良资产予以出售的方式来实现将企业优质资产与不良资产的分离，而将企业的优质资产保留在原有企业中并保留企业主体资格的重整模式。如果中城集团采取传统的存续式重整模式，投资者不得不接受集团全部的资产及负债，受不良资产的拖累，不仅会使企业难以筹措资金，还会导致企业的特级资质难以保全，即便是能够保全，集团也无法再参加以后的项目招投标活动。而采用反向出售式重整的模式，通过"清算+剥离"的方式，实现了集团优质资源的全面保全，也实现了集团利益的最大化。

3. 渤海钢铁破产重整案：出售式重整的更高级形态

2009 年 3 月，在应对全球金融危机的 "4 万亿"计划大背景下，国务院发布了《钢铁产业调整和振兴规划》，全国力争在 2011 年形成武钢集团等几个产能在 5 000 万吨以上的特大型钢铁企业。在这一政策背景下，各地政府开始对省内钢铁产能实施重组。天津市也不例外，点名天津钢铁与天津钢管等 3 家企业重组为渤海钢铁。

渤海钢铁成立后，业务扩张基本依赖信贷资金进行，但此时行业的拐点已有端倪，钢铁行业产量迅速上扬，整体环境竞争激烈。在 2012 年，钢铁行业再次进入"寒冬"，对渤海钢铁的冲击更为明显，其扩张时对外负债的财务成本较高，例如其在香港发行的境外债券利率达 6.4%，而销售利润率始终小于 1%。故在钢铁市场需求萎缩和产能过剩的双重打击下，渤海钢铁最终在 2016 年身背近 2 000 亿元债务而一夜坍塌，给当地政府带来经济与民生的双重巨大问题。

债务重组

渤海钢铁危机爆发后，内部管理问题被逐渐揭开。2016年6月12日的《天津日报》报道，天津市委巡视八组关于渤海钢铁集团及下属子公司的巡视报告反映，渤海钢铁存在"以钢吃钢"现象，领导人员利用职权和掌握的资源设租寻租，围猎国有资产。巡视报告还指出，公司内部监管漏洞多，对资金、资产、资源和工程项目的管理缺失缺位，造成国有资产流失。

在2 000亿元债务压顶之下，渤海钢铁被拆分为5家公司，天津市国资委计划将其巨额负债予以分批化解。但在此后的两年多时间里，债务危机化解工作思路始终存有分歧。渤钢系各个企业希望尽量通过债务展期，利率下调，维持稳定运营现状，主动改革的动机不明显。另外，渤钢内部又分为大大小小的子公司，各个公司的利益格局无比坚固，针扎不进、水泼不进，重组业务与人员被视为"动蛋糕"，重组难度可想而知。政府从社会大局出发，考虑的更多的是如何尽量稳住企业，保证税收和职工就业。而债权人更是各有诉求，众口难调。金融机构希望尽可能现金受偿，降低不良资产比率，供应商债权人则在催债的同时，又希望维持某种公司现状，以便继续与渤钢做生意。

渤钢面临的上述债务困境，也是大型国企改革中具有代表性的问题。在上述主体诉求分歧巨大的情况下，渤钢2 000亿元的债务化解方案始终无法出台。最终，在国资委的统筹部署下，通过司法强制手段进行债务重组的方案被提上日程，决定采取破产重整这一司法程序来化解渤钢危机。

2018年8月24日，天津高院正式裁定受理渤海钢铁集团破产重整的申请，备受关注的渤海钢铁集团正式进入破产重整程序。渤钢系企业采用"出售式重整"模式，重整后渤钢将剥离非优质资产，将市场认可度高的主营业务放在"钢铁资产平台"，其他资产剥离出去，即分别重组为"钢铁资产平台"和"非钢资产平台"，整体的重整框架安排如下所示。

（1）渤钢系4家企业集团之间实施了统筹重整。

基于全面调查与梳理，渤钢系企业内部广泛存在相互担保、资金拆借等情况，主要金融机构债权人对四大集团均享有债权或权益。与此同时，渤钢系企业之间在人员、资金使用、生产经营等方面存在极为紧密的关联性，重整价值由四大集团整体构成。若将四大集团割裂重整，一是将使重整价值大幅减损，难以引入战略投资者；二是四大集团重整将被割裂，难以有效推进，将面临失败风险。

为此，管理人经向法院汇报，并与金融债委会、主要债权人等进行充分沟通，渤钢系企业将以集团为单位实施重整，并在四大集团之间实施统筹重整，以实现渤钢系企业财产价值最大化，及最大限度地提高债权人的清偿率。这种统筹重整主要包括以下内容。

- 在负债方面实施统筹：渤钢系企业各集团内部形成的关联普通债权，不参与偿债资源的分配；渤钢系企业即48家企业，因相互担保、为第三方共同提供担保、作为共同债务人而形成的债权不重复计算，按债权最高值计算一次，重复部分不参与偿债资源的分配。
- 在资产方面实施统筹：渤钢系企业资产，在偿债资源分配上视为整体进行统筹分配。战略投资者参与渤钢系企业重整而提供的偿债资源，将归渤钢系企业债权人整体享有。
- 在表决程序实施统筹：债权人会议与出资人组会议对重整计划草案进行表决，将采取各集团分别表决的方式，即各集团将分为有财产担保债权组、职工债权组、税款债权组、普通债权组和出资人组进行表决。

（2）交易架构上，采取非典型出售式重整模式，搭建双平台债组模式。

在渤海钢铁重整的交易架构方面，将渤钢系企业一分为二，分别重组为"钢铁资产平台（新渤钢）"与"非钢资产平台（老渤钢）"，其中钢铁资产平台（新渤钢）将引入战略投资者，聚焦钢铁主业，承接渤钢系企业中主要的钢铁类资产、钢铁类运营业务等，并解决渤钢系企业部分负债。钢铁资产平台将包括钢铁资产控股平台与钢铁资产运营平台。通过引入战略投资者及其提供的偿债资源,债权人的债权将采取现金、留债、债转股等方式获得有效清偿;战略投资者将对钢铁资产平台做深度整合,进一步提升新渤钢的盈利水平,使完成债转股之后的债权人分享重整后钢铁企业的运营收益。

非钢资产平台(老渤钢)将引入第三方专业资产管理与运营团队,聚焦非钢资产的运营与处置,承接渤钢系企业中未纳入钢铁资产平台(新渤钢)的全部资产、运营业务等,并解决渤钢系企业中的部分负债。通过以非钢资产作为基础成立信托计划,债权人将通过获得信托产品受益权份额实现债权清偿。通过第三方专业资产管理与运营团队,实现非钢资产有效整合,针对不同资产的实际情况确定运营或处置方式,提升非钢资产运营与处置价值,充分保障信托产品受益权的实现。

通过上述出售式重整,负债金额高达2 868亿元、资产评估值为1 300亿元,净资产达到负1 568亿元的渤海钢铁,才能在多家潜在投资者退出的情况下,成功引进钢铁行业效率最高的几家企业之一的民营企业唐山德龙钢铁作为战略投资者。关于本次收购,用德龙集团老总丁立国的话说,其投入和背负的债务不仅仅是重整计划规定的200亿元,这种"蛇吞象"的收购是赌上了全部身家性命。2019年1月,《渤钢系企业重整计划(草案)》获法院批准,重整进入执行阶段。

可喜的是,战略投资者德龙集团自重整计划获得批准之后,随即着手进行产能恢复工作,到了当年的二季度,渤钢系17家企业实现整体扭亏为盈,盈利高达6.3亿元。这一案例影响深远,即使在2020年,依然是中国市场上最大规模的债务重组案例,更为国有企业混改做了良好示范。这种鼓励民营企业市场嗅觉敏锐、灵活高效的生产运作,与国企优势的行业地位和生产能力的结合,产生了1+1>2的效果。

小结

由于大型企业资产结构多元,业务范围广泛,当其陷入财务困境时，往往要面对类别众多且数量众多的债权人，基于其债权债务关系的复杂性，各债权人之间很难就债务清偿达成一致，因此，单纯依靠庭外重组的方式来拯救企业是较为困难的。通过以上典型案例也可以看出，陷入债务危机但仍具有优质资产和优势资源的大型企业，为了使其继续存续以维系和拓展其品牌价值，采取破产重整这一庭内重组模式是较为常见的拯救方式。在破产法实践中，大型企业的债务重组都是以破产重整为核心的，它们或是纯粹的采用破产重整程序，或是与庭外重组程序相衔接，为与债权人的沟通协商提供平台，来提高企业破产重整的成功率。

而中小企业的操作程序却与之相反，相较于大型企业，其在规模、业务、资金上的先天不足决定了重组模式的简单易行才与其更为匹配。破产实践中，虽然庭外重组与破产程序均有所适用，但仍以破产清算和破产和解居多。这带给我们的启示是，对于陷入债务危机的中小企业来说，绝不能仅用单线思维"一破了之"来解决问题，对于那些仍有拯救价值、具有独特产业优势的企业来说，尤其是在当下互联网行业极速发展时期，重组时首先应积极发挥双方当事人意思自治的优势，在有限的资源内争取实现更多的价值。若无法达成统一的意愿，再利用司法程序的强制性来解决问题。

第二节　债务重组赋予企业极速恢复能力

对陷入债务危机的企业进行重组，不仅仅是单纯的立足于降低企业的杠杆率，对希望继续存续的企业来说，尤其是大型企业，更重要的是在极短的时间内从根本上化解企业的顽疾，以此为契机对企业的资产及业务进行有效的调整，极速恢复企业生产经营的正常秩序。

所谓企业的极速恢复能力，指的是通过运用各种重组工具对企业进行债务重组后，使得企业能够迅速恢复经营管理能力及盈利能力有一个质的提升，从而真正实现对企业的拯救。通过重组，有的企业在极短的时间内提高了公司治理水平，使得企业的经营管理决策更为规范、科学；有的企业在极短的时间内恢复了盈利能力，甚至基于重组的利好消息，在重组期间即获得了大量的销售订单；有的企业通过对其业务及资产的重组，产业结构实现了转型升级，并为日后的发展提供了源源不断的动力。

一、极速提升企业的经营管理能力

企业的经营管理能力，源于企业的董事会、监事会、股东会以及高级管理人员之间的公司治理结构，对一家公司来说，尤其是大型公司，公司治理结构如同企业的框架一般，支撑起了整个公司的正确规范运行。对陷入债务危机的企业进行重组，往往都需要引进投资者，而投资者在为其带来资金活力的同时，还注入了先进的管理经验，这对重组的企业来说也是一笔不小的财富。

从本书前文所提及的各种案例资料可以看出，在企业所遭遇的财务困境中，资金链断裂往往只是压垮企业的最后一根稻草，更为深刻的原因在于企业管理层的决策失误，他们或者为了自身利益而损害企业利益导致企业陷入财务困境，或者为了扩大企业规模而罔顾市场规律导致企业成本增加债台高筑，凡此种种，都不得不使债务人在重组企业时要对企业的治理结构有所调整，以此来避免企业再次陷入债务危机。

（一）用人管理能力的迅速改善

企业管理层所设置的用人制度，对一个企业的整体生产经营具有重要的作用。一套能与市场接轨、具有激励作用的用人制度，能为一家企业带来源源不断的生产动力，在"多劳多得"的激励制度之下，会调动职工的生产积极性；一个有效的创新激励机制，还可以激发职工的生产创造性，从而推动企业更好地创新科技发展，更好地适应市场需求的变化。充满竞争的市场亦是谋求合作的市场，在企业中营造积极团结的正能量，不仅能有效维护企业正常的生产经营秩序，还能够在激烈的市场竞争以及经济压力下行的背景之下，使得企业脱颖而出。

企业通过债务重组，往往会在调整债务结构、扩大融资渠道的同时，吸引新鲜血液注入企业的经营管理模式中，以谋求管理经验的创新。通过前文的案例，我们可以看出，企业面临债务危机困境往往与企业的经营管理决策失误有着密切的联系。例如在2020年的新冠疫情中，恒大最早启动线上售房模式，这个细节就反映出管理决策层对市场环境的变化具备快速反馈的机制与能力。同样，在疫情中，很多传统汽车厂商及一级供应商做出提前预案，将零部件采购等供应链预先调整或备货，通过各方手段避免了断供停工风险。要知道，一辆整车的零部件达2万种以上，任何一个小部件的断供都可能导致整个供应链或生产线停滞，这就体现了经营管理决策的重要性。因此，很多上市公司在启动债务重组程序前后，往往首先做的就是更换或确认新的管理团队，这也给了管理团队充分的激励机制，让他们知道只有展现自己的能力，在引入投资者参与企业的债务重组后，方能得到未来股东的认可。同样，困境企业引进投资者时，出资多少并非决定因素，投资者未来能否为困境企业带来天翻地覆的变化，才是决定是否接受投资的前提条件。

投资者在为困境企业带来充足的重组现金流的同时，也由于其参与企业的经营管理，利用投资者或委托专业机构而为企业带来先进的管理经验。债务重组前，企业职工的消极怠工、管理层的"一言堂"等问题都会在债务重组过程中通过引入新的管理团队以及制定新的用人管理制度而予以解决。这种用人管理能力的迅速改善，在国有企业债务重组案例中更为明显。改革开放以来，中国一直在探索国有企业改革的道路，却收效甚微。在20世纪90年代的国有企业改革中，通过劳动、人事、分配3项制度的市场化改革以建立现代企业制度，构建规范的公司治理机构，从而真正实现国有企业所有权和经营权的分离，促使企业成为自负盈亏、自担风险的市场主体。许多国有企业在债务重组中通过引入市场投资者，深化了改革，建立了现代企业治理结构，真正实现了与市场经济的接轨，改变了原来企业生产动力不足、市场化激励机制匮乏等弊端，加快了国有企业改革的步伐。重庆钢铁重整案就说明了这一点。

中国的钢铁行业曾流传着这样一句话："北有鞍钢，南有重钢。"作为中国"十大钢"之一的重庆钢铁，是一家国有控股的大型上市公司。但 2015 年以来，因受钢铁产能过剩、经济疲软、企业治理机制僵化、市场需求错配等因素影响，重庆钢铁一直在走下坡路，最终于 2017 年走上了破产重整的道路。

根据市场对重庆钢铁重整的原因分析，重庆钢铁作为国有企业，上市公司的股东大会实质上演变成了国家股东的扩大会议，而董事会成员是由股东大会选举产生的，其所造成的直接后果就是董事会完全行政化，由国资委代表国家直接任免，人事管理制度直接与行政级别挂钩，这在国有企业运营中有好的一面，但也导致了管理层的决策并不是依靠市场规律所做出，而是依赖于干部政绩的考核标准，使得企业生产经营完全与市场盈利脱钩。此外，政企不分也使得企业无论是盈是亏均有国家买单，实际上降低了管理层以及企业职工生产经营的积极性。

重庆钢铁在进行重整之前，在政府的支持下也曾尝试过与外资、民企等的合作项目，开拓汽车、家电等细分领域，但由于这些举措都是立足于扩大企业的业务范围及融资渠道来提振企业的经济发展，并未涉及对国有企业治理机制僵化、市场化意识不足等影响企业发展的根本性问题予以大刀阔斧的改革，故收效甚微。为了从根本上扭转重庆钢铁所陷入的债务绝境，最终选择了破产重整这一债务重组模式。

重庆钢铁在破产重整的道路中十分重视市场化、法治化、专业化的稳步推进。在重整中，企业形成了全新内涵的治理架构，通过引入基金设立钢铁平台公司的方式推动了重庆钢铁由国有控股公司转变为混合所有制企业。在重整程序中，管理人引进的四源合基金，在当时的业内引起了不小的轰动，被认为是钢铁行业重组创新的新颖方式。该基金的引入不仅为重庆钢铁的发展提供了资金支持，还为重庆钢铁带来了先进的管理经验和生产技术，使得企业打破了原有僵化的治理结构，完全以市场化为基础和导向，将企业的生产、经营、管理等全方位地与市场接轨。

在重庆钢铁重整的过程中，我们还可以看到宝武钢铁的身影。2019 年年底，有媒体曝料四源合基金将重庆钢铁的股权出售给宝武钢铁。实际上，四源合基金与宝武钢铁颇有渊源，持有该基金股权之一的股东为宝武钢铁的控股子公司。在四源合基金入驻重庆钢铁后不久，宝武钢铁就派出了集团里管理经验丰富、技术水平高超的专家管理团队进驻重庆钢铁，为其提供专业的经营管理及生产技术上的支持。而此次宝武钢铁掌握重庆钢铁的控制权后，更能激发出重庆钢铁恢复生产的活力，对重庆钢铁和宝武钢铁来说是一个双赢的局面。除重庆钢铁之外，这一点在东北特钢引进沙钢作为战略投资者时也尤为明显，沙钢专业化与精细化运营的效率，将在更深层次上改变东北传统重工业国有企业的气象，这一点我们将在后文国有企业债务重组章节中详述。

除此之外，在企业职工管理方面，重庆钢铁为了激发职工的生产积极性，采取了以绩效考核为导向的用人激励机制。重整后的重庆钢铁，改变了以往按照行政职能来划分的岗位身份，完全是按照岗位价值来决定企业职工的晋升空间和薪酬高低。此外，还采取差异化的职工激励机制，改变了以往无论干多干少职工工资都不相上下的问题，坚持"多劳多得"的原则，制订职工持股计划和现金激励机制，以激发广大职工生产、创造的积极性。

因此，债务重组在有助于调整负债的同时，也产生了鲶鱼效应，直接引入活水来刺激现有团队改弦更张，激发人员活力，提升内部经营管理水平，从内因入手祛除困境企业的深层次病灶。

（二）企业业务运营的全线提升

困境企业资金链的断裂、债权人的诉累，都会导致企业资产被法院查封、冻结，使得企业无暇顾及生产经营，没有营业收入的企业更会加速整个资金链以及产业链崩塌的恶性循环。此外，有的企业由于缺乏对消费市场需求变化的适应性，导致产能过剩、生产成本增加，最终陷入风雨飘摇的财务困境。因此，面临债务危机的企业，其生产经营也常常处于停滞的状态。

所以，在债务重组中，为了真正达到拯救企业的目的，企业家们都十分重视对企业产业结构的升级改造。尤其是在传统行业中，原有的生产技术以及生产结构对新型市场需求的适应性以及灵敏度较弱，而企业在债务重组的过程中，通过引入投资者学习借鉴先进管理经验，重塑改变业务模式与运营方向等方式，对企业进行大刀阔斧的改革，以此来创新企业的经营管理模式，提高企业的生产技术水平，转变企业的生产经营理念，使得企业的生产经营能力在债务重组过程中获得全线的提升。

企业重组的成功不仅体现在企业债务的偿付上，更体现在企业生产经营能力的提升上。企业的生产经营能力主要表现在企业生产技术水平是否发达、产业结构是否适应市场需求、生产经营理念是否先进上。一个企业所具有的良好的生产经营能力，不仅能为企业带来源源不断的销售业绩，还能保证企业成为真正的"不死之身"，在激烈的市场竞争中立于不败之地。在庄吉服饰破产重整案中，就体现了重组对一个企业生产经营能力极速恢复的重要作用。

在温州，提起庄吉服饰，几乎无人不知无人不晓。遍布大街小巷的服装店，基本上都能看到庄吉服饰的身影。庄吉服饰主要经营的是商务休闲西服，曾是中国十大男装品牌之一，在其巅峰之时，为了拓展业务而进行了盲目的项目扩张，一度曾涉及房地产、物流、水力风力发电、矿山、造船等领域。自2008年起，受美国次贷危机的影响，庄吉旗下的造船业务斥巨资打造的两艘散货船舶由于订货商的违约而陷入了财务困境，也由此引发了一系列的不良反应。相关信息披露，庄吉为了完成这两艘船舶的订单，以抵押订单的方式向银行换取了贷款进行造船，而随着订货商的违约，也导致了庄吉银行贷款的违约，由此造成了随后的银行抽贷事件以及企业互保信任危机，从而加剧了企业的财务危机。

企业的盲目扩张也使得庄吉错失了旗下核心产业转型的良机。受电商平台的冲击以及服装行业追求时尚压力的影响，许多线下服装品牌都开始走上了业务转型升级的道路，但固守陈规的庄吉却迟迟未动，僵化的线下西服营销体系不再受渠道商与消费者的青睐，缺少盈利收入的庄吉最终走向了破产重整的道路。在庄吉破产重整案中，引入了山东科技创新型纺织业巨头——济宁如意，重整方案显示，济宁如意以 1.75 亿元的价格收购了庄吉服装资产 51% 的股权，掌握了控制权。这一举措，不仅保留了温州庄吉的服装品牌，还整合了服装产业品牌，扩大了山东如意的服装业务，因此，无论是对山东如意还是温州庄吉来说，都是重大的利好消息。

重整后的庄吉，吸收借鉴山东如意先进的生产经营理念，不仅盘活了其优质资源，还坚持创新积极探索服装产业的转型升级。为了迎合消费者对服装多元化、个性化的市场需求，庄吉建设了自动化智能服装工厂，不仅能根据订单要求进行个性化生产，还能实现定制西服的批量化生产，无论是在质量、数量、效率上都较重整之前有了极大的提升。企业还充分运用"互联网+"业务，利用网络交易的便捷优势将市场扩展到了海外，使得销售额不断提升。此外，庄吉还对 200 多家线下品牌专卖店进行了改造升级，并推出了全新概念的"线下+线上"旗舰店，运用"互联网+"模式，使得消费者无论是在线下还是线上，都可以通过智能电脑系统自主选择服装面料、款式等，以提升消费者的体验感和获得感。

二、迅速提升企业的盈利能力

说到债务重组为企业带来的极速恢复能力，就不得不提重整对一个企业恢复盈利能力的特有功能。重整的功能在于防止企业的破产倒闭，通过采取各种债务重组的手段，降低企业杠杆率，盘活现有资产，恢复企业的盈利能力，以使企业起死回生。债务重组企业盈利能力的迅速提升，不仅指的是企业在重组过程中通过对产业、技术、管理能力的改善而提高了收益数额，还包括通过处置资产所获得的盈利，如债务重组收益。另外，通过提升企业的盈利能力，还可促进企业的现金流的正循环，从而有利于从根本上扭转企业陷入困境的局面。

（一）获取债务重组收益

债务重组收益指的是企业在债务重组的过程中，以现金或非现金资产清偿债务的价值低于企业实际负债总规模，这两者之间的差额就是企业在债务重组中所获得的收益。"欠债还钱，天经地义"，这在企业正常的生产经营中自不必说，应无条件地对到期债务予以清偿。但在债务重组中，出于经济利益以及社会稳定的考虑，为了实现各方利益的最大化，往往需要采取一些特殊的方法，即通过债权人让渡债权利益的方法，以拯救陷入危机的企业。而债务重组收益，就是在这一过程中产生的，从本质上讲，其属于在利益交换过程中产生的收益，并不是常见的企业正常经营所带来的收益，但在债务重组中，通常会为企业带来该类非经常性收益。

在企业债务重组中，通过获取债务重组收益，能为企业带来利好消息，尤其是在上市公司中，这种优势体现得更为明显。上市公司的业绩决定了其在资本市场上的地位，通常来讲，具有良好财务状况与经营业绩的企业，能在股票交易市场上带来良好的预期，对投资者来说其股票交易风险相对较小，对上市公司本身来说其股票也较受市场欢迎，更容易筹措资金。但对于财务状况出现问题的上市公司来说，如果连续两年亏损，就要被冠以"ST"头衔，即表示该公司股票交易风险较大，而如果连续三年亏损，就会在此基础上加上"*"，即表示该股票有退市风险。而陷入债务危机的上市公司通常都会遭遇"加星戴帽"的风险，对于那些上市公司连续三年亏损的*ST股票，债务重组收益是其避免退市的有效手段。

目前，上市公司大部分以避免退市为目的的重整程序，都是依靠债务重组收益实现的扭亏为盈。根据*ST新亿公布的2015年年报显示，尽管企业在2015年所实现的营业收入较同期相比下降90.76%，但企业依靠破产重整所实现的债务重组收益却达到了41 114万元，使得企业大幅扭亏为盈，有效避免了企业退市的风险。从重整方案中我们可以看出，*ST新亿主要通过债务豁免的方式来获得债务重组收益，以防企业因经营困境而导致2016年被强制退市的结果。

*ST新亿重整案的具体措施主要包括：一是由*ST新亿大股东收购主要债权人的债权共计约11亿元，并由大股东对这项企业的债权予以豁免；二是以新亿股份现有总股本37 768.50万股为基数，按每10股转增29.48股的比例实施资本公积金转增股票，共计转增111 341.54万股，转增的股份由全体股东无偿让渡，不向股东进行分配，全部由投资人受让，受让价款为14.47亿元。在投资人支付的14.47亿元价款中，8亿元用于向债权人清偿，其余6.47亿元在支付破产费用和共益债务后，剩余部分留在新亿股份，作为生产经营所需流动资金或用于购买优质资产等。由此可以看出，在*ST新亿的破产重整中，不仅保全了新亿的上市公司主体资格，还增强了用于企业生产经营的现金流动性。

（二）极速扩张营收能力

在债务重组领域，从狭义上理解的盈利能力，主要指的是通过破产重整或和解，企业在实现了债务结构的重组的同时，还实现了技术及其产业机构的重组，这不仅提高了企业的技术水平和生产效率，还增强了企业对市场需求变化的适应性，有效提升了企业的营业收入。企业在债务重组中主要通过对以下几个方面的改善来提高企业的营业收入。

其一，在债务重组中直接改革人事激励机制，坚持用人导向和绩效导向，激发企业职工的生产积极性。在困境企业中的劳动力因素尤为重要，是关系到企业生存发展的关键因素，企业职工的专业素质、技术水平以及职业态度决定了一个企业经营管理水平、生产技术水平、市场竞争水平的高低，甚至决定了困境企业的成败。债务重组通过对用人管理制度的改善，将职工业务绩效与薪酬福利相挂钩，不仅调动了企业职工的生产积极性和创造性，还促进了企业的生产效率的提高。

其二，债务重组引进资金，促使困境企业进行产业结构的转型升级，以及技术水平的提高，来增强产品的质量，以此打造企业核心品牌来扩大销售市场，增加销售收入。市场竞争的激烈，对企业产品的生产提出了更高的要求，不仅要满足多元化、个性化的市场需求，还要不断提升企业的产品质量。陷入债务危机的企业通常都会以债务重组为契机，在对债务进行重组的同时还对资产进行重组，通过对企业的产业及技术水平的改善来提升自身的市场竞争力，扩大销售市场。

其三，在债务重组中通过新动能的注入，企业改善了经营管理模式及经验，有效增强了企业的销售能力。企业在债务重组的过程中所引入的新鲜血液，通常在带来企业股权变化的同时也会导致企业管理层的变化，一个与市场化、职业化接轨的管理层，也会通过改善营销战略以及完善售后服务等方式，来提升企业的销售额。

我们以建龙北满重整案为例，企业正是通过对用人制度、产业结构以及管理模式的改革，来扩大企业的营业收入的。重组前的北满特钢，钢铁产能过剩、创新能力不足、体制机制僵化、市场化激励不够，导致了钢铁产品的滞销以及生产成本的过高。由此可见，企业的重组改革是在所难免的。北满特钢在 2016 年经受了市场下滑、银行抽贷、大股东东北特钢破产重整等多重不利因素，最终于 2016 年 12 月 9 日正式进入了破产重整程序。

北满特钢的重整过程也是历经坎坷的。为了推进北满特钢破产重整的顺利进行，政府积极联系了南京钢铁和建龙集团作为北满特钢的投资者，并于 2017 年 8 月底完成了相关尽职调查，而且完善了重整方案。就在大家都以为可以松一口气的时候，2017 年 9 月 8 日——向法院提交破产重整计划草案的最后期限到来之际，南京钢铁经深思熟虑后，最终还是决定退出，命悬一线的北满特钢只能孤注一掷地联系了建龙集团。建龙集团随即进驻了企业并在了解情况之后，在 9 月 8 日当天提交了破产重整计划草案。经过北满特钢、建龙集团与债权人等的积极参与、配合，最终于 9 月 28 日一举通过了重整计划草案。2017 年 10 月 10 日，齐齐哈尔中院裁定批准了该重整计划。

建龙集团作为中国第二大民营钢铁企业，入驻北满钢铁，不仅为企业带来了资金支持以化解企业的债务负担，还带来了先进的体制机制经验以解决企业的历史包袱，释放企业产能，提高盈利能力。改制重整之后的建龙北满在极短的时间内就实现了凤凰涅槃，生产经营及销售规模不断刷新着历史纪录。以 2018 年上半年为例，其钢材产量就达到了 45.91 万吨，相较于同期高出了 465.55%，钢材销售总量达到了 45.5 万吨，相较于同期增长了 448.75%，其钢铁业务收入更是高达 17.67 亿元。

建龙北满是如何做到的？

首先，建龙北满在"用人"上下足了功夫。在建龙集团的指导下，建龙北满将原先的 36 个部门整合为 23 个，大大减少了机构冗余、效率低下的弊病，并对部门主管采取任人唯贤、公开竞聘上岗的原则。在企业职工激励机制上，建龙北满采取多劳多得的原则，对超额完成绩效的职工提供丰厚的奖金，据统计，仅是 2018 年上半年，企业向员工发放的奖金总数就高达 166 万元。

其次，建龙北满对接市场，大力研发新品种，拓展销售市场。重整后的建龙北满更加关注市场需求，在发挥原有中高端特钢产品优势的基础上，推进技术改革创新，研发新钢材品种来开发新客户。据统计，2018 年上半年企业就开发出了 21 个新钢材品种、开拓了 18 个战略新客户，增加销量达 1.1 万吨。

最后，依托建龙集团，建龙北满在管理模式上以体系导入为核心，将企业的经营管理工作融合到了建龙集团的信息化建设当中，运用数字化技术实现了企业的信息共享并节约了经营管理的成本。此外，建龙北满还利用了建龙集团的销售渠道使特钢产品走出了国门，开拓了海外业务，每月 2 万吨的出口量充分体现了"建龙速度"。

小结

对大多数企业而言，陷入债务危机的表象是资不抵债或资金不足以支撑经营，但深层次原因在于企业的经营不善与决策失误，导致企业因盲目扩张、产能过剩，甚至经济犯罪等原因而资金链断裂。因此，当企业因为资不抵债而陷入财务困境时，通过资产处置、债转股、引进战略投资人等方式进行困境重组，目的不单单是为增加企业的现金流以清偿企业债务，促使企业走出当前的财务困境，更多情况下是为了恢复企业的造血功能，或者通过改善企业的负债率，给困境企业以喘息之机，以增强经营管理能力和盈利能力，帮助企业剥离不良资产或者促进企业产业结构的转型升级，使其获得强劲的发展动力。

对经营管理能力提升而言，大多数企业都借助外力，通过引入战略投资人的方式，来对企业管理模式和用人激励机制有所改进，这方面的作用，在国有企业身上表现得更为明显。实际上，国资委启动的混改试点企业集中了电力、石油、天然气、电信、民航、铁路等重要领域，2019年国企混改更是由被动招商到主动招商，通过引入战略投资人，公司的股权结构有所改变，从国有制转换为混合所有制，企业无论是在管理上还是在产品经营上，都更贴近市场化，克服了以往国有企业因市场化不足而导致的激励不足。

对盈利能力而言，许多企业在重组完成后的第一年年报中，大都实现了扭亏为盈的局面。当然这其中很大程度上是由债务重组收益决定的。但债务重组减轻了历史包袱与财务压力后，很多企业也在重整中展现了"壮士断腕"的决心，对企业的业务与产业结构进行转型升级，淘汰落后产能，提升科技水平，持久增强企业的盈利能力，并在随后的市场竞争中逐步显现出重组后的比较优势，这在上述建龙北满案例中即有体现。

第三节　企业流动性激活

保持流动性充裕是企业正常运营中的基本财务要求。企业的流动性与企业的支付义务和企业的偿债能力有关，即企业能够按时按量以资金转移的方式来履行其对职工、债权人、交易方等的支付义务，且其清偿债务的能力始终大于其支付义务时，则企业流动性充裕。为什么流动性对一个企业来说如此重要？因为对一个没有流动性的企业来说，就意味着在现在及未来的生产经营活动中没有充足的现金做支撑，在这个到处需要金钱来运转的时代，没有钱即意味着企业生命的终结。

陷入债务危机的企业实施债务重组的首要目的就是恢复企业的流动性。一旦企业的流动性得到了恢复，就意味着在即将干涸的池塘注入了新的水源，濒临死亡的鱼儿也会得到拯救。企业在债务重组的过程中，通过与债权人进行协商谈判来调整原有的偿债协议以改善企业的债务结构，增强企业支付义务的履行能力；通过吸引投资者、盘活优质资产、调整业务结构等方式来改善升级企业的产业结构以及产品质量，以拓展企业销售市场而增加营业收入；此外，企业在债务重组中还以扩大融资渠道的方式来直接增加现金流，以使企业在较短的时间内获得维持正常生产经营的流动性。

一、衡量流动性的主要指标

企业流动性更为通俗的来讲就是维持企业正常运转的现金。在当代的商业发展实践中，衡量企业流动性的主要指标是企业的财务报表，而在企业的财务报表中，最能直观反映出企业流动性的又非资产负债表莫属，表内不仅包括企业的流动负债，还包括企业活期存款、应收账款等在内的流动资产。下文将对资产负债表以及其中具有代表性的企业活期存款予以分析。

(一) 资产负债指标

企业财务报表主要反映的是一个企业一年内的现金流动情况以及营业收入情况。财务报表主要包括资产损益表、财务状况变动表以及资产负债表等，而其中的资产负债表，因为详细记录了企业的资产及负债情况，因而在表现企业流动性方面就显得更为直观。

资产负债表（balance sheet），是表示一个企业在一定时期内（通常为各会计期末）的财务状况（即资产、负债和业主权益的状况）的主要会计报表，资产负债表利用会计平衡原则，将合乎会计原则的"资产、负债、股东权益"3项交易科目分为"资产"和"负债及股东权益"两大板块。资产负债表的功能除了预防企业内部出错、指导经营方向外，还更为直观地表现出了一个企业当下的生产经营状况。

在资产负债表的"资产"项下，包括企业的固定资产与流动资产。从表内所反映的流动资产可以了解到企业在银行的存款以及变现能力，以此可以掌握企业资产的实际流动性与流动质量。除流动资产中的货币资金外，其余资产转换成现金的时间越短、转换成本越低，就表明了该资产的流动性越强。如股票，在二级市场上可随时交易，其流动性一般较应收账款强，而应收账款的流动性又较存货强。

与流动资产相对应的就是资产负债表"负债和股东权益"中的流动负债。流动负债主要包括短期借款、应付账款、应付票据、应付工资、应缴税费等。资产负债表对流动资产与流动负债进行分门别类地列举，表内虽未直观反映出企业的偿债能力，但通过将流动资产与流动负债进行比较，即流动速率，是分析一个企业偿债能力的重要指标，并以此来确定一个企业的流动性程度。

（二）偿付能力指标

偿付能力指标，主要是指企业的到期债务偿付能力与最低充足资本能力。到期债务偿付能力是指企业能否对到期债务具备按时足额偿付的资金能力，而最低充足资本能力是指一个企业能够保障正常运营并足以维持充分信誉的最低限额，也就是说，除按时支付到期对外负债外，还应当对内具备持续运营的能力。这些就反映了一个企业的现金流动性，最直观的指标即企业资产负债表中的"现金及银行存款"。对企业来说，企业的活期存款记录了其当前能够利用的账上资金有多少，可谓是企业的生死线。在此，有必要对企业的活期存款进行单独、详细的说明，以使大家清楚地了解通过哪些措施可以增加企业的流动性，从而在企业债务重组的时候有所侧重。

企业所维持的是一个系统的正常运转，包括生产经营成本、劳务支出、管理花费、税务支出、职工福利缴费等方方面面，其中的任何一个环节都需要有大额的账上资金做支持，如果一个环节上的资金出现问题，就会引发多米诺骨牌效应，进而影响到整个企业的生产经营。因此，对一个企业来说，企业的活期存款越多，即意味着企业的流动性越强，企业的健康稳定发展就越能够得到充足保障。但企业的活期存款是随着企业的生产经营一直在不断变化着的，企业的经营、投资、筹资等活动，都会影响到活期存款的数额。

首先，企业活期存款的数额与企业生产经营的活跃程度密切相关。企业产量的增加即意味着投放到市场上的产品会更多，对于在市场上本身就属于供不应求的产品来说，也会推动企业销售额的增长，由此带来的结果就是消费者的存款收入向企业活期存款的转移，企业在这一过程中实现了资本的积累，为后续的生产经营带来良性的循环。

其次，与企业相关的投资活动也会影响到企业活期存款。投资，即意味着投入资金，企业向另一家企业投资，其所带来的直观效果就是企业账上资金的减少，用以维持本企业运转的资金也就有所减少。相反，如果是其他企业向本企业投资，则其活期存款就会增多。与此相关的还有企业的互保业务，也会对企业的活期存款产生影响。近年来，在浙江民营企业中所流行的互联互保业务十分发达，但随着互保业务的相继爆雷，部分企业为了承担担保责任支付了巨大的担保债务，由此造成企业现金流枯竭而导致企业陷入债务危机。

再次，融资渠道的多少也是影响企业活期存款数额的重要因素。融资，简单地说就是借钱，是一种最为直接的增加企业现金流的方式。2015—2016年影子银行的扩张为企业带来了充足的流动性，但随着信贷口袋的收紧，企业的融资成本与融资门槛也逐渐提高，造成了许多民营企业融资困难的局面，也导致许多企业因为资金链断裂又没有资金做补充而最终破产倒闭。

最后，如果一个企业在上述关键指标项下出现恶化，此时除各类合作伙伴需要更为关注其债务危机风险外，债务公司的个别清偿等行为也将受到破产法等法律制度的规制。也就是说，如果债权人追究企业某一时期的欺诈性支付、资产转移或个别债务清偿责任时，法院裁判的实质性标准即上述标准。

整体而言，测试一个企业的流动性，最为关键的 3 项评估测试标准为：资产负债表测试、到期偿还债务的能力测试和最低充足资本测试。一个企业如果出现流动性危机，一定会反映在上述指标内，而债务重组在财务模型中是否发挥作用，也在于评价上述关键指标是否能得到有效控制和好转。对此，一个好的债务重组会在短时间内对困境企业上述指标产生积极改变。

二、债务重组激活了企业流动性

困境企业因为各种原因，如银行惜贷、停贷或抽贷等，新力未生之时，现金流耗尽，流动性处于枯竭的状态。这不仅使企业无法清偿到期债务，甚至迫使企业的生产经营处于停滞危险中。因此，对急需债务重组的企业来说，迅速恢复企业的流动性就成了当务之急。从上文的介绍中我们可以看出，企业的流动性受经济环境、市场行情、企业经营、融资环境、投资以及流动负债规模大小等影响。因此，对想要拯救企业的企业家们来说，也主要是通过这几个因素在债务重组中的改善以极速恢复企业的流动性。

首先，债务重组要解决的问题即债务人与债权人尽快就偿债方案达成一致意见。在庭外债务重组中，除以现金或非现金资产清偿债务属于及时减少企业债务规模，避免财务费用持续增加外，其所采用的缩减本金、减免利息、迟延履行、债转股与修改偿债条件等方式，多是将短期的流动负债转换为长期负债或股票权益，以便迅速降低资金支出总量，增厚企业的现金流。另外，在破产重整等庭内重组模式中，有很多法定工具可供选择，例如法律规定自法院裁定批准破产之日起不再计算利息。这一点对于沈阳机床这样每年的财务费用几乎与经营利润一致的企业就非常重要，即使不考虑债务重组收益，单纯按照法律规定而减免的财务利息，就足以帮助企业应对流动性危机。

其次，债务重组的企业还通过快速处置资产、提升生产经营的方式来增强企业的流动性。从上一节内容可以看出，债务重组的企业在极短的时间内通过盘活或处置优质资产、提高技术水平、改善经营管理等方式，扩大了企业产品的销售市场并获得营业收入，由此所带来的良性循环就是企业流动性的增强，更加激发了企业的生产经营活力。在很多中小企业面临危机后，立刻保障现金流，通过裁员增效保证基本存续需要，同时保证企业正常运转。很多企业是通过正常运转中的客户支持，即提前支付的"预付款"生存了下来。另外，也有困境企业因为多元化的经营导致沉冗资产过多，故一旦发生债务危机后，就应快速处置不良资产，回笼现金，满足日常运营。西王集团 2019 年因流动性匮乏，账面资金无法既满足陆续到期的短期融资券，又满足企业正常运转，故快刀斩乱麻地做出宁可债券违约也要保证生产所需资金的决定。如果不是西王集团在应对债务危机时，有着对资金统筹使用的一揽子债务重组安排，会很难做出这种壮士断腕的迅速决策，其单纯偿付一笔或几笔债券实无意义，也将重蹈乐视未充分利用融创资金之覆辙。

最后，企业在重组过程中还扩大了融资渠道，进一步增加了企业的账上资金。企业重组需要花费大量的人力、物力成本，因此，企业在这一过程中会积极争取投资者、金融机构的支持，以扩大企业的融资渠道，极速增强企业的流动性。例如在破产程序中，企业可以通过 DIP 等手段进行再次融资，融资资金可作为共益债务优先清偿并可获得可观的利息。在很多庭外重组中，中小型困境企业在出现债务危机时，不像大型企业拥有强大的现金储备和过冬能力，因此，困境企业可以通过股权融资的方式快速引进资金渡过难关。如投资者心存顾虑，原股东可与新的投资者签订"债转股"协议，即投资者按照现有困境企业的低估值投入"股本"，但先以债权的形式进入，在符合条件后转为股权。如果届时不愿意投资，也可由创始人团队予以回购并支付一定期间内的本息。

在这里，我们看一则企业在债务重组中是如何恢复、激活流动性的案例。在沈阳机床重整案中，沈阳机床受机械制造业市场低迷、机床产能过剩、管理机制僵化、银行信贷政策萎缩等因素的综合影响，遭遇了严重的财务与经营困境，并最终于 2019 年 8 月 16 日正式进入破产重整程序。据统计，截至 2019 年 8 月 16 日，沈阳机床资产评估市场价值总额为 67.92 亿元，清算价值为 24.66 亿元，负债总额为 157.73 亿元。如何处理高昂的债务问题以恢复企业的流动性，就成了沈阳机床重整中的核心。

根据沈阳机床公告的重整计划草案可以看出，在债权清偿方案中，有财产担保债权在债务人特定财产的清算价值范围内全额留债清偿，留债期限为 7 年。职工债权和税款债权在重整计划执行期内一次性以现金方式清偿。针对普通债权，具体安排为每位债权人优先在 50 万元（含本数）范围内获得一次性现金清偿，超出 50 万元的部分，区分金融普通债权和非金融普通债权，按照以下方式分别清偿：金融普通债权在 50 万元以上的部分通过留债、以股抵债的方式予以清偿；非金融普通债权在 50 万元以上的部分，债权人可以选择或者按 15% 的清偿比例在重整计划执行期限内获得一次性现金清偿，其余部分豁免，或者按 30% 的清偿比例在 3 年内分期清偿，其余部分豁免。

此外，2019 年 12 月 20 日，中国通用技术集团作为沈阳机床的投资者，与沈阳市政府签署战略合作框架协议，约定中国通用技术集团将投资 18 亿元用于重整沈阳机床，其中的 7 亿元用于沈阳机床重整旗下银丰铸造和优尼斯装备两家企业的投资款，剩余资金用于清偿债务和补充企业的流动资金。

沈阳机床通过破产重整程序，在短短的几个月内就化解了债务危机和流动性枯竭问题，将有财产担保债权 10.64 亿元及金融普通债权 150 亿元，通过留债的方式转换为长期负债，减少了流动负债的数额，提升了企业的流动比率。方案还采取多种策略，最大限度地提高非金融普通债权的清偿率，有效化解了企业的债务危机，为企业解决了后顾之忧，使得企业能够轻装上阵，将注意力集中在生产经营上。在融资方面，中国通用技术集团向沈阳机床注资的 18 亿元资金，使企业在偿还完职工债权、税款债权、非金融普通债权后，仍有较为充足的现金流，以补充企业的流动资金用于生产经营。不仅如此，重整完成后，中国通用技术集团将成为企业的第一大股东，还能为企业后续的生产经营提供源源不断的资金支持。

小结

"成也萧何，败也萧何"，流动性是企业的命脉，决定了一个企业是生存还是灭亡。衡量困境企业流动性的大小，不能仅关注于企业的现金流，还要关注企业其他的流动资产以及企业现存的流动负债。因为作为分子的流动负债，也是衡量企业流动资产大小的重要参数。启动债务重组后，企业可以通过拍卖、出售资产来获得相应的对价，也可以通过战略投资人的注资、向银行贷款等方式获得相应的融资以扩充资金链。此外，企业还可以通过债转股、留债、债务豁免等减少流动负债的方式，增强企业的偿债能力。双管乃至多管齐下，通过债务重组整体安排，使得企业在短时间内不仅解决了债务负担，还扩大了融资渠道，获得了充足的现金流。

第四节　债务重组的资产变现

债务重组中，越来越多的债权人关注到困境企业的资产处置方式问题，这其中最为常见的处置方式是拍卖。我们以庭内债务重组中的拍卖制度为视角：不论是破产清算、破产和解还是破产重整，都会涉及企业资产变现以清偿企业债务的问题。相较于出售、转让等传统的资产处置方式，开展资产拍卖，通过竞卖方式将资产公开出售，避免了关联企业以及相关利害关系人之间的暗箱操作，能够促进资产的流动、优化，提高存量资产的利用率，对债权人和投资者来讲都是较为关键的问题。

一、资产变现的核心制度：拍卖

（一）债务重组中的拍卖制度概述

破产清算程序的主要目的是把破产人的全部破产财产在全部债权

人之间公平分配,而破产财产以各种形态存在,因此要进行财产分配首先面临的问题就是破产财产的变价问题。① 破产拍卖是一种特有的资产处置方式,是将陷入债务危机企业的非现金资产变为现金的一种变价方法。它通过公平竞争的市场机制来确定企业资产的真实价格,并将资产出售给出价最高的购买者。庭内重组中企业资产是否采用破产拍卖制度,一般由债权人会议通过表决机制来决定。此外,为了使债权人的债权尽快得到实现,破产拍卖制度在降价幅度方面也十分灵活,有些债权人会议甚至明确表示企业资产可进行多次降价拍卖直到资产变现为止。

根据破产拍卖对象的不同,可以分为单项资产破产拍卖与企业整体资产破产拍卖。

- 单项资产破产拍卖指的是企业将其整体资产中的土地、厂房、生产设备等资产,分别委托专门的机构,通过线上或线下等方式用以公开拍卖,其主要功能在于能将企业的优质资产与不良资产进行剥离,避免出现因不良资产导致整体资产迟迟无法顺利变现的问题。单项资产拍卖在大型企业的破产拍卖中较为常见。
- 整体资产破产拍卖指的是企业将其全部资产一次性地予以全部拍卖,其主要适用于那些连年亏损、资产结构落后的中小企业。这类企业本身资产不多,分别拍卖的意义不大且会延误资产处置流程。因此,管理人对该部分资产在取得债权人会议表决通过后予以整体拍卖出售。此类拍卖中,因为资产整体价值有限,故优质资产可以吸引竞买人询价关注。如认为整体拍卖中非优质资产的价格过高,则可以等其一次流拍后降价至自身心理价位后再参与拍卖。

破产拍卖的流程主要包括:

---

① 资料来源:王欣新. 破产法原理与案例教程 [M]. 北京:中国人民大学出版社,2020.

- 债权人与债务人或管理人就通过破产拍卖的方式，对困境企业资产进行出售以清偿企业债务达成一致意见。
- 对拟拍卖资产进行评估定价，作为确定起拍价、保留价的基础。
- 债务人或管理人将其拍卖资产委托给专门的拍卖机构或通过自身组织的竞买规程予以拍卖。
- 专门的拍卖机构在拍卖市场将企业的拍卖资产进行挂牌公布以公开招集竞买人。
- 在公开竞买的环节中，出价最高的购买者将会获得该拍卖资产。
- 在拍卖成交之后，由债务人或管理人与购买者签订合同，在符合条件的情况下办理拍卖资产转移手续。合同主要涉及拍卖资产的概况、出售价格及付款方式等内容。此外，企业在进行整体资产破产拍卖时，还要充分考虑如何对原有债权债务关系进行处理的问题以及企业职工的妥善安置办法。
- 拍卖机构按照拍卖资产成交数额的一定比例向委托方收取拍卖费用。

破产拍卖的实质是根据市场价值，将陷入财务困境的企业资产重新分配给拍卖中出价最高的购买者。破产拍卖程序的直接性、便捷性，有效解决了企业在债务重组中要花费大量的时间和金钱去寻找企业资产的接盘手的问题，利用市场机制充分发挥企业资产的最大价值，促使债权人的债权得到及时偿还。公开、透明的破产拍卖程序也有效避免了利害关系人之间，为了各自利益而导致企业资产被低价出售，进而侵蚀企业、出资人以及债权人的利益。此外，破产拍卖程序可以有效提高企业资产的处置效益和回收率，降低破产成本。拍卖程序的价值还在于，是拍卖资产的投资者而不是管理人或破产法院来决定哪些公司能生存下来，使得破产程序中的市场清理机制发生作用。

但不可否认，资产拍卖程序也存在一定问题。例如目前中介机构呼吁发展的管理人独立发拍权，希望尊重管理人应有的独立拍卖的权利，但因财产处置过程中会出现腐败现象，以及很多管理人故意拖延或为特定竞买人打造拍卖门槛等不良现象，很多法院仍较为坚持司法权的介入，将拍卖方案交由债权人会议表决来完成。另外，拍卖也可能会产生拍卖价格实际低于公司真实价值的情况。

因此，在处置企业资产时，各方应当根据处置时间、处置对象、处置价格等条件，谨慎合理地选择拍卖制度，以实现企业资产利用率最大化。另外，我们也在不同案件中发现，困境企业可能基于各种理由出现延迟拍卖的情况。例如，困境企业在企业重整程序中，主要资产作为抵押资产被管理人认定为恢复企业持续经营能力的必要财产，故拖延抵押资产处置程序，导致优先权人迟迟无法顺利受偿。此时，破产法和管理人的认定，在某种程度上对债权人不友好，应当予以纠正，而国外的一些强制拍卖制度值得我们探究和借鉴。

（二）值得讨论的"强制拍卖制度"

相较于中国的破产拍卖制度，较为发达的欧洲国家，在破产法实践中也发展出了一套独特的破产拍卖程序，最为典型的代表要属瑞典的"强制拍卖"制度。与中国的破产拍卖程序不同，瑞典的破产拍卖程序为企业破产中的必经程序，其主要的操作流程如下所示：

- 当企业遭遇财务困境而申请破产时，瑞典的强制拍卖制度要求企业应立即出售相关资产。
- 在企业办理破产备案之后，企业的控制权将移交给法院所指定的独立受托人，其对全体债权人负有信托责任。受托人的主要任务是在公开竞价且限现金竞买的拍卖程序中，真实评估企业资产并管理、监督企业的经营销售活动。在拍卖开始前，受托人要根据行业专家的意见，对破产企业的资产价值进行预估。
- 在拍卖环节中确定是否有人愿意支付高于资产估值的溢价，如果有人愿意出价收购该企业的资产，则企业可以维持其持续经营。但如果没有人愿意出价收购企业资产，则这些资产将会被零星出售且企业进入破产清算程序。

由此可见，在瑞典的破产体系中，企业是被清算还是选择继续经营，取决于资产拍卖的情况。这种强制拍卖程序也就规避了市场经常出现的优质资产基于各种原因的处置不及时而导致的冰棍效应，使债权人利益受损的问题。经济学的一个核心理念认为，在运作良好的资本市场中，拍卖往往会促进企业资源的有效再分配，在瑞典的强制拍卖程序中，通过公开拍卖的方式，由市场中的竞买人来决定企业资产的市场价值，有效避免了企业在处置资产时的暗箱操作，不仅兼顾了债权人与债务人的利益，对于企业的优质资产来说，还能获得更高的对价。此外，其在资产处置过程中还邀请了专家的加入，能确保企业资产得到一个较为客观公正的评估，也提高了资产处置过程中的专业性和技术性，这就保护了债权人的利益，对于中国企业处置资产来说具有很强的借鉴意义。

二、拍卖的风险与反制

采用市场机制的破产拍卖制度，依据"价高者得"原则，按照竞拍者的价格高低来决定中标者，虽然有利于实现各方利益的最大化，但也存在着拍卖失败的风险。企业资产遭遇流拍的主要原因有以下几个。

首先，破产拍卖的企业大多是由于经营不善、资产负债率过高等原因而导致破产，其拍卖的资产也大多是阻碍企业发展、拖累企业营业收入能力、产业结构较为落后的不良资产，因此在实践中，也常常出现因没有竞拍者而导致流拍的情形。比如 2020 年年初，在司法网拍平台上就相继有多家光伏企业资产频繁遭遇流拍，其中包含老牌的凤凰光伏，以及曾经的光伏巨头合肥海润，究其流拍的主要原因，与当下光伏行业产能过剩和技术升级导致资产价值不高有着巨大关系。而下文所举的盐湖公司拍卖金属镁项目就更说明了不良资产的特性。

其次，破产拍卖存在一定的参与门槛。破产拍卖的对象主要涉及企业的厂房、设备以及股权等，往往起拍价较高，对多数竞拍者来说难以负担。此外，竞拍者要想参加拍卖，还要支付一定比例的保证金。

很多时候，管理人为平衡善意竞买者与恶意竞争者的关系，门槛不能设定过低，因为要避免竞争者借投资之名收集内部关键信息与扰乱正常竞买秩序的道德风险。因此，这就要求设定投资门槛不能过低。这种竞争门槛体现在数量不低的保证金、退还方式和时间较为苛刻，竞买者资质条件也较高，需要具备较为雄厚的资金实力和行业能力，这些都将导致参与竞拍人数的减少，也相应地会影响到竞拍的活跃程度。

再次，投资者在破产企业资产的拍卖程序中等待流拍后更低的价格出现。美国市场将困境企业在形势危急之时，低价处置优质资产的快速变现行为或结果形象地称为"火灾物品拍卖价格"。这一点，在中国的债务重组模式中同样适用。国内虽然没有强制拍卖制度，但很多企业出售资产都是通过拍卖程序，而非变卖与以物抵债进行。在市场行情不好，或者需要在破产清算中快速变现资产时，这种快速变现价值或评估值与火灾折扣价格一致。此时，很多原本对破产资产感兴趣的投资者往往在竞买压力允许时，故意等待或促成"流拍结果"，以便获得更低的价格折扣。但是也有例外，当一个破产企业作为持续经营主体开展重组时，则价格完全不同。在企业持续经营下，不论是行业整体困境，还是购买者的竞价策略，很难再对价格产生较大影响。这种竞购在大型企业重组程序中，通常以杠杆形式进行，这样可以缓解投资者与困境企业的流动性不足风险，给未来业务恢复提前做出保障，也对投资者中"低买高卖"产生额外激励。尤其是"预打包"拍卖中，破产前即达成协议收购，这一价格平均低于市场持续假设下的资产价格，但会相对优于火灾物品拍卖价格。

最后，网络拍卖使得流拍成为常态。"互联网+"模式成为各行业发展的新趋势，其在拍卖制度中也得到了广泛的应用。比较具有代表性的是"网络司法拍卖"，这是指仅由人民法院和纯粹的网络技术平台共同参与处置涉诉资产的模式。[①] 许多法院开始尝试通过阿里巴巴、京东等网络拍卖平台进行司法拍卖，在2019年的双十一直播中，

[①] 资料来源：王欣新. 试论破产法的调整机制与实施问题［J］. 中国法学，1991（6）.

我们也看到了司法拍卖直播的身影；此外，大部分上市公司股权、房产、设备等资产也常常通过网络拍卖平台进行拍卖。网络拍卖程序的便捷性、成本的低廉化使得网拍数量不断增长，但是很多破产程序中未能兼顾好网络平台化、传统拍卖机构与实际效果之间的关系，互联网使用情况的增长也导致出现了大量流拍的情况。从阿里巴巴网络拍卖平台的统计数据来看，聚力文化、科融环境、*ST 刚泰、*ST 中绒、金龙机电、天夏智慧、西部资源、晨鑫科技、大连电瓷、*ST 步森、吉林森工、龙星化工、东方金钰等超过 20 家上市公司的相关资产都遭遇过流拍。

我们知道，企业资产是保证企业偿还债务、获得流动性的重要物质来源之一，但如果在拍卖的过程中反复遭遇流拍，会导致企业资产的大幅度缩水，进而危及债权人、企业及其股东的自身利益。因此，有些企业为了避免企业资产因流拍而导致再度拍卖引发资产价值跳水，在实践中通过引入投资者形成了资产收购兜底的做法。从实践经验来看，这一做法可以有效解决流拍所带来的弊端。以下我们将以盐湖公司资产拍卖案为例进行详细说明。

青海盐湖工业股份有限公司（简称盐湖公司）被誉为"钾肥之王"，是一家以生产钾肥为主要产业的大型国有上市企业，其钾肥生产总产能占中国钾肥总产能的一半以上。由于钾肥开发过程中会生产大量的氯化镁卤水，企业出于资源综合利用的目的，从 2010 年起开始拓展金属镁及化工业务，这也为企业后来的重整埋下了伏笔。由于金属镁项目生产流程复杂且生产成本高昂，最终拖垮了企业主业，也由此开启了盐湖公司的重整之路。在盐湖公司重整案中，亮点之一就是其资产处置方案。

鉴于企业钾肥和碳酸锂等优势资产仍具有充分的盈利能力，为了实现将金属镁及化工等不良资产的剥离，2019 年 11 月 6 日，盐湖公司第一次债权人会议表决通过了《财产管理及变价方案》。《青海盐湖工业股份有限公司关于公司资产拍卖进展及后续资产处置安排的公告》显示，管理人通过将其子公司青海盐湖海纳化工有限公司、青海盐湖镁业有限公司以及盐湖股份化工分公司的账面价值约合495亿元的不良资产予以打包拍卖的方式，以评估机构出具的专项评估报告确定的拟处置资产评估值的70%作为首次拍卖的起拍价格，首次拍卖公告期为7日，竞价期为公告期届满后24小时；前次拍卖未能成交的，下次拍卖降价幅度不超过30%，且根据《中华人民共和国拍卖法》的规定，每次拍卖的公告期为7日，每次拍卖的竞价期为公告期届满后24小时。每次拍卖流拍后，管理人均可以选择继续降价拍卖，或者通过协议转让等方式予以变价处置。公司管理人已于2019年11月23日～2020年1月10日，在淘宝网司法拍卖网络平台上就盐湖公司资产包进行了6次公开拍卖，从起拍至最后一次开拍价格分别为177.99亿元、124.59亿元、87.21亿元、61.05亿元、42.73亿元、29.91亿元。但因在规定的拍卖期间无人参与竞拍，前6次公开拍卖均已流拍。

在第5次公开拍卖过程中，为了避免企业资产的继续缩水以及推动重整工作的顺利进展，2019年12月27日，管理人与青海汇信资产管理有限责任公司（以下简称汇信资产管理）签订了《资产收购框架协议》，双方约定：如管理人后续继续采取公开拍卖或协议转让的方式处置盐湖股份资产包，且无其他主体愿意以超过人民币（下同）30亿元的价格通过参与第6次拍卖或者协议受让方式受让盐湖股份资产包的，汇信资产管理将以30亿元的价格受让盐湖股份资产包，受让方式包括参与第6次拍卖或直接协议受让前述资产。最终，因第6次公开拍卖的流拍，按照协议约定，汇信资产管理将以30亿元的价格接盘。

虽然从账面价值上来看，盐湖公司的拍卖资产包遭遇了大幅度的缩水，但汇信资产管理在关键时期的果断接盘，不仅有效避免了盐湖资产遭遇进一步被贱卖的风险，还为盐湖公司的重整进展铺平了道路，从根本上解决了不良资产对企业优质资产的拖累问题。因此，实践中各方应当充分考虑拍卖风险，做好替代性方案。

小结

破产拍卖相较于出售、转让等传统的资产处置方式而言，其最大的优势在于公开透明,通过竞卖的方式将资产予以公开出售,提高了资产变现的效率,避免了协议转让中相关人员的暗箱操作所导致的企业资产的流失风险,能利用市场优势最大限度地物尽其用。但同时也应该看到,在资产拍卖上,尤其是在当今以网络拍卖为主的情形下,大部分资产拍卖都面临着流拍的困境,甚至有些企业资产遭遇 5 次、6 次流拍之后依然无人接盘。这在很大程度上对企业的资产价值带来冲击,给企业造成了难以挽回的损失。因此,在选择破产拍卖时,应坚持审慎的态度,客观、公正地对企业的资产价值予以评估,在售让与拍卖之间做充分的衡量,对资产拍卖的风险做充分的预判并准备相应的解决方案。

第五节　上市公司重整的红与黑

任何事物都存在两面性,即使是对重整制度来说也是如此。在这里,我们引用了司汤达的长篇小说《红与黑》的题目,以期更为生动且形象地描述重整制度对企业的利与弊。上市公司与一般企业的最大区别在于其股票可以通过公开的证券交易场所进行交易,其所具备的这种"壳资源",不仅使其拓展了融资渠道,还加速了企业"圈钱"的速度。因此,陷入债务危机的上市公司,在年末纷纷开展保壳手段,通过出售房屋、土地、股权等老套路外,很多早早就基于选择重整制度或和解制度对企业施以拯救,在化解企业债务的同时,保留企业作为上市公司资格的主体地位。鉴于重整制度对挽救上市公司的重要性,我们不妨花点篇幅来予以探讨。

重整制度对于大型上市公司来说,不仅具有其所通常具有的化解企业债务危机、盘活企业优质资产、恢复企业经营管理及盈利能力等传统优势,结合上市公司自身所独有的特点,重整还使得许多 ST 公司"脱星摘帽",重新回归证券市场,从而保护了中小投资者。但相较于其他企业,对规模较大的上市公司来说,其内部控制、债权债务关系以及资产结构也更为复杂,因此,也增加了重整的难度及费用负担,同时为上市公司重整后的股市情况带来了不确定的因素,我们从以下的说明中可见一斑。

一、上市公司选择债务重组的制度优势

很多上市公司面临退市风险,连续3年净利润为负,故需要保牌。很多上市公司在向法院申请重整前,往往由于不良资产以及高额债务的拖累,营业及盈利能力都受到极大的挑战,常常要被冠以 *ST,以承担退市的风险。因此,上市公司常常希望采用重整这一方法,通过减债程序取得债务重组收益,解决净利润为负的问题,实现保牌,保住上市公司的主体资格。

对上市公司投资者来说,保牌意味着可以获得收益,规避了强制退市带来的投资损失。从前文中的例子中我们可以看到,陷入债务危机的企业,按照资产真实情况通常是资不抵债的,如果采用破产清算程序进行资产估值,其债务清偿率基本上为零,债权人的债权注定无法偿还,更不要说是中小投资者的股利及分红了。但采取破产重整的上市公司通过破产重整程序,不仅对债务及资产进行重组,化解了企业的债务危机,还促进了企业经营管理、技术水平以及产业结构等的提升,市场对其所做出的反应最直观的表现就是股价上涨。不断上涨的股价,不仅能为企业带来充足的资金流动性,也使得股东利益得到了最大化的实现。由此所带来的良性循环,为企业未来的发展提供了充分的保障。

对当地政府来说,上市公司这块巨大的广告招牌,不仅能保证当地的税收,还能通过招商引资来吸引外地投资者入驻当地,在扩大当地税源的同时又促进了当地配套产业设施的完善以及整体经济水平的提高。此外,上市公司由于规模及产业结构多元且复杂,往往也是吸纳劳动力的蓄水池,能够保证当地就业水平的稳定以及群众生活水平的提高。因此,当上市公司陷入债务危机时,在申请重整、制订重整方案、招募战略投资人以及执行重整计划时,往往都能看到地方政府的身影,其也为上市公司重整带来源源不断的资金支持以及人脉资源,

增加了上市公司重整成功的概率。

有利于资源的充分利用。有的企业就是一时困难，充分利用壳价值进行资源置换利用，是市场化的资源重组。陷入债务危机的上市公司申请破产重整不仅立足于对企业债务的重组，更侧重于对企业资产的重组，并在实践中形成了保壳式重整、借壳式重整。所谓保壳式重整，指的是对那些被冠以"＊ST"的上市公司来说，其为了避免被清除出资本市场，通过采取破产重整的方式以快速恢复企业当年的盈利能力（主要通过债务重组豁免后的非经常性收益来完成），从而在有限的时间内保全其上市公司的资格。所谓借壳式重整，指的是对陷入债务危机的上市公司来说，企业的剩余资产已不具备营业能力与盈利能力，企业通过对其资产的出清，利用壳资源的优势以吸引其他投资者注资，由此带来的结果是投资者获得原上市公司的控制权，并借原企业的上市资格使其资产得以上市。通过保/借壳式重整，上市公司剥离了不良资产，同时也吸引了优质投资者的到来，也以此实现了企业的跨越式发展。

破产重整本身就是一种挽救价值，陷入债务危机的企业往往希望通过破产重整来根本解决企业经营以及债务所面临的各种障碍，对体量巨大的上市公司来说更是如此。由于上市公司具有的壳资源以及强大品牌效应的独特优势，使其更能将重整优势扩大化，在政府的帮助下积极同潜在投资人开展战略谈判、扩大融资渠道，并利用战略投资者在管理经验以及经营技术上的优势，化解企业资产负债结构不合理、产业结构过剩以及经营管理模式僵化等难题，以真正实现上市公司的复活。

二、上市公司重整的现实不足

上市公司重整也不尽然全是利好的一面，实践中不乏上市公司重整后与预期效果存在较大差异的情况。

很多案件的目的局限于保牌，治标不治本，企业公司治理结构和产业结构都未优化，在一定程度上阻碍了资本市场正常的新陈代谢，形成上市公司只进不出的堰塞湖。很多企业重整后发展也不好，不过是少数。下文所说的＊ST柳化，为了全力争取企业的保壳，将企业的主要资产进行了剥离，只保留了占比很小的"双氧水"业务，企业的经营管理以及产业结构都未进行优化，给该上市公司未来的发展带来了诸多不确定因素。

上市公司破产重整，可能导致资本市场不买账，复盘后的股票价格不涨反跌，使中小股民利益受损。即使是重整计划被法院裁定批准，重新复牌的上市公司其股价涨势也可能远不如心理预期，有些股价甚至在复牌当日就经历了跌停。如果在其停牌期间大盘整体下跌，重整复牌后，其股票价格还会出现补跌的情况。此外，市场根据上市公司重整计划、进展等方面信息的披露，也会对上市公司的未来发展形成初步的预判，并会直观地表现在股票价格上。如果重整效果没有达到市场预期，也会引起股价的下跌。

上市公司重整可能会有作价的问题，投资者给出的公司估值是否合理，这个很难讲。东北特钢重整案中，一开始鞍钢作为潜在投资者出价30多亿元，后因债权人反对，转为引进沙钢并出价44亿元。由此可见，对于上市公司的价值，不同主体给予的估算明显不同，且金额可能相差悬殊。东北特钢案件中，如果不是债权人反对，鞍钢出价可能会导致债权人损失进一步扩大。

上市公司重整，本身难以规避重整程序的固有缺陷，即方案是表决通过，少数债权人和股东不论是否同意，最后都得同意大多数人的意见。由于上市公司资产负债结构较为复杂，不仅股东之间存在利益冲突，债权人之间也往往存在着矛盾，而重整本身就是一个利益取舍的问题，在重整过程中往往会损害中小股东以及小额债权人的利益。上市公司重整往往会选择资本公积金转增股本的方式来进行资产重组，新增的股票不向股东分配，股本基数的增加会稀释原有的股东股份，对中小股东来说，其股份更是遭到极大程度的稀释，其利益在重整过程中往往会被忽视。对小额债权人来说，不论是在力量还是在信息获得上，其都处于劣势，在以金融机构作为主要债权人的上市公司重整中更是如此,其对重整方案的制订以及实施很难发表自己的意见。

＊ST柳化重整案就让我们看到了尽管上市公司往往通过重整实现了保壳和企业的拯救,但其所呈现的结果却是不尽如人意的。

柳化股份复牌后遭遇了投资者的用脚投票,连续多个跌停,这与柳化股份所面对的未来经营风险不无联系,但我们的分析不能仅止步于此,应该通过市场所释放的不利信号来探究破产重整对上市公司股票所带来的影响。从现有分析来看,造成这一现象的原因与股票停牌前的股价高低有着密切的关系。＊ST柳化破产重整期间,A股大盘指数出现总体下跌,市场对总体股票市场的预期呈现悲观状态,因而＊ST柳化在重整复牌后的股价也会因受股票市场的总体走势影响而一路补跌。

此外,柳化股份的俯身直落,也从另一方面反映出投资者对公司重整计划的满意程度以及对企业重整预期的心理态度。从＊ST柳化的《出资人权益调整方案》来看,"以柳化股份现有总股本399 347 513股为基数,按每10股转增10股的比例实施资本公积金转增股本,共计转增399 347 513股股票",同时"资本公积金转增的股票不向原股东分配",这意味着,企业所有股东的股权都会遭遇大幅度的稀释,大家要一起承担重整所带来的昂贵代价。此外,资本公积金转增的股票中187 609 739股将由重整投资人柳州元通投资发展有限公司按照每股3.22元的价格予以受让,相较于每股4.45元的除权参考价格来说,股价出现大幅折损,这也导致股票市场对其看跌。

因此,从以上情况我们可以看出,有些上市公司重整后固然能带来股票价格大涨的好处,但重整中所不可避免的证券交易所警告以及停牌,也会影响上市公司的资金流通以及市场上对其的谨慎观望态度,这对股票的发展来说都不能算是一件好事。此外,有些企业试图通过重整来改变原有的市场投资者定位以获得股票市场中的利好,但"群众的眼睛也是雪亮的",复牌后股价的走势能反映出市场投资者对其重整的成功性以及未来企业发展预期的态度。因此,上市公司重整很多时候还是以保壳为最重要的目的,并不能彻底解决公司危困的顽疾。

这也是与长期核准制下，上市公司资源具有稀缺性，壳本身具有经济价值有关，但在注册制下，当上市公司稀缺性降低之后，上市公司保壳现象会相对减少。①

小结

前面我们提到的大多是关于企业重组的利好面，但世间万物很难做到十全十美，在企业陷入危机，为了避免破产倒闭而不得不选择重整时，既要充分发挥重整的优势，也要了解到其弊端，以最大限度地减少负面影响。尤其是对于体量巨大、对经济影响深远的上市公司来说，更是如此。在重整中，处处充满着风险与挑战，任何一个环节出现偏差，都可能导致整个重整过程的满盘皆输，继而转为破产清算，不但使重整的前期投入资金打了水漂，还要被法院宣告破产，股票也将面临被终止上市的风险。

即使上市公司完成重整，执行完毕重整计划，也并不意味着公司真正取得了成功，能够扭亏为盈。如果其重整方案或者产业转型达不到市场预期，也会遭到资本市场中"用脚投票"的股民们的反对。那些将公司大部分资产予以拍卖处置，而仅保留了壳资源的上市公司，企业未来的发展方向以及是否能盈利也仍然是未知数，尽管已经执行完毕重整计划，但债权人能否如期得到受偿也依旧是存疑的。

因此，在了解债务重组的方方面面之后，才能更加游刃有余地对其进行运用，因为知己知彼，才能百战不殆。

---

① 资料来源：张斌. 上市公司上演年底保壳大战［N］. 经济观察报，2019.12.16，第12版.

| 第四章 |

困境企业相关主体视角

破窗效应和胃溃疡告诉我们：将整洁奉为信仰是错误且危险的。

——蒂姆·哈福德

第四章
困境企业相关主体视角

2018年,中国的金融市场掀起了一次违约浪潮,其中包括传统的银行贷款、公司债、资管计划、信托产品、股票质押式回购等各类金融产品。我们以债券违约为例,根据万得统计,2018年和2019年,中国的信用债违约数量分别为125只和179只,违约金额分别达到1 209.61亿元和1 444.08亿元。而公司债券作为当前债务危机的缩影,相对于其他债务类型而言,既有明确的法律规范,又有专门的监管机构提供指引,却仍存在违约风险,那民间借贷市场乱象丛生的情况也就不足为奇了。

债务违约浪潮涉及企业众多,行业各异,以致有人指出"大违约"市场已经来临。困境企业遭遇危机时,每个利益主体看待这个问题的视角皆不一样,这种博弈会将问题复杂化,有时重组方案看起来永远都无法达成。但是,在债务重组中某一时点的无序,会让解决债务问题的主体充分表达诉求,展开竞争,发挥主动性。《混乱》一书的作者蒂姆·哈福德认为,过度整洁与一致意味着僵化和脆弱,而面对看似无序的重组进程,解决极其复杂的问题时,聪明绝顶的人也可能束手无策,但新鲜血液的注入可能帮助我们打破僵局。因此,我们要重视债务危机大潮下,每个困境企业的各类主体的视野、意见和作用,提升困境企业在危机中处理问题的创造力、应变力与适应力。

我们将视线投向市场主体,在一个企业因市场"违约"陷入债务危机和经营困境时,不同利益相关主体的诉求明显不一致:困境企业关心如何应对债务危机,其中关键在于如何恢复企业的流动性,另外也需重新审视企业的未来发展方向;企业的债权人自然十分关注自己的债权利益能否得到保障,包括偿还时间、偿还方式及债权收益等问题；困境企业的出资人、董监高等高管，有时与困境企业的诉求并不一致，可能更加关注的是自身权益如何维护，如何避免风险延伸扩展危及自身；从潜在投资人角度而言，因缺乏偿还能力，困境企业往往需要借助资产重组，引入战略投资人等方式注入流动资金，而专业的市场投资者也应审时度势地盯紧其中的特殊机会，希望风险与成本最小而回报最大地收购困境企业。因此，债务重组过程中的各项方案和交易安排，通常涉及现有出资人、债权人、董事、高管、职工与新投资人，甚至政府部门等多方相关主体，如何平衡困境企业的各方主体的利益诉求是本章需要探讨的问题。

在困境企业债务重组这个舞台上，各方主体粉墨登场，它们所争夺或是所保卫的东西主要分为两类：一是公司财产利益，二是公司控制权。简单来说，前者关注于眼下的收益，例如困境企业与债权人就现有破产财产实现债权利益最大化与解决债务偿付问题的博弈，关注到期债权偿付的可能性、时间与比例问题；后者则追求长期股权投资等经济价值，例如战略投资者注资困境企业，希望通过股权控制公司并长期享有未来公司持续创造价值的溢价。

也就是说，在债务重组过程中，各方的诉求是复杂的，这也导致在相应的法律应对策略上是具有复杂性、综合性的，通常表现为法律程序与非法律手段的综合运用，破产程序与诉讼程序相结合，债权偿付手段与投资路径相结合，场外与资本市场相结合，债权清收与困境投资相结合，各类投融资工具相结合等。面对债务危机中的各方针对困境企业财产利益与控制权的迫切需求，如何以法定程序等路径，实现相关主体利益平衡，最终实现自身商业目标甚至是"多赢"的结果，是下文主要阐释的核心所在。

第一节　公司利益的各方博弈

对于困境企业眼下有限的财产利益的争夺，可能是债权人、债务人、股东等各方势力尽显其能的主战场。这些主体之间，其中两组关系的对抗尤为明显：一是在债权人与债务人之间，他们在谈判桌上剑拔弩张，对偿债金额、期限及方式针锋相对；二是在出资人和债权人之间，二者都希望从债务企业身上收回资金及利益，在财产利益的问题上寸土不让。本节内容将分而述之。

一、债权人与债务人的正面交锋

在债权人与债务人这组关系中，双方博弈的核心是债务清偿问题。在很多的债务重组案例中，债权人在一次次的催债过程中，预期也在逐步下调，从要求债务人"即刻还钱"到"延期但足额偿付"，再转为向债务人要"偿付承诺"。在债务重组过程中，债权人希望债务人能够尽快按照约定偿还本金并支付利息，而债务人为改善资产负债状况，保留必要运营资金，则会想尽办法压低偿债条件。双方在谈判桌上正面交锋，所围绕的问题也就是尽快达成可行的偿债方案。

（一）债权人与债务人的争议焦点

如前所述，债权人与债务人的争议焦点就是如何清偿债务的问题，最本质的是清偿时间、金额及方式问题。

1. 清偿时间

一般而言，债权人预见债务企业发生违约风险时，自是希望债务人按照约定时间，到期偿还本金并支付利息。

- 对于现有债务已经逾期，发生债务违约的企业，因债务到期而未受偿的债权人，自然希望债务人能够尽快筹措资金，全部清偿债务。尽管债务拖欠时间越长，债权人有时可取得的违约金、逾期利息也会相应增加，但这也意味着债权人无法得到清偿的风险日益提高。因此，债权人一般不会放任这种情况发生，可直接采取企业协商、诉讼或向担保人追偿等方式主张债权。这一点在债务存在保证人的情况下有些特殊，主债务人可能通过庭内重组程序而停止计息，但保证人的利息按照现有裁判与学术观点，仍需继续支付利息，这一点对保证人可能并不公平。

- 债务未到期的债权人，他们担心企业最终无力偿债，也会提前要求债务人清偿债务，但这种要求的前提条件是提前约定了"交叉违约""加速到期"等条款。债务人企业自发生违约之后，其现金资产通常不足以偿付所有的债权人，并且伴随商业银行停止向企业放贷，债务人的流动性出现严重不足，缺乏流动资金填补债务"窟窿"，在清偿时间上决不让步的债权人可能就需要在偿债金额、方式等方面做出让步与妥协。例如，公司债券中普遍存在严苛的"提前到期""交叉违约"等约定，故很容易因某一笔到期债券违约而导致尚未到期债券的集体违约，雪崩式的造成偿付困境，因此，清偿时间在部分债权中会出现提前到期的情况，导致庭外重组压力和难度更大。

2. 清偿金额

债权人期待债务人能够按照约定金额还本付息。虽然在双方自由协商的条件下，债务人为获取债权人提供其他方面的支持，可以选择向其全额清偿，甚至也有债务人为了方便逃废债，向关联公司进行偏袒性清偿，但在大多数情形下，由于大量债务有待清偿，债务人通常只能清偿部分比例的债务，剩余部分或是直接减免，或是转为股权，或是以其他资产进行清偿。

虽然债务重组的偿付方式多样，但除非现金偿付比例较低，否则，债权人仍是倾向于选择现金方式一次性了结债务。如债权人同意以其他类型资产抵债，虽其账面价值可能等于甚至低于负债金额，但是资产变现存在不确定性，在清偿金额上可能比预计存在一定亏损。债权人通过"债转股"取得对应股权，但由于股权的退出方式及实际价值不确定，原本债权人可能获得一定比例的清偿，但是作为股东后该部分股权实际价值可能变得更低，该项清偿方案在金额上还是缺乏保障。

3. 清偿方式

通常情况下，债权人与债务人默认的债务偿付方式，是以现金方式进行清偿，这与现金的可流通、易结算等属性是相关的。在企业正常运营时，债务人按照约定以现金清偿债务，但是，当企业陷入财务困境，银行账户中的现金不足以偿付所有债权人，此时可能需要以其他方式偿还债务，例如存货、应收账款、固定资产、无形资产等其他类型的资产，甚至以股权作为对价偿还债务。而对于债务人提供的关于清偿方式的选项，有些可能并非债权人所需要，或是违背了债权人的风控规则。最为关键的是，相较于现金清偿而言，其他类型的资产无论在流转上还是定价上都存在不确定性，从根本上不符合大多数债权人的利益。

当然，企业的优质资产还是能够吸引债权人的，但是这些资产不仅会关涉股东、新投资者的利益，还可能对于债务人的再融资安排具有重要作用，因此，实践中这部分优质资产很难用作清偿对价。

整体而言，观察实践中达成的偿债方案可以发现，除小额债权人、工程款等有可能及时全额受偿外，重组过程中，无担保债权人若想保障资金安全与及时受偿，通常都需要在前述清偿时间、金额及方式上做出相应让步。

（二）债权人与债务人的博弈策略

1. 传统诉讼策略

如日本电视剧《半泽直树》中的一句台词所言："银行总是晴天借伞，雨天收伞。"企业因债务违约而导致自身陷入困境，实际上也向市场传达了一个信号，即企业存在无法按期偿还债务的风险。在此情形下，潜在的债权人无法向其提供投资，既有的债权人也对其失去信心，为了维护自身利益，自然会要求其尽快偿还欠款。但是，就在缺乏流动性资金的情况下，债权人要在各方利益博弈下取回本息是极为困难的，能够提供的法律途径自然是提起诉讼，请求支付利息、偿还本金。

对于机构投资者而言，人工催收、诉讼催收是必不可少的，尤其是该笔投资如果是由集合资管计划、理财产品等形式向个人投资者募集的，则金融中介机构需要对每一位投资人尽职履责。按照程序在诉讼时效期间向法院提起诉讼是尽职的具体表现，即便未来公司破产导致无法兑付个人投资者，亦可以此免责。

以传统的诉讼策略来说，除向人民法院请求债务人还本付息，并按合同约定或法律规定支付相应违约金外，债权人及其聘请的律师团队需对债务人的资产状况、股权结构进行调查，通过申请财产保全，或者以代位权、撤销权提起诉讼，又或者可以股东出资加速到期、出资瑕疵等为由，请求股东承担连带责任，提前锁定财产利益，方便债权人在缺乏抵押财产的情形下仍然能够与债务人进行周旋。

在诉讼阶段，最为关键的就是财产保全的问题，一定程度上可以说债权人运用诉讼手段就是为了申请债务人财产保全，以便在多家债权人发起诉讼的过程中，先予诉讼并保全的债权人在执行程序中占据优势地位。这一点在债务重组中同样适用，率先申请财产保全对于债权人在下一轮的商业谈判中发挥重要作用，尤其是如果申请查封的资产对于债务人的再融资具有重要作用，而经法院查封后，银行账户的运营资金也无法顺利进行，相关实物资产也无法再设置担保，面对后续融资压力，债务人自然会有所动作。

此外，在司法程序中，依据中国关于执行程序的司法解释规定，财产被轮候查封，查封在先受偿优先，这也鼓励普通债权人在债务违约的情况下，纷纷对债务人的财产申请保全。但是，诉讼过程往往需要债权人付出大量时间成本，即便二审、终审判决债务人还本付息，债务人不积极履行法院判决的情况也屡见不鲜，而这主要是因为企业没有流动资金偿债。

除拍卖抵押物外，法院执行局通常会将"具有履行能力而不履行生效法律文书的人"纳入"失信被执行人名单"，也就是俗称的"老赖"。尤其是2019年中国市场"老赖"丛生，仅A股上市公司就有近30名相关人士被列为"老赖"。究其原因，无疑是与近年来各种爆雷、违约事件相关——面对经济下行压力，企业收入和利润下降，资金流动性收紧，最终导致资金链断裂，企业陷入困境，实控人往往对债务承担了个人保证责任，故雪崩之时，无法幸免。

但这似乎是一个悖论，债权人尤其是金融机构反应迅速，出于尽职的要求向法院提起诉讼，将债务人最终推进了"失信被执行人名单"，冻结了债务人的资产，却又寄希望于债务人能够在失去市场信心的情况下恢复造血能力，并最终还本付息。这就像是赌桌上，我们按住赌徒的手，收走了他最后的筹码，却依旧希望他能够为我们赢钱。毫无疑问，赌徒不会变成赢家，只会沦为无赖。

2. 债务重组方式

如前所述，传统的诉讼催收策略往往收效甚微，无担保债权人通常难以通过诉讼手段收回投资款项，因此，出于自身利益考虑，债权人同样会积极参与债务人的重组过程，并就重组方案中关于债务清偿的部分同债务人展开博弈。

《企业会计准则》中的"债务重组"[①]一章，对债务重组的方式进行了概括：债务人发生财务困难的情况下，债权人与债务人基于协议或法院裁定可进行债务重组，而重组的方式主要包括以资产清偿债务、将债务转为资本、修改其他债务条件及上述3种工具的结合。以资产清偿债务又可以分为以现金资产偿债与以非现金资产偿债；将债务转为资本则是将债权人对债务人享有的债权转化为对债务人或关联公司的股权；修改其他债务条件则是除前两项外，采用调整债务本金、改变债务利息、变更还款期限等方式形成重组债权和重组债务。

通常来说，围绕清偿债务的问题，债权人与债务人主要就是针对前述债务重组方式的使用进行博弈，以下将对各类重组方式做简要介

---

① 《企业会计准则》债务重组一章中第二条规定：债务重组，是指在债务人发生财务困难的情况下，债权人按照其与债务人达成的协议或者法院的裁定做出让步的事项。第三条规定：债务重组的方式主要包括：（一）以资产清偿债务；（二）将债务转为资本；（三）修改其他债务条件，如减少债务本金、减少债务利息等，不包括上述（一）和（二）两种方式；（四）以上3种方式的组合等。

绍，并分析各类方式对于债权人与债务人的影响。

（1）资产清偿债务。

①以现金资产或资产处置所得进行债务清偿，双方于债权清偿完毕后，债权债务关系即告消灭。

对于有些债权人而言，或许是因为对债务人完全失去信心，也可能是基于监管的要求需要回笼资金，又或者是债权人当年急需补充现金流，他们会更倾向于接受现金清偿债务的方式。但是，实践中以现金资产清偿，偿付资金通常会低于债务的账面金额，这意味着债权人需要承担相应的损失。因此，在债务人的重组方案中关于现金清偿的安排都是按一定比例进行清偿，具体折扣比例依据企业的现实情况而定。同样作为现金清偿，因债务重组模式的不同，债务庭外重组或是进入破产重整后，普通债权人的清偿率普遍高于破产清算。相较于进入破产清算，债权人能够在债务重组过程中取得数额可观的一笔现金清偿，也并非完全不能接受，毕竟"交易有风险"。

国内的破产重整案件中，最终的债权清偿率一般为20%～30%，而在破产清算案件中，清偿率通常不会超过10%。甚至在很多破产重整程序中，管理人在依法做模拟破产清算假设条件下的偿债能力分析测算时，普通债权人的清偿率为0。以曾经的"鞋王"富贵鸟为例，在破产重整阶段，第一次提出的重整方案，普通债权人的清偿率约为2.7%，而第二次提出的重整方案，普通债权人获得的清偿比例也不足一成，即便是如此不得人心的重整方案也比进入破产清算的清偿情况2.5%的清偿率要略高一些。

对于债务人而言，因发生债务违约而陷入经营困境，在流动性严重不足的情况下，债务人企业账面的现金资产是非常有限的。而这部分现金资产债务人不仅需要用于清偿债务，还需要用以企业的后续发展。因此，债务人通常不愿意以现金资产偿债。除账面有限的现金外，债务人还可以处置长期资产转化成现金，其最直接的优势在于快速筹集现金流量——债务人出售每一项资产都能产生现金流入，短期内即可获得数额较为庞大的现金流。不论何种方式，债务企业最宝贵的就是现金流，故一定希望尽可能延长偿付期限，压低清偿比例，以保全自身利益，为企业摆脱经营困境打好基础。

②以其他非现金资产偿还债务，即以物抵债，债权人在取得相应资产后，债权债务即告消灭。

通常来说，此类资产的账面价值可能会高于负债的账面价值，因此对于债权人而言，这一偿债方式确有可能取得一定的收益。但是，由于取得的资产不一定与债权人适配，债权人无法充分利用该资产，同时，债权人所取得的资产并无明确市场定价，转让变现后所能取得的对价仍存在不确定性。

对于债务人而言，以非现金资产偿还债务利弊几何，无法一概而论，我们需要基于用以偿债的资产类型加以判别。若债务人用以偿还债务的资产关系到企业重组过程中的融资安排或系未来经营所必需，此类优质资产的转移无疑会损害债务人的利益，致使企业一蹶不振，也使得债务重组工作难以开展。但如果以其他普通资产偿还债务，不会影响到企业后续经营安排，对于债务人而言，也不失为一个不错的选择。

③不论资产处置或是以物抵债，处置资产一般为剥离资产，即与困境企业未来经营和发展方向无关的资产。

债务重组中，如果仅仅是考虑债务偿付，则债务重组的优势并不能真正发挥，还需一并将债务偿付中的资金筹集、资产结构重塑与核心业务聚焦联系起来。例如很多困境企业本身主营业务发展良好，出现困境是因为多元化的投资大量挤占了原本良好的现金流。此时，债务企业应当断则断，结合企业未来发展方向、投资者意愿以及市场变现能力等因素综合考虑与处置。

例如，一个传统制造业企业，也可能同时投资了大量的互联网科技企业。困境企业这种投资不同门类的资产结构，很难吸引到投资者。此时，债务企业如能将传统业务板块与科技板块主动剥离，反倒能让对两类公司感兴趣的市场主体更为快捷地提供资金，作为投资者参与到单一板块的处置工作中来。资产处置变现的资金又可以快速运用到作为未来核心业务板块的重组程序中来。上述思路在本书提及的一家大型综合性集团的造纸板块与风能板块的庭内重组中发挥了重要的作用。

（2）债务转为资本。

市场近年来常见的偿债方式是债转股，即债权人与债务人经协商同意，将债务人的债务转为对债务人或其关联公司的出资。这一重组方式直接减少了债务人的负债，减轻了现金流压力，增加了所有者权益，极大地改善了债务人的财务状况。在市场化债转股过程中，需要重点关注以下一些事项。

其一，市场化债转股需要确定参与的实施机构，如依据法律规定，商业银行不得将债权直接转化为股权，因此有必要借助于相应的金融资产管理公司，或者信托公司、产业投资基金等特殊路径与交易设计，而选择实施机构又需要依据不同的机构类型及内控体系设计具体的交易方案。随着银保监会发布《金融资产投资公司管理办法（试行）》，明确了商业银行可以设立债转股实施机构——金融资产投资公司（FAIC），作为债转股平台的发展，以及规则逐步细化，这种实施机构参与债转股可能成为主流方式之一。

其二，转股过程中的定价问题，无论是收购债权的定价还是转股公司股权的定价都关乎各方的财产利益，债权人自然希望减少损失，提高收购债权的定价，但是债务人和现有出资人却未必这样想。上市公司的股权估价较非上市公司可能容易一些，毕竟公开交易的股票市场可以作为一个参考坐标，但这种坐标有时避免不了失真问题，这种失真体现在既有估价与未来价值的时间断层上。例如在上市公司重整案例中，很多企业选择资本公积金转增，用增量股票或增量股票的出售款作为对价向债权人清偿，此时，上市公司股本的增多将导致公司每股净资产的下降，也意味着重整停牌前的股价是高估的。但如果参考债务重组豁免的重组收益、控制权溢价以及公司重新获得更生后的资产、负债、人员乃至企业运营结构和方向的股价增值部分，停牌前的股价又可能是低估的。这一点也时常困扰着投资者，需要各方在博弈过程中达成一致意见。

其三，也是最为关键的问题，即债权人取得股权后的退出机制。对于债权人而言，缺乏流动性的普通股权并不足以吸引大量的资金流入。债转股现在比较流行的是上市公司的破产重整程序，债权人取得上市公司或子公司层面的债转股，最后通过上市公司的 A 股交易市场或由该上市公司发行股份购买资产的方式，使得债权人通过债转股获取股权，从而在二级市场上实现退出。除此之外，债务人也可以通过约定一定的时间定向减资或者承诺定期回购的形式保障股权退出，但是在实践中，受市场波动、监管政策的影响，退出渠道在时间和方式上均具有不确定性，债权人选择转股时要充分评估风险。

关于债权人债转股的选择风险，需要综合考虑上述 3 个问题，以决定是否接受将债务转为股本。放弃债权而转为持有困境企业的股份或股权，债权人名义上的清偿率与选择现金一致。实际上，债权出资的本质就是对被转股企业进行增资。此时债权人最大的风险就是困境企业的净资产通常不尽如人意，经营管理也存在问题，并且如果企业无法尽快改善经营，导致最终进入破产程序，债权人作为企业的股东，就要劣后于其他债权得到清偿。即使在经营情况良好的企业，除上市公司中小股东权利保护机制与退出机制较为完善外，非上市公司的中小股东在公司正常运转后的控制力较弱，导致出现公司僵局的可能性也较大，这种劣后清偿与话语权弱势，是其中最常见的风险类型，需要债权人有足够的投资经验，为企业的后续发展提早做预判。

从目前债务重组的实践来看，对于债务人而言，以股抵债的方式还是比较容易接受的，将债务转为资本能够有效化解存量债务，并对于债务人的资产状况影响最小。当债权转为对债务人企业的股权时，如前所述，转股方案可以减少债务人的负债，增加所有者权益，改善其财务表现。而当债权转为对债务人关联公司的股权时，实际上就发生了债权主体变更，原债权成为被转股企业的资产。债转股如果后续操作失败，例如由于规定"债转股"交易安排的重整计划未能执行完毕等原因，债权人仍可以向债务人主张清偿。因此，理论上，仅就以股抵债对于债务人的影响来说，该种偿债方式可以在减轻债务人负担的同时不妨碍企业的正常经营活动，有助于困境企业快速恢复盈利能力。

需要注意的是，此时债务人与老出资人的概念是严格区分的，二者的利益诉求并不完全一致。并非全部股东都会同意该债转股安排，例如在上市公司债转股方案交由股东大会表决时，即使公司面临退市风险，依然会有部分股民（出资人）因评估作价等问题投反对票。

（3）修改其他债务条件。

在债务重组中，双方修改债务偿付条件主要表现为调整债务本金、偿还债务期限、利息及担保等事项的变更。这些作为基础的债务重组方式，可以独自使用，也可以与以物抵债、债转股等较为复杂的模式配套使用。

调整债务本息自不必言，改变偿还债务的期限，即所谓的"留债展期"。面对众多债权人催债的压力，债务人经常会说"请给我们一些时间"，这不完全是一句搪塞，对于拥有重资产的部分企业，并非绝对丧失清偿能力，而是资产无法在短时间内创造现金流，又因债务违约，企业陷入困境，资金链断裂，无力周转。这类债务企业需要说服债权人相信自己仍然是一个优质企业，未来能够创造收益偿还欠款，需要"以时间换空间"。而债权人能否接受这一说法最终决定展期实际上受诸多因素影响，包括债权人公司财务会计、内部控制、法律风险等因素。

通常，当债权人接受留债方案，出于资金安全的考虑，一般都会要求债务人或其股东提供增信措施。比较优质的增信措施有土地使用权、房屋所有权及持有的上市公司股票等，此类增信条件涉及的资产方便流通、容易变现，即便未来债务人再次违约，债权人也能够借助上述资产通过二级市场有效退出，以保全自身利益，或者至少可以在下一次的重组谈判过程中掌握一定的筹码。此外，债权人也可能接受较次一级的增信措施，如所持有的非上市公司股权质押，其原因往往在于该公司所控制的优质资产，尤其是各类因市场准入限制而形成的行政资源，如金融特许的营业执照、特殊的经营许可等。更多时候，债务人在出现债务违约前，已经将主要资产进行抵押融资。在未有实物资产可供增信的情况下，债权人会要求困境企业的实际控制人必须提供无限连带保证。此时，实控人能否按照各方要求将个人或家庭其他成员捆绑于公司债务之上，就成为投资者评价现有实际控制人对企业未来是否存有信心的重要参照。

（三）庭外重组中债权人与债务人的博弈空间

以是否进入司法程序为标准，企业债务重组可分为庭外重组与庭内重组。庭外重组，又称法庭外的重组、非正式重组，是指债务人企业在发生债务危机，陷入经营困境后，通过在法庭外同债权人、股东等多方利益攸关者进行协商与谈判，依靠各方意思自治化解债务危机，摆脱经营困境，达到企业重组成功目的的活动。不同的重组模式存在相应的优势及补足，为债权人与债务人提供不同的博弈空间，具体而言，庭外重组的优势及不足如下所示。

1. 庭外重组的优势

- 庭外重组阶段允许双方自主协商，尊重各方的商业判断与意思自治，较少司法干预。债权人与债务人可以在谈判过程中自主调整利益安排、改动合同条款，债务人可以根据谈判结果向债权人进行清偿。这有助于更好地发挥各方利益攸关者参与重组的积极性。而且庭外重组可以使各方的谈判过程免受司法程序的干预（司法官员通常专攻于法律规范的适用，缺乏对各方商业利益的认识，在介入重组时需要花费大量时间熟悉各方合同等交易细节，且无法确保能够设计出让各方都满意的方案），也避免了司法资源的浪费，减轻了司法系统的负担。
- 庭外重组操作方便，程序快捷，不存在过多的程序规则。债权人、债务人、现出资人乃至新的投资者都可以共同就重组方案展开协商。谈判方式多样，债权人与债务人或是债权人内部之间单独进行谈判，各方利益攸关者可以自主协调利益关系。在谈判过程中，各方的谈判空间会更灵活，可供选择的方案也会更为多元，可以为各类型的谈判创造和谐的氛围。

- 庭外重组对企业商誉影响较小。相较于庭内重组而言，由于庭外重组是各方私下谈判展开的，一般只会在有明确的谈判结果甚至形成偿债方案或合作协议时，相关信息才会公布，整个重组过程相对私密，对于债务人商誉的负面影响相对较小，可以保持债务人持续营业。尤其对于公众公司而言，庭外重组有助于保持企业的公共形象，维持企业的信用评级，减少因商誉受损而带来的负面评价，尤其避免因进入破产程序而使市场各类主体失去信心。

- 庭外重组对商业秘密影响较小。商业秘密是企业的重要无形资产，不为公众所知悉，而庭外重组的模式对于商业秘密中的经营信息可以实现更好的保护。例如管理方式、财务数据、产销途径、客户名单及货源信息等，此类信息对于债务人的未来发展起着重要作用，而进入破产程序，企业的经营管理需要向管理人移交。管理人在招募投资者过程中，势必会将相关数据全部或部分向潜在投资者披露，其中涉及的商业秘密在一定程度上确有泄露风险。反倒是庭外重组可以尽可能地降低此类风险或损失。

- 庭外重组可以与庭内重组相结合，待庭外谈判失败再转入破产程序。从各方利害关系人的角度出发，他们在正式破产程序与非正式的庭外重组之间做选择，一旦选择进入破产程序，在通过制度化手段受益的同时，还需面临进入破产清算的风险。相比之下，非正式的庭外重组如果无法通过谈判解决问题，还可以依法转入破产程序，在此之前所做的谈判成果也可以通过合法程序固定。目前，在司法实践中较为流行的处理方式为预重整模式，该模式脱胎于英美法系的破产预防制度，但在中国并未规定在《企业破产法》等法律框架下。不过，目前中国的司法实践中已经进行了大量创新和适用。

2. 庭外重组的不足

- 庭外重组无法解决困境企业财产被查封、冻结、强制执行的不利现状。庭外重组最大的弱势在于不具备法律上的强制力，相关协议与措施需要各方主体一致同意。否则，单一债权人依然可以利用法律赋予的一切手段进行追偿，其中对债务人影响最大的是诉讼程序及保全措施。债务人希望通过庭外重组恢复正常的生产经营，挽救自身于危亡，但是由于发生债务违约情形，债权人通过诉讼手段申请查封债务人银行账户、土地厂房、机器设备等优质资产，在相关诉讼取得法院生效判决之后，债权人第一时间会向有关法院申请强制执行。债务人本就缺乏流动性，其各项资产被查封、冻结后，直接导致债务人失去了造血能力，既不能通过在财产上设置担保的方式对外进行融资，也无法通过重新购买材料、设备的方式恢复供血能力。此时，如果相关优质资产再从冻结状态转为强制处置状态，基本意味着困境企业再无回旋余地。不过，目前很多债务人在遭受到债权人强制执行后，也会主动申请进入破产程序，希望通过破产重整等程序进行殊死一搏。另外，如果该债务人的相关资产已经全部或部分属于担保财产或无法满足保全第一顺位的债权人的清偿额度，则其他债权人也会申请该企业进入破产程序，令先行起诉的企业无法获得优先清偿顺位，实现"大锅饭"的目的。但是，这一应对方式不能替代诉讼程序，债权人在遭遇困境企业偿付危机之后，还是应当主动制订债务清偿方案，做一揽子安排，而诉讼也是主要方案内容之一。如果债权人众多，那某一债权人就不能寄希望于"搭便车"，认为困境企业未来一定会走入破产程序进行"大锅饭式清偿"，这是存在不确定性的。

- 合同履行压力无法通过庭外重组完成。在庭外重组阶段，债务人还面临诸多未履行的合同，其中包括发生债务违约前签署的合同，以及债务违约后迫于偿债压力签署的一些对债务人不利的合同，而债务人对于此类合同没有拒绝履行的法律依据，并且难以通过谈判和合同与对方就合同履行问题达成一致意见，容易导致最终承担严重的违约责任，加剧债务危机。

- 持续计息造成的持续失血压力。伴随着合同履行压力而来的是庭外重组期间，各项债务的利息、违约金、逾期利息是不会停止计算的，持续计息的压力只会加重债务人的偿债负担，增加其财务费用。从债权人角度来说，这一点看似可以提升债权金额，但是在企业出现债务偿付困难后，债权人实际上在重组过程中很难就这部分利息得到清偿，一般在延迟支付期间的利率也会减免或下调。

- 信息不对称。庭外重组中缺乏相应的法定程序规则，各方重新创设规则中会出现调和难题。此时，庭外重组面临的最为核心的矛盾是各方的信息不对称，不同债权人之间所掌握的信息不同，与债务人之间谈判的策略及目标也会有所差异，债务人正好利用这一债权人之间信息资源的不对称做出不同的应对，在一定程度上可能会侵损债权人的利益。股东与债务人、债权人与债务人之间也都存在这一问题，这为各方有效保护自身利益增加了难度。

- 庭外重组阶段容易出现道德风险，例如实控人的资产转移或个别清偿程序等。庭外重组实质上仍为个别清偿程序，在进入破产程序前，债务人及其股东可以通过庭外个别清偿的方式以不合理的低价向关联公司转让重要财产，或是对部分债权人进行偏袒清偿，这无疑损害了大多数债权人的利益。在庭外重组过程中，其他债权人甚至对此类情形都不知情，即便了解到债务人存在上述行为，也缺乏相应的救济手段，如此一来只会加剧企业资产流失，增加各方谈判的难度。

- 谈判"钳制"成本过高。由于非正式的庭外重组缺乏强制性措施,当困境企业与众多债权人进行谈判时,经常会面临个别债权人对于重组方案存在异议,而导致重组方案无法通过,"钳制"重组进程。只要存在异议者,债务人只得通过修改方案内容、给予更高的条件来换取债权人的同意。但是,这在很大程度上会损害债务人的利益,使已有的谈判成果最终落空,无助于化解债务危机。

综上,在庭外重组阶段,债权人需要充分了解庭外重组的优势及可能存在的风险,综合考虑企业债务情况及自身条件,在依靠意思自治的博弈过程中取得有利的谈判空间,为实现自身利益创造可能。同样,债务人也需要充分利用庭外重组模式为其创造的博弈空间,尽快提出可靠的债务重组方案,调整债务清偿条件,并且能够适时地转入破产程序,借助于《企业破产法》的程序保障,落实各方谈判、协商的成果,最大限度地保护债权人和债务人的合法权益。

(四) 庭内重组中债权人与债务人的博弈工具

庭内重组主要是依据法律规定的特有程序、清偿位阶清理债务,在统一的平台和规则下保护债权人和债务人的各项权益,这在客观上为债务人、债权人提供了一条制度化的重组途径。基于路径依赖,各方容易产生信赖感并接受重组方案。中国的《企业破产法》中对于债务人、债权人利益都进行了相应调整,并以相应的制度为债权人与债务人的博弈创设了平台化与制度化的空间。以下则依据《企业破产法》的规定,探讨庭内重组的主要形式——破产程序中的各项规定对于债权人与债务人利益做出了何种调整。

1. 破产申请权

在破产申请的提出阶段,《企业破产法》第7条、第70条规定,债务人若不能清偿到期债务,债权人可以向人民法院提出对债务人进行破产重整或者清算的申请。债权人提出破产申请可以中断诉讼时效,其他债权人在破产申请受理后向管理人申报债权也具有中断诉讼时效的法律效力。

法律并未对提出破产申请的债权人做任何的限制性规定，换言之，无论债权金额大小以及债权人是否就特定财产享有担保权，债权人均享有破产申请权。但是，债权人主动申请债务人破产显然在实践中阻碍重重。债权人提出破产申请往往需要耗费大量成本，同时，在破产申请受理后所有债权人都能够申报债权，这样就会存在搭便车现象。更为关键的是，若最终债务企业进入破产清算程序，无财产抵押的普通债权人只能得到一定比例的清偿，而这一清偿比例并不高，因而，在没有充足理由的前提下，债权人缺乏动力去法院提起破产申请。

依据《企业破产法》第7条等的规定，债务人也可主动向人民法院提出重整、和解或者破产清算申请；人民法院受理破产申请后、宣告债务人破产前，债务人可以向人民法院申请重整。债务人自愿申请破产，一方面是基于对自身财务状况的了解，对于发生债务违约之后公司的资产负债状况恶化，债务人可以及时提起申请；另一方面，申请破产可以为债务人及其股东带来破产后免责等诸多利益，有助于推动企业的重组进程，尽快达成重组方案，化解债务危机，摆脱经营困境。法律赋予债务人提起破产申请的权利，是基于对债权人与债务人利益的公平保障。

2. 对抗个别清偿

《企业破产法》第16条规定，人民法院受理破产申请后，债务人对个别债权人的债务清偿无效。该项规定是为了保证对全体债权人的公平清偿，避免因信息不对称而导致债权利益受损，从根本上以集体清偿代替个别清偿，有助于债权人的利益保护。

困境企业在应对债务偿付危机时，有时候会处于不利地位，可能会对部分债权人做出妥协和让步，这种思虑不周的仓促行动会导致优质资产被提前处置利用，使后续重组空间变小。因此，上述规定会为困境企业纠正前述行为，为继续制订重组方案创造可能，有助于避免因个别清偿而深陷债务泥潭。同时，该项规定也能有效防止债务人及其股东假借债务重组之名，私自向个别关联企业进行个别清偿，导致企业资产流失，损害债权人利益。需要注意的是，债务人以其自有财产向债权人提供担保的，在担保价值内向债权人进行的个别清偿不受上述规定限制。

但是，这种个别清偿其实在实践当中很难认定。有很多破产管理人一刀切的做法也产生了很多不好的效果。例如，有些债权人经过与债务人的谈判、协商，在破产前追回了部分资产，又或者银行等金融部门根据风险模型预判风险而追偿，但上述努力可能反向给债务人反悔的机会。这一点也是破产实践中的难点问题。

3. 向管理人清偿债务或交付财产

《企业破产法》第 17 条规定，人民法院受理破产申请后，债务人的债务人或者财产持有人应当向管理人清偿债务或者交付财产。该项规定对于债权人、债务人及原股东而言都是有好处的，其目的在于由依法设立的律师事务所、会计师事务所、破产清算事务所等社会中介机构，负责全面接管债务人企业并负责相应财产的保管、处置，既能够防止债务人及其股东出于自身利益考量，进行不公平的债务清偿，损害其他债权人的利益，也可以化解债权人之间的利益冲突，以专业团队负责各项破产事务有助于提高效率、公平清偿。同时，管理人等专业机构的介入，还可以防止债务人的债务人或者财产持有人向债务人的工作人员清偿债务或者交付财产时，遭其隐匿、转移、私分、毁弃，致使债权人、债务人利益受损。

4. 继续履行合同挑拣权利

《企业破产法》第 18 条规定，人民法院受理破产申请后，管理人对破产申请受理前签订而债务人和对方当事人均未履行完毕的合同有权决定解除或者继续履行，并通知对方当事人。

如前所述，庭外重组阶段，债务人缺乏拒绝履行合同的依据，需要继续履行合同，而此时债务人通常已经不具备继续履行合同的能力。进入破产程序后，依据此项规定，管理人可以根据实际情况，解除或者继续履行合同，达到保护债务人和全体债权人的利益的目的。与此同时，该项权利之所以在实践中由管理人而非债务人负责挑选，实际上也是要求管理人平衡债权人与债务人的利益，在决定是否解除合同时，不仅要考虑该项决定是否有利于债务人，更是要求其秉持保障债权人公平受偿的原则。

此外，管理人决定继续履行合同的，合同相对方应当履行；但是，合同相对方有权要求管理人提供担保。管理人不提供担保的，视为解除合同。相反，管理人决定解除合同的，合同相对方可以其债权及相应损害向管理人申报债权。

5. 解除保全、中止执行

法律规定，人民法院受理破产申请后，有关债务人财产的保全措施应当解除，执行程序应当中止。如前所述，在庭外重组阶段，债务人面临债权人向人民法院提起诉讼，其主要有价值的优质资产等，都可能面临被债权人申请查封、冻结甚至强制执行等情形。尤其是银行账户被查封保全后将直接导致企业生产运营的停滞。

在此情况下，债务人企业可能只得快速转让资产变现以偿还债务。如此一来，既可能损害其他债权人公平清偿的权利，又可能会导致企业因生产经营所必需的优质资产发生转让而无法继续正常经营，从而只有关停倒闭一条路。在破产程序中，即使最终尝试重整等破产预防机制失败，企业最终还是走向了破产清算，但因为在清算程序中对资产变价方案和时间有充分准备，故资产处置流程和方式也会更为合理。如果资产整体处置的变现价格更高，管理人可将土地、房产连同机器设备等生产产能打包拍卖，规避了诉讼程序可能发生的各项资产单独拍卖，资产变现价值不能最大化的弊端。

债务人进入破产程序后，该项规定有助于保证困境企业经营所需或重组所需的资产，不会因法院强制执行等原因而快速变现处置，为谈判重组创造了时间和空间，有助于盘活企业资产、引进新的投资者，可以保障债权人利益最大化。

6. 民事诉讼或者仲裁中止

《企业破产法》第20条规定，人民法院受理破产申请后，已经开始而尚未终结的有关债务人的民事诉讼或者仲裁应当中止；在管理人接管债务人的财产后，该诉讼或者仲裁继续进行。因人民法院受理破产案件申请并指定管理人，由管理人接管债务人企业的财产，负责处理破产的相关事务，所以，有关债务人的民事诉讼或者仲裁也应当由管理人接手。同时，为避免管理人接管后应诉缺乏准备，应当留出相应的准备时间。该项规定主要是基于管理人作为第三方中介机构，可以在民事诉讼或者仲裁中积极应对，在诉讼策略方面注重平衡债权人与债务人的利益。

庭内重组要求现有诉讼中止，是因为相关债权应当在法律搭建的债权清偿平台进行。在此情况下，债权人并不能因为已经诉讼就免除申报权利或义务，而是应当更为积极地进行债权申报与确权。这样操作的好处是：一是只有进行债权申报的债权人才能获得参与破产程序的权利；二是对部分债权人而言，诉讼意义不大，这是因为管理人作为中立方审核债权，本质上与交由法院裁判并无二致，如果管理人能够直接认定该笔债权，则可以节省司法资源，债权人还能主动撤诉并退回移交的诉讼费用，否则即使法院判决由被告债务人承担，其偿付能力也显然不足，不过，目前诉讼改革力度正在加大，各地法院现在对原告预缴纳的诉讼费用理论上可以退还；三是即使法院裁定该笔债权成立，但因为债务人的破产程序，债权人也不能再要求债务即刻清偿，仍然要走破产分配程序。

7. 停止计息

银行借贷收息是再正常不过的商业伦理。企业发展顺风顺水就觉得是自身能力出色，一旦失败出现债务危机则将问题归结于银行贷款利息过高，这显然不合常理。但在一家困境企业出现偿付危机后，对它而言，高额财务利益很可能就是压垮骆驼的最后一根稻草。很多企业为了避免在造血能力严重不足的困境下，仍像出血点一样时时发生的财务费用，会主动申请进入破产程序，享受破产程序规定的停止付息的法定保护措施。

《企业破产法》第 46 条规定，人民法院受理破产后，附利息的债权停止计息。如前所述，企业发生债务违约之后，在庭外重组阶段，既要面对偿还债务的压力,又要面临债务利息、逾期利息、违约金等的持续计算,只要债务尚未得到清偿,债务规模就会与日俱增,最终导致企业债务状况持续恶化。而进入破产程序后,附利息的债权停止计息,可以固定债务金额,使总体债务规模不再膨胀,保护债务人的利益,促使股东、债务人方面可更有动力地推动企业进入破产程序。对于债权人来说,虽然限制了对于违约责任的合同安排,一定程度上折损了债权人的利益,但也为更高额度的偿债提供了可能。

8. 管理人选任机制

中国的《企业破产法》在立法时对选任管理人的机制存在争议,最终出台的《企业破产法》规定由人民法院指定管理人,但是在法律实践中,人民法院指定管理人的制度也在进行改革。在不影响案件公正处理的前提下,有些人民法院尝试赋予债权人在指定管理人方面享有一定的参与权,即允许债权人向人民法院推荐具备管理人资格的机构参与管理人的竞争,未来,体现法院与债权人共同意志的管理人指定制度应是发展的方向。

在庭外重组与庭内重组结合日益明显的今天,预重整制度逐步登上历史舞台,更需要相应的法律、财务等中介机构的支持。此时,如果债权人或债务人不能达成预重整方案,前期参与预重整方案的中介机构可以顺利转为破产管理人,若坚持管理人还应由法院指定,就会导致前期参与的中介机构缺乏足够的激励机制。因此,为了鼓励各方积极运用预重整制度解决债务问题,故法院在司法实践中,也开始逐步探寻合适的模式,给予前期参与债务重组进程、为各方所接受的中介介机构,继续担任该破产重整模式的管理人之可能。

此外,法律规定债权人会议认为管理人不能依法、公正执行职务或者有其他不能胜任职务情形的,可以申请法院予以更换。债权人会议对管理人报酬有异议的,也有权向人民法院提出。管理人应当接受债权人会议和债权人委员会的监督。管理人应当列席债权人会议,向债权人会议报告职务执行情况,并回答询问。上述规定确保了债权人会议对于管理人选任及工作的监督权,也意味着管理人在管理、处分债务人财产时应当保护所有债权人的共同利益。

9. 债权人会议与债委会制度

债权人会议除有权对管理人的日常工作与重大决策进行监督外，其本身就是为了保障债权公平清偿而设立的监督纠偏机制，作为具有自治团体性质的机构，债权人会议通过与法院、管理人、债务人、出资人及战略投资者等利益相关主体进行沟通，处理涉及全体债权人共同利益的问题，协调债权人的行动，并采取多数决的决议方式在其职权范围内表决有关破产事宜。《企业破产法》以列举的方式明确规定了债权人会议的职权，其中破产程序涉及的各类协议、方案都需要经过债权人会议的通过，如重整计划、和解协议、债务人财产的管理方案、破产财产的变价与分配方案等。

此外，对于一般事项召开债权人会议成本过高，为加强对破产程序进行必要的日常监督，保障破产程序的有效运行，《企业破产法》中允许债权人会议决定设立债权人委员会，该委员会应当遵循债权人的共同意志，代表债权人会议在职权范围内对管理人的活动及破产程序的合法公正性进行监督。

10. 破产附带协议机制

在破产案件中，各方应当注意的一个问题是破产附带协议。在这一机制下，如果各方拟通过债务重组解决债务问题，选取的基本庭内重组模式是破产重整、和解或清算程序，以及相关程序的结合变种。在这些程序中，经各方的利益博弈后的最终诉求，应集中规定在重组方案中，例如破产重整程序的"重整计划草案"或者破产和解程序中的"破产和解草案"等。此时，各方为实现该重组方案得到债权人会议的表决通过，可能会出现破产附带协议之情形，即破产程序利益相关主体基于破产程序而签订或默认的，但不反映于提交债权人会议表决方案中的利益安排。

这些附带协议本身有一些好处，有时可以通过某一利益主体对自身权利的让步，换取另一权利主体的承诺——在重组的某一关键时刻支持或保持沉默，甚至放弃破产法规定的程序性权利，这对整个重组程序具有积极意义。例如在房地产企业债务重组过程中，因为建设工程优先权涉及农民工的民生问题，故其优先顺位甚至排在担保债权之前。如果该房地产项目价值不足以同时满足建设工程优先权与担保抵押权，甚至都无法单独满足建设工程优先权的债权金额，此时，战略投资者为更快地推动涉案项目复工建设，在破产程序之外，可能承诺将后续工程或其他项目与建设单位等合作，以此弥补其在破产程序中遭受损失的债权部分，这部分利益本身不是债权人依法享有的，但为了让其投票支持方案，或让法院裁定批准该方案更具公平性，则战略投资者可能会做出某种牺牲或让步，且该等让步完全依赖于破产程序之外的交易安排，并不影响其他主体的切身利益。

但是，有时候这部分附带协议是一个双刃剑，也会造成破产资产的不合理使用，间接伤害全体债权人的公平受偿权，例如在继续履行合同中，战略投资者与管理人对某一债权人进行过度履行的问题，凭借帮助该债权人得以继续履行合同，获得全部合同金额，而争取债权人同意债务重组方案。这一安排，就会导致其他债权人要忍受一定比例的债权损失。除此之外，出资人权益调整中的让渡比例是否合适，有无向战略投资者变相补充的问题，这些都可能存在并造成局部风险。因此，参与庭内重组程序的相关利益主体，都应全面参与，运用更为严格的标准去审查、发现、甄别与评价破产程序中"破产附带协议"的问题。

综上所述，《企业破产法》为企业债务重组明确了从申请与受理破产，再到申报债权、主持召开债权人会议等一系列法律程序，并借助于前述程序性规定对债权人与债务人的权利进行限制和调整，从立法角度上尽可能地平衡双方的利益诉求，弥合双方在经济地位和认知水平上的差距，推动困境企业成功达成债务重组方案。债权人可以在《企业破产法》对其权利进行限制的同时，借助于制度化的途径与债务人展开博弈，如债权人会议制度等。而债务人也可以不必与每一位债权人达成债务清偿协议，只要在满足法定表决多数的条件下就能够通过重组方案，这样可以帮助债务人免于个别债权人"钳制"重组进程的烦恼，为最大化的利益主体博弈与平衡创设了更多的可能。

（五）金融债权人在债务重组中的特殊问题

1. 金融机构债权人委员会的重要作用

如前所述，债权人需要与债务人正面交锋，开展利益博弈，谋求有利的偿债条件。而在所有类型的债权人当中，金融机构债权人显得格外瞩目。中国的金融市场以间接金融为主，企业融资更多地需要借助于各类金融机构，如商业银行、信托公司、证券公司等金融机构。近年来，金融市场风险频发，企业债券、信托计划、资管计划等各类金融产品出现了很多本金无法按时足额偿付的违约事件。伴随着市场上的"爆雷"事件，各种企业寻求通过庭外重组、破产重整、清算、和解等方式解决流动性危机，化解企业经营困境。在这一过程中，金融机构债权人的地位显得愈发重要，保护金融机构债权人的利益，有助于推动企业完成债务重组。因此，为加强金融债权管理，维护经济金融秩序，"金融机构债权人委员会"制度应运而生。

2016年7月6日，中国银行业监督管理委员会办公厅发布了《关于做好银行业金融机构债权人委员会有关工作的通知》（1196号文），首次以官方文件的形式，对金融机构债权人委员会做了规定，明确金融机构债权人委员会是"由债务规模较大的困难企业3家以上债权银行业金融机构发起成立的协商性、自律性、临时性组织"，具体职责是"依法维护银行业金融机构的合法权益，推动债权银行业金融机构精准发力、分类施策，有效保护金融债权，支持实体经济发展"。[①]

这一通知中还提及"金融债务重组"，要求金融机构债委会可以

[①] 《关于做好银行业金融机构债权人委员会有关工作的通知》（1196号文）第一条：债委会是由债务规模较大的困难企业3家以上债权银行业金融机构发起成立的协商性、自律性、临时性组织。第二条：债委会的职责是依法维护银行业金融机构的合法权益，推动债权银行业金融机构精准发力、分类施策，有效保护金融债权，支持实体经济发展。债委会按照"一企一策"的方针集体研究增贷、稳贷、减贷、重组等措施，有序开展债务重组、资产保全等相关工作，确保银行业金融机构形成合力。

采取协议重组和协议并司法重组的方式，对"企业发展符合国家宏观经济政策、产业政策和金融支持政策；企业产品或服务有市场、发展有前景，具有一定的重组价值；企业和债权银行业金融机构有金融债务重组意愿"的企业实施金融债务重组，实施金融债务重组的，重组双方围绕重组方式、重组安排及方案内容，开展协商和谈判。

这一规定实际与国外庭外重组的先进经验的思路一致，也变相鼓励了金融机构通过协议重组（庭外重组）等的方式，对有价值的企业进行重组安排。如本书之前提及，设立金融机构债权人委员会制度，固然是为了保护金融机构的债权利益，而更为重要的，还是希望通过各金融机构债权人结成一致行动人，共同助力企业发展，积极争取企业发展的有利条件。例如，通知指出，"为保证企业的正常运营，企业提出的新资金需求有充分理由的，债委会可以通过组建银团贷款、建立联合授信机制或封闭式融资等方式予以支持"；各债权银行业金融机构"不得随意停贷、抽贷；可通过必要的、风险可控的收回再贷、展期续贷等方式，最大限度地帮助企业实现解困"。

2017年5月10日，银监会办公厅发布了《关于进一步做好银行业金融机构债权人委员会有关工作的通知》（802号文），通知中明确"各银行业金融机构应将金融债务规模较大、对区域性金融风险影响较大的困难企业，或者是国家确定的钢铁、煤炭等重点行业出现困难的大中型企业作为债委会工作重点"。对于金融机构债委会的日常工作，通知要求"主席行要切实负起主要责任，履行好债委会的发起、筹备、成立、日常运行及协调等责任"。此外，补充说明"债务重组期间，为救助企业的需要，经债委会决议，可以采取稳定信贷的措施"。

实践中，如在天津渤海钢铁破产重整案中，就已设有金融机构债权人委员会，但是设立及加入金融机构债权人委员会都不具有强制性，对于债权人而言，完全可以自主选择是否加入金融机构债委会。反观1196号文与802号文，两项通知中都对金融机构债委会设置了相应职权，金融机构债权人可以此作为依据权衡是否加入金融机构债委会。例如，1196号文中指出，金融机构债委会"应当制定议事规则，所有债权金融机构按照议事规则开展活动。重大事项、主要议题由主席单位及副主席单位召开会议共同协商，达成共识后，形成会议纪要。债委会重大事项的确定，原则上应当同时符合以下条件：一是经占金融债权总金额的2/3以上比例债委会成员同意；二是经全体债委会成员过半数同意"，"表决通过后，发送各债权金融机构和债务企业执行"。

根据上述文件精神和实践经验，除破产程序中的债委会制度逐步完善外，债委会已经不鲜见于法定程序中。在中国现今的债务应对实践中，部分大型企业出现债务违约风险前，各方会借鉴其他国家庭外重组模式中的债委会协商机制，由该企业的最大一家金融债权人作为债委会主席，牵头成立"金融债权委员会"，统筹处理该企业违约风险处置事宜。此时，在债委会成立过程中，银保监局等政府部门有时也会作为牵头人，主动协调金融机构在一定程度上不抽贷、不压贷、不通过诉讼程序保全资产，有时上述约定是通过会议纪要做出，有时也会通过"债委会成立协议"约定。不过，这种约定也给部分金融机构造成一定困扰，首先该协议是由部分或全体金融机构做出，一般不会涵盖全部债权人。因此，有时虽然在政府或银保监会（局）的牵头下签署了该协议，并希望给困境企业尽可能多的时间提出重组方案，但也可能面临方案迟迟无法出台，且其他债权人纷纷起诉执行资产的情况。那么，即使不考虑行政压力，该协议属于债权人内部协议，如何理解其效力？是否具有强制效力？根据客观情况变化，不愿意等待的银行可否起诉，这是否构成违约或有何责任？对此理解各方皆不一致，也给金融机构带来了一定困扰。

不仅仅是债权人，债务人也要重视债委会在稳定局面上的重要意义。各方建立并完善金融机构债权人委员会制度，能够有助于金融机构债权人参与债务企业的重组过程，以更好地保证自身债权利益的实现。而在设计重组方案时，金融机构债权人又会面临另一个特殊的问题，就是金融机构不良债权的处置问题，这部分的问题暂按下不表，留待后文专题探讨。总而言之，建立并完善金融机构债权人委员会制度，能够帮助解决金融机构债权人信息不对称的问题，团结金融机构债权人，有助于金融机构债权人参与债务企业的重组过程，推动达成公平合理的债务重组方案，以更好地保证金融机构债权利益的实现。但是，金融机构债委会也在一定程度上影响了债务企业的重组方案内容。有时，金融机构债委会在破产程序中，根据其知情权与表决权，有可能为保护自身债权利益而拉长重组谈判流程，增大谈判难度，又成为重组谈判的钳制因素。

2. 金融机构债转股的相关法律制度

金融机构的特殊之处在于其所处的特殊行业性质，历数市场经济国家的经济实践，无不对金融行业施以门槛准入与业务监管。在参与企业债务重组过程时，金融机构债权人往往也会面临行业监管的限制，对于债务人提出的重组方案，可能会出现因债权人方面的监管要求而无法实现的情况。以债转股方案为例，债权转为股权是一种常见的债务重组方式，即把对企业的债权转换为对企业的股权。但是，在债转股的具体实施过程中，银行类债权人就面临法律法规的监管限制，现行有效的法律规则明令禁止商业银行直接持有企业股权，具体规定在《商业银行法》第四十三条中："商业银行在中华人民共和国境内不得从事信托投资和证券经营业务，不得向非自用不动产投资或者向非银行金融机构和企业投资，但国家另有规定的除外。"这无疑对银行及企业开展债务重组工作提出了考验。

在早些年的债务重组实践中，这一规定导致了很多银行因无法"债转持股"而重组失败的案例。这也说明，既有的金融机构债转股规定已经无法满足时代的要求。不过，在新一轮的市场化债转股背景下，该项监管要求在得到重申的同时，也出现了新的变化。具体来说，2016年《国务院关于积极稳妥降低企业杠杆率的意见》（国发〔2016〕54号）第十六条明确指出："除国家另有规定外，银行不得直接将债权转为股权。银行将债权转为股权应通过向实施机构转让债权、由实施机构将债权转为对象企业股权的方式实现。"同时，该条也规定在附件《关于市场化银行债权转股权的指导意见》当中。附件中还明确指出，在既有的金融资产管理公司外，"支持银行充分利用现有符合条件的所属机构,或允许申请设立符合规定的新机构开展市场化债转股"。

一石激起千层浪,"债转股实施机构"正式引入商业银行的视野。其中,国有银行率先感受到本轮债转股带来的潜在商业机会,纷纷着手设立债转股实施机构。2017年8月2日,全国首家市场化债转股实施机构——建信金融资产投资有限公司正式开业,它是中国建设银行的全资子公司,注册资本为120亿元,其成立标志着银行业市场化债转股进入了新的历史阶段。①

随后,中国农业银行、中国工商银行、中国银行以及交通银行分别设立了农银金融资产投资有限公司、工银金融资产投资有限公司、中银金融资产投资有限公司以及交银金融资产投资有限公司。除此之外,兴业银行、平安银行以及广州农商行也相继发布公告,称拟出资设立金融资产投资公司。这些新成立的金融资产投资公司将背靠其母公司,积极参与市场化专业化债转股过程,帮助银行剥离不良资产,解决企业短期内缺乏流动性与变现能力等问题。

伴随着市场上国有银行纷纷设立金融资产投资公司,"债转股实施机构"又摇身一变,以"金融资产投资公司"的身份融入本轮市场化债转股的浪潮。2018年4月,多部门联合发布的《关于规范金融机构资产管理业务的指导意见》(即"资管新规")在资管产品的发行主体中首次引入了"金融资产投资公司"。随后,2018年6月,银保监会发布了《金融资产投资公司管理办法(试行)》,为推动市场化、法治化银行债转股健康有序开展,规范银行债转股业务行为,该办法决定设立金融资产投资公司作为银行债转股的实施机构,并对金融资产投资公司的设立条件、业务范围、业务规则及风险管理等方面进行了相应规范。具体而言,金融资产投资公司的主营业务包括:(1)以债转股为目的收购银行对企业的债权,将债权转为股权并对股权进行管理;(2)对于未能转股的债权进行重组、转让和处置;(3)以债转股为目

---

① 参见《顺势而生,领航前行——建信金融资产投资有限公司开业》,2017年8月2日载于中国建设银行官方网站:www.ccb.com/cn/ccbtoday/newsv3/20170802_1501645390.html。

的投资企业股权，由企业将股权投资资金全部用于偿还现有债权；（4）依法依规面向合格投资者募集资金，发行私募资产管理产品支持实施债转股。

从债转股投资情况来看，金融资产投资公司正逐步显示其在市场化、专业化债转股进程中的重要作用。相关报道显示，截至2019年年底，建信金融资产投资有限公司已累计签约市场化债转股项目规模约8 544亿元，累计落地项目规模3 146亿元。从总体上看，在众多债转股标的企业中，发展前景理想的优质企业仍属少数，债转股投资的市场风险较大，并且市场化定价机制仍不完善，专业化处置能力有待提升，进而导致市场化债转股的进展仍然较为缓慢。从资金募集状况来看，金融资产投资公司可以通过发行金融债券、债券回购、同业拆借、同业借款等方式融入资金，还可以发行私募资产管理产品。例如，工银金融资产投资公司就先后发行了"19工银投资债01"和"19工银投资债02"两只债券，合计融资规模达到100亿元。但是，债转股项目一般周期较长，至少在3~5年，且为股权型投资，在市场上寻找期限匹配且有意愿的项目资金通常较为困难，这也向金融资产投资公司撬动社会资金提出了挑战。

实践中，内蒙古包钢钢联股份有限公司（简写为"包钢股份"）的债转股方案就积极引入金融资产投资公司，综合各方力量解决债务问题，可为后来者提供经验借鉴。2019年9月30日，包钢股份发布公告称，其与控股股东包钢集团及投资人签署总额度77.33亿元的市场化债转股协议，首批参与债转股的投资人包括中银金融资产投资有限公司、工银金融资产投资有限公司、农银金融资产投资有限公司、建信金融资产投资有限公司、交银金融资产投资有限公司、中国东方资产管理股份有限公司、自治区基金和标的公司管理层。此次债转股的实施标的是内蒙古包钢金属制造有限责任公司（简写为"包钢金属"）。包钢金属是包钢股份为实施本次债转股设立的全资子公司，注册资本为100亿元。

上述五大金融资产投资公司都是以增资还债的方式参与转股，即通过现金出资的方式对标的公司进行增资用于偿还指定债务。其中，中银出资 15.41 亿元、工银出资 7.95 亿元、农银出资 7.15 亿元、建信出资 5.6 亿元、交银出资 2.95 亿元，交易对价为每 1 元注册资本对应 2.2368 元。在权益归属及补偿方面，债转股方案中明确提到，如标的公司包钢金属资产交割审计报告确认的净资产（不含投资人的投资金额）低于 223.67 亿元，则在资产交割审计报告出具之日起 30 个自然日内，由包钢集团和/或包钢股份以现金方式向标的公司补足。在业绩预测及承诺方面，包钢集团和包钢股份承诺：标的公司 2019 年度、2020 年度、2021 年度、2022 年度和 2023 年度对应的经审计后的净利润，应分别不低于 14.1 亿元、17.6 亿元、19.9 亿元、21.4 亿元和 21.4 亿元。若截至 2019 年 11 月 30 日，签署交易协议的参与本次债转股的投资人投资总额超过 77.33 亿元，则相应调增 2019—2023 年度对应的标的公司承诺净利润。在收益分配方面，投资人持有标的公司股权期间，各方同意标的公司任一会计年度形成的可供分配利润的 90% 将全部用于分红，且包钢集团及包钢股份承诺，各股东的预期目标分红率为 6.5%/年。在退出安排方面，各方约定可通过资本市场、回购及减资方式退出。另外，债务重组协议约定，参与本次债转股投资人的关联银行，对包钢集团和/或实际债务人（包钢集团的控股公司）的部分债权到期日调整至不早于 2024 年 12 月 31 日，债务利率调整为 1～5 年期基准贷款利率的 90%，包钢集团、实际债务人承诺，在上述期间内原债务担保方式不得改变。投资人承诺在 2024 年 12 月 31 日前，不降低对包钢集团和/或实际债务人的贷款余额和授信规模。

考察金融资产投资公司参与企业债务重组的实际案例可知，当前金融资产投资公司是以市场化、专业化的方式介入企业的债务重组过程。方案的具体内容都体现出各方的商业目的，既化解了企业的流动性危机，又减轻了银行方面的压力。同时，这也顺应了国家降低企业杠杆的政策要求。2019 年 7 月 29 日，国家发改委、中国人民银行、财政部、银保监会联合发布了《2019 年降低企业杠杆率工作要点》（发改财金〔2019〕1276 号），其中明确提出要"推动金融资产投资公司发挥市场化债转股主力军作用"，可以预见，未来的债转股进程中，金融资产投资公司将发挥战略作用，债务企业、商业银行类债权人都将重新考量金融资产投资公司在债务重组中的特殊地位。

二、出资人与债权人的利益平衡

在财产利益的问题上，股东与债权人无疑都希望从困境企业身上攫取利益，然而，基于股东与债权人法律地位及现实处境的不同，二者的权利义务有别。在困境企业重组中，关于股东与债权人的地位孰高孰低的问题，通常见仁见智：一方面，在清偿顺位上，股东比债权人承担更多的风险，在公司步入破产清算时，股东劣后于债权人参与公司财产分配；另一方面，在参与重组上，股东相对于债权人享有表决权和知情权，债权人则居于"弱势"地位。在困境企业进行债务重组时，如何设计合理的重组方案，平衡好二者的利益，是各方博弈过程中要关注的核心问题。

（一）出资人与债权人的利益争夺点

我们经过大量实践，尤其是与很多企业家交流发现，人们一般认为企业出现危机后，就变成了债权人的企业，或者是职工的企业，但就不是出资人的企业。在企业出现债务危机后，各方拯救的理由，以及法院申请庭内重组的理由中，提升债权人清偿率，保证职工就业，保护地区经济稳定是常被采纳的理由，但很少有人提及挽救出资人的投资价值。我们在一家在地方税收常年排名前5的困境企业重整案例中，发现企业近10年的生产经营中，没有给股东进行分红，经营收入基本与税收、职工工资与银行贷款利息的总额持平，该企业的实控人颇有"十年一觉扬州梦，醒来方察身是客"的感叹。这样的案例比比皆是。

其实，出资人与债权人一样，都是公司的"投资者"，依据合同及法律规定，对公司享有一定的"投资"回报，不同在于二者采取的投资工具有差别，在会计中反映为"所有者权益"和"负债"。传统观点认为，股东与债权人的特征不同，股东对公司主张收益存在不确定性,承担不确定的投资风险;而债权人对公司主张的收益多为固定收益,风险是事先确定的。因此,二者同为投资者,在公司陷入经营困境时,都希望能够通过参与企业债务重组过程,尽可能降低投资风险,保全或最大限度地收回其股权投资或债权。但目前面临的状况是,困境企业缺乏足够的流动资金,甚至大部分困境企业真实的市场价值已经出现资不抵债的情形,财产利益不足以满足股东与债权人的要求,由此导致二者对于公司现有财产利益争夺,乃至对于重组后公司预期利益的切割。二者的利益争夺点具体包括以下几个。

1. 公司资产

债务企业面临偿付危机时,出资人与债权人的对抗较为明显。债务重组过程中,公司可以借助现金或其他资产对外清偿债务。为了最大限度地实现自身的债权,债权人则会对公司的资产状况做相应的调查,并结合自身的需求,向公司主张以适合的资产进行抵偿。债权人为实现自身利益最大化,自然会尽力争取困境企业以优质资产对其进行清偿;同时,出资人也需要借助企业的优质资产吸引外部投资,以盘活企业资产,恢复企业的正常运营,从而保住其拥有的企业股权价值。然而,困境企业所保有的资产通常质量参差不齐,优质资产更是极为有限。

因此,二者必然会对公司有限的优质资产展开争夺。债权人可以通过诉讼手段申请财产保全,从而保障自身利益的实现,而出资人则会积极协商偿付方案,同时也一定会透过公司全部或部分否认债务,甚至可能采取管辖权异议等手段,将诉讼等程序予以拖延,避免公司资产被保全或被处置的风险。在个别案例中,实际控制人也可能会通过个别清偿程序对关联债权人进行偏袒清偿,达到转移资产的目的。

2. 公司资本

在正常状态下,企业清偿自然使用现金,但在债务重组过程中,现金有限,因此将债务转为资本也是一种常见的重组方式。公司的债权人可能摇身一变,转换为公司的股东。这就导致债权人与原股东在"债转股"比例上存在利益冲突,原出资人希望尽可能压缩债权人的转股比例,以保证自身未来对于公司的控制,避免因债转股稀释原有资本而失去公司控制权。而债权人在接受债转股方案时,都会争取相应的持股比例,以保证在股东(大)会中拥有一定的话语权,同时也确保未来能够通过约定的退出渠道回收相应的投资款项。

此外,当债务人企业引入战略投资者时,新的投资者作为股权对价向企业注入流动资金。该笔资金通常具有两项用途:一项是代公司清偿债务,另一项是作为公司未来的运营资金。困境公司原投资者与债权人在与新的投资者进行协商、谈判时,也会存在偿债资金与运营资金分配比例的利益冲突,需要在重组方案中妥善处理。

诚然,公司出资人与债权人之间存在上述关于财产利益的争夺,但是由于出资人是公司的"内部人",债权人通常难以直接与股东进行协商,股东也多是通过行使股东权利影响债务人决策等方式与债权人展开角力。在这样一场没有硝烟的战争中,公司股东更像是坐镇后方的将帅,看似不在局中,实则深受影响。我们认为,无论是庭外重组还是庭内重组,出资人与债权人虽存在着巨大的利益博弈动机,但各方最大的认同就是化解债务危机,避免破产清算。因此,二者在最终达成以各方"利益重新调整分配"为主要内容的债务重组方案上,依然存在重大的一致性利益。

(二) 庭外重组中出资人与债权人的利益调整

1. 庭外重组过程

如前所述,从庭外重组的过程来看,困境公司出资人为了维护自身地位、维持出资价值,主要基于出资权利的实际控制力,间接影响债务人在重组阶段的各项决策,与债权人争夺有限的财产利益。而公司债权人也主要是向债务人而非直接向股东主张偿还债务(股东担保是另一层面的问题),只有当发现股东存在滥用公司法人独立地位和股东有限责任,出现损害债权人利益的情形时,方可径行向公司股东主张其应对公司债务承担连带责任。在庭外重组过程中,除非谈及债转股或股东增信,否则主要沟通层面还是维持在股东与债权人之间,有时候双方这种透过债务企业的沟通与博弈方式，可能会影响达成重组方案的进度。

2. 庭外重组结果

债务企业常以引入战略或财务投资者的方式恢复流动性，化解债务危机，因此资金有限，故也要通过对债权调减等方式偿还部分到期债务。从庭外重组的结果来看，公司最终达成的债务重组方案，基本涉及两个方面，包括对于原出资人利益的调整，以及对于债权人利益的调整。我们通过后文的相关案例可以看出，尽管重组过程出资人与债权人较少直接展开对抗，但是双方利益调整却清清楚楚地记载于最终达成的重组方案中。

在双方的角力下，尽管各有损伤，但从整体上看，现在的债务重组中各方还是以债权人保护中心主义为主要价值，认为困境企业出现偿付危机，出资人要承担主要责任，尤其是实际上已经资不抵债的公司，净资产价值为负值，所有者权益更为零，故即使要求现有股东全部净身出户也是理所应当的。也就是说，重组结果如要求由股东承担更多的风险，较大程度上保护债权人的利益，也是具有法理基础与公平性的。但在庭外重组实践中，让出资人直接净身出户基本不可能，尤其是如果公司资质优秀，股东更将处于强势地位。此时，债权人并非一定要求引进战略投资者，只要满足其对债务偿付的心理预期，是否要求出资人让渡自身权益这一点并不重要。

例如，在佳兆业的庭外重组过程中，基于郭氏家族强势地位与房地产资产优势，佳兆业股东在危机时将部分股权转让给生命人寿，最终在实控人郭氏家族的操盘之下，令公司化险为夷。在这次债务重组后，佳兆业发展一直良好，更在2020年4月9日，冲击千亿元目标的佳兆业顺利完成了二代交接。

3. 庭外重组案例

我们以水发能源收购兴业太阳能（现已更名为"水发兴业能源"）债务重组案为例。随着光伏行业整体进入寒冬，2017年，兴业太阳能净利润直接从2016年的5.02亿元下滑至1.44亿元。2018年10月，兴业太阳能一笔1.6亿美元（约合人民币10.9亿元）的优先票据违约，停牌近3个月，由此触发人民币9.3亿元可转换债券、美元2.6亿（约合人民币17.7亿元）优先票据交叉违约，除此之外，境外贷款违约人民币2亿元，境内贷款中人民币7.65亿元可视为违约。

乌云压城城欲摧，公司股价于2019年1月23日复牌首日即暴跌48.37%。兴业太阳能旋即走入危机时刻，股票停牌、债务违约、资金冻结、业务停摆、人心涣散，公司陷入经营困境。此时，国家队作为白衣骑士登场，山东水发集团有限公司（以下简称"水发集团"）的子公司水发能源愿意作为战略投资者收购兴业太阳能的股权。水发能源运营山东省内水利国有资产，双方此前便已经有项目交流，在清洁能源等业务领域也相互契合，业务区域互补性较高，最终达成合作意向。

2019年1月22日，兴业太阳能在复牌前夕发布公告称，公司已与水发能源签署《战略投资并购谅解备忘录》。水发能源拟通过认购兴业太阳能定向增发的股票以及购买现有股东持有的部分股票，持有不少于50.1%的股份，成为新控股股东。2019年6月6日，兴业太阳能与水发香港签署股权认购协议。兴业太阳能向水发能源配售16.87亿股筹集15.5亿港元，发行价为0.92港元/股，水发能源以66.92%的持股比例，成为兴业太阳能的控股股东。上述股权认购资金用于运营资金与境内外债务重组工作。

在兴业太阳能披露的重组方案中，重点包括两个方面：

其一，就兴业太阳能原股东的利益而言，由于水发能源的入场，原有股东的持股比例被稀释为1/3。原股东需要让出公司控制权，最终由水发能源取得兴业太阳能的绝对控制权，即持股比例为66.92%，略高于2/3。依据《公司法》的规定，水发能源可以通过股东会会议径行做出修改兴业太阳能公司章程，增加或减少注册资本以及公司合并、分立、解散或者变更公司形式的重大决议。这意味着原股东较大程度地做出妥协，其持股比例被大幅压缩，但相比之下，债权人的利益得到了较大的保护。

其二，就兴业太阳能债权人的利益实现而言，公司自债券违约后一直保持与已知金融债权人联络，并启动债券持有人识别程序。自战略投资人加入谈判后，公司拟定了初步的重组支持协议，并以98.5%的支持率获得债权人委员会支持，其条款包括但不限于：（1）现金赎回总额4 140万美元，将按比例平等支付予3笔现有票据的持有人；（2）发行本金总额相等于"债券持有人债权减去现金赎回，再减去860万美元"的3年期新票据（现金年息2.0%＋实物年息4.0%）；（3）公司将支付同意费860万美元，于重组生效日期按比例支付。同时，所有未偿还现有票据均将注销。大部分的债权人都通过重组方案得到妥善安排，分批次分类型地处理债务清偿问题，在调整债权人利益同时，充分尊重了债权人的商业诉求。

整体而言，上述是一宗典型的庭外债务重组案例，重组协议对债权人的利益做出了较高的保护，也获得了债权人的支持，化解了被个别债权人向香港高等法院申请清盘的风险。国有资本介入新能源行业，也给了金融债权人极大的信心。在珠海市政府有关部门的协调下，银行成立了银行债权人委员会，承诺做到不抽贷、不断贷，并制订了详细可行的展期还款方案。因此，这一庭外重组案的成功，建立在困境企业出资人放弃控制权、投资者快速决策入股、当地政府稳定局势，以及银行债权人不进行金融挤兑的共同努力上。出资人虽然被剥夺了控制权，但剩余股份在企业正常运转后保留了股权价值，避免了清算后净身出户的不利局面；债权人得到了清偿，虽然本质上是通过借新还旧完成的，但对比其他违约债券的本金损失，这一结果亦可接受；战略投资者也通过债务重组获得了优质资产，实现了自身经营转型和补强。

（三）庭内重组中出资人与债权人的利益调整

1. 庭内重组的启动程序

债务重组中的庭内重组程序，一般通过法律规定的公司解散、破产程序等机制进行。庭内重组属于严格的司法程序，在启动程序、步骤阶段、重组工具、期限要求及法律效力等方面，以债务人和债权人为核心予以详细规定，但也在一定程度上丧失了庭外重组的灵活性。基于上述特点，庭内重组系将债务企业作为主要切入点，将债权债务关系的处理作为主要调整对象，故未能对出资人与债权人的关系做出更多规定。毕竟出资人与债务人虽有联系，但因公司法人的独立人格，有着明显的界分，故下述仅从实践意义较为显著的启动程序、出资人风险与出资人权限等角度进行分析。

债权人申请破产程序是最为常见，也是法院最易接受的一种方式。从庭内重组的启动程序来看，出资人同样具有参与庭内重组的法律途径。《企业破产法》第70条规定，债权人申请对债务人进行破产清算的，在人民法院受理破产申请后、宣告债务人破产前，出资额占债务人注册资本1/10以上的出资人，可以向人民法院申请重整。简言之，债务人的出资人也依法享有重整申请权，可以通过行使该项权利实现商业目的。但是，股东行使重整申请权存在一定的限制条件：其一，提出申请的时间应当在人民法院受理破产申请后、宣告债务人破产前；其二，出资额须占债务人注册资本的1/10以上。

出资人虽然可以主动提出破产申请，也可由债务人提出破产申请，但要注意庭内重组等程序对出资人的风险。例如，债权人可以在破产程序中要求出资期限未届满的股东缴纳出资。《企业破产法》第35条规定，人民法院受理破产申请后，债务人的出资人尚未完全履行出资义务的，管理人应当要求该出资人缴纳所认缴的出资，而不受出资期限的限制。一旦公司进入破产程序，股东的出资义务加速到期，管理人应当要求缴纳出资，用于清偿公司债务，不受出资期限的限制。此外，《企业破产法》的司法解释中还规定了欠缴出资及抽逃出资等情形下，出资人应当承担的具体责任。

从庭内重组的结果来看，债权人除了可以通过前文所述的法律途径影响最终的重组方案外，还可以依法限制公司股东不法请求利润分配，从而保障自身的债权利益得以实现。《企业破产法》第77条规定，在重整期间，债务人的出资人不得请求投资收益分配。另外，主要股东、法定代表人及董监高等高管人员在一定程度上也要履行配合义务，否则可能被追究法律责任。

公司股东也可以依法对于重组方案进行表决，《企业破产法》第85条规定，债务人的出资人代表可以列席讨论重整计划草案的债权人会议。重整计划草案涉及出资人权益调整事项的，应当设出资人组，对该事项进行表决。最终达成庭内重组方案，例如重整计划草案等，其主体内容也是包含债务清偿及出资人权益调整两个方面，对于债权人及股东利益都会进行相应的调整。

2. 庭内重组案例

我们以上海超日太阳能科技股份有限公司（以下简称"超日太阳能"）破产重整案为例。和前文提及的兴业太阳能一样，由于光伏行业去产能、银行抽贷导致资金链紧绷，超日太阳能连续3年亏损，负债高达59.7亿元，面临股票退市风险。2014年3月4日，超日太阳能发布公告称，此前于2012年3月发行的"11超日债"第二期利息8 980万元难以全额兑付，成为中国债券市场首例实质性违约债券，引发各界广泛关注。

2014年4月3日，债权人上海毅华金属材料有限公司以超日太阳能不能清偿到期债务为由，向上海市第一中级人民法院申请对该公司进行破产重整。该院经审查，于6月26日裁定受理并指定管理人。

2014年10月8日，管理人公告发布《超日公司重整计划草案》《关于确定投资人相关情况的公告》等文件。管理人结合超日太阳能的实际情况，公开招标并对意向投资人综合考察，确定由江苏协鑫等9家单位组成联合体，作为超日太阳能重整案的投资人。9家联合投资人将出资19.6亿元用于超日太阳能重整计划，其中18亿元用于支付重整费用和清偿债务，剩余1.6亿元作为超日太阳能后续经营的流动资金。10月23日，第二次债权人会议经分组表决通过了重整计划草案，上海市一中院于10月28日裁定批准重整计划并终止重整程序。

从超日太阳能的重整计划来看，重点包括两个方面。一是就出资人权益调整而言，超日太阳能重整计划草案中提出，截至2014年6月

2日，超日太阳能资本公积中的股本溢价部分按照每10股转增19.916 540股的比例，实施资本公积转增股本，共计转增16.8亿股。上述新增股本由重整方受让，重整方需要支付人民币14.6亿元资金用于重整费用、清偿债务、提存初步确认债权和预计债权及作为后续经营的流动资金。

二是就债务清偿而言，超日太阳能的重整计划草案拟安排对职工债权、税收债权全额清偿，对有担保财产的债权，按相应担保物评估价值部分优先清偿，有担保财产而未优先受偿的部分则属于普通债权。对于普通债权的清偿，重整计划按照每位普通债权人20万元以下部分（含20万元）的债权全额清偿，超过部分按20%的比例清偿。关于未获清偿的部分，超日太阳能依法不再承担清偿责任。此外，长城资产管理公司和上海久阳投资管理中心出具保函，为"11超日债"的偿还提供连带责任保证。

在超日太阳能的庭内重组案中，出资人的权益虽然未被无偿调减甚至全部剥夺，股东持有股份数额亦未有变化，但是，因为资本公积金转增股本，导致上市公司发行的股份数额产生急剧变化，也意味着在公司现有资产不变的情况下，每股净资产数额降低，股价也应除权（息）下调。只是这种计算并未考虑到债务公司免除了大量负债以及引进了新的投资者，又会令二级市场产生良好预期的影响，股价可能反而会迎来巨幅上涨等变量。

实际上，超日股价确实如上述分析，其暂停上市前最后一个交易日为2014年的4月28日，当日收盘价为1.91元/股。超日太阳能复牌更名为协鑫集成，因重整计划中涉及资本公积金转增股本事项，总股本由84 352万股增加至252 352万股，除权（息）后的参考价应约为每股1.22元。然而在恢复上市首日，协鑫集成在集合竞价阶段即有800%的增幅，涨到每股10.98元。其后，当日虽因涨幅过大而被多次临时停牌，但收盘仍以全天最高价13.25元报收。

这就意味着在超日太阳能的债务重组中，出资人虽经资本公积金转增而变相让渡股权，但出资人不但并未有任何损失，反而促使很多中小投资者迎来了人生第一只 10 倍股。

（四）"名股实债"的特殊法律问题

"名股实债"作为新型资本运作模式，顾名思义，兼具股权融资和债务融资的双重性质。投资者承诺进行股权投资，是以股权投资本金的远期有效退出，以及固定利息的刚性兑付为前提。在具体交易安排中，投资者与项目公司在签订股权投资协议时，通常会约定项目公司或其股东承担回购义务。这是最一般化的交易结构，现实中还会在交易结构中设计信托计划、资管计划等作为特殊目的载体（SPV）来募集资金进行股权投资。

如前所述，无论庭外阶段的重组抑或是进入破产程序，困境企业的重组方案一般均须对出资人权益调整与债务清偿两方面做相应安排，但是在平衡股东与债权人利益之前首先需要判断的是该笔出资究竟是形成"股权"还是"债权"，由此引发"名股实债"类案件在司法裁判应当如何处理的问题。

公司股权价值在经营过程中会发生变化，理性的投资人基于自身利益，自然会做出不同的选择。若股权价值提升，投资者则会要求以股权投资对待。反之，若公司经营不善，出现资不抵债甚至面临破产的情形，由于股东在破产程序中居于劣后清偿顺位，名股实债类投资者自然会极力主张其债权人的身份地位，如此一来，投资者至少可以保证最终进入破产清算程序时不至于"颗粒无收"，在具体的举证过程中，他们会强调固定收益、偿还本金、不参与公司治理等各方面的内容；其他投资者及债权人的情况可能恰恰相反，他们更希望名股实债类投资者被认定为股东，这样，公司的杠杆率下降，债权人可以在重组过程中取得更有利的清偿条件。在举证方面，他们则会坚持商事外观原则，以股权登记为依据。

司法实践中对"名股实债"的性质认定莫衷一是，甚至存在截然相反的判决。以新华信托股份有限公司（以下简称"新华信托"）诉湖州港城置业有限公司（以下简称"港城置业"）一案的判决为例，港城置业作为一家房地产开发企业,并不具备二级房地产开发资质,未达到房地产信托监管要求的"四三二"标准(四即四证齐全,三即35%的资本金比例,二即二级房地产开发资质),因此无法向信托公司申请贷款。2011年4月,港城置业召开股东会,决定向新华信托贷款2亿~2.5亿元。

2011年6月,新华信托与港城置业、纪阿生、丁林德签订《合作协议》,约定:由新华信托出资22 478万元,并以其中的14 400万元分别受让港城置业两名股东即纪阿生、丁林德所持港城置业共计80%的股权,其余款项全部增入港城置业的资本公积金。股权转让后,新华信托共持有港城置业80%的股份。同时约定港城置业有义务配合新华信托在信托期满时退出信托资金。为保证《合作协议》履行,新华信托与纪阿生、丁林德签订了股权质押合同,并办理了质押登记手续,港城置业则以其土地使用权进行了抵押。

2011年7~9月,新华信托向社会公众发布集资信托计划,并与资金提供人签署《信托合同》,约定退出信托资金的方式。

2011年9月,新华信托向港城置业汇入22 478万元,其中股权转让款为14 400万元,资本公积金为8 078万元。随后新华信托向港城置业指派了两名董事,并形成新的港城置业章程。新章程明确了新华信托可委派董事2名,董事享有知情权、提案权、表决权和否决权等,当月,港城置业工商信息变更登记新华信托持有港城置业的80%股权。

2013年2月,新华信托接管港城置业的法人章、合同专用章、财务专用章、预售资金监管专户财务专用章等。其间,新华信托行使股东表决权,促成公司高管的变动。

2015年8月,港城置业进入破产清算程序。破产管理人做出《债权审查通知书》,告知不予确认新华信托申报的债权,经申请复核未果后,新华信托向法院提起诉讼,请求确认其对港城置业享有前述债权。

湖州市吴兴区人民法院经审理认为,首先,新华信托与港城置业、纪阿生、丁林德各方均已分别按约履行《合作协议》及《股权转让合同》，且新华信托作为股东已进行了港城置业公司股东名册记载、公司登记机关登记，对外具有公示效力。其次，在名实股东的问题上要区分内部关系和外部关系，对内部关系产生的股权权益争议纠纷，可以当事人之间的约定为依据，或是隐名股东，或是名股实债；而对外部关系上不适用内部约定，应以当事人之间对外的公示为信赖依据。再次，本案不是一般的借款合同纠纷或股权转让纠纷，而是港城置业破产清算案中衍生的诉讼，本案的处理结果涉及港城置业破产清算案的所有债权人的利益，应适用公司的外观主义原则。新华信托作为一家具有金融许可资质的信托投资机构，应对此所产生的法律后果有清晰的认识，故法院对新华信托确认其对港城置业享有债权的请求不予支持。

但是在新华信托诉江峰房地产一案中，人民法院却做出了截然相反的判决。2011年4月12日，江峰房地产向新华信托出具《关于密州购物广场项目的借款申请》，载明江峰房地产因开发建设密州购物广场项目的需要，经该公司股东会研究决定向新华信托申请借款1亿元。同日，江峰房地产还向新华信托出具《还款计划》，拟用公司销售商铺的回笼资金偿还其向新华信托的借款。

2011年6月10日，新华信托与江峰房地产签订《融资框架协议》。同日，祝培杰（江峰房地产的股东和法定代表人）、卜庆光（江峰房地产的股东）、江峰房地产和新华信托签订《合作协议》，约定"信托资金以1元资金受让江峰房地产公司原股东持有的90%股权，剩余信托资金用于增加江峰房地产公司资本公积"。同日，新华信托与江峰房地产签订《借款合同》及《借款合同之补充协议》。《借款合同》约定：江峰房地产公司向新华信托公司借款1.1亿元，用于支付诸城密州购物广场项目的工程垫资款，借款期限为1年，年利率为20%。同日，新华信托（抵押权人）与江峰房地产（抵押人）签订《抵押合同》。

2011年6月16日，祝培杰与新华信托公司签订《股权质押合同》，同日，卜庆光与新华信托签订《股权质押合同》。

2012年6月20日，新华信托与江峰房地产签订《收益权转让合同》，约定：江峰房地产将诸城市密州购物广场项目的收益权以1.09亿元转让给新华信托，转让期限为12个月；江峰房地产自收益权转让价款划入资金监管账户之日起，向新华信托履行收益权回购义务，收益权回购款为回购款本金加上每年24%的回购溢价款；江峰房地产将其名下的位于诸城市和平街125号密州购物广场商铺在建工程抵押给新华信托，作为支付收益权回购款的担保。同日，江峰房地产与新华信托签订《抵押合同之补充协议》。

2012年6月25日，江峰房地产向新华信托出具《划款委托书》，2012年7月3日，新华信托按上述委托将收益权转让价款1.09亿元划至委托书指定银行账户。

新华信托主张双方签订的《合作协议》名为股权转让合同，实为借款合同。江峰房地产公司向新华信托公司借款1.1亿元用于密州广场项目工程建设，并以密州购物广场的在建商铺和祝培杰、卜庆光所持有江峰房地产公司的股权作为担保，以新华信托公司受让江峰房地产公司90%的股权作为非典型性担保。借款到期后，因江峰房地产公司未能偿还全部借款本息，双方又签订了《收益权转让合同》，实际上是用《收益权转让合同》项下1.09亿元转让款偿还《合作协议》项下未按期偿还的借款。现双方签订的前一份《合作协议》已履行完毕，双方的权利义务应当按后一份《收益权转让合同》的约定履行。

重庆市高级人民法院认为，新华信托公司与江峰房地产公司签订的《合作协议》和《收益权转让合同》的实质均为借款合同，主要理由在于：双方在签订《合作协议》之前，江峰房地产公司向新华信托公司发出了借款申请、还款计划，并通过了股东会决议，表达了以密州购物广场的在建商铺作为抵押向新华信托公司借款1亿元，用于支付密州购物广场项目工程垫资款的意愿；《合作协议》约定新华信托公司"以1元资金受让江峰房地产公司原股东持有的90%股权"，显然与该股权的实际市场价值不符，也不符合常理；因《合作协议》中江峰房地产公司对新华信托公司不负有支付义务，该合同项下办理的在建商铺抵押和股权质押没有设定担保的主债权存在。江峰房地产公司庭审中主张《合作协议》的性质应为股权转让合同，这与当事人签订《合作协议》并办理相关担保财产的抵押、质押手续的意思表示不符。因此，法院支持新华信托请求江峰房地产还本付息的主张。

从两份裁判文书的论证逻辑来看，关于"名股实债"究竟是"股"还是"债"的争论，背后隐含的实际上是意思自治原则与外观主义原则的角力，裁判者需要考虑尊重当事人意思自治，允许当事人通过合同自主安排权利义务，也要综合平衡各方利益，维护交易秩序，限缩当事人的合同自由，适当考虑第三人的财产利益。因此，"名股实债"作为一个特殊问题，目前暂无定论，有待司法实践的完善与发展。

虽然司法实践中对于"名股实债"的认定存在差异化判决，但是并不意味"名股实债"为法律所禁止，投资者仍然可以采用名股实债的交易结构进行投资，尤其对于困境企业而言，"名股实债"的交易结构可以降低企业的杠杆率，以时间换空间，给困境企业以喘息的机会。同时，对于困境企业的债权人而言，双方约定困境企业或其股东进行远期回购，可以最大限度地保护债权人的财产利益，并且债权人可以借此机会要求企业或其股东提供其他的担保措施。

三、特殊机会投资的机遇与挑战

在困境企业债务重组过程中，债权人与债务人是最为常见的一对对立组合。除此之外，投资困境企业需要投资者进行密集的信息收集和积极参与，因为投资者寻求对陷入困境的公司股权的控制，而债权人和股东在整个过程中为了保护个人利益而工作，他们之间的许多利益冲突使这一过程变得更加危险和困难。因此，困境企业的出资人、债权人以及投资者之间的利益平衡也是值得关注的话题。但从新的投资者角度而言，我们认为有必要对特殊机会投资这一部分做出进一步分析。投资需要高水平的商业头脑，并结合会计、金融、公司和重组法律的深刻知识。市场上，我们将困境企业投资区别于常态化的商业投资行为，称为特殊机会投资。在此类投资中，除战略投资者或财务投资者直接投资公司股权或购买破产财产外,还可以基于收购不良债权而产生很多新的交易范式。例如,在债务发生违约的情况下,债权人往往不乐意被动等待债务人向其按一定比例清偿债务,却期待有机构能够愿意主动来收购自己的不良债权,以便快速消除坏账,将资金回笼以投资于其他项目。

(一) 国外特殊机会投资的经验

那些在债市中以灵敏嗅觉著称的投资者常常被人喻为"秃鹫"。秃鹫原本是一种活跃在低山丘陵和高山荒原的大型猛禽,主要以动物的尸体和其他腐烂动物为食,被称为"草原上的清洁工"。而"秃鹫投资"就是专门从事猎食投资困境企业的相关交易。对于出现债务违约的企业,由于信息不对称及市场恐慌情绪的影响,企业现有股权、资产、债权及所发行的债券,会在交易市场无人问津或急于出手时价格暴跌,收购价格可能只是面值的一折或两折,投资者从中则可获取数倍的收益。甚至,有时候秃鹫投资者与创投本身就是一体两面,在企业出现问题前通过股权或债权的方式介入,因为掌握了债务公司的真实财务数据,故利用信息不对称造成的真实价值与市场价值的估值偏差,通过债务重组占据有利地位并取得超额回报。

这种投资形式并不新鲜,国外甚至专门设有秃鹫基金(vulture hedge fund),这种基金甚至敢于发起对一个国家的债务狙击,通常在主权国家或公司无力偿还债务时,以低价购入这些违约债券,然后通过恶意诉讼的方式要求这些国家或公司以债券面值原价偿还本金与利息,或是日后寻求机会高价转让。例如,肯尼迪·达特设立的达特管理有限公司与 EM 基金就曾经让不少国家的领导人都束手无策。

1992 年,在巴西主权债务危机期间,达特基金曾以 3.75 亿美元买入了面值为 13.2 亿美元的巴西主权债务。1994 年,巴西政府因还款困难而提出以减记新债换旧债的债务重组提案。达特基金拒绝接受该提案,并将巴西政府告上了纽约联邦法庭。而后,又经过数月的谈判,巴西政府最终同意达特公司的条款,并向其支付其持有债务期间所产生的全部利息，高达 7 700 万美元。随后，达特基金以 9.8 亿美元出售了其持有的全部巴西主权债务。2001 年，阿根廷主权债务危机期间，达特基金以 1.2 亿美元买入其主权债务，并曾要求阿根廷政府以 7.24 亿美元的价格来偿还该笔债务。2016 年，阿根廷政府与包括达特基金在内的多家基金公司达成偿还协议，达特基金获得 8.49 亿美元。2009 年，希腊主权债务危机期间，达特基金也曾购入该国主权债务。2012 年，希腊政府同意向债权人偿还 4.36 亿欧元，其中 3.92 亿欧元归达特基金。

对于公司债权的猎杀也是这些秃鹫基金的拿手好戏。2002 年，世界第七大、全美第二大折扣零售商凯马特公司申请了破产保护。由于凯马特当时拥有 2 110 多家门店，超过 27 000 名员工，近 170 亿美元资产和每年约 400 亿美元的销售额，因此，其破产成为美国历史上破产的最大零售商。在凯马特重组过程中，出现了两个特殊的投资者，分别是第三大道价值基金和 ESL 对冲投资基金，前者由著名的秃鹫投资人运作。经过资产盘点，凯马特当时有大约 10 亿美元的银行债务、23 亿美元的公司债券、8 亿美元的优先股，以及一些普通股和大约 40 亿美元的应付账款。ESL 出手购买了上述资产中约 20 亿美元的债权，但实际购买价格无人知晓。直至 2003 年，凯马特摆脱了破产保护，第三大道基金和 ESL 将自己手中的债权转化成了 3 300 万美元的普通股外加本金为 6 000 万美元的 9% 可转换票据。2004 年，凯马特与西尔斯百货合并，在美国零售业居于第三位，而两只秃鹫基金也在其中实现了巨额收益。

综上，鉴于很多国家赤字过高，严重影响了世界经济秩序的稳定，故在国家层面实施全面和持久的债务减免，变得更加急迫和必要。如果一个国家都需要进行债务重组而更生，那么市场经济主体的债务减免问题自然也就不在话下。而秃鹫投资者，像大自然的清道夫，虽然主动提起了很多恶意的企业狙击，但从加速困境主体暴露风险进而投资重塑生态而言，也是要正视该类困境企业的特殊投资机会。除了专业的秃鹫投资者外，像 AMC 这样的不良资产管理公司也发挥了重要作用,也给行业并购提供了优质并购对象,节约社会经济成本,有利于社会资源的有序整合,避免生产资料的无序和浪费。

(二) 国内特殊机会投资的现实

近年来,中国债券市场违约频发,甚至出现很多"技术性违约"的情形,各路投资者敏锐地察觉到其中的商机。在2019年8月1日和8月2日,18康美CP003连续两日出现成交异动,分别成交了3亿元和4.65亿元,价格均是20元/只,此后直到兑付均再无任何交易。而ST康美于9月3日如期兑付了2018年8月发行的短期融资券"18康美CP003",本息合计8.02亿元。那些曾以两折价格接盘的机构成了大赢家,单月收益达400%。

同样,在东北特钢破产重整程序中,对于金融类债权全部采取债转股形式,而对于经营类和债券类债权,可以由债权人进行自主选择进行债转股或按照22.09%的比例打折清偿。在这样的清偿模式下,因为债转股估值系按照普通债权22.09%的清偿率确定,所以有很多资管公司向金融机构按照清偿率30%的估值收购该类债权,这就是一种典型的秃鹫投资方式,对赌未来该部分股权价值继续大幅上涨。

但是,因为国内债券违约处置经验尚不充足,仍处于起步阶段,所以尽管很多投资者愿意化身为"秃鹫",猎食违约债券,但是真正能够操刀类似案例的机构仍然有限。一般可以分为两类,一类是具有国资背景的持牌资产管理公司,如东方、长城、信达、华融之流,这类公司能够主导或参与违约重整,手下金融牌照众多、背景硬、底子厚、资源好;另一类则是对于某个行业及其上下游产业链较为熟悉的专业机构,这类机构长期与某个行业打交道,掌握所谓的"内部消息",具有信息优势,因此可以做出更为精准的判断。除此两类之外,市场上也的确存在"捡漏者",但是这对于投资者不具有足够的参考价值。

(三) 未来特殊机会投资展望

在违约债中寻找投资机会,就如同发现废砾下的金矿,一旦债务人最终如约进行兑付或困境重生，投资人就可以从中大赚一笔，此前付出的成本也可快速收回。只是，寻找金矿需要眼光，违约企业投资毕竟是风险资产，想要轻而易举地找到黄金绝无可能。这种秃鹫投资模式的高收益就来源于其识别难度高，投资的本质已经从债权转化为权益，甚至我们可以将其看成"独角兽创投"，广撒网，多投资，而只要其中有一两个最后成功，就可以覆盖其他项目的成本。

早在2001年中国不良资产市场刚刚起步之时，高盛就从中国华融资产管理有限公司手中买走账面值为19.72亿元包含44个债务企业的资产包，又从中国长城资产管理有限公司手中收购了80多亿元的不良资产。此外，2001年11月29日，中国华融资产曾通过公开国际招标向摩根士丹利、雷曼兄弟、所罗门美邦、KTH基金管理有限公司等组成的投标团打包转让了4个不良资产包，其不良贷款账面价值约为108亿元人民币。但是由于当时市场发展不完善，不良资产多为政策性处置，海外资本意犹未尽。

尤其是在债券市场上，当债券发生违约，出于风控的要求，债券持有人会想各种办法出售问题债券，即使承担债券价格暴跌的风险也在所不惜。而实际上，债券市场对于违约债券的定价并无明确的参照依据，这就为投资者创造了投资的特殊机会。当然，现实中也存在部分债券发行人通过关联公司低价收购自己所发行的违约债券，而这需要未来通过加强债市监管、完善债券法律法规加以解决，但其中的投资机会无疑是值得投资者关注的。除债券市场外，金融机构的不良贷款等更是如此。

随着国内不良资产猛增，银行业不良再度高企，债市违约火上浇油，嗅觉敏锐的海外秃鹫基金再次闻到了腐肉的味道，秃鹫投资者包括橡树资本、高盛、峰堡基金、龙星基金、KKR、法拉龙、阿波罗等纷纷摩拳擦掌。如今，中国市场向世界开放，中美贸易摩擦第一阶段的合作协议中对于开放中国金融市场做了相应的安排，海外资本再次盯上了中国的不良资产经营管理业务，可以想见，这些秃鹫基金又将卷土重来。①

小结

"兵者,诡道也,强而避之,怒而绕之,势均则战之,势弱则避而观之。"在困境企业相关主体的视角下,自债务企业发生违约之后,债权人、债务人及各方利害关系人一直陷入了对于财产利益的"围城战役"。债务人垒砌高墙,死守各路城门,拒不开门迎敌,债权人则采取各种手段,向守城将士施压。在这攻与守的相互博弈之间,需要各方做出相应的妥协与让步,无论是在债务重组、预重整还是进入破产程序中,利益的沙盘上不是一家通吃,也不是零和游戏,而是运用大智慧与共情能力,让债权人、债务人、出资人与投资人的利益平衡共赢。其中破产重整制度对于债权人、债务人及社会公共利益的平衡尤为突出。通过破产重整的方式挽救困境企业,实际上也是以制度化的形式确认债务重组的内容,重整计划草案的磋商与表决需要各方的充分参与,其中不乏各方利益博弈。人民法院强制裁定批准重整计划的制度通常体现出司法权对于企业相关各方主体利益的调整,但实践中,法院仍然需要考虑各方利益博弈的结果,尽可能尊重谈判磋商过程中的商业判断。

而在这场关乎利益的"围城战役"中,债权人与债务人扮演着最为关键的角色,在一步步兵临城下的过程中,双方最好是能够通过商业谈判解决问题,避免妄动刀兵,然而债权人也需要采取策略。债务人当然不希望自己被纳入"失信被执行人"名单,更不想债权人向法院申请查封自己的重要资产,这对于债务人后续引入外部投资会造成巨大阻碍,以传统的诉讼策略追偿的确可以增加债权人谈判的筹码,却难以迫使"弹尽粮绝"的债务人及时偿债,因此有必要转向于通过

---

① 2020年年初,全球知名投资管理公司橡树资本全资子公司——橡树(北京)投资管理有限公司在北京完成工商注册,这表明境外金融机构出资设立的金融资产管理公司已经为期不远,境外资本投资我国不良资产市场将更加便利。

债务重组、资产重组的策略，盘活债务人的资产，化解流动性危机。中钢集团就是以债务重组化解危机的成功案例。也可借助于破产法律制度将债务人推入破产程序，以制度化的手段保护债权人利益。

债务人也并非只能坐以待毙，相反，实践中债务违约的企业往往在谈判中处于优势地位，他们或者是通过自救的方式，例如出售资产、提前收回应收账款，尽快清偿债务，或者是通过引入战略投资者注入流动资金，化解债务危机，实现双方共赢。在和债权人的谈判过程中，需要结合债权人的具体情况向其提供不同的方案以供选择，如前所述，可能是留债的方式，也可能按一定比例进行现金清偿，又或者是通过债转股并约定相应的退出渠道，不同的选择实际上各有利弊，须谨慎为之。

除此之外，股东作为出资人也居于十分重要的地位。如果存在股东瑕疵出资的情况，债权人可以向法院请求股东出资义务加速到期，更甚者，出资人以债务企业为平台，损害债权人利益，债权人则可以请求股东承担连带责任。还有外部投资者蠢蠢欲动，利益的战场上各方势力风起云涌，谁人能够搅动风云，变换城头王旗？这需要资本、法律、财务多方的设计，在有限的空间中创造无限的可能。

第二节　公司控制权的"群雄逐鹿"

世人常道"打江山易，守江山难"，对于公司治理亦是如此。创业者借助商业嗅觉、启动资金、团队创意的力量，在市场经济的广阔天地里，辛辛苦苦打下江山后，不仅需要考虑如何带领公司走得更远，还要留心如何将公司守得更牢。换言之，公司控制权的争夺问题是公司治理，尤其是公司融资过程中不可避免的问题。公司控制权就如同金銮殿上的龙椅、御书房内的印玺，让竞争者虎视眈眈，他们或是"君子""白骑士"，或是"野蛮人""妖精"，试图叩开公司大门。而创业者则担忧引狼入室，中小股东心系投资利益，管理层忧虑自身职位。在债务重组中，尤其是在庭内重组中，大大小小的股东都有权说

"我应该得到一些东西"，不过，对于投资人来说，只会给他们一点东西让他们离开。

20世纪80年代被奉为华尔街经典的《门口的野蛮人》，较好地描绘了公司并购过程中各方争夺公司控制权的图景：KKR以专业的技术拿下了这场收购大战，最终取得雷诺兹－纳贝斯克集团的控制权。在中国，2015年的"宝万之战"是发生在资本市场的一场收购与反收购的控制权争夺战。"宝能系"的姚振华本以实业起家，后崛起于资本市场，利用万科股权结构分散的情况对其发动"闪电战"，以图夺取公司控制权，短短半年内连续4次举牌万科。长期致力于房地产开发的万科是国内首家年销售额超过千亿元的房地产公司，王石和郁亮作为管理团队可以说是功不可没，为了阻击宝能系的资本，万科管理层向持股14.95%的大股东华润求助，而后又向安邦求援，但仍无法阻挡宝能的攻势，万科不得不在"宝能系"迫近第5次举牌线时宣告停牌重组。万科管理层希望通过变相的"毒丸计划"引入深圳地铁作为"白衣骑士"，随后"宝能系"还试图通过资管计划继续增持万科，但面对各方舆论压力只得接受现实退却，其中涉及诸多法律问题，例如董事会决议的效力问题曾引发广泛争论，也让中小投资者真真切切地实现了投资优质企业的股权回报，一时功过难评。

回顾国内外的收购与反收购案例，最终总是几家欢喜几家愁，但核心仍在于对公司控制权的争夺。控制权争夺的问题也容易发生在困境企业身上，这类企业因为债务违约而陷入流动性危机，但并未走到绝路，相反有些债务企业的商业板块多元，资产雄厚，只是由于资金链断裂，一时无法偿债，且因债务违约事件造成的市场恐慌情绪，很大程度上会使得企业股权估值大幅下跌，如此一来，也方便很多投资人入场夺取公司的控制权。当然，在信息不对称的情况下，投资者自然会保持谨慎，不会贸然介入，但是掌握信息资源的公司股东及管理层却跃跃欲试，寄希望于借助公司的债务重组过程来夺取公司控制权。因而，大小股东、管理层、外部投资者在公司控制权争夺的问题上各显身手。可市场上的每一笔收购都牵扯诸多如融资、财务、法律问题，每一单交易的促成也绝非一朝一夕之功。本节围绕公司控制权争夺的问题进行探讨，结合困境企业相关主体之视角展开，看各方如何一争高下。

一、"公司控制权"的核心要素

在市场上要想获取控制权争夺战的最终胜利，首先需要弄清楚的不是杠杆收购的策略，或是交易结构的设计，而是本次交易的目标。换言之，争夺控制权需要先明确何为"公司控制权"，需要在哪些层面取得"公司控制权"。在控制权争夺的战场上，交易的标的不再是产品和服务，而是变成了企业。对于困境企业而言，企业股东急需在市场上找到便宜的资金，以低成本的资金尽快偿债，恢复企业的正常生产经营活动，保留企业股权价值。但是对于战略投资人而言，市面上可供选择的标的众多，如果介入债务违约企业则必然要考虑控制风险，而保障资金安全和后续投资安全最好的办法，就是取得公司未来的控制权，由此必然会在公司控制权上与债务企业的原出资人形成拉锯战。当然，债务企业也不必将投资人视若吞人的恶魔，资本无关乎对错，作为投资人，其意图只在于追求自身利益的最大化。

（一）公司股权结构

公司控制权的具体内容理应从公司的股权结构出发，股权结构作为公司控制权争夺的重要手段，同时也是公司顶层设计的一项核心内容。

1. 股权内容

股权作为一种"权利"，又可划分为财产性权利与管理性权利。

（1）财产性权利。

财产性权利通常与财产收益相关，是股东作为投资者所享有的权利，大多是个体性权利，股东投资公司而取得财产收益，包括股息、清算后剩余财产。从具体的权利实现方式来看，首先股东享有盈余分配请求权，这是通过利益分配与公司资本之间的关联而对公司施加的影响，与此相关联的是股东与董事会之间的角力，此外财产性权利还包括新股发行优先购买权、股份转让优先购买权等。在新股发行的问题上，方式各异，如发行新股、发行可转换债券、配售、分拆上市等，原有股东有权优先购买新股，这对于控制权的争夺起着重要作用。此外，法律规定对于有限公司转让股权做了特殊安排，尽管法律条文的解读仍然富有争议，但是在一定程度上保护了创始股东对于公司的控制权。

(2) 管理性权利。

股东除了可以通过财产性权利控制公司、保护资金安全，还可以通过参与公司治理的形式控制公司，即股东作为公司成员参与决策的投票表决过程。从股东权利的角度来看，这种管理性权利首先体现为表决权。研究公司法的学者曾将公司比喻成政府，将公司治理与宪政挂钩，股东会相当于权力机关，需要通过民主投票的方参与公司的管理与监督，包括批准重大交易、修订公司章程、选举及约束管理层、决定公司解散等。

中国的法律坚持同股同权，即股权与表决权一一对应，但是现实中存在着诸如优先股、AB股及多层次集团控股等不同的股权结构。以优先股为例，持优先股的股东在利润和剩余财产分配的权利方面优于普通股。2014年证监会颁布的《优先股试点管理办法》中明确了上市公司可以发行优先股，非上市公众公司也可以非公开发行优先股。对于股权分散的公司而言，通过发行优先股融资则可以在保证股东控制权的前提下出于控制公司的需要，创始股东在公司初创或者是公司进行IPO时专门设计股权结构，甚至具体的持股比例、持股方式等可能都是经过专业人士再三设计的。

因此，投资者需要在决策前充分了解企业的股权结构及融资计划，并做出积极应对。在此我们无法替投资者做出判断，资本所具有的逐利天性会给出答案。证券交易委员会系统披露的中概股公司上市文件及公司章程显示，诸多企业都会采取双重或多重股权结构，直接赋予特定类别股份与其资金不相匹配的超额表决权来强化创始股东对公司的控制权。

2. 持股比例

除了了解股权结构设计外，持股比例大小本身也意味着股东对公司的影响力大小，具体而言，在一股一权的条件下，即持股比例等于表决权比重，除公司章程另有约定的情况外，依据《公司法》《证券法》的规定，实践中较为重要的比例包括以下几项：

（1）66.66%——股东持股比例高于66.66%（2/3），对公司则拥有绝对控制权，依照法律规定可以自行决定修改公司章程、增加或减少注册资本，以及决定公司合并、分立、解散或者变更公司形式等重大事项。

（2）50%——股东持股比例高于50%（1/2），则对公司拥有相对控制权，可以对其他普通的事项做出决策，包括利润分配、选举董事长等，并且能够对其他股东对外转让股权形成限制。

（3）33.33%——股东持股比例高于33.33%（1/3），对公司拥有一般控制权，可以否决修改公司章程、增加或减少注册资本，以及决定公司合并、分立、解散或者变更公司形式等重大事项的决议。

（4）30%——在公司收购过程中还涉及收购上市公司股份已达发行股份的30%时，需要向全体股东发出要约收购或向证监会申请豁免要约义务，换言之，公司实际控制人持股比例超过30%，就不会成为恶意并购的标的。

（5）5%——持有上市公司5%以上（含5%）股份的股东若减持股份需要进行信息披露。

因此，依据各方希望控制公司的程度，投资者需要关注几个较为重要的持股比例要求，并且也需要注意公司股权的分散程度，尽力避免出现股东僵局的可能。如果在比例上无法实现控制公司的效果，也可以考虑从表决权的行使方面着手。行使表决权可以通过代理、信托和代表的方式，较为常见的手段还有与其他股东结成"一致行动人"。

（二）公司组织架构

股东以表决权参与公司治理，投票表决公司决议，其中一项很重要的内容就是人事的任免问题，因而在公司组织架构方面，公司控制权争夺的关键便在于公司人事权的争夺，对于公司人事权的争夺又主要围绕着几个重要职位，包括公司法定代理人、董事长、董事、监事及总经理等。在法律实践当中，随着股东矛盾的激化，争斗的形式会逐步深化到高管层，形成"双头董事会""多头董事会""新旧董事争夺印章"等市场奇观。关于人事权的争夺，具体包括以下几个方面。

1. 法定代表人

人事权的争夺首先体现在法定代表人上，撤换法定代表人须由公司做出变更法定代表人的决议。公司原法定代表人及相关股东配合办理工商变更登记，若存在拒不配合的情形，公司及股东可以提起诉讼，请求法院判令其协助办理工商登记手续。尽管现实中很多法定代表人可能都不参与公司的日常经营活动，但是在争夺公司控制权的问题上，法定代表人的职位还是尤为重要的。例如，法定代表人有权代表单位向人民法院起诉及应诉，各类合同文件经常也需要法定代表人签字盖章。

2. 董事长职位及董事会席位

董事长职位在控制权争夺过程中也是非常抢手的，其中很重要的原因就在于，《公司法》规定，董事长有权召集和主持董事会会议，这也就意味着董事长可以通过休会的方式避免董事会形成其认为不利的决议，甚至可以通过怠于行使职权的方式来影响企业的经营活动。

与此同时，董事会在公司治理结构中居于核心地位。《公司法》第46条规定了董事会在公司治理过程中的各项职权，负责公司具体的各项决策，董事会决策同样采取一人一票、多数决的表决方式。因此，人事权争夺不会仅限于董事长职位，为了加强自身对于公司经营决策的影响，势必会尽可能多地争取董事会的席位，后文提及的山水水泥控制权争夺案中，天瑞集团就是在取得相应股权比例后，围绕董事会席位进场争夺公司的实际控制权。

3. 监事会席位

监事会或监事作为公司的监察机关，《公司法》第53条和第54条都规定了其职权，不仅可以对董事、高管执行公务的行为进行监督，还可以提议召开临时股东会会议并向股东会提出提案，甚至可以依照派生诉讼的规定对公司董事、高管提起诉讼。因此，监事实际上可以对董事、高管的行为产生约束，在公司人事权的争夺顺位中，监事会席位也是必争之地。

4. 高级管理人员

除上述职位外，各方还将通过董事会围绕"高级管理人员"的职位展开人事权争夺。《公司法》第216条规定，高级管理人员包括公司的经理、副经理、财务负责人，上市公司董事会秘书和公司章程规定的其他人员。现实中还可能包括首席执行官（CEO）、首席财务官（CFO）及首席运营官（COO）等职位，直接参与企业的日常经营管理。市场中引起较大关注度的案件中，佳兆业与瑞幸咖啡曝出的财务风波，根据公司主动披露或调查的信息，皆与高管履职有关。

（三）公司印章管理

与人事权争夺息息相关的一个问题就是公司印章、营业执照的管理问题，这也是一个具有中国特色的问题。古语有云，"官凭文书私凭印"，公司印章的争夺或丢失，很有可能会贻误公司的商业机会，并且影响外部人员对于公司内部控制的评价，尤其对于上市公司而言，公司印章的争夺交织着内部控制权的争夺，容易引发股民联想，影响股价涨跌。而2019年资本市场上不乏公司印章争夺的案例，例如，3月19日，神雾节能发布公告称，因公司公章被时任行政人事总监凌某非法占有和转移，可能导致年报无法按期披露，存在公司股票被深交所实施退市风险警示或暂停上市的风险。12月14日，ST围海发布公告称，公司收到财务总监、财务部及行政部紧急通知，公司财务总监所监管的财务专用章、所有网银U盾（复核U盾）等及行政部监管的公章，被公司控股股东浙江围海控股集团有限公司董事长助理冯某等人强行拿走。

公章争夺通常出现在董事不服被罢免决议的情况下。对于被罢免的董事，他们的确可以请求撤销被罢免的董事会决议，但是诉讼过程旷日持久，诉讼成本高昂，诉讼结果也存在不确定性，因而往往会选择拿走公章、营业执照、合同专用章、财务专用章、收发章及 U 盾等重要物件，然后等待公司起诉，试图以此改变被动局面。因为新董事不敢轻易向法院提起诉讼，且不论中间需要耗费的时间成本、举证不能等现实问题，原董事甚至可以借公司名义提起撤诉，而法院对撤诉一般仅作形式审查，原董事可能还会收到一笔退回的起诉费用。当然，新董事并非无计可施，较为合适的手段应当是寻求行政救济，因为行政机关经费、预算充足，可求助于公安机关，避开公司举证困难。

二、庭内债务重组中的控制权争夺

在上述公司常态下的控制权争夺过程中，股东的表决权、分红权、知情权、退股权、股东诉权等都是争夺公司控制权的手段，但是在企业陷入债务危机的情况下，股东的上述权利却是受到一定限制的，如何更好地理解与使用，就成为出资人能否在博弈中获得应有利益的关键。其一，在庭外债务重组过程中，很多大型企业在应对债务危机的过程中认识到，单凭股东自身努力已无法顺利解决困境，此时，它们就会向当地政府求助。政府有时会组织相关部门成立工作组，以及聘请相关中介机构对企业进行会诊并给出解决方案。这个方案一定是以挽救企业、化解职工下岗失业、解决债权清偿问题、稳定地方经济秩序稳定为主要诉求的，而非以保住出资人现有股权价值为目标。在此过程中，如果企业资产能力已经严重不足，则不论股东是否愿意，政府成立的工作组已经接管公司并决定下一步工作走向，股东的话语权逐步丧失。其二，庭内重组也是如此，法律虽然赋予出资人权利，但相对于债权人和债务人的各项权利与约束措施，出资人出现的语境较少。困境企业在引入战略投资者后，原大股东或者新的投资者都有可能成为新的中小股东，而中小股东更是处于弱势地位。因此，新老股东、大小股东之间如何正确理解法律赋予出资人的各项权利，对其展开博弈就十分重要。

（一）出资人知情权

在企业的正常运转中，股东所享有的各项权利首推股东知情权的保护。控股股东可以通过选出值得托付的董事会，广泛参与公司的经营管理活动，在信息获取上有着天然优势，往往不太需要通过行使知情权保护。但是，在破产程序中，出资人知情权将成为一个问题。

中国的破产法律制度规定，在整个破产程序中，管理人通过接管债务人各项事务，开展各项具体工作。对此，法律规定债权人可以通过债权人会议与债委会了解破产进展并发表意见。但是，在法律仍以债权人与债务人二元对立为主要视角的背景下，对出资人如何参与破产程序并未有过多提及。因此，在实践中，如果部分出资人与管理人在破产程序中的结合度不高，乃至存在激烈对抗的前提下，很可能被排除在程序之外。出资人对清产核资、债权审查确认、资产处置、日常运营、最终财产变价方案与分配方案或重整计划草案的制订中，并没有明确的法律依据来行使知情权。

上市公司的出资人保护做得较好，但这个是基于上市公司作为公众公司，必须就重大事项及时披露的法律规定实现的，而非基于破产法的明确要求而定。另外，上市公司的股东动辄数万人，市场关注度高，管理人处理不好则面临巨大舆论压力，甚至群体事件。因此，对出资人的保护也就更为细致和周密。但是，非上市公司的出资人知情权保护就会有很大程度的随机性，要看管理人对破产程序的理解深度与经验丰富程度。越是经验少的管理人，越会对与出资人、债权人沟通存在一定畏难情绪，因担心言多必失而讳忌与出资人的过多接触。

对此，出资人是对债务企业最为了解的主体，如何提升出资人的参与度与配合度，是债务重组成功与否的关键因素之一。庭外重组中出资人仍有知情空间，庭内重组中，我们认为不论管理人态度为何，出资人从维护自身利益角度出发，仍可通过电话、邮件、拜访等多种渠道，积极主动与管理人联系并发表意见，如果发现对困境企业或自身显著不公平（而非不利）的事项，可以及时向法院反映情况，请求法院监督指导管理人的工作。

(二) 出资人参与权

一般而言，出资人权利在庭内重组程序中将会受到一定限制。但是，出资人在很大程度上对参与庭内重组工作是非常积极的，希望可以发挥更大的作用，以保留尽可能多的股权比例，争取享有破产剩余财产分配或股权升值的财产性利益。但是，我们以破产重整制度为例，中国的破产法并未对出资人参与权给出列举式的规定，仅是规定出资人代表可以列席债权人会议并讨论重整计划草案。实践中很多人未对这一规定做出准确理解，将其与出资人权益调整方案混淆。

根据上述规定，出资人权益调整方案不是重整计划草案的必备内容。法律规定的是，重整程序如果涉及对出资人权益进行调整，例如将其出资全部剥夺作为对价给战略投资者的，则应当制订出资人权益调整方案并召集出资人组会议表决。但是，假设该重整程序不涉及出资人权益调整，则意味着没有需要出资人表决之事项。因此，出资人讨论重整计划草案与重整计划草案的表决权这二者还不完全一致。出资人对重整程序的参与权是指，按照法律规定，选出代表参与到重整计划草案的讨论中。重整计划草案是整个重整程序中最为核心的事项，这也间接地赋予了出资人对各项重整发表意见的权利。

但是，我们也应当看出，这项权利的行使依然受到很大程度的限制。实践中，债权人会议往往直接表决方案，之前并无讨论环节。召开债权人会议并对重整计划草案进行讨论，并非严格的司法前置程序，因此，出资人参与权又在一定程度上仅仅体现在表决权上，这种零散的不成体系的股东保护机制，在实践中不利于对出资人的保护，也导致出资人在缺乏法律直接赋予的各项权利工具的情况下与各方展开博弈。

需要注意的是，出资人权利的保护和博弈较为灵活，在一个企业面临困境时，也有股东逆境扩展，利用《公司法》赋予的股东优先权，在庭外重组阶段就成为该公司的大股东或单一股东。这种股权转让中的优先购买权，对于股东争夺公司控制权有着重要作用，原有股东在其他股东转让股权的过程中可以占得先机，避免了进入破产程序后的多重不确定性。然后，在取得公司控制地位后，该出资人对企业进行更生重整，降低债权人预期并清偿，然后调整业务结构并注资恢复运营，享受低价购入股权并成功运作脱困后的高额股权溢价。例如，高瓴资本收购百丽鞋业的私有化收购案中，在企业估值低点介入，再通过对百丽协议女鞋板块与运动服饰板块的拆分上市，重新获得公司上市的高估值和高回报，也是可供债务重组控制权争夺中借鉴的地方。

（三）出资人的表决权

本书前述对庭内重组模式进行了比较研究，破产程序本身虽由三驾马车共同组成，但"破产和解"与"重整制度"的主要目的在于预防商事主体的破产清算。虽为满足特定的商业目的，破产清算亦被市场开发出多种"小众"用途，破产清算式重组也衍生为一种商业手段，但究其本质而言，破产清算主要还是以注销法人主体资格为目的的司法程序。

因此，出资人在破产清算中的出资权益会受到更大限制，如果债务人企业被正式宣告破产，管理人将起草财产变价方案与分配方案。上述方案依法须经债权人会议表决，但未规定出资人有权表决，这是因为：其一，清算企业是资不抵债的公司，所有权者权益为零，因此，该企业出资人已经不具备对企业行使权利的财产性基础；其二，清算企业的股东们，或是对清算程序也保持着"哀莫大于心死"的消极放任态度，或是抱着激烈的态度不配合，因此，法律赋予出资人表决的权利意义不大，反而会导致任何方案都遭到出资人的弃权和反对。按照破产程序的表决规则，弃权效果等同于反对，这就意味着方案不论是否合法公平，都会导致出资人组（会议）反对而无法顺利通过。

反之，破产重整程序是庭内重组的代表，企业以存活为己任，这就意味着出资人与债权人等主体有着最基础的一致性诉求。因此，出资人也是重整程序的利益主体，法律对此给予参与表决重整计划草案的权利。如果重整计划涉及出资人权益调整的内容，就会影响出资人的合法权益，因此必须赋予出资人表决出资人权益调整方案的权利。《企业破产法》规定，重整计划草案的表决必须由各个表决组中出席会议、参与表决的债权人同意人数过半，且代表金额达到该组债权总额2/3以上方为通过。如任一组债权人或出资人组未能表决通过，则重整计划草案表决失败。如征询各方意见进行修改或不修改而直接进行二轮表决后仍未通过，则法院可以根据该方案是否符合合法性、公平性与可执行性，直接裁定批准，即所谓的法院强裁。

在司法实践中，虽然法院可以裁定批准重整计划，但不到万不得已法院不会违背各方意见而强裁，还是希望各方可以自由意志达成一致。这就给了管理人等各方一定压力，如果对某一主体的权利过分违背，则意味着最后方案会表决失败。因此，出资人在重整计划草案表决中具备与各方谈判博弈的充分筹码。

（四）出资人的其他权利

除上述出资人在破产重整过程中可以依仗的法律工具外，通常还有破产程序的申请权，以及重整计划草案的制订权等。在破产重整程序中，申请人一般为债权人，但出资人在特殊条件下也可以申请法院重整。这一点上文已经提及，不再赘述。关于破产重整计划草案的制订权，中国的破产法将其局限于重整人（管理人或债务人），即看重整程序的破产财产和运营事务是由何种主体负责。如管理人负责重整各项事务，则属于管理人管理模式，由管理人负责制订。而在债务人自行管理模式下，制订权则归属债务人。目前，鉴于债务人在制订重整计划中容易出现道德风险，债权人易产生不信任，怀疑其向自身权利保护更为倾斜，故管理人管理模式更为普遍。

重整程序涉及的主体利益众多，鉴于债务人对自身资产、负债及各项运营情况最为熟知，而管理人最为专业与中立，所以法律允许二者制订重整计划草案，提交债权人会议表决，自是最顺理成章的事情。但是，出资人同样对困境企业较为熟知，且自身也是利益主体之一，故参照美国的破产法制度，成立类似于股东委员会的制度，在一定程度上赋予其发言权与制定权，也是较为合理的主张。

三、管理层收购引发的控制权争夺

债务重组中除了出资人与投资者存在争夺控制权的情况，也存在管理层借机收购的情况。管理层收购（MBO）起源于二十世纪七八十年代的英国，主要动因是彼时有"铁娘子"之称的撒切尔夫人执政后推行的国有企业私有化运动，而后美国将这种收购方式推广开来。随着美国二十世纪八十年代企业剥离与分拆运动的兴起，管理层收购交易额一路飙升，但由于收购过程中垃圾债券的广泛使用，投机色彩严重，致使后期融资乏力，管理层收购市场萎缩。

中国关于管理层收购的实践发展与学术争论都主要集中于 2000 年前后，并且在国有企业改革过程中发挥了重要作用。1999 年 9 月召开的党的十五届四中全会通过了《中共中央关于国有企业改革和发展若干重大问题的决定》，其中明确指出"选择一些信誉好，发展潜力大的国有控股上市公司，在不影响国家控股的前提下，适当减持部分国有股"，一时之间引发了上市公司管理层收购的热潮。早期如大众交通、四通集团的管理层收购，而后宇通客车、特变电工、胜利股份等上市公司都相继完成了管理层收购。2004 年中国的上市公司管理层收购达到历史新高，由此也引发了一场关于国企改革模式的讨论——"郎顾之争"（郎咸平与顾雏军），在防止国有资产流失、维护社会公平的基调下，关于国有企业管理层收购的监管政策也相应收紧。

关于企业管理层收购之动机，学界上有着诸多理论分析，如规避税收、企业家精神、防御剥夺、代理成本等。就困境企业而言，由于债务违约，股权的估值大幅下跌，管理层可能出于不同的动机做出收购公司的决定。尽管目前市场上鲜见实际案例，但是不可忽视管理层在困境企业控制权的争夺战中处于重要地位。在收购方式上，管理层传统的收购方式主要是借助于职工持股平台或者壳公司受让公司股权，实现对公司的直接控制，但这面临巨大的融资压力及高额的税收成本，并且存在一定的法律障碍。因此，借助于信托计划实现管理层收购变成一种新的路径，具体操作上就是由信托公司为管理层制订信托计划，以信托计划向商业银行等金融机构进行融资，并以所融资金购买目标公司股权，管理层以公司股权作为质押，并以持股分红所得现金偿还本息，最终实现管理层控股的目的。

诚然，管理层收购可以降低企业的各项成本，完善公司治理结构，但是在实际操作中也存在诸多现实问题，尤其对于国有企业而言，稍有不慎，可能就会导致国有资产流失。在管理层收购的过程中，由于存在信息不对称，公司管理层具有一定的信息优势。《门口的野蛮人》中罗斯·约翰逊团队的经验正反映了这一点。当管理层作为股权的购买者，难免会利用信息优势恶意压低收购价格，降低收购成本，甚至通过隐瞒利润、故意夸大公司账面亏损的方式，欺诈原有股东，侵占原有股东利益。

因此，管理层收购困境企业容易引起出资人、债权人等主体的质疑，这对管理层来讲是一个风险，可能在某种程度上放大日常经营存在的瑕疵或失误。另外，不论是否并购困境企业，各方最为关注的还是股权定价问题。定价合理性关乎企业收购目标最终能否成功实现，更关乎股东的利益能否得到有效保护。在管理层收购中，企业每股的净资产价值是一个重要参考，但这一模式在困境企业并购中显然不合理，需要结合资产情况、市场地位、负债规模、发展潜力及各项并购收益成本等多种角度评判，由收购者、目标企业、出资人及债权人商定最终价格。总之，MBO 在交易实践中要严格遵循市场检验原则，确保现有股东在收购中获得公允价值，评估作价要综合多种因素确定，过于单一的定价方式容易导致定价缺乏合理性。这也提示被收购企业，在应对管理层收购时，有必要采取相应的办法确定合理公正的收购价格，具体而言就是需要对于企业的价值进行合理的评估。可以引入专业的第三方评估机构，以保证评估结果的公正合理。

对于管理层而言，需要解决的最大问题是如何获得足够的收购资金。管理层收购一般多采取杠杆收购，其中难免需要面对一定的财务风险，如果过度举债，将导致沉重的举债成本影响企业未来的经济效益。杠杆收购代替了薪酬与员工持股计划提供的激励机制，带给管理层更高的财富，使股权集中成为可能，强化了公司治理结构，这也变相的鼓励了管理层通过杠杆兼并其他企业，为公司以及自身对公司的控制力提供促进作用。与此同时，由于各类融资证券化程度不高，相应的二级市场不够发达，无论商业银行的中长期贷款或是信托公司的信托资金，都尚未打通退出渠道，无疑会影响投资者的信心。管理层融资的渠道也相对有限，通常是以企业外部债务融资的方式，以企业运营收入作为还款来源，不利于企业的长期发展。未来的发展趋势应当借鉴前文所提及的信托计划融资的方式，解决收购资金来源合法性的问题，并且确保股权有效管理，增强管理层收购的公平性与公正性。

另外，在管理层收购过程中，管理层一方面需要代表公司利益尽可能提升公司价值，争取在收购过程中为股东谋取最大利益；另一方面，其又作为公司收购方，需要压低公司价格，减少收购成本，由此引发了道德风险。BreitBurn Energy Partners，这家拥有石油和天然气资产的美国企业，受能源价格暴跌的重创，在2015年停止分配股息，并在2015年申请破产，按照其资产负债表记载，资产47亿美元，负债34亿美元。美国的股票市场很成熟，很多投资者看重的是雷打不动的分红权利。因此，通知停止付息后，BreitBurn Energy Partners在公开市场的股票价格暴跌，从每股2美元跌至26美分，股东损失惨重，且在破产程序中，因为劣后于债权人分配企业资产，股东已经无法获得任何资产。但是，管理层却能迅速抛售全部股票，市场普遍认为管理层试图从股东手中偷走公司。当然，实践中也有董事与大股东沆瀣一气，通过制订股权变动计划，以反收购为名损害中小股东的实例。如发生这种情况，中小股东可以董事、高管侵害股东利益为由，向人民法院起诉，请求损害赔偿。

而仅就困境公司收购与反收购而言，公司管理层在进行收购决策中的所有行为，都需要遵守注意义务，谨慎对待其在收购中的职能权责，尽力为公司谋求利益。如果存在侵害公司或股东利益的行径，可以公司董事违背信义义务为由向法院起诉。而公司董事的注意义务可以体现在一些收购过程中的具体工作上，包括公司董事必须全面准确地收集相关信息，为收购工作做好准备，并及时地将汇总信息和分析结果向股东反映。另外，在收购的谈判过程中，公司管理层需努力讨价还价，为公司争取最有利的收购条件，如积极地寻找善意的合作伙伴，认真制订收购应对方案，从信息对称、信息匹配、全面评估等角度公平确定公司股权的真实价值，另外收购信息要如实向大多数无利害关系的股东充分披露等。

四、外部投资人介入引发的控制权争夺

从"宝能与万科"的股权之争开始，A股市场的投资者对"野蛮人"这个概念就不再陌生。而在万科之后，险资大举扫货的势头愈加猛烈，比如安邦系买入中国建筑、前海人寿增持格力电器等。

2016年12月3日，证监会前任主席刘士余在中国证券投资基金业协会第二届第一次会员代表大会上发表演讲，重点喊话"野蛮人"，更是令舆论一片哗然。他提道："希望资产管理人，不当奢淫无度的土豪、不做兴风作浪的妖精、不做坑民害民的害人精。你用来路不当的钱从事杠杆收购，行为上从门口的陌生人变成野蛮人，最后变成行业的强盗，这是不可以的。这是在挑战国家金融法律法规的底线，也是挑战职业操守的底线。"各路分析人士普遍认为这次喊话传递出证监会对于"野蛮人"的监管态度。随后，前海人寿被查，保监会下发监管函，对前海人寿采取停止开展万能险新业务的监管措施，责令整改，并在3个月内禁止申报新产品。

而所谓的"野蛮人"都是在资本市场上搅弄风云的资本大鳄，他们往往无心经营实业，主要是通过资本运作和金融手段抢夺公司控制权，放大杠杆，以谋取短期内的资本回报。对于资本市场和实体经济而言，这类主体都不受欢迎，应当被纳入金融监管的限制范畴。

但是，投资者作为陌生人站在目标企业的门口，其角色本身就具有双重属性，究竟是作为公司前进的"助力者"，还是作为资本市场

的"野蛮人"，通常难以在投资者进场前就做出准确判断。因为公司并购行为是非常普遍的，杠杆收购也屡见不鲜，而且收购行为如果能够实现企业板块布局的互补，扩大经营规模，提高经济效益，对于被收购公司的股东而言也是一项重大利好。因而，被收购公司需要做出合理判断：究竟是选择接受收购，还是引入竞价者，或者是采取反收购策略，尽可能保护公司股东的利益？此外，公司发生并购重组时，新股东往往会重新选任董事及高管，公司管理层基于保全自身职位的考虑可能会采取一系列反收购措施，甚至会牺牲公司及股东的利益，这也需要提示各方积极应对。

对于困境企业而言，重组过程中进行再融资，通常会选择引入战略投资人，注入流动资金，恢复企业正常经营活动，可是也需要防范"病急乱投医"的情况，公司董事及高管需要认清战略投资人的投资意图，维护原有股东的利益。而战略投资者以权益投资的形式进场后，对于控制权的争夺则与股东无异，这一部分可参照前文，在此不再赘述。值得一提的是，事实上部分企业之所以发生债务违约，与企业控制权的争夺息息相关，尤其是在"野蛮人"依靠着高杠杆的金融手段进场之后，与原有股东在公司治理结构上的各项角力，使得公司整体陷入困境，无心组织日常经营活动，山水水泥票据违约事件即为明证。

五、公司控制权争夺相关案例

为了说明困境公司控制权争斗的策略及影响，以下梳理了两个关于公司控制权争斗的案例，从时间线上反映出争斗过程中各方如何"夺权"，以及各方争斗之下企业又将走向何方，供读者参阅。

（一）山水水泥的控制权争斗风波

1. 山水水泥控制权争夺过程

中国山水水泥集团有限公司（以下简称"山水水泥"）于2008年在香港联交所上市，系内地首家在香港红筹股上市的水泥企业，也是国家重点支持的12家全国性水泥头部企业之一。

自 2015 年以来，山水水泥深陷债务危机与控制权争斗的漩涡至今。这宗控制权争夺战源自 2014 年 10 月，当时山水水泥的最大股东是山水投资，其实际控制人牵涉诉讼纠纷，为规避风险而主动引入央企中国建材股份有限公司（以下简称"中国建材"）成为山水水泥第二大股东。正因如此，山水投资所持股份从 30.11% 下降至 25.09%，意味着其他投资者可在不达到要约前就成为第一大股东，这直接引发了众多市场主体的竞购动作。

2014 年亚洲水泥股份有限公司（以下简称"亚洲水泥"）率先在市场扫货，并于 2014 年 12 月 1 日达到 20.90% 的持股比例，直逼山水投资。但是，亚洲水泥的动作又导致另一大鳄入场，后发制人的中国天瑞集团水泥有限公司透过其香港子公司天瑞（国际）控股有限公司（以下对于天瑞集团及其关联公司，简称为"天瑞集团"）在二级市场扫货买入山水水泥，居然在 4 个月内拿出 50 多亿元买下近 10 亿股，成为山水水泥第一大股东，持股比例达到 28.16%。

至此，根据 2015 年 4 月 16 日关于公众持股量状况及停牌的公告，山水水泥股权结构大致为：天瑞集团持股 28.16%，山水投资持股 25.09%，亚洲水泥和中国建材分别持股 20.90% 和 16.67%，而公众持股比例仅为 9.18%。由于公众持股量不足 25%，山水水泥的股票及债券自该起停牌。此时，董事会成员中有 3 名执行董事，分别为张斌（董事长及总经理）、张才奎及李长虹。

随后，在股权结构上取得控制权的天瑞集团几度试图重组董事会。但是，原董事随即采取行动。在股东特别大会通告中，专门针对新董事人选公开发表意见，指出天瑞集团提议选任新的董事会成员，但未指明原董事会成员有任何不当行为，现任执行董事均为公司的高级管理层核心人员，对公司主营业务活动的经营及运作起着重要作用。另外，特别提到了前述人员在天瑞集团仍担任行政职务，天瑞集团主要从事熟料、水泥的生产与分销，与山水水泥业务互相竞争，甚至可能需要获得商务部根据《反垄断法》给予的批准。其后，山水投资与天瑞集团就董事会成员席位展开激烈竞争，成员变动较为频繁。

山水水泥经长时间的控制权争夺，不可避免地影响了正常运营。11月5日，山水水泥发布公告称，其全资子公司山东山水在国内发行了金额约20亿元的票据，将于11月12日到期应付。鉴于集团目前的现金状况以及集团面临的资金困难，山东山水是否能于11月12日偿付境内债务存在不确定性，而公司仍在探索各种集资选择方案。

一年后，山水水泥的债务情况开始好转。2018年4月18日，合计占股约10.49%的股东要求召开股东特别大会，表决委任、罢免董事的议案。5月3日，山水水泥公告称，股东特别大会表决通过选聘常张利、吴玲绫等为新的执行董事。

新任董事会上台后，迅速针对停牌采取措施。8月11日，新任董事会表示计划将提交议案，以发行可转换股债券等方式，来提升公众持股量。9月3日，山水水泥完成了根据一般授权发行的可转换股债券。

2018年10月31日，时隔三年半，山水水泥为解决公众持股量低于25%的联交所底线而要求复牌交易。随着经营的恢复，加之水泥价格走高，山水水泥依靠盈利所得现金流偿还欠款，并于2019年又有了正常的新增贷款。但是，公司控制权的问题仍然悬而未决。

2. 山水水泥案例对债务重组的启示

纵观山水投资与天瑞集团的控制权竞争过程，天瑞集团在上述局面下对公司章程及董事会议事规则进行修改，很难产生实际影响，且作为外来投资者突袭入股成为第一大股东，也受到员工持股平台及管理层的挑战。这场控制权争夺战，客观上影响了企业的正常运营，债务问题也随之出现。在此过程中，山水水泥也曾被相关方申请破产清盘，可见战况多么惨烈。山水水泥一旦破产清算，固然几家大股东仍能保持着公司的股权份额，但对于那些在公开市场交易的小股东而言，利弊几何难以评估。

山水水泥的控制权之争具有代表性，在困境企业收购中，如果不通过债务重组程序有序进行，可能造成各方都难以预料的结果。山水水泥控制权争夺战对困境企业并购的启示有以下几点：

第一，不论正常企业或是困境企业，在新投资者入股并展开控制权竞争时，如果股权比例相近，或者现有经营管理层拒绝配合等，可能会导致企业争夺变成一场持久战，势必影响企业人心士气，导致业绩下滑。原本好的企业可能出现危机，而本身即身处困境的企业则更可能进一步滑向深渊。

第二，困境企业控制权争夺，各方在相互牵制之中，股东们顾虑风险而讳忌投入，可能使企业错失挽救的"黄金时期"。例如，在山东山水出现债务危机后，天瑞集团以更换董事会为条件，出面解决债务融资难题，并实际通过与信达资产的合作，收购到期债券而避免了清算危机，但天瑞集团控制董事会仅维持了很短的一段时间，其后董事会再次易主，导致其他股东搭了便车。甚至，如果后续在控制权竞争中失利，不但会让其他股东坐收渔人之利，其在本次借款中所承担的担保等措施，可能还令其"赔了夫人又折兵"，甚至成为未来控制权争夺中的软肋。

第三，破产程序可以作为控制权争夺的有效武器，但应当根据实际情况制定策略。在本案中，天瑞集团曾以更换董事会人选为条件，协调解决融资问题，但是，在债务问题解决完毕后，却被其他股东利用表决优势而替换出局。其后，天瑞集团向开曼群岛大法院申请清盘山水水泥，但是这种利用债务重组手段实现控制权争夺的方式，已经错过了最佳时机。如果在山水水泥的境内主要资产山东山水出现严重债券违约后，立即采取该手段，则其他股东很可能基于对"多输"局面的预判而做出妥协。否则，当公司度过至暗时刻后再行申请，法院很难仅依据公司僵局等原因，裁判一个运营良好的企业清盘。

综上所述，债务重组程序或具体工具可以在股东争夺控制权中成为一种好的竞争策略。如果设计得当且运用适时，将会起到良好效果；但如果没有整体性的一揽子安排，仅是"头疼医头，脚疼医脚"，则不但不能起到对竞争者的威慑作用，还可能导致自身支付大量竞争成本后，却要面对实际效果不佳的窘境。

（二）ST 围海股东夺位战

浙江省围海建设集团股份有限公司（以下简称"围海股份"或

"ST围海")是国内一家民营水利上市企业，长期专注于海洋与水生态工程建设，具有水利水电工程施工总承包一级、市政公用工程施工总承包一级、建筑工程施工总承包一级、航道工程专业承包一级、工程勘察专业类甲级、公路行业专业甲级、风景园林工程设计专项甲级等十余项资质。下辖浙江省围海建设集团工程开发有限公司、浙江宏力阳生态建设股份有限公司等30余家子公司。

2019年对于围海股份而言是充满波折的一年，起因是大股东浙江围海控股集团有限公司（以下简称"围海控股"）陷入资金危机，牵连围海股份违规担保、资金占用等事件，资金链吃紧，由此引发一场大股东与二股东之间的夺位战。

2019年4月27日，围海股份发布了《关于公司违规担保、资金占用等事项的公告》，公告中称，围海股份及其子公司以存单质押方式为控股股东围海控股及其子公司、关联方在相应银行融资累计提供担保金额达6亿元，截至2019年4月26日担保尚未解除；另外，截至2019年4月26日，围海股份累计被大股东围海控股及其关联方占用资金4 750万元。控股股东及实际控制人之一、董事长冯全宏承诺一个月内无条件偿还银行的贷款、及时解除存单质押，积极采取有效措施消除违规担保、资金占用对公司的影响。

然而，5月28日，围海控股及实际控制人之一、董事长冯全宏未能在一个月内解决上述事项，根据《深交所股票上市规则》的相关规定，公司违反规定程序对外提供担保的余额在5 000万元以上，且达到了公司最近一期经审计净资产的10%以上，如果公司对上述违规对外担保事项无可行的解决方案或者虽提出解决方案但预计无法在一个月内解决的，公司股票交易将被实行其他风险警示。因此，公司发布公告称，围海股份的股票被实行"其他风险警示"，变为"ST围海"。7月12日，ST围海收到证监会的调查通知书，因公司涉嫌信息披露违法违规被立案调查。

大股东自顾不暇，ST围海陷入困境，二股东上海千年工程投资管理有限公司（以下简称"千年投资"）此时开始崭露头角，走向前台。

从事情的发展转变来看，最初二股东的上台，一方面是代表中小投资者发声，另一方面我们猜测与大股东不无关系。

7月31日，ST围海时任董事长冯全宏主持召开第5届董事会第45次会议，董事会全票通过换届选举第6届董事会非独立董事、独立董事的议案，并同意选举仲成荣（千年投资实际控制人）、陈晖、张晨旺、陈祖良为非独立董事候选人。

8月16日，公司董事会召集举行第二次临时股东大会，仲成荣、陈晖、张晨旺、陈祖良均成功当选，黄先梅、方东祥、费新生、陈其出任独立董事，黄昭雄、贾兴芳、朱琳出任非职工监事。除仲成荣外，黄昭雄是上海千年城市规划工程设计股份有限公司（千年投资的子公司，以下简称"千年城设"）的副总经理，贾兴芳任千年城设的财务部经理，费新生任千年城设的独立董事。

至此，二股东千年投资重建董事会完毕，仲成荣出任ST围海的董事长，但控股股东仍为围海控股，冯全宏等仍为公司实际控制人，这也为围海控股"复位"埋下了伏笔。

新任董事会自查发现，除4月27日公告的6亿元违规担保外，ST围海还存在其他违规担保。8月23日，ST围海公告新增两起违规担保，分别为：680万元本金及利息、实现债权的费用（包括律师费）；1 343.37万元本金及利息、违约金。又于9月20日公告新增违规担保9 799万元本金及利息、实现债权的费用（包括律师费）。截至2019年9月20日，ST围海违规担保余额已达到7.18亿元，还存在疑似合同诈骗的违规担保情况，涉及合同金额3.7亿元。ST围海已向公安机关报案，并于10月8日起启用新公章，界定新老董事会权利和义务。

10月14日，深交所发布关于对ST围海及相关当事人给予公开谴责处分的公告。深交所指出，经查明，围海控股及相关当事人存在以下违规行为：（1）ST围海向控股股东、实际控制人提供担保未履行审批程序和信息披露义务；（2）控股股东非经营性占用上市公司资金。深交所做出如下公开谴责决定：（1）对浙江省围海建设集团股份有限公司控股股东浙江围海控股集团有限公司给予公开谴责的处分；（2）对浙江省围海建设集团股份有限公司实际控制人兼董事长冯全宏给予公开谴责的处分。

鉴于冯全宏、围海控股、宁波朗佐贸易有限公司（围海控股的关联方，以下简称"朗佐贸易"）、浙江围海贸易有限公司（围海控股的子公司，以下简称"围海贸易"）严重损害公司及广大中小股东的利益，对外构成越权和无权代表等原因，ST围海及工程开发公司于10月15日以长安银行股份有限公司宝鸡汇通支行（债权人及担保权人，以下简称"宝鸡支行"）、冯全宏、朗佐贸易、围海控股、围海贸易为被告，向宁波市中级人民法院提起民事起诉状。

这场关于大股东与二股东的战役终于从董事会的谈判桌打到了法院的审判庭，也引起了控股股东围海控股的回击。11月13日，ST围海收到公司控股股东围海控股《关于提请召开2019年第3次临时股东大会的函》。围海控股拟提请公司董事会召开2019年第3次临时股东大会，并审议罢免公司现任三大非独董、三大独董、三大监事。罢免理由是：相关董、监事没有履行其作为董、监事应当尽到的责任和义务，不适合继续担任公司董、监事职务。与此同时，围海控股还分别提名了对位人选。

11月18日，ST围海发布《关于暂缓审议控股股东提请召开临时股东大会的公告》。具体原因包括，控股股东未在规定时间内向董事会提供相关函件落款公章的真实性说明、与函件有关的用印审批制度及审批文件，并未补充列举所提议罢免相关董监事没有履行其应当尽到的责任及义务的详细事项说明，所提交的提案中董事、监事候选人人数不足、材料不够翔实等。

与此同时，ST围海董事会不得不审议通过了暂停上市公司股票增持计划的议案。公告称，因罢免事项导致上市公司股票增持计划参与者普遍对公司未来发展前景信心不足，现董事会决定暂停增持计划。而按照原计划，公司董事、高管拟增持股份累计不低于4 400万股，部分监事拟增持股份累计不低于10万股，部分中层管理人员拟增持股份累计不低于120万股。

11月21日，ST围海对外宣称，鉴于事态的继续发展将会严重影响上市公司的稳定，公司希望控股股东能应邀与现任董事会、监事会进行坦诚沟通，弥合分歧，同心聚力，共谋发展，不要做出有损上市公司和广大中小股民权益的决定。

翌日，仲成荣就主持召开了ST围海第6届董事会第5次会议，会议应出席董事7人，实际出席董事7人，最终以7票赞成、0票反对、0票弃权的结果通过了《关于不同意控股股东提请召开2019年第3次临时股东大会的议案》。

围海控股立即以邮件方式向公司监事会发送了《关于提请召开2019年第3次临时股东大会的函》，公司监事会当即做出响应，同意围海控股提请召开临时股东大会的请求，并决定由公司监事会召集主持。

就在2019年第3次临时股东大会召开之际，12月14日，ST围海发布《关于公司公章、财务专用章等重要办公资料失控的公告》称：公司收到财务总监、财务部及行政部紧急通知，公司财务总监所监管的财务专用章、所有网银U盾（复核U盾）等及行政部监管的公章，被公司控股股东围海控股的董事长助理冯某等人强行拿走。当日傍晚，在公安机关的协助下，ST围海取回失控的公司公章、财务专用章等重要办公资料，但因无法确定和控制相关印章失控时的风险，公司又于12月16日刻制新公章、财务专用章。

12月24日，由ST围海监事会召集并主持2019年第3次股东临时大会，会议罢免了包括前董事长仲成荣在内的公司第6届董事会及监事会成员，并选举了以实控人冯全宏之女冯某为首的新任公司董事会监事会成员，控股股东重新掌握大局。不过，他们依然面临着实控人冯全宏此前违规担保留下的摊子。

2020年4月7日，公司发布公告称，因公司涉嫌信息披露违法违规，中国证监会决定对公司立案调查。截至公告发布日，公司尚未收到中国证监会的结论性调查意见或相关进展文件。但不论调查结果出具与否，深陷控制权争斗的ST围海已是雨中浮萍，日常经营活动早就陷入困境。

ST围海的多个募投项目进度缓慢，出现了延期。根据ST围海8

月 29 日发布的公告披露，拟投入 4.31 亿元在 2020 年 8 月 31 日达到预计可使用状态的奉化市象山港避风锚地建设项目及配套工程（BT）项目，目前投资进度仅为 92.04%。针对此情况，ST 围海将该项目的预计可使用状态日期调整至 10 月 31 日。同时，公司将原计划在 2020 年 6 月 30 日达到使用状态的舟山市六横小郭巨二期围垦工程——郭巨堤工程项目，时间调整为 2021 年 3 月 31 日；将原计划在 2021 年 3 月 31 日达到使用状态的天台县苍山产业集聚区一期开发 PPP 项目，调整至 2021 年年末。受到上述诸多因素影响，ST 围海 2019 年的经营业绩滑坡明显。2019 年财报显示，前三季度，ST 围海实现营收 21.68 亿元，同比下滑 5.77%；归属于上市公司股东的净利润 8 966.94 万元，同比下滑 51.72%。与此同时，股民也对此准备进行诉讼索赔。

从上述案例可以看出，公司控制权的归属情况时刻影响着公司的经营状况，股东之间的夺权大戏既关乎股东自身利益，更与公司未来发展息息相关。围海控股与千年投资的斗争始于公司经营管理问题，最终也影响着公司经营状况。因此，对于投资者而言，熟悉控制权争斗的规则能够帮助其夺取公司控制权，也为公司尽快恢复正常经营奠定了基础。综观围海控股与千年投资的斗争策略，始终围绕着董事会、公司治理展开，甚至出现公司公章、财务章"失控"的闹剧。

但这场斗争中，千年投资似乎已经选择和平解决争端了，之前的策略也证明，其他股东不在股权结构上撼动控股股东的地位，仅试图通过参与公司治理等方式，恐怕是难以实现对抗大股东的目的的。这其实也是中小股东普遍面临的问题，他们很难对抗大型资本的力量。无独有偶，ST 高升也同样面临股东内战，在面临控制权之争时，控股股东为避免股权被强制拍卖，发起破产程序，以便相关执行程序被法院中止。对此，部分股东认为控股股东持股平台被法院裁定破产清算，即是大股东的缓兵之计，意图拖延股权拍卖程序。①

---

① 资料来源：黄一帆，潘逸雯. *ST 高升内斗升级［N］. 经济观察报，2019 年 8 月 12 日，第 16 版.

| 第五章 |

债务重组中的政府投资人

对于不良资产,一个投资者的损失可能是另一个投资者的收益。

——保罗·沙利文

第一节　政府作为投资人参与债务重组

伴随着经济发展及社会进步，在追求治理现代化的过程中，政府与社会的关系在不断地发生着变化，政府的职能也在不断更新，从政府主导一切的全面管理模式，朝着政府与公民对社会公共事务进行协同管理的善治模式发展。然而，从宏观层面上来讲，政府依然承担着确保社会稳定与经济发展的复合型责任。因此，政府作为一个特殊主体，一方面为了追求善治而必须还政于民，将市场的事情还给市场；另一方面，居于地方经济建设核心地位的政府，不得不在市场失灵时，适时加入市场行为当中，以自身优势确保一方经济稳定发展，提高治理效能。

虽然对困境企业进行债务重组属于司法范畴，其调整的是平等的商事主体之间的权利义务关系，但是债务重组在解救困境企业于债务危机之时，同时实现了维护社会整体经济发展和社会稳定的社会价值，而这一价值，恰恰与政府管理的价值取向趋同。所以，政府作为现代社会的治理核心，如果能在1983年以政府为主导力量直接促成专业创投行业的萌芽发展，① 那么，本次自中央到各地政府的纾困实践，② 从

---

① 资料来源：投资界网站，PEdaily. 中国创投简史 [M]. 北京：人民邮电出版社，2016.
② 纾困最早在2010年后被美国各界频繁提及，是解决"大到不能倒"问题中最重要的监管成果。纾困对象多为资不抵债和流动性不足的金融机构或大型企业。整体而言，微观层面的纾困工作依然集中于地方政府与特定行业之中。但国家宏观层面的纾困实践，已经出现向额外中小企业倾斜的态势。例如，受疫情影响，中小企业受到的冲击更为严重，故美国在2020年3月紧急通过了金额高达2.2万亿美元的《紧急纾困法案》（CARES ACT），其中的重要措施为"中小企业工资保障计划"（Paycheck Protection Program），向雇员人数在500人以下的中小企业提供贷款资金3490亿美元，帮助中小企业能够继续发放工资，预防失业率上升。依据该计划，中小企业可以申请贷款支付最高长达8周的工资，剩余部分可以支付房租等开销。对于该笔贷款，美国小企业管理局提供担保并不收取任何费用。当然，这一保障计划不是常态性计划，与政府通过纾困基金等常态化运作模式有显著区别。

一国一地的经济发展出发,则也可能意味着:困境企业特殊机会投资的"大时代"已然来临!

一、背景介绍

(一)政府作为投资人参与债务重组的动因

债务重组的价值可以从微观与宏观两个层面去理解。微观层面,债务重组具有挽救危困企业,使其恢复正常经营的价值;宏观层面,债务重组具有维护社会整体经济利益的价值。政府作为履行社会管理职能的特殊主体,其关注危困企业的债务重组,甚至会作为投资人走向前台,直接参与到债务重组的具体程序当中,正是因为债务重组具有维护社会整体经济利益价值的宏观意义。

1. 辖区内经济发展大局驱使政府关注相关企业债务重组

虽然,中国现阶段已经基本摆脱了简单以 GDP 增长幅度来评价地方经济发展趋势的陈旧标准,但是能否实现既定经济指标依然是各级政府所极力关切的重点事项。一般来说,各级政府在设定下一步经济发展目标时,都会将本辖区的自然条件、历史发展、人文特点等诸多要素作为考量基本点,为本辖区经济发展设定一个重点的领域,并在政府政策的主导下形成一个优势产业群,进而依靠它来实现当地政府既定的经济发展目标。当辖区内的优势产业中的支柱企业陷入债务危机,甚至濒临破产,那就不仅仅是一个企业的问题了,这个困境中的企业将对该辖区优势产业的健康发展形成威胁,进而对城市经济的总体发展造成消极影响。因此,每每遇到此种情况,当地政府都必然会施以援手,一方面解救困境企业于危难之中,另一方面最大限度地避免多米诺骨牌效应,将辖区经济发展的消极因素扼杀在摇篮当中。

2. 政绩压力迫使政府必须重视相关企业债务重组

中国的治理结构具有典型的中央集权与地方分权相结合的特点,在这种治理结构之下,地方各个政府之间会因为竞争而产生强烈的逐利动机。这种动机直接导致各个地方政府均会对于所属辖区的经济增长情况极为重视，甚至视其为本辖区发展的头等大事。此外，地区经济发展状况还是评价一个地区官员执政水平和执政能力的重要指标。更为重要的是，如果是当地较大的企业陷入债务危机濒临破产，就会对与该企业相关的上下游企业带来整体负面影响，并且涉及较多职工面临失业的问题，给当地形成较大的民生压力，极有可能产生各种不稳定因素，加重当地的维稳成本，若处理不当，还会产生群众上访、集会游行等损毁当地政府形象的负面事件。对于地方官员而言，以上经济及民生问题以及这些问题所可能引发的次生灾害，均会影响其政治生涯，因此，这也成为在一些企业债务重组案例当中，地方政府作为投资人参与债务重组的一个重要动因。

（二）政府作为投资人参与企业债务重组的依据

中国现行的法律并未对困境企业债务重组的投资主体范围进行明确的规定，对于政府是否可以参与债务重组以及如何参与债务重组，法律法规亦没有明确规定。但是，在一些司法机关的法律文件当中可以得出较为清晰的结论，即司法机关对于政府力量介入企业债务重组，特别是庭内重组程序持鼓励态度。

1994 年《国务院关于在若干城市试行国有企业破产有关问题的通知》（国发〔1994〕59 号）规定："对濒临破产的企业，企业所在地的市或者市辖区、县的人民政府可以采取改组企业管理层、改变企业资产经营形式、引导企业组织结构调整等措施，予以重组。"

20 世纪 90 年代，伴随着中国经济由计划经济向市场经济过渡，大量的国企改制成为上市公司。由于缺乏治理经验，很多公司遭遇经营困难。针对这种趋势，2002 年，《中国证监会关于提高上市公司质量的意见》（国发〔2005〕34 号）出台，其中第 25 条规定："地方各级人民政府要切实承担起处置本地区上市公司的风险责任，支持绩差上市公司按市场化原则进行资产重组与债务重组。"这意味着从国家政策层面上赋予了各级政府参与上市公司债务重组的义务与责任。

2018 年最高人民法院发布了《全国法院破产审判工作会议纪要》，

纪要中提到"推动地方法院与政府建立协调机制。协调机制统筹解决企业破产中职工安置、维护稳定、企业征信恢复等问题"。虽然法律及政策层面上均未对政府应如何参与到债务重组程序中做出指引,但是该纪要的出台为政府参与企业债务重组,甚至在庭内重组中与法院建立协调机制,解决困境企业债务问题提供了政策依据。

(三) 政府对于投资标的企业的选择

政府作为特殊主体,一方面为了追求善治而必须还政于民,将市场的事情还给市场;另一方面,不得不在市场失灵时,适时加入市场行为当中,以自身优势确保一方经济稳定发展。政府价值追求的两面性决定了政府不会参与到全部的债务重组过程当中,但对于投资标的的选择,政府具有非常明确的指向性。通常来讲,政府作为投资人,出手挽救的企业一般属于以下几种类型:

(1) 企业商誉较高,且自身经营良好,但因偶发因素或大环境影响而陷入困境的企业。比较具有代表性的案例有山东群星纸业重整案。山东群星纸业位于山东省邹平县市[①],是中国最大的装饰原纸制造商,在装饰原纸这一细分市场中居于领先地位。但因全国造纸行业遭遇严重危机,产能过剩,导致产品价格暴跌,全行业呈现亏损局面,群星纸业不可幸免地堕入债务危机之中。为了维护金融环境、保护债权人利益,避免因被清算给债权人造成更大损失,邹平县政府以政府设立的平台公司为重组方,千方百计筹措资金,以一次性现金收购的方式,接盘包括群星纸业所有资产,并通过一切可以采取的措施最大可能地提升债权人的清偿比例。政府平台公司承接群星纸业等资产后,依法依规进行处置,在有效挽救群星纸业的同时,也同时降低了政府财政风险。

(2) 属于当地优势产业群的组成部分,符合本辖区的经济发展特点,代表本辖区经济发展的未来,但因为内部管理或其他可纠正的因

[①] 2018年7月2日,经国务院同意,邹平县撤县设市,现为邹平市。

素而陷入债务危机的企业。如深圳市大富科技股份有限公司（下称"大富科技"）破产重整案。大富科技成立于 2001 年，是一家集产品研发、生产和销售为一体的国家级高新技术企业，2010 年 10 月 26 日于深圳市证券交易所挂牌上市。大富科技实控人是安徽蚌埠人，公司着力打造的柔性 OLED 显示模组项目的载体——天新重工等重要关联公司，皆位于蚌埠高新产业园区。大富科技代表着当地政府未来重点打造、扶持、发展的产业方向。该区域现已形成成熟完整的产业集团效应，例如大富科技等相关行业的上下游产业链条中的很多公司也配套在此成立公司，给当地带来了大量就业机会与财政税收来源。

（3）债权人数量较多且构成复杂，容易给当地带来维稳压力的企业。前文已经提到，政府作为投资人参与企业债务重组的动因之一就是迫于政绩压力，那么对于那些债权人数量较多且构成较为复杂，并容易因此给当地带来维稳压力的企业，就顺理成章地更加容易吸引当地政府的目光，成为政府投资的标的企业。在这一类型的企业中，地产类企业占有很大的比重。以大川控股（集团）有限公司（下称"大川集团"）破产重整案为例。大川集团旗下拥有多家子公司，分别布局在重庆、成都、贵阳、北京、海口等城市，且涉及领域较为广泛。2013 年，大川集团的资金链已经开始出现问题，债务负担较重，但是其依然没有停止在各大城市持续扩张地产板块的步伐。2016 年 3 月 28 日，大川控股贵阳"大川白金城"项目停工近一年，几千户业主到贵阳市政府"讨说法"，由此引发多名业主与保安发生冲突。为解决这一系列冲突，化解这一债务问题引发的社会矛盾，具有政府背景的贵阳白云建设投资有限公司的下属公司贵阳云城置业有限公司，于 2016 年 7 月 29 日在贵阳市委、市政府、白云区委、区政府的统筹安排下接盘原大川公司大川白金城项目全部资产。无独有偶，因未到房地产行政主管部门进行合同登记备案，大川房地产的另一项目"大川滨水城"项目也于 2015 年下半年停工，已经销售但尚未交房的部分因无证预售而违规，涉案土地被查封，导致前期已经入驻的业主无法办理产权登记。在这种情况下，如果不能及时化解债务危机，帮助企业解套，则极易引发业主与开发商的矛盾,甚至存在广大业主将矛头指向当地政府的风险。重庆市江北区政府同样选择介入该债务问题,并指定其区级政府平台公司中鹏实业主导对大川滨水城项目的债务重组。

二、政府投资困境企业的具体模式

(一) 依托城投平台进行投资

城投平台又称城投公司,是指各级地方政府注资成立的独立于各级政府,主要针对城市基础设施进行投资建设及运营的公司。随着社会经济的发展,城投平台已经成为我国地方经济发展的普遍模式,并且随着经济的发展以及社会形态的变迁,现在的城投平台往往承载一定的融资功能,甚至融资功能已经转变为城投平台最重要的职能。

在债务重组当中,各地政府通过城投平台对困境企业进行投资的模式主要包括:一次性现金收购、设立全资子公司承接负债、受让股权等。本书通过案例来具体介绍一下政府通过城投平台参与债务重组的具体方式。

1. 群星纸业破产重整——城投公司全面接盘

山东群星纸业成立于1999年,总部位于山东省邹平县,2007年10月2日在香港联交所主板上市。群星纸业是中国最大的装饰原纸制造商,主要经营装饰原纸产品及印刷用纸产品业务,在装饰原纸这一细分市场中居于领先地位,曾引领这一行业的革新发展。但自2013年全国造纸行业遭遇严重危机,产能过剩导致产品价格暴跌,全行业呈现亏损局面。再加之群星纸业存在经营、管理等问题,内外因素的共同影响造成群星纸业经营困难,生产难以为继。

2014年2月21日,山东省滨州市中级人民法院裁定群星纸业重整,并于2014年2月28日,指定清算组担任重整案件的管理人。群星纸业的资产包括货币资金、存货、固定资产、在建工程及无形资产等,经评估,资产审计值为5.30亿元,法院裁定债权金额为4 221 805 066.54元。

群星纸业破产重整之时，正值国内经济持续下行之际，产能过剩问题突出，市场需求乏力，信贷政策不宽松，企业利润空间大幅收窄，流动资金紧缺，对外投资谨慎，并且群星纸业所属的高档装饰原纸行业本已产能过剩，再加上当时作为其下游市场的房地产行业持续低迷，导致高档装饰原纸市场不断萎缩，市场竞争异常激烈，产品价格暴跌，生产经营成本却居高不下，行业生存环境不断恶化。在这种复杂的市场和行业环境下，社会投资该行业的积极性已严重受挫。以上这些原因导致群星纸业在招募战略投资人的过程中出现了有价无市的尴尬局面，在法定期限内难以从市场上落实"合格"重组方，面临着破产清算的危险。

但是群星纸业所在的邹平是山东省知名的"工业强县"，地方财政收入一直位列山东省前列，县域内有9家上市公司。邹平经济的发展很大程度上仰仗于金融机构对当地金融环境的信赖，一旦群星纸业进入破产清算，可能会引起当地信贷政策的变化，如果金融机构开始收贷，那么邹平的许多企业都将面临资金紧张及经营困难，当地经济将受到重创。所以，为维护金融环境，保护债权人利益，避免因破产清算给债权人造成更大损失，当时的邹平县政府决定以政府设立的平台公司作为重组方，以一次性现金收购的方式，接盘群星纸业所有资产，并通过一切可以采取的措施，尽最大可能提升债权人的清偿比例。政府作为投资人介入群星纸业重整程序，使得群星纸业最终重整成功，最大限度地提高了债权人的清偿比例，既挽救了群星纸业本身，又稳定了金融机构的预期，实现了当地金融秩序稳定的目标。

2. 大川集团债务重组——政府设立全资子公司承接负债或资产

大川集团旗下有重庆大川集团投资有限公司（下称"大川投资"）等8家子公司，投资城市包括重庆、成都、贵阳、北京、海口，产业涉及地产、建材、商贸等。大川系重要地产项目包括：贵阳大川房地产开发有限公司（大川集团的关联公司）负责开发贵阳市"大川白金城"项目，大川房地产负责开发位于重庆江北区的"大川滨水城"项目，大川投资负责开发重庆沙坪坝区的"大川国际建材城"项目等。

多年来，大川集团在各大城市持续扩张地产板块，由于扩张速度过快，资金链出现问题。自2013年起，伴随着大川集团各地子公司不断涌现的债务危机，大川集团就开始进行庭外重组，试图挽救公司。

2013年3月6日，长城资产与大川集团签订债务重组协议，收购大川集团50 001.75万元债权。但是此举并未彻底解决大川集团的债务危机。大川集团在此后几年，频繁因为资金链紧张而陷入经营困境，甚至引发民众上访的社会问题。2016年3月28日，大川集团贵阳"大川白金城"项目已经停工近一年，由于迟迟没有人出面解决问题，几千户业主上访至贵阳市政府，多名业主与安保人员发生冲突。如今各级政府维稳压力极大，最怕的就是出现与民生有关的社会问题，于是为彻底解决该项目的债务危机，在贵阳市政府的统筹安排下，贵阳市政府的平台公司贵阳白云城市建设投资有限公司的下属公司贵阳云城置业有限公司，于2016年7月29日整体承接原大川公司大川白金城项目全部资产，并更名为云城尚品。

同年9月，大川集团项目再次爆雷，大川滨水城三期项目部分已销售但未交房部分因开发商未到房地产行政主管部门进行合同登记备案，被认定为违规销售（无证预售），该项目土地被法院查封，前期入驻的业主无法办理产权登记。同样因为涉及民生问题，该项目由重庆市江北区政府牵头进行处理。重庆市江北区政府在2017年介入，并指定其区级政府平台公司——重庆中鹏实业（集团）有限公司（下称"中鹏实业"）主导对大川滨水城项目的债务重组。2018年5月18日，大川集团公司债权人联席会议决议：中鹏实业通过设立全资子公司重庆鹏域房地产开发有限公司（下称"重庆鹏域"），由重庆鹏域承接大川滨水城项目253 538.34万元的债务，获取大川滨水城项目的全部资产。2019年11月18日，重庆联合产权交易所发布公告，重庆鹏域将95%的股权转让。

虽然，中鹏实业及其子公司只是作为大川集团债务重组过程中协调过渡的角色，而不负责"大川滨水城"项目的后续开发，但是政府平台公司的参与，为大川集团在最危困之际赢得了时间。

3. 大富科技债务重组——受让股权

大富科技是一家由为外国企业做代工转型而成的国家级高新技术企业，是华为的核心供应商之一，其主业是射频滤波器的设计和制造，2010年10月26日于深交所挂牌上市，控股股东为安徽配天投资集团有限公司（下称"配天投资"）。

大富科技的债务危机要从2016年9月说起。当时，大富科技按照30.63元/股的价格，向蚌埠城投、浙银资本、金鹰基金、华安未来、北信瑞丰5家机构非公开发行不超过1.2亿股新股，发行数量为114 698 006股，募集资金总额为3 513 199 923.78元。然而，这5家机构只是为了过桥，真正认购大富科技定增股份的，其实是杭州延载、深圳银泰、浙商控股等7方投资者。定增完成后，公司总资产、每股净资产等指标得到提升，资产负债率由45.63%下降至约24.61%。大富科技董事长孙尚传还通过配天投资与这7方分别签署了"本金+年化收益率6%"或"本金+年化收益率8%"的保底协议。

然而，增发完成后不久，伴随着主业的寒潮、创业板指数的下行，大富科技的股价也在震荡后一路下跌。同时，资本市场同整体宏观经济一同进入了信用紧缩周期。当股价跌破20元时，定增股东们开始产生焦虑情绪，协议尚未到期，这些股东就找到孙尚传要求兑现保底协议，补偿本金和利息。然而，除了银行借款和股票质押以外，孙尚传没有其他的资金来源。

2017年，孙尚传义无反顾地履行承诺，将自己股票质押的6亿元现金补偿给了定增股东们，相信只要迈过这个坎儿，一定可以把所有债务一步步还清。然而自2018年5月起，以杭州延载为首的债权人开始对配天投资发难，配天投资所持有股权因各类仲裁、诉讼事项被司法冻结、轮候冻结。冻结之下股价继续下跌，加剧了其他债权人的恐慌，也纷纷开始了对配天投资的"挤兑"和诉讼。最终，配天投资因股价下跌而出现违约，债务危机就此爆发。

债务危机爆发后，控股股东配天投资和孙尚传放弃了破产重整的解决方案，试图寻求通过庭外重组来缓解压力，曾经考虑引进战略投资者北控（大连）投资有限公司（以下简称"北控投资"）、郑州兴港等战略投资人，但最终都因为引进的资金额度无法覆盖债务而放弃。大富科技的庭外重组一度陷入僵局。

追寻大富科技的发展轨迹，其发展与安徽蚌埠有着千丝万缕的联系，其实际控制人孙尚传是安徽蚌埠人，大富科技的前身配天智造也起步于安徽蚌埠。多年来，无论是产业园区用地、政府补助、政府投资，还是定向增发，大富科技与蚌埠两个国资平台保持着稳定的合作关系，即蚌埠高新投与蚌埠城投。为了挽救大富科技，蚌埠方面慷慨地向大富科技伸出援助之手，2018年12月19日，蚌埠高新投以5 800万元的价格，收购了大富科技全资子公司大富重工（已更名为：安徽省天新重工技术有限公司）的100%股权。这次收购，给大富科技债务重组赢得了一线生机，使得大富科技有时间继续接触其他战略投资人，以实现其债务重组安排。2019年12月，配天投资与中国信达资产管理股份有限公司深圳分公司、蚌埠投资、蚌埠高新、蚌埠城投等主体签署了关于"配天投资债务重组"项目之合作框架协议。

诚然，现仍有部分债权人不愿配合该重组协议，债务重组工作尚在谈判当中，但是无论最后结果如何，如果没有蚌埠政府平台公司的参与，大富科技的未来必成死局，因此，政府依托城投平台进行投资的作用不容小觑。但是，反向观之，地方政府积极作为地采取有选择性与针对性的纾困工作，将大富科技这样符合区域产业政策和未来经济发展方向的科技公司，通过债务重组保留其生机与活力的"雪中送炭"能力，也正是经济与社会治理高水平的体现。

（二）设立纾困基金进行投资

1. 纾困基金的概念

2009年希腊陷入债务危机后，为了使这一主权国家的债务问题不至于将全欧洲带入债务危机，欧盟联合国际货币基金组织推出了7 500亿欧元的纾困计划，这可以视为广义的"纾困基金"的雏形。此后，"纾困基金"逐渐演变为一种特殊的金融救助机制，广泛适用于各个国家的金融领域，以作为解救以上市公司为主的困境企业的债务问题的工具。诞生于危机之中的纾困基金虽然早已经脱离了初始时期的特殊外观，有了更加广泛的模式，也承载了更多的使命，但是其天生带有"救急"的基因，难以抹去短期应急机制和风险调控机制的本色。

抛却宏观视角，本文将目光聚焦在债务重组的视域之下，将纾困基金限缩定义为解决困境企业债务危机而使用的金融工具，并且重点关注政府利用这种金融工具救助困境企业的机制、模式及效果。

债务重组视域下的纾困基金主要是指为缓解困境企业运行中的资金压力及大股东股权质押风险带来的债务危机而设立的专项投资载体，一般表现形式为金融机构设立的特定资产管理计划和政府主导下设立的私募投资基金等纾困机制，其对象主要包括上市公司与代表着当地经济发展方向的民营公司。

2. 纾困基金的特征

简单地说，在债务重组的视域下，纾困基金主要由政府或政府主导的金融机构设立专项基金，面向债务危机中的标的企业，在不谋求控制权的前提下，通过多种方式，缓解该标的企业的债务困境。作为一种短期应急机制和风险调控机制，纾困基金具有以下几种较为显著的特征。

（1）行政化介入，市场化运作。

纾困基金的本质是一种具有市场调控性能的金融工具，较之其他类型的金融工具，其特殊性主要在于发起方为各级地方政府、部门及具有政府背景的大型金融机构。无须赘言，政府成立纾困基金的本质就是对市场经济进行行政化干预。因为如果政府完全放手，任由市场波动，就极易诱发系统性金融及经济风险，为区域经济发展带来较大的不确定性。政府作为具有经济管理职能的特殊主体，不会放任市场的不确定性在辖区内肆意而动。因此，行政权介入调控市场经济在一定时间内的自发性、滞后性与不均衡性，就是纾困基金这一特殊金融工具产生的主要动因。

但是在行政化发起的同时，纾困基金运行过程中必须由市场来运作，这是因为纾困基金金融工具的本性使其必须遵守最基本的市场规律，必须在市场性的大框架下运行，如果政府干预过多，或者在其运行中加入了过多的非市场性因素，则较易引发其本身的不稳定性。因此，纾困基金往往由行政性部门（或金融机构）发起，按照市场运行规则为标的公司进行投资，这是纾困基金较之其他金融工具的独特性质。

（2）对标的企业的选择具有特定性。

纾困基金的目标并非追求投资回报，或者谋求企业的控制权，因此，其所投资的标的企业具有一定的特定性。正如前文所述，目前中国的纾困基金往往具有"行政化干预"的特性，这就决定了纾困基金的投资标的，基本上会针对那些对于辖区经济具有代表性，并且与辖区支柱型产业直接相关的企业，并非所有陷入债务危机的企业都会获得救助。

（3）退出路径具有特定性。

如前所述，纾困基金本质上具有短期应急机制的特性，因此这就要求纾困基金在完成其历史使命之后，必须退出标的企业，而非谋求标的企业的实际控制权。纾困基金退出路径主要为"回购"和"转让"两种方式。这一点，与其他产业基金存在较大差异。一般来说，任何一种金融产品在进行股权投资后，其退出路径主要包含清算、回购、分红、上市、并购与转让等方式。但是，由于纾困基金所投企业往往为大型企业或是上市公司，因此，上市和并购等方式往往不具有实操性。而"清算"这种方式虽然可以收回资金，但是清算置公司主体于死地的效果与纾困基金的初衷相悖，因此不可能成为纾困基金的主要退出方式。"分红"主要运用于长期性投资当中，与纾困基金的短期性的特质不一致，因此纾困基金往往会在完成救助困境企业的使命之后，通过原股东增值回购或二级市场溢价转让等方式实现退出。

3. 纾困基金的投资模式

回溯纾困基金的发展轨迹，其作为一种金融工具在债务重组中大量适用，可以视为是资本市场进入调整期，产生大量债务违约后的衍生品。当资本市场处于繁荣之时，股权质押等融资手段被各种企业不计后果的野蛮应用，但是，当国家金融政策发生变化，或是黑天鹅的出现导致股票价格暴跌，公司就会因股票质押率过高而受到冲击，这种冲击最终会使企业的股权结构处于动荡状态，控制权易主，企业既有发展路线受到挑战，甚至面临生死一线。自2018年10月开始，中央对于股权质押率过高对上市公司的影响高度重视，频频推出相应政策以化解这种危机，其中就包括所谓的"政策组合拳"，即鼓励国资、券商、险资、私募基金帮助纾困，帮助那些基本面不存在问题，发展前景良好，但是因为股权质押等问题陷入债务危机的企业脱困。纾困的模式主要有债权型与股权型纾困基金两种。

（1）债权型纾困基金。

从外观上来看，债权型纾困基金类似于以"转质押"的方式为困境企业提供股票质押融资支持。股东将股票质押给指定机构，获得一定资金后，再将这部分资金用于偿还到期债务。以此种方式来实现在股票所有权不发生变化的前提下，解决纾困标的公司的债务困境，一方面避免了标的公司发生债务违约，另一方面暂时纾解了上市公司大股东更迭给公司带来的危机。债权型纾困基金的具体运作模式如下：

①为债务危机中的企业或股东提供流动性资金。

首先由政府宣布设立政策性纾困基金，总的资金规模由政府设定，其中包括政府出资部分，同时撬动金融机构及社会资本，达到既定资金规模后，依托第三方机构对于该纾困基金进行管理和运作。当标的企业遭遇债务危机，政府即可利用该纾困基金对该企业进行投资。

2018年，上市公司宝塔实业因受控股股东宝塔集团票据逾期影响，公司资金紧张，融资不畅，身陷债务危机，宁夏回族自治区政府就通过其设立的纾困基金向宝塔集团旗下的上市公司宝塔实业提供了5 000万元的担保贷款，以这种方式切实缓解了宝塔实业的资金压力。

②通过向政府实际控制的金融机构转质押股权来进行融资。

前文曾经提到，很多企业之所以身陷债务危机，与股权质押比重过高有一定的关系。所以当标的企业身陷债务危机，具有政府背景的金融机构可以首先向该公司的大股东提供过桥资金将原质押股份解除，然后再将这部分股份质押给这家金融机构。本着救助标的企业的目的，新的质押协议会在融资期限、质押率、利率等方面进行一番利于标的企业的调整，从而在一定程度上改善大股东的资金困境。

（2）股权型纾困基金。

与债权型纾困基金不同，股权型纾困基金向困境企业提供资金，谋求的是困境企业的股权。具体路径为股东将所持股票转让给纾困基金方，纾困基金向其支付对价，由此股东获得资金，纾困基金一方成为该企业股东。股权型纾困基金会使纾困标的公司的股票所有权发生移转，使股权结构发生变化。但是，这并非意味着股权型纾困基金是谋求上市公司控制权。不论是债权型还是股权型，纾困基金的设立目的均是为了能够帮助困境企业走出短期困境，而非控制其股权，避免股票质押等风险。

4. 纾困基金的特别问题

纾困基金并非扶贫基金，亦非政府补贴，其市场化运作模式决定了有偿性是其基本属性。在这个前提下，纾困基金一方面要实现其纾困的意义，另一方面又要保证基本的商业利益，有几个问题需要特别注意。

（1）纾困基金的退出途径存在障碍。

目前债务重组视域下的纾困基金，在运行过程中难免涉及国有资产流转事项。在股权型投资模式之下，纾困基金在未退出之前会呈现持有公司股权，甚至掌握实际控制权的外观，这就容易导致标的企业被认定为国有公司，那么纾困基金在退出时就涉及国有资产的行为，这在一定程度上给纾困基金的退出制造了障碍，必须在纾困之初便按照国有资产管理的相关规定，做好综合性的统筹规划。

（2）纾困基金的投资模式与现行监管政策存在冲突。

虽然我们这里讨论的纾困基金的发起者基本上均为政府或有政府背景的金融机构，但是其并非一定呈现出国资的外观。现有的纾困基金的主体形式一般包括资产管理计划与私募型纾困基金。根据中国现行的监管政策，私募基金一般不得以竞价交易方式直接从事二级市场的股票买卖，为了规避这一监管政策，纾困基金往往会以"股权＋债权"的模式进行投资。但是，现行监管政策又对私募基金的投资比例存在一定的限制，这就使得纾困基金在投资过程中往往被政策掣肘，很难施展手脚。

（3）股权型纾困基金运行存在诸多限制。

股权型纾困基金的标的企业大多为上市公司，因此，股权型纾困基金的运行必须遵守关于上市公司的法律法规。如《上市公司收购管理办法》对于上市公司股东转让公司股份的时间存在限制，即持股30%以上的股东在最后一笔增持股份登记过户后的12个月内不得转让所持公司股份。那么，持有公司30%以上股份的大股东在法定时间内无法与纾困基金进行股份转让。再如，2017年5月证监会发布《减持新规》，新规对于股东减持设定了许多障碍："大股东减持或特定股东减持，采取集中竞价交易方式的，在任意连续90日内，减持股份的总数不得超过公司股份总数的1%。""大股东减持或者特定股东减持，采取大宗交易方式的，在任意连续90日内，减持股份的总数不得超过公司股份总数的2%。受让方在受让后6个月内，不得转让所受让的股份。"这种对于交易比例的限制为股权型纾困基金参与困境企业债务重组带来了很多的不确定性。

（4）由政府发起的纾困基金市场化程度难以保证。

我们在本书前文中，曾经对于纾困基金对于标的企业的选择标准进行过一定的讨论，总的来说，地方政府所选择的纾困标的企业均具有"非富即贵"的特点。换言之，标的企业均为与辖区内与经济发展有着千丝万缕的关系的企业。地方政府无论给纾困基金披上什么样的外衣，由哪家机构来具体运行或管理，都存在政府在纾困基金的投资决策机制中充当看不见的手进行操作的可能，这与纾困基金的市场化运行会产生一定的冲突，甚至，政府会不断采取更为宽松的风险控制措施，投入更低的资金使用成本，从而降低纾困基金的投入效率，甚至带来投资失败的风险。

三、其他国家的政府参与债务重组的经验

西方国家在自由主义的传统下，倡导以"小政府"治理国家，避免政府对于经济的过度干预，更遑论政府直接为企业提供纾困资金。古典经济学家亚当·斯密在论及君主或国家的费用时，强调政府的财政支出应当只包括国防费用、司法经费、公共工程和公共机关的费用，以及维持君主尊严的费用4个方面。第二次世界大战后，为化解社会矛盾，应对政治经济形势的变化，西方国家的经济政策开始发生转向，政府对于宏观经济发展、微观企业经营的干预也愈发深入，甚至欧洲的几个主要国家曾掀起"国有化"运动，即政府直接向企业提供股权融资支持。1945年，工党领袖艾德礼出任英国首相，先后通过8个国有化法令，将英格兰银行、煤矿、航空、电报和无线电通信、运输、电力、煤气和钢铁等行业实行国有化。法国戴高乐政府在第二次世界大战结束后也下令对于占自然垄断地位，担负公益、公共、服务任务的企业，如铁路公司、电力公司、航空公司等实行统一管理。

如今，西方国家的政府可以依法借助直接的经济手段支持企业发展，其中也包括以投资人的身份参与困境企业债务重组。通常来说，欧美市场经济崇尚"自由竞争""适者生存"，企业因经营不善陷入危机，通过破产程序退出市场，实际上是竞争机制发挥作用的结果，对此，政府不应当"越俎代庖"，影响市场机制正常发挥作用。仅对于那些被认定为"大而不能倒"的企业，西方国家才会借助于政府力量强势介入企业的债务重组工作，甚至直接向其提供资金支持。

以美国通用汽车公司破产保护一案为例。2009年6月1日，美国通用汽车公司迫于巨额偿债压力、公司连续亏损、总体经济下行等多方负面影响，向曼哈顿破产法院申请破产保护。提出破产申请时，公司资产负债率达210%，其中，总资产规模为882.9亿美元，总负债高达1728亿美元。随后，美国政府介入通用汽车公司的债务重组工作，先是向其提供了194亿美元的借款，而后通过谈判，确认在企业通过债务重组方案的前提下再向其提供300亿美元的借款。通用汽车公司

第五章
债务重组中的政府投资人

希望破产后将其品牌、海外子公司、少量负债等转移至一家新公司，美国政府投入的资金一部分将转换为新通用公司60%的股份，另一部分将转换为优先股，而原通用汽车公司的股东出局。此外，美国政府对新通用汽车公司还采取了包括规定高管薪酬上限在内的限制措施。

而论及政府对于企业进行经济援助，终绕不开2008年次贷危机期间，美国财政部与美联储联合向市场上面临危机的金融机构提供资金支持。随着2007年次级抵押贷款市场风险浮出水面，曾经叱咤风云的华尔街巨头贝尔斯登、房地美与房利美（"两房"）、雷曼兄弟、美国国际集团（AIG）如多米诺骨牌一般接二连三地倒下，美国政府不得不下场"救市"，介入企业的重组活动，补足企业流动性。具体采取的手段各不相同，或是通过政府牵头撮合投资，或是政府为企业提供贷款，或是政府直接接管企业，等等。以下主要梳理次贷危机期间，美国政府向企业提供紧急援助的经验。

率先受到冲击的是美国第五大投资银行贝尔斯登。2007年6月，贝尔斯登旗下两只基金因涉足次贷债券市场而产生严重亏损。2008年3月，市场上开始流传贝尔斯登面临流动性危机的消息。3月13日，贝尔斯登新任CEO艾伦·施瓦茨给纽约联邦储备银行主席盖特纳打电话，称贝尔斯登没有现金还债了，可能即将申请破产。此时，摩根大通表露出买入贝尔斯登一部分资产的意向，美联储迅速出面撮合摩根大通收购贝尔斯登。但是，摩根大通派驻贝尔斯登的检查组反馈称，贝尔斯登资产负债表中存在大量有毒资产，不愿以一己之力救助贝尔斯登。为了促成摩根大通银行并购，最终交易方案被设计成由纽约联邦储备银行将向梅登巷有限责任公司（Maiden Lane LLC）提供300亿美元贷款，由其购买并管理贝尔斯登的房贷类资产。其中290亿美元给梅登巷，剩下10亿美元给摩根大通。若公司出现亏损，摩根大通承担最初亏损的10亿美元。

贝尔斯登获救后，市场看似恢复了平静，可实际上却暗流涌动。伴随房地产市场拖延房贷、信用违约层出不穷，两家抵押贷款巨头房地美、房利美逐渐步入危局。2018年7月，"两房"的次贷支持证券业务巨额亏损，投资者对其失去信心，为此，时任美国财政部长保尔森与时任美联储主席伯南克对于救助"两房"达成一致意见。7月15日，保尔森向参议院银行业委员会提出授权请求，以便财政部大规模买进"两房"的债券及股票。7月23日和26日，参、众两院通过了救助"两房"的方案，赋予了保尔森想要的"火箭筒"。9月初，美国财政部、美联储和新成立的联邦住房金融局携带着"火箭筒"接管了两家公司，以政府信用避免其破产倒闭，并为其注入必要的资金。

2018年9月15日是这场危机的转折点，在被私人买家和美国政府接连"抛弃"后，雷曼兄弟最终倒下。自2018年3月贝尔斯登获救后，雷曼的CEO查德·富尔德就面临巨额亏损、外部监管及股价下跌等各方压力。多方投资者都曾与雷曼兄弟接触，但最终都无果而终，其中包括韩国发展银行、中信证券、汇丰银行、大都会人寿保险以及中东的两家主权财富基金。美国财政部和美联储都积极为其寻找买家，因美国银行的CEO肯·刘易斯以及英国巴克莱银行都表达了对这桩交易感兴趣，保尔森、伯南克、盖特纳都支持尽快对雷曼兄弟开展评估，撮合收购。但是最终的评估结果却不尽如人意，由于政府不愿为雷曼兄弟的问题资产提供兜底，美国银行放弃收购雷曼兄弟的计划，转向收购美林证券。而英国金融服务局以及财政大臣阿利斯泰尔·达林也因担心拖累英国经济而拒绝批准巴克莱银行的收购计划。更为重要的是，时任美国财政部长保尔森多次公开表示不会再花费公众的钱挽救雷曼兄弟，任由其破产并承担后果。最终，雷曼兄弟于2008年9月15日凌晨宣布申请破产。

雷曼兄弟走向崩溃的同时，美国国际集团因涉及大量"信贷违约掉期"（CDS）的衍生品交易，可能面临大规模的赔付，甚至导致其随时面临倒闭的风险。美国国际集团也曾向弗劳尔斯公司、KKR公司寻求资金支持，但进展并不顺利。而彼时金融市场已是满目疮痍，一旦美国国际集团这一最大的保险集团倒闭，很可能导致美国经济崩溃。为此，美国财政部、美联储及纽约联邦储备银行积极为其寻找解决之道。2008年9月16日，纽约联邦储备银行盖特纳及其团队提出向美国国际集团提供高达 850 亿美元的紧急贷款,利率达 11.5%,美国政府将取得其 80% 的股权。又因为美国国际集团连续几个季度发生巨额亏损,紧急救助额度多次调整,最终提高至 1 820 亿美元。

一般来说,受自由主义的传统影响,西方国家较少借助于政府力量支持某个企业的债务重组,对于救助陷入经营困难的企业,反对者认为,政府对企业的救助行为只能在短期内产生利好,政府保护企业免于破产,实则是纵容企业从事高风险行为,从长远来看,可能会引发更大的市场风险。但是,在前文提及的案例中,无论是对制造企业美国通用汽车公司的援助,还是对于金融行业中贝尔斯登、"两房"及美国国际集团的救助,事实证明都是具有参考价值的,对于整个市场而言,政府的救助行为也都是起着正向作用的。当然,不仅是美国,政府援助企业在其他国家,如英国、日本、韩国,都有实际案例。因此,通过梳理国外政府拯救困境企业的经验,我们可以为国内政府拯救困境企业提供相应的启示,具体包括以下几个方面。

其一,关于是否对企业提供援助,政府首先应当尊重市场竞争机制,避免引发道德风险。在国外政府做出紧急援助企业的决定之时,围绕道德风险的争论就未曾停息。政府驰援困境企业的确可以化解企业一时的流动性危机,却给市场上的其他参与者释放了一个信号,即政府还有可能继续为该公司提供援助,挽救企业于危亡。对于该企业而言,这意味着失去了市场退出机制的束缚,可以从事高风险的经济活动,破坏市场经济秩序;对于该企业的交易对手及投资者而言,这一信号虽然是在保护他们的利益,但也使得他们放松了警惕,无法保持对风险的准确判断。国内存在大量"僵尸企业"的问题根源上就是因为政府、银行向应当市场出清的企业提供资金支持,使其得以苟延残喘,占用了大量政府补贴、银行贷款,降低了资源配置效率,甚至影响到整体经济的正常运行。

其二,政府援助企业应当具备相应的合法性基础。政府由人民选举产生,其权力应当受到限制,尽管相比于 18、19 世纪,西方国家的政府机构已不再只充当"守夜人"的角色,但是政府的各项权力仍应当在法律的框架下行使。美国政府在 2008 年次贷危机时对金融机构的紧急救助，主要是基于《联邦储备法》第 13 条第 3 款的规定，该条款赋予了美联储在面对"异常和紧急情况"时，可以向任何个人、合伙企业或机构发放贷款，但必须由 5 个或以上的美联储理事会成员表决通过。而且，负责发放贷款的联邦储备银行还必须获得质量足够高的担保物，且以足够的证据证明借款者无法以其他渠道取得资金。对"两房"的紧急援助还需要动用《联邦储备法》第 13 条第 13 款的规定，贷款必须以国库券或由"两房"之类的机构担保的证券设定担保。换言之，任何一项现实的经济援助，都需要确认相应的法定权限，这背后隐含的逻辑在于，政府动用的每一笔资金都是作为公共资金，最终来自公民/纳税人，因此，对于是否援助个别困境企业，政府需要依法做出判断，综合考虑资金使用的成本与收益。

其三，政府救助企业应当借助于市场化的手段。美国政府救助企业的经验为我们提供了市场化、商业化的导向，政府可以采取多样化的手段参与企业的债务重组过程，而非仅仅依靠行政命令的形式强势介入。例如，美国政府撮合摩根大通收购贝尔斯登，并为其提供贷款支持；美联储直接向美国国际集团提供高额的紧急贷款，取得相应的公司股权，等等。这些市场化的交易方案既符合了企业未来发展所需，又能够有效激励各方积极参与企业的重组过程。国内政府支持企业债务重组的案例屡见不鲜，但是多以政府平台公司或是国有商业银行牵头为企业提供融资，政府较少参与企业债务重组的商业谈判过程，也很少对重组方案做复杂的交易设计，而要想充分发挥政府与市场的作用，应当摒弃行政化、官僚化的作风，采取市场化、商业化的运作方式为企业提供帮助。

其四，政府参与企业重组过程应当最大限度地保护债权人利益。国外政府所救助的企业通常是所谓"大而不能倒"（too big to fail）或"牵连太多而不能倒"（too interconnected to fail）的大企业，涉及众多的交易对手。在贝尔斯登出现危机时，前美国财政部长保尔森曾言："如果贝尔斯登倒下了，数以百计乃至数以千计的交易对手就不会再继续持有它们的抵押物,而是试图出售抵押物、压低价格,这会造成更大的损失。"因而,拯救困境企业在很大程度上就是在解救企业的债权人,避免因市场风险的传导酿成更大的祸端,政府出面参与企业债务重组,应当最大限度地保护债权人的利益。

其五,政府可以为企业重组打通沟通渠道,搭建谈判平台,为各方充分协商、达成共赢创造可能。美国财政部、美联储、纽约联邦储备银行在次贷危机期间广泛地同华尔街巨头进行谈判,并设法挽救困境企业,例如,保尔森、盖特纳都曾为雷曼兄弟寻找合适的资方,并主动出面同巴克莱银行及英国政府进行沟通谈判。各方愿意听从并接受政府机构及官员提出的各项建议或方案,很大程度上是基于政府的信用背书,而政府的信用是以其财政、机构、人员等各项因素组建而成。政府应当妥善运用自身的信用,为企业寻求合适的投资者,并且积极组织各方进行谈判,推动企业重组成功。

其六,政府可以出台支持企业债务重组的政策措施。除了在资金方面提供支持,政府还可以通过出台相应的政策措施确保企业重组成功,像美国通用汽车公司、"两房"、美国国际集团这些企业的救援工作绝非一时达成了交易方案就能结束,往往需要经过长期的经营才能逐步恢复正常运转。政府可以出台相应的产业政策,支持企业所属行业的发展,为企业尽快恢复流动性提供可能,同时,对于存在离职员工的情况,政府可以制订相应的员工安置计划,妥善处理员工的就业、养老等问题。

四、政策建议

(一) 各级政府应当针对债务危机中的困境企业,形成分工明确、协同高效的综合性协调机制

优质民营企业对于区域经济发展和就业带动具有巨大的现实推动意义,综合性协调机制的建立有利于排除政策阻碍,减少沟通成本。因此政府在参与困境企业债务重组的实施过程中,省一级政府

与地市一级政府应当协同联动。在政策层面上，省一级政府应当根据本辖区经济特点为政府投资困境企业设定投资模式；在实操层面上，由较低的政府层级进行研判并负责选择标的企业具体实施。特别是在选择以纾困基金作为投资工具时，从基金的设立到基金的退出，各个环节均会涉及财政、发改、证监、国资等经济管理部门，为提升政府对于困境企业的投资效果，应该多部门统筹安排、协调一致、通力配合。

（二）构建科学的监管体系与评价体系

政府投资困境企业在标的筛选、投资模式、组织结构等方面均与其他主体参与债务重组存在一定差异，因此应该制定更加有针对性的资金监管体系和绩效评价机制。在资金监管方面，可委托外部第三方机构不定期对政府相关投资进行全面公正的审计、核算和评估；在评价机制方面，不能以是否产生收益为唯一评价指标，而应当构建社会性、外部性、引导性等多指标加权的绩效考评体系。与此同时，应该在政府相关负责人员激励方面形成全新的评价方式，提高对投资与运营团队的激励效能。

（三）政府在投资困境企业时应当准确定位自己的角色

政府作为投资人投资债务危机中的困境企业，虽然是一种政策支持，但是依然应当遵守市场化的原则。如果这种投资违背市场化原则，将导致困境企业产生道德风险。因此，政府需要准确定位自我角色，处理好以政府为主体和以市场化为原则的边界。政府首先是出资人，其次是协调人，同时还是组织人。政府要在正确定位的同时梳理好这3个角色之间的关系，这样才能达到有效利用政府这一特殊主体的优势，救助困境企业的目的。

小结

与一般投资人不同，政府具有极大的优势对于债务重组企业进行密集的信息收集和积极参与，因为其并非寻求对于陷入困境的公司股权的控制，也并非为了个体利益而服务，因此与其他投资人相比，政府作为投资人进行债务重组少了很多冲突和困难。也正因如此，那些对地方经济有着深远影响，做出重大贡献，甚至是一方支柱产业链中不可替代的一环的企业在遇到债务危机时，由政府利用城投平台、纾困基金等方式进行直接或间接的注资救助，最为合适。即使在美国这样自由主义深入血脉的国家，政府对于支柱性产业，或是其经济问题可能会引发社会问题的企业也不会袖手旁观，在这样的企业陷入危困时，政府也会伸出援助之手，保护企业免于破产。对于中国的各级政府来说，稳定与经济发展是其亘古不变的追求目标，在此价值观念的驱动之下，政府作为投资人参与特定企业的债务重组，就成为水到渠成之事。对于政府来说，是否要出手拯救已经不是其应该思考的问题，如何建立一个以政府为核心，集合各方力量拯救危困企业的综合性平台和普适性方案，才是更为重要的问题。

第二节 四大 AMC 作为投资人参与债务重组

20 世纪末，为应对亚洲金融危机，处置四大银行的大量不良资产，为银行上市甩掉包袱，同时有效防范化解金融风险，不断深化金融体制改革成果，国务院于 1999 年成立了东方、长城、华融和信达 4 家金融资产管理公司（下称"AMC"）。在设立之初，基于政策性经营的定位，这 4 家 AMC 在防范化解金融风险、推动国有银行及国企改革方面做出了重要贡献。随着对于历史遗留的四大银行不良资产处置任务的完成，这 4 家 AMC 逐渐构建为 4 家大型金融控股集团，其主营业务的重心也从金融不良资产收购及处置移转为非金融资产收购及处置，并衍生出了资产管理及金融服务等其他业务线。近年来，中国经济发展走上了快车道，伴随着每一次产业转型，市场上均会出现一批因跟不上经济发展的步伐，或是无法跟随市场趋势而陷入困境的企业。为此，国务院对这 4 家 AMC 提出"多元化发展、逐步突出主业"的要求，这 4 家 AMC 也逐渐弱化其他业务线，强势介入债务重组领域，成为债务重组过程中不可小觑的重要资金力量。

一、4 家 AMC 参与债务重组的背景介绍

(一) AMC 参与债务重组的特点

1. 自身特点

4 家 AMC 作为央企，承担着救助困境企业，维护国家金融和经济安全的任务，具有维护金融安全和社会稳定的独特功能。

其一，这 4 家 AMC 具有提供全方位金融服务的金融资质和功能。4 家 AMC 作为母公司，均拥有金融不良资产收购、非金不良资产收购、股权投资、固定收益投资、债转股等金融资质，在此基础上，分别控股了多家具有专业金融牌照的平台公司。从资质的角度来看，其有能力为有需求的困境企业提供全方位金融服务。

其二，这 4 家 AMC 具有参与债务重组的硬实力。在公司构架方面，这 4 家 AMC 均拥有遍布国内各地的分支机构，同时积极开展国际业务，其分支机构遍布全球；在人员构成方面，这 4 家 AMC 拥有大批有着金融专业背景、不良资产处置经验等债务重组急需的专业人员。

其三，这 4 家 AMC 均具有参与企业债务重组的高度积极性。目前，这 4 家 AMC 均结束了只开展政策性不良资产收购处置业务的历史，改制为独立核算、自负盈亏的市场主体，因此，其具有开拓业务的高度积极性。同时，作为央企，与其他央企一样承受着国有资本保值增值、增强企业经营净利润、完成股东核定的考核目标的压力，其更加具有参加企业债务重组的强烈需求。

2. 项目特点

AMC 开展的债务重组项目的特点主要包括：(1) AMC 介入企业债务重组的目标并非长期掌握企业的控制权，或期待从该企业获得长期的收益，而是以实现标的企业摆脱债务危机，恢复生产经营为目标；

(2) 标的企业陷入资金周转困境、无法兑付到期债务，基本符合企业破产的条件，但是该企业仍然存在一定的盘活价值及可能性；(3) AMC 救助困境企业的方式为以不良资产收购等方式帮助标的企业清偿债务，并进一步通过重组来帮助企业恢复正常生产经营；(4) AMC 救助困境企业的同时，必须保证自身的投资安全，因此在一般情况下，应当配套以资产抵押、质押或暂时获得控制权等风险控制措施。

(二) AMC 参与债务重组的原则

1. 全面解决原则

我们知道，能使企业陷入债务危机的往往不会是单独一笔债务，而是多笔债务。那么，无论资金来源是 AMC 还是其他关联方，无论各方是通过收购、清偿、追加投资或与其他债权人达成延期安排等方式进行重组，重组方案应当解决全部债务，否则就会出现重组后又因为部分债务问题没有解决而使危机企业再次陷入债务纠纷，甚至重组失败的风险。

2. 符合收购标准原则

债务重组中的危机企业所涉债权应符合 AMC 的收购标准。收购标准分两个层次：其一是拟收购的债权须真实准确、合法有效；其二是必须符合法律法规及监管对债权可转让性的规定，及 AMC 收购债权的内部规定。符合收购标准是 AMC 投资困境企业的重要前提。

3. 分类处理原则

困境企业的债权性质较为复杂，在对困境企业进行投资时，需要首先对所有债权进行集中识别、分类，并根据债权的不同性质设计一个综合的重组方案，在最大程度上保证重组债权可以实现。

二、具体模式

AMC 常用的债务重组包括以资抵债、债务更新、资产置换、商业性债转股、折扣变现及协议转让、不良资产证券化等模式，有些模式已经随着历史进程而被淘汰，现阶段比较常用的模式包括以下几种。

(一) 以资抵债

在债务重组实践中,以资抵债模式的实现路径一般为,标的企业将全部债务转让给 AMC,由 AMC 出资向债权人清偿债务,同时标的企业将部分或全部资产转让给 AMC,随后 AMC 与困境企业针对这部分资产进行重组。在债务重组协议签订之后,双方确认债务金额,明确偿债期限,同时约定具体偿债金额、还款方式以及违约责任,另外从防控风险的角度出发,在以资抵债模式之下,AMC 会要求债务企业设立担保或其他增信措施。此后,AMC 会为债务企业提供投融资服务,为债务企业进行债务重组后的跟踪管理,同时由担保人为债务企业提供后续的担保管理。这种模式能够尽快缓解标的企业短期现金流困难,避免了企业资金链彻底断裂,甚至进入破产清算。

同时,与其他投资人相比较,AMC 具有较为明显的自身优势,在救助标的企业使其避免破产清算的结局以外,还可以利用其丰富的子公司平台资源,为债务企业提供覆盖银行、保险、证券、信托各个方面的综合性、多元化的金融服务,从而帮助标的企业更好地持续经营。

(二) 商业性债转股

商业性债转股模式一般运用于业务领域发展前景较好,具有高科技优势,企业发展方向与中国未来经济发展方向一致,企业基本面并无太大问题,但因企业发展过程中融资策略出现问题,从而陷入债务危机的企业,或是所处产业为战略新兴产业,但因行业上下游周期性波动造成短期资金周转困难,仍有重整希望的企业。对该等企业应用债转股模式能够帮助标的企业显著提高资金流动性,有效降低财务杠杆,从而摆脱债务困境,避免清算风险。对于那些明显缺乏发展活力,与国家经济发展路径相背离,或是产能过剩的企业,则不适宜应用债转股模式进行债务重组。

在商业化债转股的应用中,要特别注意风险防控,及时对目标债转股企业以及债转股风险与收益进行判断。

对于债转股过程中可能存在的风险，一方面可考虑将债权转为优先股。优先股不享有普通股股东的经营参与权，但在分配盈利与财产时较普通股具有优先权的特性与 AMC 非常符合，另外，债权转为优先股也可以更好地实现 AMC 资金成本的回收，提高利润率，降低二次风险的发生。另一方面也可以通过签订对赌协议的方式来规避债转股中潜在的风险，即由 AMC 与出让股权的标的企业大股东对于债转股过程中潜在的不确定事项进行约定，签订对赌协议，以此来保证 AMC 在债转股中的收益。

为了规避可能出现的风险，债转股模式下一般应设计完备的退出机制，以此为实现收益提供保障。这些机制包括签署回购承诺、上市公司股权质押、企业利润分配、第三方抵质押、股权转让等多种方式。

（三）设立基金

所谓基金模式，是指当标的企业的债权人是银行时，由 AMC 受让银行的债权，然后由银行的子公司和 AMC 共同成立重组基金，该基金受让 AMC 所投资的标的企业的不良资产收益权。该基金要做分层设计，由银行认购优先级份额，AMC 认购劣后级份额，之后新成立的基金委托 AMC 来对标的企业不良资产进行清收。整个基金的分配完全取决于不良资产的清收回款。这种模式也会受到银行的欢迎，因为对于银行而言，在此模式下，标的企业的不良资产真实出表，不存在通道类假出表的业务，银行在债权得到实现的基础上也回避了可能存在的监管方面的风险。

（四）借款方式

在 2019 年的不良资产并购市场，我们发现 AMC 正在通过更为简单的方式——直接提供流动性借款来投资困境企业，并要求支付融资成本。《企业破产法》等规定，破产企业可以在破产程序中进行借款融资。该类借款因对全体债权人有利，故性质上属于共益债务,属于优先清偿的债权范围。因此,很多 AMC 通过衡量困境企业资产、负债等情况,可以大致预测该笔借款计入共益债务后,在破产程序中的优先清偿可能性,如该企业破产重整失败或最终宣告破产,该笔借款的本金依然可以安全退出,则自然不会错过该类投资机会。

除通过直接作为借款人投资困境企业外,有时会和战略投资者共同配合参与这种特殊机会投资,即向战略投资者提供并购资金。同样在借款协议中明确约定,该笔债权人属于共益债务,在困境企业满足特定条件下优先清偿,并需按照约定利率支付利息。但是,该笔借款的偿付人可以约定是战略投资并购成功后的困境企业,也可以直接约定为战略投资者。不论偿付义务人是哪个主体,另一方都通常作为连带责任人提供增信措施,有时也会要求提供困境企业相关资产作为担保物。

该等"直截了当"的借款方式,系建立在对困境企业投资有着丰富经验,以及对破产程序非常了解的基础之上,而这正是 AMC 常年接触的领域。因此,近年来的困境企业并购中,AMC 已经突破了传统债权收购模式,有时直接作为出借方也是一种新的思路。不过,随着国家政策对 AMC 回归主业的监管要求,此类模式后续如何发展,可能还是要结合实践案件具体分析。

三、四大 AMC 参与债务重组的优势

经过多年发展,特别是商业化转型以后,四大 AMC 已经具备依托丰富的资产处置和管理经验,以及全面、多元的金融服务优势,运用并购重组手段优化资源配置、提升企业内涵价值的能力,在企业债务重组领域具有一定的优势。

(一)资产处置经验丰富

AMC 参与到债务重组当中,首先要做的就是对企业的资产进行甄别,并根据不同资产的类型对其进行结构重组,优化企业资产结构。

具体来说,其优势主要体现在两个方面。一是以其在资产处置领域的经验,对企业资产进行甄别,在对企业资产进行分类后,将企业无效、低效和不良资产进行清理剥离,使得企业资金、人力等要素能够集中于主业,进而实现企业资产的优化配置。同时,进一步收缩"泡沫型"资产的规模,调整困境企业产品结构,突出主营业务,以此来提高获利能力,激发企业的经营活力。二是通过重组,为企业注入优质资产,以此促进企业可持续性发展。在上市公司债务重组项目中,AMC能够帮助上市公司遴选和引入上下游及境外优质资产,并根据实际需求,选择现金购买、发行股份购买等方式对上下游产业链进行兼并重组和资源整合,同时不断地为上市公司提供多样化的融资服务,帮助其建立可持续发展规划,提升内在价值,改善企业经营策略,获取盈利能力,使企业降低资产负担,取得债务重组的成功。

以四大AMC之一的中国长城资产管理股份有限公司(简称"长城资产")参与的"ST东盛"项目为例。东盛集团因业务快速扩张导致资金链断裂,陷入债务危机,长城资产在全盘收购"东盛系"金融债权本息之后,设计并实施了围绕"东盛系"核心资产"ST东盛"展开的债务重组方案。先行通过资产重组的方式减轻企业资产负担,而后再运用投行模式对该企业进行债务重组,剥离不良资产,将集团内"广誉远"这一优质资产植入上市公司,提高其流动性,进而提高资产价值,最终实现经济效益最大化。

(二)优势明显且方式灵活

AMC的主营业务为不良资产收购处置,而债权收购是AMC区别于其他金融机构的核心操作手段,因为多年来实践经验的积淀,AMC已经具备灵活运用多种方式及工具进行债务重组的实力。首先,AMC可以通过金融债权或非金融债权(应付账款、银行贷款、债券融资等)的收购,在有效降低企业杠杆率的背景下,为企业提供流动性支持,盘活企业资产。特别是对于那些产品技术含量高、发展看好,但因融资出现问题,或发展过快,从而陷入债务困境的企业,AMC可以采取以针对企业上下游和集团内部往来账款等债权收购为切入点的方式，将企业的应收账款作为担保物，为企业提供流动性支持，及时改善企业财务状况，增强企业运营能力，吸引投资者，并提升投资者对于该企业未来的预期。其次，AMC可以通过与社会其他投资机构的合作，通过债务重组基金模式引入社会资金，延长债务清偿期限，减轻企业的债务压力。AMC凭借其丰富的重组经验和专业优势，可以采用更加灵活的基金化的重组模式，在风险防控、放大规模、引入其他投资者、嫁接其他业务手段等方面具有很强的优势。最后，AMC收购债权后，能够通过减免、展期等方式有效减少企业债务负担，还可以通过国家债转股政策等工具优化负债结构，从而将债权转为股权来减少企业负债，缓解债务压力，增加企业债务重组成功的基数，并使企业在债务重组成功结束后，提高盈利概率，真正达到救助危困企业的目的。

以"盛运环保重组项目"为例，作为专注于垃圾焚烧发电的环保公司，因债务危机，企业不堪重负，陷入经营困难。长城资产全面收购了其应收账款，优化了其负债结构，并帮助其寻找到相契合的并购标的，短期内不但帮助该公司重建盈利能力，而且帮助其实现了业务规模的扩张。

（三）AMC具有较强的实践经验，且具有创新能力

债务重组作为一种帮助企业脱困的手段，其实质的成功是帮助债务危机企业躲过危机之后还能够持续改善内部资源配置格局以及盈利结构，避免破产清算的危险，继而实现公司运营体系的改善和结构优化。目前四大AMC均已构建起多元化金融服务平台，并相应的形成了综合经营业务体系，同时通过创新实践，不断扩大并购重组业务的内涵。在重组手段上，从传统的不良资产债务重组，逐渐发展为为企业提供综合性的，包括财务重组、资产重组、股权重组，乃至产业重组和跨境并购在内的一揽子综合重组方案，并能够运用各类工具进行创新组合，使重组企业达到资产结构优良、负债下降、盈利水平提升的

最终效果。

四、四大 AMC 面临的挑战

(一) 通道业务受限

AMC 在债务重组中虽然常常以投资人的身份出现，但是其在债务重组中的具体行为更加接近通道业务。但是，自 2016 年银监会出台全面禁止 AMC 从事"通道业务"的相关规定以后，对于 AMC 的业绩形成了巨大冲击。[①] 这是挑战也是机遇，通道业务的限制使得 AMC 依靠单一业务模式就能成功帮助企业化解债务危机的时代一去不复返，AMC 必须要发展综合性、多元化的业务模式，以谋求在债务重组中发挥更大的作用。

(二) 资产处置难度加大

首先，资产处置的首要条件是资产具有交易价值，并且这种价值能够以一定的价格体现出来。实践中困境企业价值较高的资产往往包括房产和地产，特别是一些商业地产，但这一类资产极易受到国家经济整体状况的影响。随着国家经济的阶段性下行，极大可能影响地产类资产的价格，这就容易导致 AMC 在债务重组中，处置不良资产的金额难以达到预期，从而导致不良资产的处置金额无法覆盖全部债务而进一步走向重组失败。

其次，困境企业债务构成较为复杂，并且具有多重性的特点，即这些企业的债权债务关系往往相互交织、相互牵扯、相互联保形成互

[①] 《中国银监会办公厅关于规范金融资产管理公司不良资产收购业务的通知》(银监办发〔2016〕56 号) 第一条第一款规定：资产公司收购银行业金融机构不良资产要严格遵守真实性、洁净性和整体性原则，通过评估或估值程序进行市场公允定价，实现资产和风险的真实、完全转移。不得与转让方在转让合同等正式法律文件之外签订或达成影响资产和风险真实性完全转移的改变交易结构、风险承担主体及相关权益转移过程等的协议或约定，不得设置任何显性或隐性的回购条款，不得违规进行利益输送，不得为银行业金融机构规避资产质量监管提供通道。

保圈，这些特性也在一定程度上加大了资产处置的难度。

再次，随着近年来民间借贷问题的日益增多，实践中，很多基本面很好的企业陷入债务困境的根本原因均为陷入民间借贷的旋涡。AMC 面对这样的企业进行债务重组极易导致资金无法回收，给自身带来损失风险。因此，提升资产管理和处置能力，拓宽处置渠道成为 AMC 发展的关键。

（三）市场竞争日益激烈

随着国家经济发展的需要以及金融改革的深入，4 家 AMC 独霸市场的局面已经不再，AMC 的牌照管制日益放松，地方 AMC 的数量不断增加。并且按照现在的金融监管政策来推测，未来将会有大量民营资产管理公司和其他机构参与到一级市场中，这对于 4 家 AMC 来说将会形成不小的压力。

五、相关建议

2020 年 1 月 3 日，银保监会公布《关于推动银行业和保险业高质量发展的指导意见》。该意见指出，要引进先进国际专业机构，吸引财富管理、不良资产处置、专业保理、消费金融、养老保险、健康保险等领域的外资金融机构进入境内市场。这样就意味着，我国的不良资产处置业务领域将正式向外资打开，国外金融服务机构可以申请进入中国不良资产业务领域，包括高盛集团、KKR 集团、孤星基金、贝恩资本等多家知名外资机构，已通过基金、与内资机构合作等多种渠道参与我国的不良资产处置业务。因此，在中国的经济新常态下，债务重组市场对于传统 4 家 AMC 来说，机遇与挑战并存。4 家 AMC 要想在债务重组投资市场中占据并保持龙头地位，唯有丰富资产管理模式及手段，拓宽投资渠道，充分发挥资本市场优势，联合各方力量，保持创新思维。

（一）联合产业资本，创新资产处置新渠道

AMC 为金融企业，其本身并不占有产业资源，也不熟悉具体产业

运营，与优秀的产业资本加强合作，属于强强联合，这有助于广泛了解特定领域的困境企业情况，从而甄别出适合投资的困境企业，同时也有助于寻找到更加合理的退出路径。

第一，可以提升 AMC 参与困境企业债务重组的优势。企业债务重组是一个系统性的综合项目，也是一项既庞杂又需要精细化管理的工程。在债务重组过程中，充斥着股东、债权人、职工、投资人等多方主体的利益交织。重组是否能够成功一方面取决于重组方案的设置是否合理，投资人的资金是否按时投放等债务重组本身的因素；另一方面也取决于重组方案施行以后，是否能够依靠此次重组帮助企业走上正常经营的轨道，并运行良好。因此，在国家层面实施化解过剩产能、出清"僵尸企业"以及防范化解因担保链等引起的局部金融风险的过程中，有债务重组需求的企业日益增多，AMC 有能力依托自身丰富的债务重组经验以及丰富的金融服务经验，对整个重组方案进行统筹协调。如果能联合产业资本，建立多元化的产融结合资本运作模式，在对标的企业进行重组的同时帮助困境企业运营与管理，并在企业的未来发展中持续帮助其改善经营，最终就能达到成功实现债务重组的目的。

第二，AMC 参与困境企业债务重组，并不是谋求企业的控制权，且最终是一定要从该企业退出的，否则就背离了 AMC 参与债务重组的初衷。AMC 联合产业资本，可以弥补退出机制单一化的不足，在传统的股权诉讼、股权回购等退出方式之外，共同探索新的退出渠道。如在对非上市公司进行债务重组的项目中，AMC 可以先行通过资产重组将该非上市公司的资产注入上市公司，将流动性不强的一般资产转化为流动性较强的上市资产，从而实现企业资产的保值和增值，以此作为资产处置的新模式。

第三，AMC 与产业资本联合，可以共同成立基金的模式来助力产业结构优化和转型升级。这样有助于以产业资本的需求为导向，通过收购银行资产包等方式，发挥 AMC 的不良资产经营经验和金融产业经验；产业资本则可以对符合其发展战略并达到收购条件的资产进行收购并对该企业控股，继而发挥相关产业的专业运营经验，与 AMC 形成合力来提升困境企业资产的附加价值，最终，实现 AMC 资产处置速度得以提升、产业资本以低价获取企业资产的双赢局面。

实践中已经有 AMC 实现了这种联合路径，并卓有成效。如 2014 年超日重整案，长城资产就与具有产业优势的协鑫集团建立了战略同盟，共同参与超日重整，很快便恢复了超日的正常经营和盈利能力，并在 2015 年 8 月恢复上市，同时各投资方不但权益得到了保障，而且收获颇丰。

（二）构建强大的服务商网络，丰富服务商资源

债务重组涉及法律、审计、评估、征信、交易、处置等各个方面，AMC 虽然具有较强的金融服务能力，但仍然难以覆盖所有领域，很难靠一己之力包揽债务重组的所有事务。因此，AMC 想要在债务重组中发挥优势，提高重组效率，应当广泛联络各类服务商资源，并使这些资源为自己所用，这样可以在目标一致的前提下，通过专业分工，以各自优势，共同推动债务重组的进程。

一是要围绕 AMC 建立核心生态圈。AMC 作为投资人进行困境企业债务重组，并非仅 AMC 的自有团队就能全面提供所有服务，因此必须建立起以 AMC 为核心的服务商网络。在这个网络之中，应当包括债务重组所涉及的各个专业领域中具有成熟经验的智库、处置平台、律师事务所、征信机构、资产评估机构等，并且要通过合理的形式将这些机构凝结在一起，形成一个紧密合作、各有分工的服务商网络，更好地为债务重组服务。

二是要形成合理高效的服务机构运行机制。所谓合理高效的服务机构运行机制，是指以债务重组的需求为中心，提供快捷的有针对性的处置方案，同时以 AMC 为协调的主体，通过合理高效的机制，调动各个服务商的积极性，从而使债务重组的进程更加高效，各个环节无缝对接、有条不紊，最终实现重组成功。

（三）开展资金平台模式，壮大业务规模

一是可以与互联网资产处置平台合作，拓展资产处置平台模式，借网络处置平台来扩大困境企业资产推介的广度，突破传统处置模式下由于信息扩散的局限性而引起的推介困境；解决各方参与者的信息不对称以及沟通成本高等问题；借助网络平台灵活的竞价机制，最大限度地实现资产市场化定价。同时，与一些交易平台合作还有助于快速准确地完成尽职调查，并及时计算出标的企业的全部财产，提高标的企业资产的回收率。

二是通过资金平台，投资者可以购买收益权证券化产品，从而解决 AMC 的资金来源问题。资金平台的优势在于客户数量有一定积累，且资金量充足，AMC 与资金平台的充分合作，就可以发挥资产端和资金端的互补优势。

（四）构建有自身优势的融资体系

商业化转型后，四大 AMC 收购不良资产的资金需要市场化筹集，比较传统的拓宽融资渠道的方式包括股改、引进战略投资、上市等。虽然四大 AMC 资金融资方式较为多元，资金压力并不迫切，但是仍然有些散乱，未形成具有自身特点的融资体系，特别是 AMC 参与债务重组往往需要较长的时间，需要跨年度甚至跨经济周期，那就必须存在一个稳定的融资体系，否则将无法与债务重组项目特点相匹配。因此，AMC 一方面应当利用其上市公司及央企背景等主体优势进行融资，不断提高股份增发融资、债券融资等能力，并尽可能优化融资结构，降低融资成本；另一方面要建立直接融资与间接融资相结合，长、中、短期融资相结合的融资体系。

第三节 债务重组中的地方 AMC

相比于传统的四大 AMC，地方 AMC 作为植根于地方，依托地方

政府力量成长起来的新生力量，在地方政府与企业之间建立起一座桥梁，在整合属地资源、获取地域相关信息等方面较之四大 AMC 更具优势。因此，在对地方 AMC 成立的背景和意义进行一定叙述以后，本小节将通过与四大 AMC 进行比较，总结出地方 AMC 的优势及挑战，并给出相应的建议。

一、地方 AMC 成立的背景

在前文中我们提到，4 家国有 AMC 成立的初衷是化解国有银行的不良贷款，同样，地方 AMC 也是各地政府为了帮助地方金融机构对于不良资产的处置而成立的。

1999—2008 年，因在经济发展中遇到的具体问题，各地开始思考建立地方 AMC。上海、重庆、广东等 6 省市率先分别成立了性质为国有全资的地方 AMC。但是，直到 2012 年《金融企业不良资产批量转让管理办法》（下称"《办法》"）出台，赋予了各省及直辖市成立 AMC 参与不良资产收购的权力后，地方 AMC 才开始真正在全国范围内广泛建立，蓬勃发展。

就在《办法》出台以后的第二年，银监会随之发布《关于地方资产管理公司开展金融企业不良资产批量收购处置业务资质认可条件等有关问题的通知》（下称"《通知》"），《通知》在《办法》的基础上，更加明确地允许并鼓励民营企业积极参股。但是，对于民营资本参股及参与经营的具体方式进行了一定限制。根据《通知》的规定，地方 AMC 的注册资本不得低于 10 亿元人民币，其业务范围限于以重组方式参与本省或自治区的批量不良资产处置，特别强调不得以转让方式处置不良资产。

随着中国经济的增长开始进入下行通道，陷入债务危机的企业开始增多，为了帮助各地更好地处置企业不良资产，银监会于 2016 年发布《关于适当调整地方资产管理公司有关政策的函》，突破了原则上各省只能设立一家 AMC 的限制。此后，越来越多的省开始设立第二家地方 AMC，截至 2020 年 3 月，地方 AMC 数量已经达到 59 家。

二、地方 AMC 的优势与挑战

（一）地方 AMC 的优势

1. 地缘优势较为明显

虽然地方 AMC 的业务基本上限于当地，但是广度的缺失却无法掩盖其深度的优势。地方 AMC 与区域经济及地方政府的天然联系，使其在债务重组的过程中特别是标的企业资产处置过程中更加灵活，并能够充分利用其地域优势，扮演好"桥梁"的角色，在债务重组中起到了无法替代的作用。

首先，较之其他主体，地方 AMC 更能解决在债务重组中信息不对称带来的难题。作为植根于当地的地方 AMC，对于当地企业的基本情况更加了解，作为具有当地政府背景的地方 AMC，也顺理成章地更加了解当地产业政策，更加熟悉当地司法环境的特点。这些信息优势，是任何主体所不具备的，地方 AMC 可以说占尽地利。

其次，地方 AMC 作为专门从事资产处置的机构，企业是其工作的主要对象，因此，地方 AMC 对于当地企业以及银行等金融机构非常熟悉。地方 AMC 进入债务重组项目，能够迅速开展工作，快速对于该企业的重组价值做出较为客观的判断，大大地减少了债务重组项目的时间成本。同时，地方 AMC 能针对不同的企业性质更加灵活地采取不同的重组方式，同时还可以更加合理地对标的企业的资产价值进行预判，对于重组效果也有着更为精准的预判，有助于提升债务重组的成功率。

最后，地方 AMC 一般会拥有地方政府政策的支持，也更加容易获得地方政府和地方企业及实控人的信任，这对于在本区域内进行企业债务重组工作非常重要。例如，在对国有企业进行债务重组的项目中，地方政府会优先考虑由地方 AMC 来收购不良资产。最重要的原因是，地方 AMC 可以更加顺畅地和地方政府进行沟通，更加精准地理解地方政府参与该债务重组项目的诉求，包括为什么要救助该企业，该企业对于地方经济的意义等。加之地方 AMC 对地方经济发展情况、地方产业结构的了解，能够更加有针对性地选择处置方式，适用更加契合的重组工具，从而达到有效防止国有资产流失的目的，进而对于该地方产业经济发展起到良性促进作用，达到包括当地政府在内的多方共赢。

2. 灵活的管理体制，利于创新

尽管地方 AMC 参与债务重组的模式受监管的限制较多，但正如前文所论述的，其所特有的地域优势，使其有着不同于其他投资人的对于地方产业发展方向及地方区域经济政策独特的敏锐性和洞察力，能够根据其所占据的地域优势带来的信息优势更加灵活地设计重组方案，把握项目进程。具体的体现在它比其他投资主体更具有提高不良资产处置效率、提高资金回收速度等的可期待性。

地方 AMC 之所以能够有着更加多元化的参与模式，与其较为灵活的管理体制也有一定的关系。四大 AMC 作为央企，管理体制相对复杂，组织架构更加严谨，其决策体系也相对复杂。而地方 AMC 则相对简单，其管理体制较为扁平，一般的决策只要由各个地市层级的 AMC 上报到省级总部即可完成整个决策的上报过程。AMC 的总部内部机构也相对简单，具备快速做出反应的能力，不会在烦冗的决策体制中消耗时间，错失良机。更为重要的是，这样的体制更加利于新模式的衍生，在一些体量较小的重组项目当中体现得更为明显。

3. 多元化的股东构成，资源丰富

地方 AMC 的股东构成较为多元，除地方政府以外，还包括其他金融机构等组织甚至一些自然人。这些股东各具优势，为地方 AMC 的发展提供了丰富的资源。四大 AMC 可以为地方 AMC 提供丰富的不良资产处置的技术支持，地方政府可以为地方 AMC 提供地方政策倾斜，而金融机构的加入则可以为地方 AMC 提供更为顺畅的资金通道和其他资金来源方面的支持。我们以江西省金融资产管理股份有限公司为例，其作为江西省的地方 AMC，最大股东即江西省金融控股集团，作为股东，江西省金融控股集团以其丰富的业务资源、客户资源以及风险控制等方面的成熟经验，为地方 AMC 提供了坚实的靠山和广阔的平台，使得江西省金融资产管理股份有限公司近年得到了迅速的发展。

而当地民营企业的入股，为地方 AMC 的发展注入了鲜活的力量，提升了其市场化运作水平。多元化的股东构成，既能够帮助地方 AMC 构建自身平台，更高效地募集资金，减少时间成本，同时，这些极富能量的股东又能在具体业务的开展、股权融资和未来的转型方面，提供巨大的信息优势，及隐性担保和更多重组模式的选择，进而提高地方 AMC 成功参与债务重组项目的能力。

（二）地方 AMC 面临的挑战

1. 经营活动范围受限，优势并不突出

地方 AMC 是在国家经济发展速度放缓，陷入债务危机企业数量增多的背景下逐渐发展壮大的，其设立的初衷就是为了救助地方困境企业，解地方经济发展之燃眉之急，一定程度上来说，地方 AMC 就是稳定一方金融秩序，解决经济发展难题的一剂良药。因此在实践中，地方 AMC 参与困境企业债务重组时，主要将业务范围限定在本地区，地区间的壁垒比较坚实，难以跨越。2016 年 10 月《关于适当调整地方资产管理公司有关政策的函》出台后，情况得到了一定改善，这份文件第一次赋予了地方 AMC 可以将收购来的不良资产对外转让的权利。此后，虽然地方 AMC 业务模式呈多元化发展，经营范围受限这一弊端得到改善，但是并未完全消除，受各方面因素影响，地方 AMC 业务依然限于区域范围内。

2. 融资存在阻碍，业务规模受限

四大 AMC 是伴随着政府政策上的支持诞生、发展的，其资金来源较为丰富，能够通过多种渠道获取资金，加之其拥有金融全牌照，融资相对来说比较轻松。然而，地方 AMC 的融资渠道来源相对狭窄，融资手段有限。目前地方 AMC 的运营资金来源主要有自有资金、商业银行贷款等，伴随着政策的放宽，虽然少数地方 AMC 还通过发行公司债募集资金，但该方式由于相对较高的壁垒以及时间限制，还并未得到广泛采用。狭窄的融资渠道成为地方 AMC 业务拓展的阻碍，它限制了地方 AMC 的处置规模及难度。债务重组往往需要的资金量较大，地方

AMC 与四大 AMC 相比不具有资金优势，但是地方 AMC 却具有四大 AMC 无法比拟的属地优势，如果其可以充分利用与当地政府行政部门的联系，通过借助政府的信用，增强融资能力，甚至让政府为其从商业银行贷款进行担保，从而延长还款期限，增加借款金额，那么地方 AMC 就可以扩大业务规模，更深层次地加入债务重组当中。融资难度大，业务规模受限，影响了地方 AMC 在债务重组中发挥作用的空间，因此，进一步扩宽融资渠道、不断创新融资方式，扩大融资规模、降低融资成本是地方 AMC 快速发展的重要任务之一。

3. 通道业务被禁止，对业绩冲击较大

2016 年 3 月，银监会发布了《关于规范金融资产管理公司不良资产收购业务的通知》，明确禁止包括地方 AMC 在内的所有 AMC 不得从事"通道业务"。禁止开展"通道业务"对于四大 AMC 来说，虽然对业绩有一定影响，但是毕竟四大 AMC 可在全国范围内经营，并且拥有金融全牌照，业务范围更加广泛，"通道业务"带来的影响可以在其他业务领域进行平衡和弥补。地方 AMC 则不同，其业务范围有限，并且监管相对严格，限制较多，资金也是完全来自地方自筹，业绩增长很大程度上依赖通道业务，因此，"通道业务"的禁止，对于地方 AMC 来说带来的业绩冲击是巨大的。

4. 相关配套政策有待加强

2016 年以来，随着银监会对各省、直辖市对于设立地方 AMC 的限制放宽，地方 AMC 数量开始激增，并进入高速发展期。但与此同时，无论是国家层面抑或地方层面均无相关配套政策，比如在司法政策方面，并无较高效力位阶且成体系的法规或政策体系，地方 AMC 涉诉时，往往是困难重重。再如，在税收政策方面，国家税务总局给予了四大 AMC 免收增值税、营业税、印花税等税收方面的优惠政策，而对于地方 AMC 并未出台相应的支持政策，使得本来在资金上就处于弱势的地方 AMC 较之四大 AMC 更显羸弱，竞争力大打折扣。

地方 AMC 的政策支持力度、有效性都依赖于地方政府自身的资源调配能力，地方政府应当努力为地方 AMC 争取政策性的倾斜，特别是和银监财政部门的不断沟通与协调。在监管层面上，地方政府除了要履行沟通协调职能，在不违反上位法规定的前提下，也应该在本辖区内根据实际情况出台相关政策，对地方 AMC 进行监督管理和政策支持。

三、对于地方 AMC 发展的建议

（一）借助地缘优势，打造地方综合性金融平台

前文曾经讲过政府在向困境企业投资，解决危困企业于债务危机时，往往会采取利用城投平台的模式。城投平台在发展之初主要是为了城市基础设施建设，但是随着社会经济的不断发展，目前城投公司不但在基础设施建设中发挥了重要的作用，更在地方金融领域发挥了不可替代的作用，并且在债务重组业务中积累了丰富的经验。当地城投公司对困境企业是否具有债务重组的价值有着更为精准的判断。因此，如果能够与当地城投公司合作，就可以整合双方的地缘优势，为后续债务重组业务中标的企业的选择提供更加广泛的空间。同时也可以与地方城投公司共同组建综合金融平台，并将这一平台充分地利用在市县辖区内企业的债务重组当中。

与四大 AMC 相比，地方 AMC 的最大优势即是地缘优势，所以，如何充分利用好地缘优势是地方 AMC 应当重点考虑的问题。

（1）与政府加强联系与合作，有利于地方 AMC 在当地金融机构和非金融机构中寻找更多资金来源，并在与政府的深度沟通中掌握政府相关政策，从而在债务重组中发挥地缘优势与信息优势，打造核心竞争力。

（2）地方 AMC 应该努力提升自身综合实力，争取获得金融牌照，从而拓宽融资渠道，挖掘潜在业务领域。

（3）地方 AMC 应该强化与当地城市银行的合作。一方面，双方的合作符合各地政府维护本地金融稳定的需求，无论出于缓解当地企业面临破产清算的考虑，抑或出于防止国有资产流失的目的，地方政府一方面倾向由地方 AMC 接手处置当地不良资产，另一方面希望相关债务重组项目的发展处于自己控制的范围之中，因此地方 AMC 应强化与当地中小

商业银行的合作关系，共同建设合作共赢的平台。

（二）加强各方合作，推动手段创新

1. 加强与四大 AMC 的合作

四大 AMC 经验较为丰富，且拥有一大批专业人才，并且有较为成熟的业务模式，地方 AMC 发展时间较短，如果能够通过加强沟通从四大 AMC 那里获得更多的经验与教训，对于地方 AMC 的发展与繁荣具有非常重要的价值。

2. 地方 AMC 之间应当加强合作

各地 AMC 应该相互借鉴、共同发展，在不断总结成功经验的同时创新业务，以此提高债务重组的成功效率。

3. 地方 AMC 应当与金融机构充分合作

地方 AMC 应当着力利用地缘优势在所属地区打造具有地区特色的处置企业不良资产的完整产业链，努力将银行、基金、产业资本等要素融入债务重组。如利用投行化手段处置不良资产，并依托专业服务获得收入，努力打造轻资产、专业化的业务特色。

4. 加强与新兴处置平台的合作

地方 AMC 应当利用好互联网平台，加强与阿里巴巴、京东等互联网平台的合作，优化资产处置方式；借助互联网、大数据等信息技术整合行业上下游资源，立足当地，打造困境企业债务重组处置生态圈，从而提升不良资产的处置效率，降低债务重组的成本，并在将不良资产价值最大化的同时，积累更多的资金来源渠道。

（三）地方政府应在制度层面优化完善

我们可以做这样一种假设，当四大 AMC 和地方 AMC 均欲参与某个地区企业的债务重组项目时，因四大 AMC 尽享国家在各个层面上的政策优惠，而地方 AMC 并无政策优惠，那么四大 AMC 参与债务重组的成本就会大大低于地方 AMC，地方 AMC 的成本就会较高，竞争力大打折扣。因此，为了地方 AMC 的健康发展，且与四大 AMC 在不同层面上的债务重组项目中形成优势互补，国家应该在制度层面上给予其具体的优惠政策，同时加强对地方 AMC 的监督管理，依法限制其"通道业务"的同时也应当帮助地方 AMC 开发出更多的可以利用自身优势开展相关业务的模式方法，使地方 AMC 逐渐摆脱依靠收包再转包这种较为初级的经营模式。同时，地方 AMC 的发展主要依靠地方政府的支持，因此，各个地方政府也应该结合实践中的需求，尽快出台利于地方 AMC 发展和地方金融稳定的优惠政策及监管意见，争取做到对地方 AMC 既有支持也有监管。

小结

占尽地缘优势的地方 AMC，一方面承载着地方政府及地方企业及实际控制人的信任与期待，另一方面也承载着解地方经济燃眉之急、救地方困境企业于水火的重担。毫无疑问，地方 AMC 是带动地方经济发展、稳定金融秩序的压舱石，与四大 AMC 相比，地方 AMC 经营范围受限于一隅，在通道业务受到限制之际，业务规模严重压缩。同时，并不拥有全金融牌照的地方 AMC，其狭窄的融资渠道严重掣肘了业务规模及未来发展，与四大 AMC 相比，资金优势尽失。更为重要的是，四大 AMC 占尽政策优势，这使得地方 AMC 的业务空间进一步遭到挤压。有鉴于此，地方 AMC 若要发展、有所担当，就必须要借助地缘优势，打造与城投公司、四大 AMC、地方政府多种主体合作共赢的综合性金融平台，同时加强与各种金融机构的合作，强强联合，优势互补，打造困境企业债务重组的优质资源生态圈。

| 第六章 |

不同行业的债务重组

独创常常在于发现两个或两个以上研究对象或设想之间的联系或相似之处。

——贝弗里奇

第六章 不同行业的债务重组

随着中国社会与经济改革的持续深化和人均 GDP 水平的不断升高，中国已经从原来的中低收入国家直逼中高收入国家，而这种提高也对经济发展提出了新的挑战：中国经济由原来的高增长转变为高质量增长，转型意味着变化，固守一方天地不难，在动荡中坚持本心不易。因此，在国家经济转型的过程中，各行业的全新竞争机会出现，各行业的风险也逐渐暴露，其中一个重要表现就是债务违约飙增，不良资产数额及占比双双走高。这一点，从各行业出现了越来越多的像渤海钢铁、方正集团这样债务金额高达数千亿元的破产案件中可见端倪。这种债务危机并非来自某一行业，而是不同行业、不同企业所面临的普遍性问题。甚至，在我们的一般认识中抵御风险能力最强的国有企业亦不堪重负。

如多米诺骨牌一般，愈演愈烈的债务危机，也将运营良好的企业火烧连营，对地区乃至中国稳定的经济秩序带来明显冲击。因此，不同行业与性质的企业，需要结合自身特点，通过债务重组的运作实现债务危机中的自我利益诉求最大化。我们通过实证研究，结合不同行业的特点，针对不同行业具有代表性的企业类别，分析其通过债务重组解决各自困境的实践案例与效果，以期实现全社会效用的最大化。

第一节 传统行业的债务重组

在人们的印象里，传统似乎总是与陈旧、过时联系在一起，而传统行业，听名字似有日薄西山的迟暮之感。在行业红利日趋减少的今天，传统行业的日子并不好过。一直与"重资产""工业帝国"等词相联系的传统行业如今频频陷入债务危机之中，国家"去产能""去杠杆""产业升级转型"等政策频频出台，诉说着传统行业即将进入一个新的时代。如何在债务危机中走出一条生路？如何利用传统行业重资产的特点"反败为胜"？如何将企业资产与新兴技术结合，完成企业转型升级？为救传统行业于危难，各方在实践中共同努力，探索出了"购售式重组"等新颖模式。

一、传统行业困境企业的共性

（一）传统行业属于红海竞争，市场天花板效应明显

从事传统行业的商事主体，经济效益的提升依赖于市场份额的集中与单品价格的上涨。传统行业发展成熟稳定，市场天花板即市场需求的增长，无法像朝阳行业一样还有较大的开拓空间。以白酒市场为例，市场需求整体变化不大，即使在某一阶段中，如茅台个别单品的市场需求出现快速增长乃至供需缺口，但相较于庞大的市场基数，其增长体量和比重并不大。因此，传统行业的竞争是红海竞争，行业天花板有限，行业龙头或区域龙头还能依靠品牌、成本、价格、市场及渠道等多种优势提升市场份额，以量取胜，而中小竞争者则可能无力撑到最后，已经在激烈的红海竞争中面临债务困境。

（二）传统行业大多为重资产行业，固定资产比例较高

传统行业牵涉国计民生，因此，该类行业不像互联网公司一样可以通过科学技术，尤其是互联网技术的发展而脱离实体。相反，该类企业就是实体经济最大的基本盘，体现了中国强大的工业体系的生产力，产出依托于土地、能源、人力与机器设备等各项重资产投入。也就是说，如果市场规模扩大，需要相对扩大生产规模，而不能像互联网企业一样边际成本较低。因此，传统行业在重资产运营模式下，固定资产在全部资产中的比重较大。

（三）经营模式与赢利模式较为传统，市场规模扩大势必增加投资

传统行业的市场开拓需要生产资料的硬性投入。重资产驱动下的扩张获得了市场，但经济效益的提升一定伴随着物质的持续投入。一旦行业陷入低迷，或者宏观经济放缓，传统行业的盈利压力就会更大，从而陷入"增长陷阱"，即高成本下的低增长、不增长甚至负增长。这是传统领域的企业面临的普遍困境。例如，在啤酒领域，市场竞争激烈，但龙头企业在一个地区取得市场的前提是在当地投资设厂，不论是采用新建生产线或是并购现有产能，都要做出资本投入，不能依托其他区域产能进行远距离投放，这也是由产品销售半径决定的。

（四）传统行业的融资渠道较为单一，主要资产在金融信贷中作为抵押物

传统行业的融资渠道仍较为单一，企业发展中依靠资本市场的股权融资比重较小，主要依赖金融贷款。金融信贷提供的担保通常要求贷款人将土地、厂房及机器设备等优质资产进行抵押。可是，该部分资产价值虽高，在市场上变现却并不容易，其中机器设备的更新迭代较快，担保价值并不明显。尤其在很多行业中，厂房与机器设备属于配套的定制化财产，账面价值虽高，但在企业出现债务违约问题后，金融机构想单纯通过处置抵押物来获得足额受偿并不容易。

（五）部分传统行业兴衰呈现较强的周期性

万物皆有周期，部分传统行业的周期性更为明显。我们以化工行业为例，作为资本密集型产业，每一个投资项目皆耗资巨大，且必须分阶段投入，工程建设周期较长，生产能力的形成具有间断性。另外，市场在不景气周期中的优胜劣汰，使得市场供给端下降，这就容易引起化工产品的供给与需求失衡，传导到价格端即出现化工产品较大的价格波动，导致企业产量、收入、利润、现金流量、投资等方面呈现

较强的周期性变动趋势。不过，化工行业有自身的景气周期，这种周期与世界经济周期并不完全同步。

（六）传统行业中，部分细分行业与信息产业的结合点不足，无法享受新经济红利

2015年，马化腾在全国两会上提出"互联网+"的概念，使得关于"互联网+"的图书一时洛阳纸贵，凡传统行业皆希望通过互联网技术实现如虎添翼的目标。现在看来，那时候也正是中国智造和新经济发轫之时。目前，网红经济又变成了炙手可热的新名词，MCN（一种新的网红经济运作模式）概念越炒越热，当金华火腿遇上李佳琪，通过5分钟的直播销售，狂售10万包，销售金额300万元，资本市场亦热烈追捧，金华火腿股价连续两日涨停。另外，星期六作为网红题材股票，也在2020年年初的半个月内上涨3倍。但是，也有部分传统行业因自身特点而无法与互联网经济紧密结合，很难触及与网红经济深度捆绑的Z世代或千禧一代，享受不到新经济的红利。

二、传统行业债务重组的主要模式和障碍

（一）购售式债务重组模式

长春——新中国汽车工业的摇篮，东方底特律，作为东北老工业基地的典型代表，既伴随着"共和国长子"的光环成长，也有着东北老工业城市的沉疴。在20世纪90年代的困境企业改革中，基于东北老工业基地国有企业多属于农业、制造业等传统产业，固定资产比重大，融资渠道单一，历史包袱沉重等特点，政府积极参与引导，探索出了债务重组模式——"长春模式"。这种债务重组模式为重资产的传统行业亮起了一盏明灯，取得良好的改革效果。

如本书之前就国内主要债务重组模式的介绍，"长春模式"是典型的在行政与市场双轨模式下，政府、困境企业和银行三方之间进行的博弈与平衡。银行以协商价格向新公司提供一定数额的贷款，专款专用于

购买困境企业的资产；困境企业将资产出售给政府成立或指定的新公司，所得款项偿付银行贷款。"过桥贷款启动了资产变现，资产变现又激活了现金流，现金流用于恢复企业偿债能力"，资产买卖之间，债务重组完成，故这种制度设计又称为"购售式债务重组"，对于固定资产比例较高的传统行业企业较为有效，其优势具体体现在两个方面。

1. **不论何种困境企业，在面对债务危机时，偿付基础就是债务人现有资产**

　　企业资产是清偿债务的基础，但传统行业的公司资产多沉冗于厂房与机器设备等固定资产。此类资产账面价值虽然较高，可在东北整体经济衰败的背景下，市场变现能力十分薄弱。此时，债务人与债权人之间形成一种类似"囚徒困境"的僵局。债权人一味追债导致债务人倒闭关停，意味着资产处置的最终结果就是无人问津，银行并不能通过追债实际获得受偿。但是，如让银行继续输血，困境企业历史包袱等依然存在，这些问题不解决的困境企业就像无底洞，银行进一步投入有去无回。在这种困境下，即使债务企业具备一定优质资源，但没有买家承接，而银行不能直接作为买家或以物抵债的情况下，就需要一个双方皆能接受和信任的第三方居中"搭桥"过河。

　　此时，有能力在市场失灵情况下做出纠偏行为的就只有行政力量。如果任由这种局势恶化，不但银行不良贷款率飙升，而且困境企业之间因互保、三角债等传导效应，会导致整个区域经济与社会稳定局面严重受损。因此，对有挽救价值或资产仍具备市场价值，只是仓促间难以处置变现的债务企业，政府有选择性地主导了债务重组。政府成立的新公司专门承接困境企业的优质资产，资金仍由主要债权银行负责提供。但是，因该新公司只承接资产与人员等有效资产，将大部分历史包袱留在困境公司，故该笔贷款相当于通过政府做了背书，本质上有着借新还旧的意味。不过，通过这种安排，偿债主体的偿付能力已经发生改变。

　　这种操作模式不同于惯常的"债务中心主义"的重组模式。换句话说，长春经验通过"购售"，目的在于现有资产的盘活，解决了资产优化，恢复了造血变现机能，也意味着银行贷款的债务问题得到解决。这种模式避免了资产继续保留在困境企业体内造成的"血管阻塞"，从而轻装上阵。在不引进第三方的情况下，各方债务重组缺少转圜余地，继续依托老企业和资产解决债务问题的结局就是破产清算的各方损失最大化。

2. 困境企业实现有效资产的变现偿付外，其职工等问题也将转移至新公司予以安置

东北作为老工业基地，在改革开放后，因市场机能与传统观念等原因，基于计划经济体制惯性未能及时转型，经济发展开始落后于时代，但在工业基础、能源供给、基础设施乃至专业人员储备等方面依然占有优势。仍以长春为例，即使到了今天，其显著特点仍为大学多、科研院所多，全市大专院校、科研单位、技术机构、重点实验室林立，不论是院士还是专业人才，可谓卧虎藏龙，系智力密集型城市之一。因此，这些优势也是困境企业的优质资产。新公司接收资产后，借助东北区域优势，尤其是经验技能熟练的职工队伍一并由新公司接收，也避免了经济问题衍生的社会问题。

长春经验即使到了今天依然具备很高的参考价值。例如地方政府借助城投平台的灵活性，为当地陷入困境的企业提供纾困资金或财政支持，也大量参照了这种庭外重组模式。但是，这种政府直接参与债务重组进程模式也有一定弊端：困境企业的资产是有限的，无法覆盖全部债权人的利益。按照上述交易方式，本质上是银行自己拿钱解决自身问题，借新还旧解决现有债务与资产人员盘活问题，那么，该笔有限的资金能否兼顾全体债权人呢？这一定是很难做到的。

因此，我们发现在上述购售式重组中，除重点解决银行债权外，没有过多涉及其他中小债权人的清偿问题。简言之，长春模式保护债权人银行和工人，维护地区信贷市场稳定与社会就业，但对其他利益主体的权利保护可能并不周延。于是，在长春的债务重组实践中，中小债权人也以各种方式表达了他们的声音，正是这种行动客观上促进了政府对这种模式的不断修正，使之趋于公平与完善——新企业为老企业的一些中

小债权人（主要是原材料和配套产品供应商）提供新的商业机会，如继续采购原材料，维持产品协作配套，还有些新企业会给这些"老客户"提供价格和其他交易条件上的优惠，从而使它们也能从企业债务重组中间接受益。至此，长春模式真正取得了"多赢"的结果。

（二）庭内债务重组模式

购售式重组在20世纪90年代国企改革中发挥了重大作用，也深刻影响了传统行业困境企业救助的方方面面。《企业破产法》于2007年颁布实施后，一开始采取的是"债权人中心主义"，全面保障各类债权人的债权利益。因此，通过破产重整等程序进行的债务和解工作，对债权人的清偿顺序和位阶都有着清晰的规定，避免了出现行政力量介入时，对中小债权人的保护可能出现不周延的情况。传统行业的重资产运营模式，是弊端也是优势，即传统行业不是细分市场，它的市场天花板足够高且集中度的提升也代表着龙头公司依然需要兼并产能，因此，重资产的困境企业对战略投资者等市场主体依然有吸引力。

伴随着破产法的逐步完善，传统行业困境企业救治工作已从长春模式逐步发展出依托于破产重整等庭内重组模式的2.0版本，全面公平考虑各类债权人的合法权益，并对公司运营和赢利提出更高要求。当然，本质上传统行业面临的问题始终存在，不同版本之间的核心交易模式并未改变，依然是购售式重组的内核，但在2.0版本中对购售式重组中暴露的问题予以了很好的回应，具体而言：

首先，通过采用多种司法程序或者庭外谈判等手段，制定复合型的交易重组框架。由于传统行业企业大多账面资产较多、体量较大，因此其债务重组工具的设计复杂，往往需要在保留购售式重组的内核之下，制定综合复杂的重组框架才可以较好地解决企业债务问题、平衡各个债权人利益。例如，永泰能源使用"债转股＋债务展期＋调降利率＋处置非核心资产"等复合型债务重组解决方案，才最终得以大幅降低杠杆率，平衡化解风险，优化财务结构，解决了公司面临的资金流动性困难的难题。

其次，拓宽企业融资渠道，避免单纯依赖抵押贷款的融资方式。传统行业企业由于其自身资产较多，因此大部分采取了将自身资产抵押给银行的方式进行融资，渠道单一。而单一的融资渠道不利于企业融资风险的分散，往往会为债务危机的爆发埋下隐患。庭内重组企业可以复合使用长期债券、短期债券、信托、租赁等多种融资手段，同时对公司的偿债能力做合理的评估，避免公司现金流的枯竭，为企业多元化解决债务问题贡献力量。而如果企业债务危机已经爆发，正常的市场化融资功能基本丧失，无法通过公开发行债券解决暂时流动性问题，可以考虑非公开定向债务融资工具，或依靠政府纾困基金。如果能充分争取政府主管部门发起非公开发行债券计划，则可以获得部分隐性增信，降低资金的募集难度。

再次，传统行业企业需要对政策导向保持高度敏感性，及时完成产业升级和转型。传统行业作为"深耕细作"后的行业，其天花板已经存在了，通过市场化的价格竞争机制，想进一步提升行业天花板是难上加难。而且，传统行业本身却对国家政策依赖程度较其他行业相比更高，更易受到"去产能""去杠杆""金融监管政策收紧"等宏观经济政策的影响，传统行业的日子会日益艰难。因此，保持对国家政策的敏感性，在面对危机时及时进行转型，可以从根本上避免企业债务危机的爆发。

最后，要善于运用债转股手段完成企业转型。债转股作为困境企业处理不良资产、解决债务问题的手段，在改善企业的盈利能力、促进产业结构转型方面效果明显。因此，债转股方案对于亟待转型的传统行业适配度较好。债转股方式对债务人和债权人均有裨益，对于债务人来说，将债权转换为股权可以降低企业杠杆率，有利于企业债务结构的优化；对于债权人来说，债转股可以减少损失。但是否实行债转股方案应由公司与债权人进行协商决定，因为转股后是否可以顺利退出具有不确定性。债权人利用转股的手段是希望实现自己的债权利益，如果转股之后不能顺利退出，债权人手握的股票也与废纸无异，因此并非所有债权人都愿意将自己的债权转换为股权，债转股的实行效果也与公司的市场潜力和股权价值息息相关（参见表2）。

表2 市场化债转股实施流程

流程	具体规定
明确适用企业和债权范围	（1）市场化债转股对象企业应当具备：发展前景良好；主要生产装备、产品、能力符合国家产业发展方向；信用状况良好 （2）禁止作为市场化债转股对象的企业包括：有恶意逃债行为的企业、债权债务关系不明确的企业、有可能助长过剩产能扩张的企业、僵尸企业
通过实施机构开展市场化债转股	除国家另有规定外，银行不得直接将债权转为股权，应通过向实施机构转让债权实现
自主协商市场化转股价格和条件	银行、企业和实施机构协商确定债权转让、转股价格和条件
市场化筹集债转股资金	债转股所需资金由实施机构充分利用各种市场化方式和渠道投资，鼓励实施机构向社会募集资金
规范履行股权变更等相关手续	债转股企业应当依法进行公司设立或者股东变更、董事会重组等，完成工商注册登记或者变更登记手续
实现股权退出	债转股企业为上市公司的，债转股股权可以依法转让退出；债转股企业为非上市公司的，鼓励利用并购、全国中小企业股份转让系统挂牌、区域性股权交易市场、证券交易所上市等渠道进行转让退出

解决传统行业债务困境是一件复杂而艰巨的任务，早些时候，债权人只依靠破产清算方式获得的清偿率极低，所以购售式重组等模式设计的出现为解决此类问题提供了解决方案。在此种模式的启迪之下，诸多企业尝试并应用复合债务重组模式取得了良好的效果，下面我们以其中重组效果较好的永泰能源和ST沈机为例进行分析。

三、传统行业债务重组的典型案例

（一）能源业——以永泰能源为例

2018年7月5日，永泰集团旗下上市公司永泰能源发行的"17永泰能源 CP004"15 亿元的债券未能完成兑付，构成实质性违约，更为严重的是，公司除该笔债券外，还有 216.87 亿元金融机构借款，以及 126.05 亿元应付债券陆续到期。众所周知，金融机构信贷合同中往往有债权加速到期条款，出现违约事由导致合同项下资金存在现实风险的，债权人有权要求债务人即刻兑付，也就是说，永泰能源遭到百亿元级别的挤兑危机已经不可避免。

传统行业中的民营企业，缺乏通过股权进行直接融资的市场吸引力，融资渠道较弱。出于对资金的渴求，民营企业除通过将优质资产进行担保，积极引进信贷资金外，还会通过债券市场进行各种融资发债，利息也就相对更高。在这种情况下，永泰能源发行的债券利率普遍在 7% 左右，再加上发行费用等成本，融资成本已近 10%。那么，债券投资者是出于什么原因，愿意提供流动性支持，并且，雪崩下真的存在无辜的雪花吗？

民营企业采用这种直接融资与间接融资并存，财务费用相对较高的杠杆运营与收购模式，主要原因还是融资难。民营企业或者传统行业一旦遭遇经济环境急剧波动，在集中违约周期中最为"受伤"。银行等金融机构的信贷资金，加速到期条款像是连舟铁索，一旦危机爆发，就像表面郁郁葱葱的森林、草原，其实土地已经干瘪枯裂，遇到高温引发山火，自然火烧连营而很难控制。即使这家公司是能源行业中最大的民营上市企业永泰能源，在债务危机面前依然是无可奈何的。

永泰能源在危机发生后，采取多种方案解决债务问题。首先，积极依托政府，发挥债权人委员会的作用，在努力保持运营稳定的同时，防止挤兑风险造成的不可逆的损害，留有制订债务重组方案的时间与空间；其次，鉴于债务重组是一个漫长的博弈过程，遂即刻壮士断腕，处置非核心资产，回笼现金流；最后，在 2018 年 7 月 6 日，对上市公司股票与债券进行停牌，避免将风险传导到股东层面，导致股东股权质押爆仓（控股股东股权质押率高达 90%）。下文我们以永泰能源债务重组工作为切入点，结合困境原因来分析具体的危机处理模式和工具。

1. 永泰能源作为传统行业的困境分析

永泰能源作为传统的能源行业，在生产经营方面没有明显的缺陷，盈利能力较为稳定而且债务结构也比较合理，却出现了严重的债务违约现象，其核心矛盾在于投资项目资金需求尤其是非煤业项目收购导致资金链紧张，现金缺口较大，加之公司存续债务集中到期，而公司融资又严重依赖外部，因此刚性负债快速增长，在债务结构上存在债务高企和外部融资受限等问题，这些是造成企业债务负担过重和资金链断裂的主要原因。从债务违约情况的梳理中发现，短期融资压力尤为严峻，主要是除公司债以外的债券为了降低融资难度，嵌入了交叉违约条款这样的增信措施，为债券违约后出现"挤兑"的情况埋下了隐患。

（1）在资产变现能力方面，债务违约问题发生前后，公司货币资金出现大幅下降且流动资产比例严重偏低。

永泰能源公开披露的财务报表显示，2016 年 6 月末和 2017 年 6 月末账面货币资金均超百亿元，原因在于这两年业务扩张迅速，财务报告中期正是债务资金来源较充足的时段。而 2016 年 12 月末和 2017 年 12 月末货币资金下降到 70 亿元左右，原因在于年末公司需要结算各种应付账款、缴纳各种税费等，由此可见 70 亿元是该公司年末账面货币资金的正常水平。但是进入 2018 年，货币资金出现明显下滑，6 月末为 57 亿元，9 月末下降到 40 亿元左右，可见这一时段公司出现运营资金紧缺的情况，企业周转出现一定困难。

永泰能源的流动资产比例也不合理。截至 2018 年 6 月末，资产总额为 1 082.52 亿元，其中流动资产 116.86 亿元，非流动资产 960.07 亿元，二者在总资产中占比悬殊，流动资产占比仅为 10.85%，严重偏低。公司资产的流动性不足，就意味着企业的固定资产较多且固定资产的变现能力不足，这也符合绝大部分身处传统行业的企业特点。资产质量分析时主要关注资产的变现能力及受限情况，资产变现能力是企业资产质量的直观反映指标，过低的资产变现能力将给企业偿付债务能力带来极大的影响。而受限资产将对公司的偿债能力造成极大的阻碍，进而导致债务违约的发生。

（2）资产权利负担较重，挤占了公司持续融资与短期融资能力，对公司偿债能力造成影响。

永泰能源的资产比例中，受限制类资产占比过高，导致公司在出现债务问题后，依靠现有资产进行再融资的偿债能力无法有效提高。2018年6月的财务报告显示：公司账面高达1 082亿元的资产中，有超过410亿元的资产已经被抵押或冻结，无法正常使用。公司受限资金的规模达到了公司总资产的38%，甚至是公司净资产收入的1.4倍左右。大量的受限资产严重影响公司的现金流，导致公司的运营无法正常开展，同时由于资金被占用而无法进行正常的融资，致使公司自身的偿债能力受到巨大的影响，无法及时偿还银行到期债务。

（3）在债务期限结构方面，短期刚性债务比例快速上升，造成较大的偿债压力。

在永泰能源的债务构成中，短期刚性债务的比例有很大幅度的提高，这让公司的偿债压力进一步提升。在一个公司的发展过程中，较高的资产负债率代表公司的偿债压力过大，资金正在出现缺口风险。如果企业的流动负债较高，则代表企业需要在短时间内偿还大量贷款。对于企业来说，应付账款、应缴税收等都属于企业长期的债务，在经济学的理论中，也将这类债务定义为非刚性债务，而对于企业的债务违约问题来说，仅关注企业的贷款情况或者企业债券这类刚性债务情况。2018年9月的财务报告显示，公司的刚性债务达到632亿元，短期刚性债务占到了所有债务的54%以上。有关数据显示，2017年6月以来，公司的短期债务比例出现大幅度上升。永泰能源出现这种债务短期化、融资速度快的财务指标，意味着公司当期债务偿还压力很大，资金链紧张。

（4）在债务工具结构方面，公司债和短期融资债券使用比较频繁，融资成本高。

在永泰能源的运营过程中，大量使用公司债和短期融资债券，造成公司的资金供应链断裂，同时，使用这类债券或贷款也会造成信息的极度不对称。永泰能源公司的财务报告显示，截至 2018 年 6 月，永泰能源的非弹性债务已经接近 740 亿元，其中银行贷款为 337 亿元。经过计算可知，银行的信用贷款已经超过了永泰能源所有债务总额的 45%。而对于公司来说，债券融资成本较高，公司发行的债券年利率大约在 7% 左右，发行债券消耗的成本远远要高于银行贷款的利息成本。

（5）依赖非自有资金扩张，遭遇经济不景气周期，财务费用入不敷出。

在永泰能源发展的过程中，激进的发展战略和过度投资是造成公司债务违约的关键因素。永泰能源在煤炭、石化和其他能源业务领域高速扩张，在 2015—2017 年的短短 3 年内，总资产从 521 亿元增加到 1 072 亿元。资产规模虽然迅速翻了一番，但是公司每年投资额大概为 100 亿元，且负债总额亦同时上升，负债率一直高于 70%。2015—2018 年的财务报告显示，永泰能源的公司债务总金额分别是 566 亿元、634 亿元、714 亿元和 721 亿元。

在债务融资中，永泰能源选择了短债长用，并通过"浮动债务"增加了债务量。例如，由于希望短期债务公司在 2015 年开始发行公司的债券，在 2016 年和 2017 年发行的债券已经超过 100 亿元。而公司在发行债券中得到的收入一般用于长期项目的投资，这些长期项目投资无法满足公司在短期内的资金需求。且企业能够利用的中期票据或债务工具使用的期限一般为 3~5 年，债务不断堆叠导致债务到期大部分集中在 2018—2020 年这 3 年，这种融资方式让公司在一定程度上必须利用新的贷款来偿还旧的债务。虽然在公司的发展过程中短债长用属于一种常见的手段，但是频繁进行此种操作使得永泰能源信誉贬损，并最终导致公司资金链的断裂。

最终，永泰能源原本强大的现金流无法负担资产规模的快速扩张与偿付能力。危机在 2018 年 7 月 5 日爆发，出现前文提及的 2017 年第 4 次短期融资券未能还清的债务违约。

基于上述原因，永泰能源虽作为优质企业，但也难以避免突然而至的债务危机。从某种意义上讲，永泰能源这种利用短期负债的杠杆发展模式，出现兑付危机并不难以理解。传统行业通常利用金融机构的信贷融资进行发展，尤其是能源行业的投资往往金额较大，如果大量进行债券融资说明现有资产抵押余额不足，将导致银行抵押信贷的利率更低，因此没有道理不予采用。永泰能源这种债券融资的债务结构，也说明其在银行信贷方面一定存在某种困难，故宁肯发债而使财务费用攀升，令企业现金流面临持续压力。这种商业选择也导致公司一旦突发风险，则现金流将迅速耗尽并出现违约。

2. 违约风险加速的原因分析

（1）债券加速到期条款导致流动性挤兑，产生多米诺骨牌效应。

在上述"17永泰能源CP004"出现违约后，由于触发债券融资工具中的"债券加速到期条款"，导致更多债券交叉违约，进一步加剧了流动性危机。在本案例中，"17永泰能源CP004"违约直接触发了另外13只银行间债券的交叉违约条款，促使其他存续债券加速到期。2018年10月22日，"15永泰能源MTN001"再次违约又触发了其他6只债券的交叉违约条款，各项债务全面加速到期，资金链压力剧增。此外，联合评级决定将永泰能源主体长期信用评级和相关债务工具调为C级，意味着公司已被认定为破产级，正常融资功能基本丧失。

（2）煤炭行业受去产能政策影响而收入缩减。

2015年，有关部门开始重视煤炭行业的发展，陆续提出了煤炭去产能的政策。政府在2016年出台了指导煤炭行业发展的规划，这也是史上最严格的去产能政策。该项政策的颁布对永泰能源的冲击无疑是巨大的，在它的约束下，永泰集团的原煤产量骤降至880万吨，随后连年下滑，直至2018年9月，企业的煤炭产量已跌至690万吨。由于开采煤炭数量的减少，导致企业的现金流出现了巨大断层，不得不进行各方面的贷款来维持企业的正常运转，使企业的债务倍增。对于这一点，永泰能源在企业的财务报告中也承认，是煤炭的营业额下降导致了企业的现金流出现严重的不足。

同时，由于在2017年煤炭价格大幅上涨，导致发电的成本增加，进一步增加了企业的运营压力。2015—2017年，企业在电力方面收入大约为50亿元、66亿元和82亿元，虽然营业收入有一定程度的提高，但是在电力方面公司的利润却不断下降，占比分别为38%、41%和24%。对比相应年份的煤炭方面的收益率，电力方面的收益明显缩水。由于政府部门严格的产能政策，以及采取的一系列措施，让永泰能源的经营成本增加，该公司的利润和收入也受到巨大的影响，现金流严重不足，无法供应企业正常的需求，企业不得不进行贷款，造成债务的增加，在规定的时期又无法偿还相应的债务，进而使永泰能源的资金链全面断裂。

（3）金融监管政策收紧，流动性不足风险暴露。

政府为了保证金融市场的正常运转，维护金融市场的良好秩序，不断推出新的监管政策。2016年中央经济工作会议和2017年全国金融工作会议均将防控金融风险作为重中之重。永泰能源债务违约风险加速爆发，也与坚定推进金融防风险、打破刚性兑付的国内金融环境息息相关。在永泰能源的债务结构中，45.56%是银行信用贷款，37.07%是债券，14.34%是信托和租赁信用。在去杠杆政策冲击同业链条后，债市首当其冲，债券融资变得困难。永泰能源在2018年7月5日发生首只信用债违约后无法再发债，信托等表外融资条件也变得更为苛刻，因此公司的债务融资全面受到限制。此外，2017年2月17日证监会发布定增新规，明确规定上市公司定向增发时拟发行股票数量不得超过总股本的20%，且定向增发距上次募集资金时间应超过18个月，这无疑给永泰能源频繁定增且定增额度较大的行为套上了紧箍咒，因为2010—2016年，永泰能源已进行了5次定增融资，募集资金合计222.4亿元。至此，永泰能源作为上市公司的最后一条融资渠道被限制或堵截，成为压垮骆驼的最后一根稻草。

3. 永泰能源债务违约的解决途径

（1）启动资产处置计划，对非核心资产尽快处置变现回笼资金，用于保持公司正常运转与偿付各类债券。

永泰能源反应十分迅速，在2018年7月5日17永泰能源CP004

债券违约后,即在7月14日披露董事会决议,通过《关于公司第一批资产出售计划的议案》,称将包含英国核电项目在内的价值230亿元的资产进行出售。根据2020年2月8日《关于债务融资工具违约后续进展情况的公告》,永泰能源设立专项工作小组,通过对外积极拓宽交易渠道、广泛收集市场信息等手段,多举措推动资产处置进度。其中,公司持有的珠海东方金桥一期与二期基金份额,华能延安电厂、张家港青草巷吉君能源有限公司等股权已完成出售,回笼资金全部用于偿还公司债务和补充经营所需资金。另外,永泰能源是上市公司中为数不多的经营性净现金流远大于公司净利润的企业,2019年前3季度实现净利润约1.31亿元,实现经营净现金流约37.45亿元,良好稳定的经营净现金流为公司稳定发展和化解债务风险提供了有力保障。

(2)困境公司面临偿付危机时,最重要的还是尽量筹集现金,保证公司经营稳定。

公司持续运营产生现金流是偿付基础,也是资产保值增值的基础。在很多案件中,股东在出现兑付危机时,出于降低成本和开支的考虑,主动关停了生产线,但这一点得不偿失。因为生产线一旦关停,不但影响企业职工共抗时艰的信心,还将严重打击债权人对未来债务偿付的预期,不愿意与公司就偿付期限等进行协商,反而刺激债权人更多地做出诉讼、保全、执行等更为极端的追债手段。同时,公司资产"冰棍效应"明显,投资者认为公司已经濒临破产,故对优质资产的出价无法符合市场价值,通过压价或拖延策略,使得公司情况进一步恶化。因此,公司必须想尽办法筹集现金,保证运营秩序稳定。

(3)引入战略投资者,提供流动性支持偿债与运营,稳定市场预期。

2018年8月15日,永泰集团与北京能源集团签订了《战略重组合作意向协议》,该协议的主要思路是北京能源集团以资产注入方式帮助永泰能源缓解债务危机,同时永泰能源进行资产重组,永泰集团则以股权转让方式向北京能源集团让渡对永泰能源的控股权。鉴于整体资产重组的难度较大以及注资方案出台耗时较长,北京能源集团可在以下方面优先对永泰能源提供帮助。一是在电力、煤炭板块出售项目中择优考虑优先收购，以此加快资产出售步伐，缓解永泰债务压力。二是注资在建大型项目，如张家港华兴二期80万千瓦电力机组。该项目2019年需新增投资9.98亿元，2020年需新增投资3.65亿元，预计2020年完工投产。此外，还有丹阳华海两台10万千瓦电力机组，该项目2019年需新增投资6.57亿元，预计2019年完工投产。这两个在建项目共有20亿元左右融资缺口，若能由北京能源集团优先提供注资，可以极大地帮助永泰能源尽快回血，对于缓解当前的债务危局非常有利。

（4）依托政府并组建债权人委员会，作为债权人统一行动平台，避免各自为战引起多米诺骨牌效应。

2018年8月23日，永泰集团金融机构债权人委员会成立，即金融债委会。在金融债委会第一次会议上，由银保监会法规部牵头，人民银行、证监会，及山西省、河南省、苏州市政府有关部门配合，以国家开发银行为主席行，中信银行为联席主席行，民生银行、工商银行、渤海银行、廊坊银行和张家口银行为副主席行。在政府组织下，债权人统一行动平台是债务重组的关键。实际上，这种政府在企业危机应对之初即专项指导，已经成为政府各地实践的常态。例如，在民营企业500强之一的精功集团深陷流动性危机时，绍兴市政府相关部门即指导精功集团做好破产隔离，防止资产被债权人查封。[①]

（5）协调债权人设定偿债缓冲期，创造平稳的过渡时间与空间。

债委会协调金融机构债权人开展救助帮扶措施，聘请中介机构进驻现场开展尽调工作。债权人依靠此平台，可以与各债权人充分进行协商，争取优惠利率。永泰能源截至2018年3月末的各项银行贷款平均利率为5%～6%，债券的平均利率高达7%，因此需要争取债权人的支持，将现金延期支付和"留债"部分的利率压减到5%以下。银行金融机构对已发放授信不采取压贷、抽贷、断贷的方法，其他债权人也不采取查封资产的措施，已发生诉讼按有利于重组原则处理，不

---

① 资料来源：蔡越坤. 精功集团深陷债务泥潭关键时刻"移除"资产 [N]. 经济观察报，2019年7月29日，09版.

进行新的求偿诉讼等。因此,在债权人委员会的支持下,永泰能源存量债务基本稳定,为进一步争取优惠利率和外部流动性支持提供了可能。

(6) 个别达成和解方案,对债务进行延期支付,本金不予调整但利率降至基本利率。

债券持有人本金在原募集说明书约定的到期兑付日后展期3年,分别按照10%、20%与70%的份额顺延;展期期间的利率将以债权人持有的"16永泰03"的剩余本金为计算依据,按4.75%/年的利率计算,计息规则不变;公司将在确保生产经营正常的情况下,结合资产出售等措施,在债委会统一安排下,提前偿还部分或全部本金;未来债委会出台的方案、决议中有与展期兑付和解协议内容相抵触的,以债委会的方案、决议为准;债权人可以采取债委会可供选择的方案(包括但不限于债转股、债转贷等)与发行人重新签订相关协议;同意展期兑付的债券持有人与发行人签订"16永泰03"展期兑付和解协议,由发行人按签署的展期和解协议偿还本息;公司将按已签署的展期兑付和解协议兑付债券持有人本金和展期利息,其他债券持有人本息兑付按相关法律法规和债委会统一安排办理;公司将通过加快出售资产回收资金、加快经营性现金流回笼、获得银行授信等多种途径筹集专项偿债资金,在债委会统一安排下尽早偿还"16永泰03"全部本息;公司希望全体债券持有人均同意本展期兑付和解方案,与公司签署"16永泰03"展期兑付和解协议,使公司平稳度过当前的流动性困难,从根本上保障债权人权益。

(7) 股东与高级管理人员集体增持,持续增强市场与债权人信心。

2020年2月5日,永泰能源发布《关于公司董事、监事、高级管理人员及所属子公司核心管理人员和公司控股股东管理层人员增持公司股票计划的公告》,称为了进一步促进公司持续、稳定、健康发展以及维护公司及全体股东利益,稳定公司市场预期,增强投资者信心,基于对公司未来发展前景的信心以及对公司价值的认可,公司董事、监事、高级管理人员及所属子公司核心管理人员和公司控股股东永泰集团有限公司管理层人员拟增持公司股票，以实现与公司共同发展的目标。2月20日晚间公告，按照增持计划，各方在2月5日~2月20日如期完成了本次增持。本次参与增持人员共计67人，增持公司股票共计1 391.15万股，占公司总股份的0.1120%，成交总金额1 861.28万元。

（8）设定债务重组框架方案，研究庭外重组、司法重组以及相关模式，实现各方主体利益的共赢。

2019年7月19日，债委会主席团成员一致通过永泰能源债务重组初步方案。截至2019年3月，债委会主席团、公司及公司主要债权人三方进行了多轮沟通，就永泰能源债务重组方案进行了深入讨论，重点研究永泰能源通过协议重组、司法重整等方式化解债务危机的可行性。经过多轮磋商，各方一致同意按照市场化、法治化原则，通过实施债转股、债权延期、降低企业财务成本等措施帮助企业降杠杆，结合非核心资产处置变现，调整企业资产负债率至合理水平。

4. 重组保障措施

（1）鉴于优质企业面临的债务危机，政府方面也在提供制度与资金支持。

2018年山西省政府提出了市场优化的政策，要求市场保证公平公正的发展方向，同时对市场各个方面的生产要素进行合理配置，进一步降低民营企业融资的难度。在山西省政府提出的政策中主要有以下几个方面的措施。第一，山西省政府设立山西省民营企业专项帮扶资金，帮助民营企业在一定程度上解决债务压力，扶持符合条件的企业上市。根据山西省政府的初步预算，资金的规模预计在50亿元左右。第二，山西省政府要对民营企业的信用体系不断完善，同时给予民营体系较高的授信支持。在实际过程中可以通过一些政策性的措施来引导民营企业，目前经初步预算授信的额度大约在800亿元左右。从上述政策可以明显看出国家对于中小企业的支持和帮扶，这对于缓解中小企业的债务危机助力不小，也为永泰能源争取外部流动性提供了政策和制度保障。

（2）政府财政直接给予资金支持，向市场给出政府"背书"。

永泰能源是山西省最大的民营企业，也是山西省最大的上市公司，因此当永泰集团面临财务问题时，政府方面给予了大量的资金支持。在永泰能源的电力方面，政府给予了一次性3.5亿元的贷款，保证永泰能源电力的正常供应，促使相关项目尽快完工投入运行。政府信誉的背书无疑为永泰能源债务重组注入了强心剂。在2019年当地政府又出台了大量的措施来保证永泰能源集团的正常发展，同时在永泰能源发行证券时，政府也给予了一定程度的支持，帮助公司能够快速降低财务的压力，实现正常经营。

（3）监管机构出台多项措施助力。

2018年1月19日，国家发展和改革委员会下发《关于市场化银行债权转股权实施中有关具体政策问题的通知》，为市场化银行债转股相关工作提供政策性指导。该通知的主要指导意见是：允许实施机构以私募股权投资基金形式进行市场化债转股。永泰能源已经着手筹措资金，为降低资产负债率并化解公司现金流危机做出自己的努力。在债转股具体方案的设计方面，国家相关机构发布的有关指导意见为永泰能源债转股办法的实施提供了保障性措施。

2018年11月19日，国家发改委发布《关于鼓励相关机构参与市场化债转股的通知》，进一步将保险机构纳入市场化债转股框架。这次的指导意见明确提出，允许符合条件的保险机构参与实施市场化债转股，体现出国家为充分开拓债转股新形式、寻求相关资金支持的决心和努力。保险资金参与债转股将对延长债转股资金的期限产生重大意义，因为保险资金规模大且期限长，与债转股项目在期限和风险上较为匹配，因此保险资金的深度参与将会为债转股市场带来优质的增量资金，更有利于降低企业杠杆、服务实体经济和防范金融风险。在以上政策的支持下，一部分发生债务问题的企业如中钢集团、东北特钢集团、华菱钢铁等都成功实施了债转股，以上企业的债转股经验也有望为永泰能源的债转股工作提供思路。

5. 永泰能源的债务重组模式评价

在永泰能源的债务重组案里,我们可以清晰地发现股东、债务人与债权人基于各自诉求,始终处于动态的博弈与妥协过程中,此案的债务重组模式与思路并非一蹴而就,而是随着客观情况的变化始终不断平衡与完善。债务危机暴露之初,债权人委员会与永泰能源并未选定采取何种方式进行债务重组工作,庭外重组或是司法重整都是进行讨论的话题。此时,永泰能源基于公司资产状况较好,财务状况仍处于暂时流动性偏紧状态,资产负债率也未达到资不抵债,且公司第一时间取得了政府的支持,并通过市场与京能集团达成战略合作意向,稳定住了资本市场和债权人的预期,故在债权偿付时依然具备强大的话语权。

与此同时,债权人也在积极进行诉讼或者通过其他手段进行追偿或保全,在关于债权清偿实质条款的协商中,亦未做出任何让步。这种平衡状态下,在永泰能源的相关公告中,债委会作为牵头方,也仅负责维稳和协调的角色,对各个债权人并未有着实质的约束力,相关债权人随时可以脱离控制采取更为激烈的维权手段,造成局面的恶化,这也给债务人造成了强大的心理压力。

因此,在双方皆有谈判筹码又彼此忌惮最坏结果的情况下,自然采用余地较大的庭外重组模式。这种模式首先避免了庭内重组有着严格的时间限制,一旦在 9 个月时间内无法完成重整工作就必须清算上市公司,且对股东出资人伤害较大的弊端。其次,对债权人而言,庭外重组有时候会利用时间换空间,也有利于永泰能源依靠自身力量恢复造血机能,提高清偿的比例与可能性。事实证明,永泰能源目前利用庭外重组中的债委会制度、冻结期、资产变现、持续运营、调整债权偿付条件等组合拳,已经顺利度过最为危险的阶段。甚至在股东公告增持计划后,公司股价一度上涨超过 20%。

虽然截至 2020 年 3 月,永泰能源的债务重组方案依然没有最终出台,但正如我们在前文所提及的,已有部分债券持有人愿意达成债务和解方案,对债权偿付条件进行修改,同时也不排除在不用引进新的投资人的情况下,随着永泰能源集中于 2016 年、2017 年借助杠杆资金大肆投资建设的新项目步入正轨,开始展现盈利能力,债务问题也就顺其自然的平稳过渡了。不论后续永泰能源最终是采取协商和解还是破产重整的债务重组方式来彻底解决问题,其现阶段的危机处置模式和经验都已堪称教科书级别,值得市场借鉴。

(二) 制造业——以 ST 沈机为例

根据国泰安 CSMAR 数据库 2003—2017 年统计分析,债务重组行业之间的差别较大。在上市公司实施债务重组中,其重资产上市公司的占比巨大,债务重组的经营效果明显。而在参与过债务重组的上市公司中,同其他类型行业相比,重资产行业发生债务重组的次数也明显更高。制造业上市公司仍是债务重组的主力,占总债务重组次数的近一半。国泰安 CSMAR 数据库数据显示,参与实施债务重组的制造业有 416 起,占到实施债务重组总次数的 47.82%,交易金额达到 398 亿元,均为第 1 名。

2019 年 7 月,国务院国有企业改革领导小组第二次会议审议决定,上海、深圳"区域性国资国企综合改革试验"和沈阳国资国企重点领域和关键环节改革专项工作已正式启动。其中,将沈阳专项改革单列作为东北老工业基地改革的排头兵和攻坚队,就是要将东北老企业的国有经济活力予以提升并增强其抗风险能力。抗风险能力自然包含抵御风险的能力与应对化解风险的能力。2019 年 8 月 26 日,中央财经委员会第五次会议再次强调,东北地区要主动调整经济结构,推进产业多元化发展,加快国有企业改革,打造对外开放新前沿,实现全面振兴。

东北企业的债务问题,是市场经济与计划经济的协调问题,能否发挥国有企业的带头作用至关重要。在东北区域发展中,国企占比较大,承担的社会职能较多,且集中在传统行业,经济创新能力与培育新增长点的能力不足,造成了运行效率偏低,拖累了经济增长。因此,制造业债务重组对东北国企,乃至对东北整体经济自愈清淤有着重大战略意义。沈阳机床债务重组案,就是在这样的背景下完成的。它的债务重组实践能否成功,对摸索解决老工业基地国企改革有着远超于自身的时代意义。

1. 沈阳机床债务重组的前世

沈阳机床就是东北制造业的典型代表，2011年曾以超27亿美元的营业收入跃居世界机床行业榜首。但正如东北传统行业的兴衰流转，沈阳机床很快也面临了巨大挑战。根据上市年报披露的信息，沈阳机床在2015年、2016年连续两个会计年度亏损，其净利润分别为-6.34亿元、-14.3亿元。根据深交所上市的相关要求，沈阳机床股票于2017年5月3日起实行退市风险警示，退市风险警示后股票简称为*ST沈机。为了在第3年尽快扭转账面亏损，沈阳机床多措并举、多管齐下，全面实施债务重组方案。

（1）2017年债务重组的基本过程。

2017年12月4日，沈阳机床发布公告称收到控股股东沈机集团《关于落实国家八部委〈沈阳机床厂综合改革方案〉的通知》。通知称，沈机集团已于2017年12月1日收到国务院国资委、国家发展和改革委、工业和信息化部、财政部、人力资源社会保障部、人民银行、银监会及证监会国家八部委联合印发的《关于印发〈沈阳机床厂综合改革方案〉的通知》，《沈阳机床厂综合改革方案》已经国务院国有企业改革领导小组第二十二次会议审议通过，要求认真组织落实，并及时反馈工作进展情况。改革方案指出，沈机集团的改革目标是以问题为导向，采取"止血、输血、造血"三位一体的综合措施，推动沈阳机床厂走出经营困境，步入持续健康发展轨道，打造以智能制造为核心的世界领先的机床集团。

沈阳机床作为东北制造业甚至智能制造业的龙头企业，能否成为东北改革的突破口，其债务问题牵动了中央的视线。可以说，沈阳机床的债务重组能否成功，问题解决模式可否复制是非常关键的问题。在沈阳机床面临退市风险之初，其改革是以上市公司资格存续，保住资本运作平台为核心的，所有债重组都以上市公司的保牌续命为当务之急，具体重组过程如下所述：

- 通过债权转让，拓宽债务偿付渠道。2017年9月16日，沈阳机床发布公告称，辽宁信达对公司6亿元应付账款进行债务重组，公司控股股东沈机集团提供担保，承担连带责任。此次重组后，辽宁信达成为沈阳机床的债权人，沈阳机床对该笔重组债务有3年还款宽限期，即分期偿还6亿元本金，年度资金占用费合计8%，相当于要付8%的利息。除此之外，沈阳机床还通过各种渠道积极融资。2017年6月17日，沈阳机床同时公告了申请银行贷款和保理业务事宜，两笔融资共计21亿元。

- 处置不良资产，减重增效夯实主营业务。2017年10月26日，沈阳机床再次发公告称，*ST沈机与沈机集团签订《资产出售协议》，作价1元将旗下多家子公司的资产售卖给沈机集团。根据财务数据显示，*ST沈机向大股东沈机集团出售一系列资产，预计将产生9.14亿元的处置收益。截至2017年9月底，作为沈阳机床大股东的沈机集团将持有沈阳机床27.26%的股份。根据公告，出售的资产包括沈阳机床加拿大公司100%股权、沈阳机床进出口公司100%股权、中捷机床100%股权，以及所属分支机构沈阳第一机床厂、沈阳机床股份有限公司中捷钻镗床厂等。

- 用多种形式引进资金，拓宽偿债路径。2017年12月7日，沈阳机床公告称其获得了建设银行的贷款，而沈阳机床集团将利用中国建设银行提供的信用贷款10亿元购买上市公司的相关资产。此外，沈机集团另将签订《股份收益权收购协议》。中国建设银行为配合地方国企混改，将要再注资10亿元帮*ST沈机进一步实施重组债务。

（2）2017年债务重组后的绩效分析。

- 财务状况：经过债务重组后，公司账面财务状况表现好转，但实际经营能力并未有实质性改善。2018年1月31日，沈阳机床发布的《2017年度审计报告》显示，沈阳机床2017年度产生了 41.89 亿元的营业收入，并实现了 1.18 亿元的净利润，依据审计报告数据，归属于上市公司股东的所有者权益为 8.65 亿元。2018 年 2 月 27 日，沈阳机床发布公告表示，自 2018 年 3 月 1 日起，股票不再标注退市风险警示，股票简称变更为沈阳机床，至此，公司"摘帽"成功。公司股票也将于 2018 年 3 月 1 日起复牌，日涨跌幅限制为 10%。自 2018 年 3 月 1 日起复牌，沈阳机床连续 2 个交易日强势涨停。在第 3 个交易日（3 月 5 日）也一度涨停，即使后续回落，收盘时涨幅也达到 6.4%。至此，沈阳机床成功完成此次的债务重组。漂亮的财务数据和复牌交易后的涨停似乎宣示着公司债务重组的圆满结束，所有的债权人和公司股东都在期待着养育了几代沈阳人的机床厂重获新生。但好景不长，仅仅时隔一年，沈阳机床再次重组。沈阳机床的债务重组最终没能通过时间的考验，公司"摘帽"成功并不意味着公司营运能力的变强。

- 偿债能力：企业偿债能力的财务分析包括短期偿债能力与长期偿债能力，而短期偿债能力通常使用流动比率来反映，长期偿债能力则使用资产负债率来反映。一般而言，短期负债可以通过资产变现进行偿还，因此，资产变现能力强的企业其短期偿债能力也就越强。通过对于沈阳机床的数据进行分析可知，对于制造业来说，沈阳机床短期偿债能力一般，公司流动比率在 2014—2017 年基本稳定在 1.0 上下，这就说明公司现有的流动资产可以勉强对抵负债，但抗风险能力较差，如果市场出现大幅波动或者政策出现紧缩，将直接导致沈阳机床厂现金流崩断，陷入债务危机之中。而从长期偿债能力来看，沈阳机床的资产负债率虽然一直维持在 100% 以下，但其数值与 100% 非常接近，这说明虽然企业的资产多于负债额，但仍然岌岌可危，公司长期偿债能力亦较差。企业在 2017 年实施债务重组计划的本意必然是想对短期和长期偿债能力均有大幅改善，然而通过数据对比可以发现，在 2017 年实施债务重组之后，公司的流动比率和资产负债率比照以往并未有大幅下降，因此2017年的债务重组"治标不治本"，并未解决企业核心负债问题。
- 营运能力：财务报告中的周转率可以反映出公司的营运能力。周转率包括多个方面，可能是公司的存货周转率，也可能是公司的总资产周转率等。对于这些指标进行分析，可以得出公司整体营运能力的高低。其中，如果公司的营运能力较强，公司的各项周转利率指标就会较高。经过对沈阳机床财务报告数据的分析，发现其营运能力严重不足。从2014年开始，各种周转率的指标就开始持续下滑，即使在2017年进行了债务重组，由于有大量的不良资产，所以盈利能力也没有明显的提高。

沈阳机床在债务重组完成后，公司的收益能力有了较大的提高，利润也有了较大的增幅。主要原因是对母公司注入了大量的资产，让债务重组后的沈阳机床可以进行正常的经营，降低了在银行贷款的利率，最终保留了自身的上市资格。可以说，2017年的债务重组从某种意义上讲，其实是一种虚假的繁荣，并没有对沈阳机床的盈利能力有实质意义上的提升。

在2017年＊ST沈机的债务重组中，沈阳机床出售资产定价主要是依据市场上有关金融机构的定价以及国家相关部门的监督，对资产定价后，交易双方再进行协商，最后确定资产的真正价格。在对公司资产的评价中，主要是由中联资产评估集团进行，经过评估得出该公司资产的价值大约为70亿元。对比公司账面价值的63亿元，增值率大约为11%。公司账面总负债为71亿元，评估价值也为71亿元。在中原资产评估集团对该公司做出的资产评价中，总资产和净资产的评估值均高于公司在财务报告中显示的账面价值，尤其是公司的净资产增值率，甚至高于87%。这说明公司对于自己的资产定价处于远远高估的状态，漂亮的财务数据并不是因为公司的生产运营能力得到了实质性的改善。凡此种种，均为公司经营发展埋下隐患。果不其然，仅仅时隔一年，沈阳机床再次面临重组危机。

2. 沈阳机床债务重组的今生

2019年8月18日，沈阳机床发布公告称一家名为美庭线缆的合作伙伴"一纸诉状"将其推入破产重整程序，而导火索是一笔441万元的逾期货款。

公告显示，其在2019年8月16日收到沈阳中院的《民事裁定书》，告知法院已经裁定受理破产重整案。根据深交所的《股票上市规则》，沈阳机床将于2019年8月20日再次被予以退市风险警示处理，股票简称重新变为*ST沈机。这也意味着沈阳机床刚于2018年3月1日被正式"脱星摘帽"，时隔一年半之后再次陷入债务危机并拉开债务重组的大幕。

是什么导致沈阳机床在短时间内寒冬再至？市场行情的变化可能是重要原因。2018年的国内机床市场需求遭遇断崖式下跌，该行业企业的销售渠道与市场份额普遭重创。沈阳机床归属母公司的净利润为-7.88亿元。同时，在大华会计师事务所的审计报告中，附有对公司持续经营能力予以质疑的重大不确定性段落。

但仅是市场行情的变化，显然不足以让一个刚结束债务重组的上市企业在这么短的时间内再陷危局。我们查阅沈阳机床的财务报表后发现，沈阳机床亏损近8亿元的同时，同年财务费用为8.6亿元，竟占营业收入的17%，基本与亏损金额相当。假设公司能将财务费用维持在一个较低的水平，仅节省下的利息支出就可使公司现金流充沛起来，也不会出现一个百亿级企业因拖欠400万元货款而被债权人申请破产重整的市场谈资了。

本次沈阳机床债务重组，正值沈阳专项改革之时，故沈阳机床本次司法重整对东北企业的具体纾困道路和模式选择具有典型示范效应和指导意义。我们知道，破产重整中的债务重组工具较为多样，最重要的是具备法律上的强制效力，其中重整期间对金融机构等全体债权人的付息债权予以强制性地停止计息就是具有代表性的一项。此时，我们回头再看沈阳机床的财务费用，即使不考虑债务重组本身对资产与负债结构的重组优化，仅依靠法律赋予的停息优惠就能使得该年度扭亏为盈。当然，债务重组牵一发而动全身，不能简单地做出上述加减法，但凭此也就不难理解为何沈阳机床会选择司法重整。

大风起于青萍之末，我们梳理一下沈阳机床与其母公司在2018年的"大事记"，也会发现端倪。实际上，沈阳机床再次重整早有征兆，沈阳机床对自身困境始终并不忌讳向市场公开披露。2019年1月12日，沈阳机床披露了沈阳市政府与中国通用技术集团签订了《关于战略重组沈阳机床（集团）有限责任公司框架协议》。也就是说，2017年的债务重组工作实质上并未完成，或者说是沈阳机床的未来发展还有赖进一步的工作。公告表示，沈阳市政府和中国通用将在国家八部委及辽宁省政府的支持下，共同推进沈机集团综合改革。沈机集团通过改革重组、彻底解决历史遗留问题等措施，建立规范的、市场化的公司治理结构和组织架构，聚焦先进装备制造业，打造具有全球竞争力的世界一流机床企业。

2019年7月12日，持有沈阳机床近1/4股份的母公司沈机集团就已经被债权人沈阳金利剑润滑技术有限公司以"不能清偿到期债务、明显缺乏清偿能力，符合破产重整案件的启动条件"为由，向沈阳中院申请沈机集团重整。2019年7月19日，沈机机床收到法院送达的民事裁定书，告知沈阳金利剑的申请已被正式受理。

2019年7月25日，沈阳机床公告称，公司及下属子公司银丰铸造、优尼斯装备受机床行业市场低迷形势的影响，市场需求大幅下降，公司资金状况紧张，生产投入不足，导致公司超亿元债务出现逾期。

2019年8月16日，沈阳机床收到沈阳中院的《民事裁定书》，裁定受理沈阳机床破产重整案。8月27日，沈阳机床的全资子公司银丰铸造和优尼斯装备被法院裁定进入重整程序。

8月23日，沈阳机床管理人发布战略投资人招募公告，招募标准近乎苛刻："（1）意向战略投资者应当是依照中华人民共和国法律设立的企业法人或非法人组织，并有效存续，具有较高的社会责任感和良好的商业信誉，同时未被人民法院列入失信被执行人名单；（2）意向战略投资者应具有足够的资金实力进行重整投资，经审计上一年度财务报表符合下列条件：资产总额不低于1 000亿元，净利润不低于50亿元；（3）如意向战略投资者拥有机床行业10年以上的生产或管理经验，或拥有机床企业并购整合经验，同等条件下予以优先考虑；（4）意向战略投资者应以维护和发展沈阳机床产业结构完整为原则，并维持公司总部注册地在沈阳不变；（5）两个或两个以上的投资者可联合参与投资，以一个报名人的身份参与招募，但联合体中至少有一个投资者符合资格条件。"同时，该招募公司要求在8月30日前递交报名材料并支付保证金5 000万元。对此，中国通用于2019年8月29日正式报名，作为战略投资者参与重整工作。

9月3日，沈阳机床公告称，中国通用技术集团分别向沈机集团及沈阳机床提供共益债借款2.2亿元和2.8亿元，贷款利率为固定利率4.35%，借款期限为1年。本次借款将用于公司重整期间的生产经营费用和相关重整费用，包括维持企业生产经营的相关费用和支付职工薪酬及相关费用等。

10月30日，根据沈阳机床披露的《重整计划（草案）之出资人权益调整方案》，出资人权益调整的方式为资本公积金转增股本，以沈阳机床现有总股本7.65亿股为基数，按照每10股转增12股的比例转增合计约9.19亿股，总股本扩大至16.84亿股。该转增股份中，由战略投资者有条件受让约5.05亿股，占转增后沈机股份总股本的29.99%，剩余约4.14亿股按照重整计划规定用于清偿债权。

11月19日，沈阳机床的公告显示，沈阳中院同时裁定了沈机集团、沈阳机床与下属子公司的重整计划。按照重整计划的规定，普通债权以债权人为单位，每家债权人50万元（含本数）以下的债权部分获得全额现金清偿；50万元以上部分区分金融普通债权和非金融普通债权予以清偿。对于金融普通债权，按5%的比例留债清偿，剩余部分每100元债权将分得2.91股沈机股份的股票，在按9元/股价格计算的情况下，金融普通债权人的综合清偿率约30%；对于非金融普通债权，可选择以下一种方式获得清偿：（1）按15%的清偿比例在重整计划执行期限内获得一次性现金清偿；（2）按30%的清偿比例在3年内分期清偿。

重整计划执行完毕后，沈机股份的法人主体继续存续，证券市场主体资格不变，仍是一家在深交所上市的股份有限公司，通用技术集团出资成为第一大股东，持股比例预计为29.99%，金融普通债权人对沈机股份的持股比例约为25%。重整计划实施完毕后，沈机股份的巨额债务获得清偿，资产负债率预计低于40%，有效化解了地区金融风险，实现各方共赢。

3. 本次债务重整的绩效评价

沈阳机床经历过债务豁免、出售过资产、推行过债转股、进行过产品结构调整，终在2017年实现了扭亏为盈，成功保壳。但此后的经营业绩并没有预期向好，反而掉头向下。从世界机床行业的"扛把子"到如今的跌入谷底，走到了破产重整这一步令人唏嘘。这次重整的意义并非"老生常谈"的上市公司通过司法手段实现"保牌"，而在于在更高的层面回应了市场更为关心的问题：一是传统庭外重组在多大程度上可以协助东北老工业基地实现振兴，将历史包袱真的卸掉，尤其是传统国企的传统顽疾；二是通过司法与市场化手段，能否以问题为导向实现公司的新发展。

本案将作为长春模式之外的又一个里程碑式的范式，最终由市场来验证中国通用技术集团对沈机集团战略重组所发挥的作用有多大，能否有利于企业甩掉包袱、轻装上阵，真正按照市场化模式推进企业长期发展，这些都是各方在未来重点期待的事项。期待着沈阳机床可以不负众望，给出一份满意的答卷。

4. "沈阳机床"债务重组的完善建议

沈阳机床作为一家大型的国有制造业企业，虽然公司负债较多，但由于地理条件的优势，以及当地政府对该公司的政策扶持，其重组效果仍令人期待。公司在2017年选择进行资产重组，主要是由于面临的财务压力过大，在2017年重组之后该公司盈利能力得到一定水平的提高，但是经过对实际情况的具体分析，在该公司的未来发展过程中，资产重组存在一定的不合理之处。此种不合理直接导致 2019 年公司经营业绩再度下滑，被迫进行二次债务重组。现对沈阳机床两次债务重组过程进行复盘，以期提出对重组方案的优化意见。

- 2017 年债务重组以"摘帽"为动机，实则治标不治本。当时公司的主要目的是在短时间内解决财务压力，实现扭亏为盈，保住上市公司的资格。对于公司来说，由于在 2015—2017 年连续出现亏损，深交所已经对该公司发出了退市风险警告，因此只有在 2017 年之前完成重组计划，实现账面上扭亏为盈，才能保住其上市资格，时间十分紧迫。沈阳机床此次进行资产重组的目的，更像是为了公司的短期利益，而对长远发展考虑不足。
- 2017 年重组后未能切实提升公司盈利能力，导致不久之后便"旧病复发"。2017 年，沈机在重组之后并未通过加大研发投入等手段提升营运能力。从公司公布的财务数据来看，2014—2016 年，公司在研发方面的投入金额逐渐降低，直至 2017 年才开始加大在研发方面的投入。在以上几年，公司的研发投入占到公司总营业收入的 4%~5%。从专利申请的角度看，公司在 2017 年申请了 13 项专利，达到公司的发展标准，但是在 2018 年，公司申请的专利却仅仅只有 6 项，数量下降了 50%。此前，公司一再承诺会大力研发 i5 技术，并且通过 i5 技术完成公司的智能转型，但公司的财务报告显示其并没有履行在破产重组时做出的承诺。公司的信誉随之破产，越来越多的债权人怀疑公司仅想利用这次重组的机会来保住其上市资格，而并非真正提升营运能力。
- 2019 年的债务重组选择司法重整程序及时止损乃明智之举。公司在众多债务重组工具中选择走司法程序是反复权衡利弊的结果。《企业破产法》中明确规定，司法重整程序实行后，公司涉及的民事诉讼或仲裁程序中止，管理人有权决定解除或继续履行未完成的合同，且在人民法院受理破产后对付利息的债权停止计息。以上种种措施为沈阳机床2019年债务重组的执行提供了极大的便利和自由。如前所述，由于沈阳机床财务费用较高，公司仅依靠法律赋予的停息优惠便可实现扭亏为盈，从而快速完成再一次"脱帽"。

- 2019年重组之后，公司该何去何从？公司曾于2019年1月发布公告称："沈阳机床后续业务将紧紧围绕i5智能机床这一核心产品开展，为保障沈阳机床i5智能机床相关技术的完整性，沈机集团拟将i5在机床领域的全部相关技术、知识产权、产品组装生产线以及研发、生产人员在2020年前择机注入沈阳机床。沈机集团保留i5通用技术的持续研发职能。"如果公司得以兑现该承诺，扩大研发，找到先进互联网技术与公司传统业务的结合点，完成产业的转型和升级，使得机床厂这个日薄西山的行业可以焕发生机，开辟出自己的转型之路，就可以从本质上改变公司的经营困境问题，如此方能将重组方案真正落实。

纵观沈阳机床近3年来的债务重组之路，可以发现公司在重组政策制定上总有一种先进行"脱帽摘星"，力求保住上市资格，而后再对公司经营发展徐徐图之的作风。这种做法不好评价对错，只希望沈阳机床可以不忘初心，实现公告中对债权人和公众的承诺，不要让一代"英雄"就此谢幕。

四、传统行业重组的经验与启示

回顾过往的30年，传统行业由盛转衰，许多庞大的工业帝国日渐衰微，最终走上破产的道路。虽然传统行业中的企业规模不同、性质不同，所以相应的重组方案设计也各有差异，但我们可以见微知著，总结遇到的问题，吸取经验和教训，让后路变得易行。行业更迭、岁月轮替，今天的传统行业所遇到的困境，值得我们每个人警醒铭记。

通过永泰能源和 ST 沈机的例子，我们可以总结出一些普适的结论和教训。

- 债务重组要在更高的维度去思考与设计，例如沈阳机床的重组并非仅是上市公司减轻负债的需要，还要为东北改革找到普适性案例，实现东北区域的传统行业，尤其是国有企业的涅槃复兴。在企业发展一帆风顺时，我们积极以市场为主导，政府像一个高明的裁判，最高境界是让观众觉察不出它的存在，让比赛如行云流水，但在行业或企业出现危机时，企业与政府之间的联动机制就要发挥作用。政府的帮助和扶持是解决相关企业问题的重要支撑，也为企业解决债务问题提供了新的思路，企业可以寻求经营地政府的帮助，寻求政府在纾困政策等方面给予一定的扶持，从而保证企业可以成功进行重组，这正是中国经济与制度的优势。政府可以从宏观角度来支撑企业的债务重组程序，也可以出面与企业的投资人和债权人协商，鼓励债权人接受债务重组的方式。

- 企业在进行债务重组的过程中，要密切关注行业的变化以及国家方面的政策变化。近年来，中央政府对地方的发展给予了高度的重视，同时各地区政府也针对企业的发展出台了不同的举措。例如国家近年来对于问题企业的扶持采取了一系列强有力的支持手段，像完善会计准则相关条例的修订，有效保障债务重组双方的相关权益等。现在实施的最新会计准则——债务重组业务指引，对债务重组给出了必需的两个标准：第一，债权人公司（金融机构）愿意做出适当的债务让步；第二，债务人（上市公司）在当前确实发生了财务危机。但实际操作过程中模棱两可之处甚多，容易造成实务操作上的隐患。因此，建议相关管理机构发布硬性指标数据或加强从业人员技能培训，正确有效地规定债务重组的标准，减小上市企业利用债务重组做出不利于市场正常发展的行为，帮助上市公司更好地发展。

- 企业在进行债务重组的过程中,要结合自身的经营状况解决持续发展问题。企业需要从可持续发展的角度规划发展的方向,注重保障债权人自身的利益,同时也要重视企业内部结构的调整和管理体系的完善,大胆切除非主营业务。我们通过对传统行业,尤其对部分国有企业的困境进行梳理,发现困境企业大多主营业务发展不错,但因为盲目多元化,导致现金流紧张起来。此时,大胆切割非主营业务,不但能够迅速止血并回笼资金,用于偿付最为急迫的债务,还可以加强公司未来抵御债务危机的能力。这也是美国公司能够迅速从 2008 年经济危机中复苏的关键。一项研究表明,过去多年美国公司被迫放弃多元化,集中主业,使得手中往往有着更多的现金。而多元化的公司现金占比较少,一是因为资金都用于跨行业的并购,资金链条绷得很紧;二是觉得自己跨行业经营本身就能对冲风险,所以没有必要留较多现金。但是,一旦遭遇经济危机这种系统性风险,聚焦主业的公司现金为王,只要在主营业务一个战场局部作战,当然抗风险的能力就会更强,[①] 而多元化的公司自然风险更大了。
- 针对公司自身内部问题,实施债务重组要从可持续发展的视角进行规划,不断促进债权人与债务人通过债务重组获取更高的经营能力。现如今的债务重组要从企业自身的管理着手,注重企业自身产业结构、组织结构的调整。

小结

随着互联网技术的不断发展和世界日新月异的变化,能源、制造、化工等传统行业逐渐淡出资本家的视野,成为人们口中所谓的"夕阳产业"。在 20 世纪末凭借重资产、体量大的优势养活了无数人的企业,

---

① 陈志武. 陈志武金融通识课[M]. 长沙:湖南文艺出版社,2018.

如今被套上了枷锁，似乎已经跟不上如今这个时代日新月异的步伐。但是，传统行业乃国之重器，国家发展与民众福祉皆赖于此，因此，对传统行业危困公司的救治是当下最为紧迫的任务。我们认为，在债务的世界里，"大而不能倒"可能并不准确，但传统行业不能垮则一定正确。

第二节　房地产行业的债务重组

2020 年，面对新冠病毒疫情造成的全球经济"暂停"，中国政府依然在宏观层面保持对房地产行业稳健调控的政策，保证房地产行业可以健康平稳地发展。鉴于政策约束与市场影响，许多中小型房地产企业的资金出现困难，导致企业面临巨大的财务压力，房地产市场的烂尾楼盘剧增，库存高企。治大国，如烹小鲜，政府对房地产行业的调控应把握精准火候与持续性，鼓励房地产企业优胜劣汰，在兼并重组的同时，也鼓励大型房地产公司与资产管理公司等对困境房企进行股权、债权或资产等多种形式的并购重组，以便让房地产行业在去杠杆、去库存中依然保持健康发展。

政府根据现实国情所制定出的房地产政策，稳定了房地产市场的高杠杆风险，但对市场的大幅调控也意味着企业经营风险的加重，有人逆势扩张，有人顺势调整，自然也有市场退出者。从困境房地产企业的视角来看，造成困境的原因很多，例如银行和其他金融机构方面的政策变化、个人房贷政策缩紧、多套房的限购政策和物业税的征收，使得个人购房者持币观望，投资投机性购房也大幅减少，市场交易活跃度下降。虽然从经济学角度上讲，如果一种物品处于供过于求的状态，市场机制将会导致产品价格下行，但由于房产的特殊性，一般消费者很难承受自己重金购置的房屋出现价格大幅跳水的情况，所以房地产企业很难将房价大幅降价以清库存，这些都直接导致房地产企业资金链越发紧张。房地产行业由于其特殊性，涉及社会的稳定，因此不论从何种角度而言，简单的市场出清都不适用，需要对房企等地产行业进行有针对性的重组。

一、房地产企业的行业特点

毋庸置疑,房地产行业是中国的支柱行业。2019年7月22日的《财富》杂志中显示,在世界500强企业中,中国的前五大房地产公司均榜上有名。2018年中国工商总局对市场进行调查,统计得出在中国已经注册的房地产企业数量接近10万个。但是,房地产行业的黄金期已经逐步落幕。

(一) 房地产行业是资金密集型行业,企业负债规模庞大,负债率高,债务危机爆发风险大

在中国的房地产行业中,上市公司为150家,约占所有房地产公司的4%。这些头部企业的债务绝对值较其他行业是天文数字,而这也是资金密集型行业的特点。例如,即使在受疫情严重影响的2020年的1、2月份,仅绿城中国一家拿地金额已经超过260亿元。中国指数研究院近期发布的《2020年1~2月全国房地产拿地排行榜》显示:在2020年1~2月中,前50名房企拿地总额达到2 861亿元,即每家企业两月内的资金投入近60亿元。这尚未包含旧城改造和协议并购市场。

因此,大型房地产公司债务较高是十分常见的现象。地产公司除负债绝对值大外,资产负债率高也是潜在风险。中国房地产协会、上海易居房地产研究院于2019年5月联合发布的《2019中国房地产上市公司测评研究报告》显示,2018年上市房企的净负债率均值为92.52%。这样一来,房地产公司的负债规模大且负债率高,潜在债务风险就会剧增,债务重组并不鲜见。房地产企业的现状从侧面证明,需要大量资金进行周转的企业,一旦受各种因素影响陷入困境,进行债务重组的风险就会加大。

(二) 房地产行业受政策影响较其他行业更加显著

2016年和2017年国务院召开的经济工作会议均提到防控金融风

险，这种金融风险自然也来源于房地产行业过热所导致的风险。因此，中国的房地产行业自 2016 年开始至今，即使在 2020 年开春疫情严重的情况下，财政部部长刘坤在 2 月 6 日发文依然强调，坚持房住不炒，不将房地产作为短期刺激经济的手段，全面落实城市主体责任，房地产市场保持总体平稳态势。正是由于监管政策的严格，许多房地产公司近年来的债务违约风险更高，行业收益能力大幅度降低，很多企业的现金流量出现问题，偿债能力一步步下滑，最终无法保证企业的正常运转。

(三) 房地产行业杠杆率较高导致企业债务频发

房地产行业对资金要求较高，融资规模较大且成本较高。研究机构克而瑞的数据显示，中国的房地产企业在 2020 年 3 月的境外融资成本约为 8.35%，境内为 3.85%。即使是这样的融资成本，也已经较之前的成本略有下降。因此，房企一旦面临市场行情波动，不论逆势收缩还是顺势扩张，都需囤积现金。例如，受 2020 年新冠肺炎疫情影响，各大房地产企业纷纷发债缓解流动性压力。像龙湖吴亚军就对现金流极度重视，直接在 2020 年 1 月完成了全年的融资规模，手握近 600 亿元现金储备。绿城中国也不甘示弱，3 月份披露的募资计划总规模高达 170 亿元。但是，这种高融资模式会导致财务费用快速走高，一旦在短期内企业无法实现销售回笼资金或盈利，终究会面临资金流转风险爆发、资金链完全断裂的潜在经营风险。

(四) 遭遇突发事件后，房地产行业的周期调整态势始终延续

房地产市场在 2020 年受到新冠肺炎疫情的影响，销售渠道关停，重叠房地产政策本身调控未见松动迹象等宏观环境，故新年伊始即遭遇 "倒春寒"。国家统计局公布的 "2020 年 1～2 月份全国房地产开发投资和销售情况" 显示，在 2020 年的 1～2 月，商品房销售面积 8 475 万平方米，同比下降 39.9%。其中，住宅销售面积下降 39.2%，办公楼销售面积下降 48.4%，商业营业用房销售面积下降 46.0%。商品房

销售额 8 203 亿元，下降 35.9%。最为直观的是武汉等 19 个城市，新建商品住房未见成交记录。这种情况在二手住宅市场更为明显，全国未有二手住宅成交记录的城市居然达到 24 个，其中不乏武汉、石家庄、呼和浩特等省会城市。另外，房地产整体开发投资情况亦不乐观，在 2020 年头两个月，全国房地产开发投资 10 115 亿元，同比下降 16.3%。其中，住宅投资 7 318 亿元，下降 16.0%。因此，房地产行业的调整周期可能还将延续。

综上所述，房地产行业中的部分企业已经出现债务违约或烂尾问题，且债务金额普遍较大。房地产行业作为国家支柱行业之一，涉及职工就业的钱袋子、购房者的血汗钱、农民工工资的救命钱、地方财政收入的基本盘，方方面面都直接影响国家的政治、经济与社会稳定。

二、房地产企业债务重组的主要模式和障碍

房地产属于传统行业，故困境房企除具有传统行业之固定资产比例偏高等特征，还有着自身债务结构与数额庞大、法律问题复杂、社会影响深远等特点。因此，房企出现债务问题后的解决路径有着更为鲜明的特点，债务各方对问题的解决都偏向于通过庭外重组与司法重整的模式进行。

（一）房地产企业债务重组技术手段与重组模式

1. 房地产企业债务重组的技术手段

一般而言，在庭外重组模式下，房地产企业的重组工具主要有以下几种组合：

- 以现金和非现金资产进行混合偿付。
- 以现金和"债务转为股本"实现组合性偿付。
- 以非现金性资产和债务转化为资本并进行组合性的偿还。
- 将现金、非现金资产和债务三者进行有机组合。

2. 房地产企业债务重组的基本模式

实践中，困境房企与债权人可能同时对庭内重组模式避而远之，它们更易于在庭外重组的模式选择上达成共识，这是由房地产市场的特殊性造成的。

- 从主观上来看，一大原因是房地产行业不论在高速发展期还是调整期，人们对其前景的预期始终向上。在经济高速发展期，人们相信房价会分享经济增长的红利；在经济出现问题时，人们认为政府会给出有力政策来拉动经济。房地产企业只要有土地和房产，就会有意向投资者。因此，困境企业与出资人更倾向通过谈判等方式修改偿付条件，希望通过自身资产盘活，获得未来经营收益来偿付经延长付款期限或者减免的剩余金额。企业也可以选择将公司股权或资产以协议的方式出售给第三方企业。出资人获得一定比例的对价，而债权人的债权通过转让款获得清偿或新的投资者负责偿付。

- 从客观上来看，房地产企业债务重组之所以将庭外重组作为首选手段，也是因为在债务重组过程中，房地产企业在一定时间内无法清偿到期债权，但随着房价的节节上涨，资产会不断升值，自然为负债问题的解决创造了条件。因此，这也导致市场更愿意接受以庭外重组的方式进行危机处理，而非通过破产清算或司法重整等方式进行。

基于上述主客观原因，很多企业在应对债务问题时首选庭外重组。2017年7月19日，为应对万达集团的危机，王健林急售600多亿元地产资产，通过三方协议将旗下酒店与文旅项目分别出售给富力与融创，以获得喘息之机。此后，万达集团陆续出售了包括广州万达国际医院在内的明星项目，逐步实施轻资产与去地产化，其采取的主动去杠杆等动作，现已成为市场上庭外重组的典型案例。另外，我们也经常看到房地产企业经常在庭外重组中借助资产管理公司，通过借款或收购房地产企业不良债权等方式实现重组目的。

(二) 房地产庭外重组模式的弊端

庭外重组受到房地产行业中的众多破产企业的青睐,然而凡事均有两面性,在房地产企业债权人享受着庭外重组模式带来的好处的同时,也必然需要承受监管和制度不完善等弊端,加之金融危机引起的行业巨变,导致地产企业债务重组出现了较多的问题,具体而言:

- 利用庭外债务重组掩盖其他商业目的。债务重组的目的是解决债务人的财务困境,优化资源配置以改善其经营状况,尽可能实现对债权人的偿付。在实际操作中,许多企业将债务重组作为增加企业利润、躲避风险的手段,进行虚假重组、欺诈重组。这一点在庭外重组中尤其明显,因为没有严格的司法程序制约,尤其是部分债权人可以是债务人的关联公司或者容易控制的企业,通过其他协议安排隐蔽地实现上述目的。
- 债务重组进行的不彻底,仅是作为一种处理危机的暂时手段。由于行业低迷和金融危机,许多房地产公司都在努力筹措资金,债务重组变成了解决债务危机的救命稻草。债务重组后,公司对调整业务结构或商品房质量依旧没有足够的重视,这偏离了公司债务重组的目标。
- 重组方案设计中融资渠道较为单一,对银行和国家货币政策依赖性强。这种融资模式和融资渠道在房地产行业中不利于房地产企业的发展,对中国的银行等金融机构也会造成不利的影响。一方面,如果国家在货币方面出台相应的政策,对货币政策进行紧缩调控,房地产行业会因此受到巨大的影响;另一方面,对于房地产企业来说,所欠的债务通通都是银行的,如果房地产企业出现破产,要进行债务重组,首先应该由房地产企业与银行进行协商,而后进行债务重组的相关设计。

鉴于房地产的运营过程不同于传统行业企业，房地产企业没有较高额度的固定资本，因此在中国房地产行业的发展过程中，现金的流动性比率均小于其他种类的行业。对于房地产行业来说，现金偿还的方式的可能性是微乎其微的，同时由于银行自身的特点并且结合房地产业发展的前景，银行也不可能会为房地产公司损失自身的利益。如果房地产行业面临较大的风险出现破产，房地产行业的泡沫会迅速破碎，银行也会由于此种原因而遭受巨大的损失。

三、房地产企业债务重组的典型案例

房地产行业的颓态在 2019 年已经逐步显现，仅此一年就有 200 多家公司进行了债务重组或宣告破产清算，这些破产企业不仅有中小型的房地产企业，同时还有大型的房地产企业，甚至连全国 500 强的上市公司银亿集团也在 2019 年轰然倒塌。中国人民法院的官网数据显示，中国房地产行业中至少有约 270 家房地产企业在 2019 年提出破产申请。这是什么概念呢？即每经过大约 1.5 天，就会有一家房地产企业不堪重负，不得不进行破产申请。房地产行业的寒冬虽然已经到来，但还是有很多企业在寒冬之中谋到了一线生机。下面以账面资产超千亿元的佳兆业和全国排名前 50 的宁波银亿集团的债务重组为例，通过分析其重组原因、整理重组过程方案设计以及重组之后的评价，为处于困境中的房地产企业和债权人提供参照。

（一）佳兆业债务重组

1. 晴天霹雳，佳兆业突显债务危机

佳兆业的创始人是郭氏三兄弟，具有强烈的家族色彩，以郭英成为主事者。经过多年发展，佳兆业在 1999 年登陆香港联交所上市，自深圳开始向全国发展。截至 2019 年，佳兆业地产板块销售额首次突破千亿元，再创历史新高。但是，这样一家企业曾在 2015 年遭遇生死危局，市场一度认为其会被融创收入囊中。

佳兆业的危局来自一场反腐事件，2014 年 10 月 13 日下午，原深圳市政法委书记蒋尊玉被广东省纪委带走调查。蒋曾任深圳龙岗国土局局长等职务并主导旧城改造工作，与房地产圈牵连颇多，也正是此时，佳兆业在龙岗参与了众多的旧城改造项目。① 蒋出事后，郭英成随即前往香港。《财经》杂志披露，郭英成与蒋妻李某的关系并不好，但其远避香港之举也对佳兆业的正常运营造成影响，成为后续一系列违约事件的导火索。

2014年11月28日，佳兆业深圳项目被交易锁定。2014年12月2日，深圳市有关政府突然禁止佳兆业销售在深圳的2 000余套住房。如此大规模的房屋销售禁止命令，对深圳本地龙头企业佳兆业这样一家"现金高周转"的房产企业来讲无疑是灭顶之灾。深圳是佳兆业的大本营，如此大规模的房屋无法顺利实现回款将使企业的现金流无法及时应对逐步到期的债权。就在此时，郭氏兄弟将旗下公司拥有的11.21%的股份转给公司第二大股东生命人寿，后者持股比例上升至29.96%，成为佳兆业继郭氏家族之后的第二大股东。这一操作也被视为日后与融创谈判始终占据主动的关键所在。

2014年12月10日，佳兆业发布公告宣布郭英成辞任。此声明原本系稳定管理层，向市场表示佳兆业的正常运营并不依赖于郭氏兄弟，不料却触发了一笔贷款债权的提前到期条款。该笔债权金额涉及本金4亿元港币，而此时的佳兆业却未能偿付。根据法律规定，同等条件下，先行起诉并采取保全措施的债权人，将会在未来强制执行中占据优势地位，因此，佳兆业的这笔违约行为一石激起千层浪，众多金融机构纷纷启动诉前或诉讼保全程序，冻结了包括银行账户、土地、建设工程等众多资产。佳兆业突然面临债务与经营多重危机，顿时险象环生。

这场危机将佳兆业笼罩在了风暴的核心动弹不得，同时资本市场上的其他投资人因嗅到了投资的机会而开始蠢蠢欲动。诚然，越是优质的公司，在危机时越是容易受到投资资本的青睐，而佳兆业就是这

---

① 资料来源：王婧、王晓庆. 融创铩羽佳兆业始末［J］. 财新周刊，2015（23）.

样的一家企业。一来其本身经营能力不错,在深圳以及其他城市均有较好的项目资源;二来佳兆业似乎是被一场突发的危机绊住了手脚,怎么看都像是龙游浅水,早晚会有脱困的一天,所以此时伸出援手不亚于雪中送炭,实乃良机。当时深圳的各路资本都在静待着收购佳兆业的机会。

2015年1月20日前后,市场很快传出了佳兆业进行债务重组,引进投资者解决债务问题的消息。彭博等媒体引述消息人士的话指出,深圳市政府正与数家房地产商洽谈,拟对陷入危机的佳兆业进行投资而成为新的实控人。但是,政府方面并不希望佳兆业的股份以折让方式出售。对此,政府方面予以否认,而佳兆业发言人表示不予置评。此时绯闻对象华侨城的恰巧停牌,让市场立刻浮想联翩。

但没过多久,收购绯闻者华侨城、万科等纷纷辟谣,表示并未有对佳兆业的收购重组计划。根据华侨城等"凑巧停牌"的时间,人们认为市场消息可能并非空穴来风,而让华侨城等投资者却步的主要原因可能有两个。一是佳兆业确实存在债务问题,年报中披露的负债规模约300亿元可能存在漏报,真实负债规模也许会远大于此;二是深圳政府方面接触的房地产企业可能主要以华南本土地产公司为主,对佳兆业在深圳地区的品牌资源并不看重,并无势在必得之心。

2. 债务结构复杂,博弈明显

融创一直觊觎华南市场,佳兆业在华南的优质地块与知名度,都是融创一直以来梦寐以求的收购标的。此时,孙宏斌刚刚结束对绿城的收购,手握绿城退还的保证金62亿元,并不理会佳兆业深陷绯闻之中,高调介入佳兆业重组。2015年1月28日,孙宏斌在微博发布了一个有趣的投票:"你认为谁最有可能接手佳兆业?"然后毫不犹豫地将自己的一票投给了融创中国。大佬用一条微博简单明了地表明了自己的决心,收到信息的资本市场亦期待着融创开始自己的表演。当然早在孙宏斌公开表明自己的立场之前,已经和郭英成进行了多次会谈,基本敲定了收购意向并派驻小组对佳兆业的资产和债务进行了盘点。就是在这次盘点中,佳兆业的年报造假行为被揭开:"在盘点完毕所有债务之后，孙宏斌已经清楚佳兆业的债务并非年报上披露的 297 亿元，而是高达 650 亿元。"面对可能存在的财务造假，当时的孙宏斌仍信心满满，相信自己可以拯救佳兆业于水火。

融创当时对收购佳兆业信心满满，因此在发现财务漏报债务后，为向债权人压价，打击债权人对佳兆业的信心，故直接向市场进行了披露。这对投资者来讲自然是好事儿，但对郭英成与佳兆业而言，首先，巨大的债务数额引起了债权人的恐慌，从而造成"挤兑潮"出现。比如佳兆业的公司财务报告只显示出不到 300 亿元的负债，对于拥有上千亿元资产的公司来说问题不大，但融创披露的由于"疏忽"而未计入财务报表的 380 亿元负债，使公司债务总额一跃而成 650 亿元，是之前的两倍还多。由于此种信息披露问题的存在极大地影响了佳兆业在市场中的信誉，故而直接导致了债权人争相讨债，引发了挤兑狂潮，即使公司的资产超过千亿元，也无法应对如此巨额的负债。其次，公司的债权人组成复杂，对境外债权人的约束力较差。在公司境内的负债方面，主要是在深圳的工程项目进行了贷款，而该项目的贷款也造成了公司出现多个债权人。同时公司不仅在境内有负债，在国际市场上也有较高的负债，导致在境外债务重组的过程中市场化的特点更为明显，债权人话语权很重，这让债务重组难上加难。从这一点也可看出，在困境企业债务重组过程中，股东、企业与投资者的利益并不一致，充满了博弈意味。

融创团队在清点完毕佳兆业的资产与负债之后，执行力极强的孙宏斌已经开始着手收购的相关事宜。2015 年年初，融创以每股 1.8 港元、总价 45.5 亿港元，购入郭氏兄弟持有的共计 49.25% 的佳兆业股权，并拟向余下股东全面要约收购。根据孙宏斌与郭英成协议的约定，只要孙宏斌在规定时间内将股权价款汇至指定银行，则瑞士信贷将无条件将股权交割给融创。

债务重组讲究的就是兵贵神速，因此双方在签订股权收购协议之后，孙宏斌火速推进着债务重组事宜。在他的计划里，希望可以在 2015 年 3 月与境内和境外的债权人完成协商，并于 4 月完成全部重组计划。而在 3 月和债权人协商之前，有个定时炸弹需要解决——凭空翻倍成 650 亿元的债务。因此，佳兆业在 2015 年 2 月 16 日发布公告称，截至 2014 年年底，债务规模约为 650 亿元，其中境内债务 480 亿元，境外 170 亿元。这个炸弹一丢，全体债权人一片哗然。很多债权人表示不相信，更有债权人直接对融创只公布负债规模而不公布资产规模的举动表示不满。

债权人的质疑并非没有道理。一来普华永道年年出具的无保留审计意见报告摆在那儿，加之佳兆业作为上市公司受到证监会的信息披露监管要求，虽然可能通过一些会计手段粉饰一下财务报表，但对于百亿元级的债务突然翻倍债权人还是觉得很难接受。二来融创的确有这么做的动机，突然丢出债务规模翻倍的消息会让债权人对融创提出的债务重组请求重新做出衡量和考虑，很可能部分债权人面对突然翻倍的债务会选择尽快接受融创的方案。

在融创和债权人协议谈判的同时，佳兆业债务重组中的另一位主角"生命人寿"登场。2015 年 4 月 9 日，生命人寿公开表示将借给佳兆业 13.77 亿元，用于支付佳兆业和生命人寿一起买下的一块商业用地尾款，借款年利率 12%。此举无疑向本已草木皆兵的债权人传达出一个信号：佳兆业仍有能力以 12% 的年利率进行还款。一时间债权人的信心大增，融创的债务重组计划推行受阻。可以说，生命人寿的加入，从根本上改变了融创和佳兆业的博弈关系。从融创的角度来讲，凭空多出的 300 亿元负债确实超出了之前最坏的打算，且佳兆业在部分二、三线城市的地块对融创的吸引力不强。如果重组计划迟迟不能推行，那么项目的收益会日益降低，是硬着头皮继续推进还是及时止损，已经成为摆在孙宏斌面前的选择难题。

然而这种进退两难的局面并未维持多久，佳兆业宣布原来融创派驻的 3 位高管的免职决定，同时要求融创将办公室搬离。6 月初，佳兆业官方回复记者称：由于当初双方签订收购协议，由融创代表佳兆业来主导债务重组并无不妥；而在郭英成重任董事会主席之后，他希望由自己来推进债务重组，亦受到了债权人欢迎。此时，孙宏斌仍在做最后尝试，也可以根据之前签署的协议强行收购佳兆业，但这意味着郭英成可能与其鱼死网破展开佳兆业股权的争夺战。此时的佳兆业，郭英成再次强势回归，融创团队被迅速免职并要求撤离佳兆业总部，公司印章等也被收归。

孙宏斌不是没有想过强行收购佳兆业，《财新》发表的《融创铩羽佳兆业始末》一文披露，在佳兆业危机之初，生命人寿保持沉默。但知情人士透露，生命人寿一直在用购买佳兆业关联公司资产的方式，暗中给郭英成"输血"。因此，大股东的态度已经极为鲜明，在此内忧外患之际，这种股权争夺战意味着胜利者也可能元气大伤，获得的佳兆业也是一个病入膏肓的企业。孙宏斌说："我不是来结仇的，是来做生意的。"因此，孙宏斌与郭英成在香港再次密会后，2015 年 5 月 28 日，融创中国发布公告称："有关佳兆业的要约期于本公告发出之日，即 2015 年 5 月 28 日，结束。"

孙宏斌与他的融创黯然离场，但是佳兆业的债务危机仍未得到根本的解决，郭英成回归继续开展境内与境外的债务重组工作。根据佳兆业 2015 年 3 月 2 日发布的公告，债务重组方案主要为："（1）债务抵押品及担保不会出现任何变动，不削减任何债权人的本金，随时间悉数向所有债权人支付本金；（2）利息将予以减少，但减少后利息将不低于央行贷款基准利率的 70%；（3）年限将予以延长，延长后剩余年期不低于 3 年，不多于 6 年，但原有债务剩余期限多于 6 年的债务，仍按照原有期限执行。"

整体而言，对比佳兆业的破产程序，上述方案不是不可接受的，各方关注的焦点之一，即政府对佳兆业的态度。2015 年 5 月 21 日，深圳市盐田区政府采购中心宣布：佳兆业的子公司——佳兆业文化中标深圳市盐田体育中心的运营权。虽不是房地产项目，但是这意味着政企关系的缓和。2015 年 7 月中旬，佳兆业位于龙岗区的相关项目获得政府批准。此时，境内银行债权人开始对佳兆业的债务重组工作重拾信心。2015 年 9 月，佳兆业境内债权人谈判工作出现明显进展，在惠州等地的项目率先重启；2015 年 10 月，上海与广州项目也开始正常化,尤其是上海城市广场三期与浦东金融中心项目的报建复工,公司状况开始明显好转。其后,深圳市政府也不断释放善意,有关领导亲自开会沟通佳兆业债务重组工作会议,希望金融机构给予支持。伴随着政府层面对佳兆业房源的松绑以及这一时期深圳的房价逐步上涨,佳兆业存量房产价值不断上升,也给了债权人巨大的信心。

2015年12月10日下午,中信银行深圳分行联合信托公司拟为佳兆业提供大约300亿元资金助其解困。这一举动向资本市场输出一个积极的信号:佳兆业已经在逐步恢复元气。就像一年前佳兆业出现债务危机时各家金融机构争相保全资产一样,现在各家银行也在争相递出橄榄枝。

2016年1月,平安银行与佳兆业达成全方位的战略合作,签约金额高达500亿元。平安银行表示,此次平安银行与佳兆业签署500亿元战略合作,将用于支持佳兆业更健康、更好地发展,平安银行看好其在重点区域的发展潜力与前景。其后,境内债务重组推进较顺利。佳兆业2016年1月26日发布公告称,其境内为333.2亿元的债务已经办理完相关手续,完成重组。2016年6月27日,佳兆业总金额为465亿元的境内债务已经办理完相关手续,完成重组。至此,虽然境外债务重组部分尚未结束,但是整体局势已经稳定。

3. 重组成功的原因

其一,佳兆业采取的债务重组模式为庭外重组模式,这充分反映了房地产企业,尤其是大型房地产企业的特点。佳兆业的现金链维持着高周转的特性,依靠"借新还旧"、金融贷款、预售回款等一系列财务工具维持着精巧的平衡。因此当大本营深圳的地产项目被锁房,金融贷款等一旦观望,企业现金流就会出现上述4亿元港币的贷款都无法及时清偿的问题。但是,一旦现金流恢复,则企业本身的资质情况还是非常优良的。因此,债务重组模式具备庭外重组的空间。在此过程中,佳兆业也曾考虑过庭内重组,可一旦启动势必遭到银行债权人的强烈反对,且在庭内重组过程中,原股东的利益可能会受到较大程度的损失,企业信誉等也会贬值,故各方最终采取了庭外重组,以时间换空间的打法,也是大型房地产企业自身特点所决定的。

其二,郭英成在危机爆发之初极短的时间内,布局清晰且留足后手:

- 引进实力雄厚的"股东"或"投资者",稳定市场预期。在债务危机没有全面爆发,股权资产并未被银行司法冻结前,郭英成将11%左右的股权直接转给生命人寿,使得生命人寿的股权比例上升至29%,成为佳兆业第一大股东。这一举动就给了市场信心。此后的时间里,融创操盘整个债务重组方案,生命人寿则按兵不动,并未有任何表态,但在郭英成回归时则直接站队,起到了一锤定音的作用。另外,股权资产在外也给了郭英成在谈判中辗转腾挪的空间。
- 壮士断腕式地收拢资金,毫不犹豫地进行资产与业务整合,回笼偿债资金。危机伊始,郭英成将刚刚于2014年耗资30亿元,自香港郑建源家族收购的国民信托公司出售给生命人寿及其股东,这就使郭英成债务重组中的资金压力降低不少,促使生命人寿成为更为坚定的盟友。
- 佳兆业为恢复金融融资渠道,聘请独立机构重塑企业声誉。佳兆业必须给金融机构审计出来的300亿元额外负债是如何产生的一个说法。对此,中介机构普华永道也尴尬异常,急需脱身。作为专业审计机构,出现漏审300亿元负债的错误,其在香港市场上的信誉严重受损,直接负责佳兆业项目的合伙人甚至面临刑事追责。佳兆业集团董事会于2015年4月成立独立调查委员会,并聘请独立第三方机构富事高咨询有限公司开展独立调查。这家机构在市场上以重塑雇主商业信誉闻名。12月19日晚,佳兆业发布上市公司公告,即富事高的《独立调查的主要调查结果》称:"佳兆业集团前雇员在财务记账的会计处理方式上存在一些不规范的环节,包括制作虚构协议及文件、巨额的不恰当及未经授权付款、利用汇款代理掩饰不恰当及未经授权付款的真正目的、与多方串通等情形。"也就是说，隐藏债务是内部人员失职造成的。

其三，佳兆业选择庭外重组，也是由当时的历史条件决定的。2015年，在公司进行债务重组最为紧要的关头，深圳的房地产销售出现一次"小阳春"，整个集团投资的产品均出现了明显的涨幅，这样的现象也让公司的境内债权人更加放心，债权人有了信心，债务重组的速度就明显加快了。除了深圳，在中国其他地区的一线城市房地产行业的回暖也使债权人看到了佳兆业的巨大潜力，境内债权人信心的增强也为佳兆业的境外债权人传递出积极的信号，让境外债权人对佳兆业重建信心。

其四，佳兆业本身有着庞大的低成本土地储备。在2016年，佳兆业的土地大约有2 100万平方米，大都集中在一线城市的郊区和二线的重点城市，且该部分地产项目收购时间较早，价格低利润高，为佳兆业未来5年的发展打下基础。对于房企而言，土地储备至关重要，拥有丰厚的土地储备不仅是佳兆业谈条件的资本，更是日后东山再起的本金。

其五，佳兆业的郭英成属于潮州商圈的一员，并得到多方资助。潮汕商帮自古就有守望相助的传统，因此在债务重组中获得了潮汕老乡生命人寿张俊的大量资金支持。在与融创争夺公司控制权最关键的时刻，大股东生命人寿的意见也起到一锤定音的作用。在获得生命人寿在资金与董事会控制权的支持下，大股东郭英成对完成债务重组信心极强。同时外部一有政府部门进行扶持和协调，二有平安和中信的资金支持，更是对佳兆业债务重组助益不小。

4. 重组之后

佳兆业债务重组从外在表现看来是极其成功的，公司股票在复盘首日便大涨六成，可以说实现了其债务重组的预期目标。然而债务重组是否真的实现了公司盈利能力的提升呢？我们可以从公司的偿债能力以及收益水平两个角度来判断。从财务会计角度分析，企业的偿债能力分为两种，一种是短期偿债能力，另一种是长期偿债能力。本书即利用资产负债率来衡量企业的长期偿债能力，利用资产的流动比率来分析企业的短期偿债能力。

首先，是长期偿债能力方面。佳兆业 2014 年的资产负债率为 88.02%，2015 年为 89.65%，2016 年为 86.10%。2016 年公司通过对债务条件进行修改的方式进行债务重组，因此从总体角度来看，其债务总金额没有明显的下降，负债率也没有明显程度的降低，似乎问题并没有从根源上得到解决。然而我们通过分析房地产行业的特点可知，佳兆业资产负债率一直居高不下在房地产行业中并非个例，采用高杠杆的经济模式来实现企业内部的资金流动是房地产企业常见的操作模式。

其次，是短期偿债能力方面。在 2014 年危机爆发时，公司的资金流动比率仅为 1.03，在债务重组之后，由于平安银行资金的注入以及债务展期的实现，促进内部资金的流转，因此在 2015 年和 2016 年公司的财务流动比率上升至 1.44 和 2.23。债务重组的结果在财务报告上显而易见，可以说此次债务重组对企业的资金流动性和资金链的恢复极有好处。

最后，从偿还现金额度来分析。公司的借款总金额已经超过 875 亿元，需要在一年内偿还的贷款超过了 77 亿元，剩余的大约 800 亿元需要在 2~5 年偿还完毕。可见债务展期之后，公司一年内需要偿还的债务大幅度减小，一年后公司的资金流动性随着业务恢复将会在很大程度上得到提高，实现了债务重组的预期目标。

结合前文对公司在天时、地利、人和 3 个角度的分析，只要公司的短期偿债能力可以有效提高，就可以提高资金的运转性，能够保证未来公司的正常发展。也就是说，佳兆业此时的困局更像是"龙游浅水"，在境内外全面债务重组的帮助下可以彻底摆脱此种被动局面。

5. 佳兆业的再次腾飞

公开信息显示，佳兆业在进行债务重组之后，公司潜力不断释放，2016 年的净利润大约增长了 9 亿元，其中超过 78% 的增长来自债务重组收益，其余21%的增长则是企业经营产生的利润。财务数据比陷入债务危机之前好看许多，公司的正常发展也吸引了越来越多的投资者。待佳兆业公布2017年上半年业绩时，累计实现合约销售额约224.6亿元，股票在2017年7月也创造了2011年以来的新高。

截至2019年12月末，佳兆业全年销售权益金额达881.2亿元，同比增加26%。现金及银行存款达369.78亿元，同比增长61.3%，对应速动比率维持在1.1倍水平，整体财务动性充裕。同期，公司净负债率为144%，较2018年下降92个百分点。

这只曾于2015年搁浅的猛兽，再次借助深耕大湾区的地域优势，向千亿级房企的目标全力冲刺起来。

（二）银亿集团债务重组

佳兆业债务重组通过庭外重组的模式完成，天时、地利、人和正当其时，实属幸运，而在2019年出现危机的房地产企业，可能就难以复制，而更适合走庭内重组的模式了。2019年6月，房地产大型企业银亿集团正式申请破产，也宣布了房地产行业债务危机的正式到来。

公开资料显示，银亿集团创立于1994年，是一家以工业制造、房地产开发、国内外贸易和现代服务业为主的综合性跨国集团。在这些业务中，房地产开发占据了很大的比率。公司在2017年实现销售收入783亿元，位列全国500强第215位，民企500强第61位，宁波市百强企业第3位。而在2018年，公司业绩已经有了下滑，当年归属于上市公司股东的净利润亏损5.7亿元，但由于银亿集团前期的良好经营状态，公司负担了这部分亏损。银亿集团在2018年依然能够在全国房企100强中位列第67位，盈利性则排名第10。不过随着房地产行业的下行压力进一步加大，仅仅半年之后，黑亿就以向法院申请破产重整的方式黯然退场。公司在2020年1月31日披露的2019年业绩预告中显示，银亿集团在2019年预计亏损额为48.5亿~59.5亿元，比上年同期下降745%~937%。

在2019年6月银亿集团申请破产重整的当天，银亿股份发布公告称,其控股股东母公司银亿集团有限公司、控股股东宁波银亿控股有限公司已于 2019 年 6 月 14 日向浙江省宁波市中级人民法院申请破产重整。同时还称,2019 年以来,银亿集团、银亿控股现金流逐渐枯竭,持续面临流动性危机,虽公司高层力挽狂澜,多次开会商讨制订相关方案,并积极通过多种途径化解债务风险,仍不能彻底摆脱走上破产之路的命运。为妥善解决银亿集团、银亿控股的债务问题,最大限度地保护广大债权人的利益,两家公司从自身资产情况、负债情况、经营情况等方面进行分析后,认为均属于可适应市场需要、具有重整价值的企业,故银亿集团、银亿控股均于 2019 年 6 月 14 日向宁波中院提交了重整申请。

1. 不合理的快速扩张和投资终致败局

面对如此惨淡的经营业绩,银亿公司对自身经营情况进行分析后,给出了业绩大额亏损的主要原因。

2017 年,公司通过两次重大资产重组布局高端制造产业收效不佳。当年银亿集团除了在房地产领域开疆拓土,在国内市场和国际市场上也开始大量收购其他制造类型的企业,开始向制造业进军。在国际市场上,银亿集团先后收购了美国 ARC 汽车公司、日本 ALEPF 公司、比利时 PUNCH 公司。

银亿集团在 2017 年收购了全球知名的变速器制造商 PUNCH 集团,正式向汽车的变速器生产和销售过程投入资金和精力,也开始逐渐进军汽车行业。目前集团已经拥有 3 个生产基地、两个研究中心,为该集团提供技术和生产制造的支持。

2017 年,银亿集团还收购了美国 ARC 集团,其主要生产领域是汽车安全气囊的开发,作为全球第二大气体发生器的生产商,目前在美国的各个地区总计有 7 个生产基地。银亿集团的财务报告显示,在收购过程中,银亿控股以及旗下的公司需要在 6 月 12 日偿还资金 15 742.726 万元,划至银亿集团旗下的 PUNCH 公司,用于继续进行生产制造,保证公司正常的运营。谁料汽车市场连年惨淡,银亿集团收购的比利时 PUNCH 公司由于库存的大量积压以及公司管理层的不当操作，让公司的资金链出现断裂，从而面临资金不足的风险。

同时由于国内汽车市场的持续性低迷，使国内的整车销售依然疲软，为了保住市场，公司不得已采取了降价促销的策略，销售利润直接缩水，加之由于产量下降引起的单位生产成本的上升，共同导致了2019年大额亏损的出现。现在看来，银亿在2017年选择入驻汽车市场实非明智之举。

2. 走上破产重整之路

2019年12月19日，银亿集团收到浙江省宁波市中级人民法院的《民事裁定书》，受理银亿集团以及其母公司宁波银亿控股有限公司的重整申请。公司正式进行破产重整程序后，将由法院指定破产管理人，破产管理人依法处理公司债务，并维护公司的稳定运行，对其现有资源进行整合，提出最有利于公司目前发展的方案，最大限度地保护债权人的利益。同时，破产重整可以防止大量员工下岗产生的社会问题，有助于社会的稳定。

截至2020年4月召开的银亿集团第一次债权人会议，其重整难点在于下述两个方面。

（1）资产不断缩水，负债规模巨大，资产负债再平衡实现难度大。

银亿集团第一次债权人会议的报告数据显示，其申报的债权金额为372亿元，账面资产仅为35.64亿元。而其资产主要为长期股权投资和其他应收账款。持有的实物资产主要为广西板块的硫酸镍和电解镍的生产业务以及少量的未开发土地。基于目前的资产负债情况，未来的资产负债再平衡实现难度大。

（2）上市公司层面股价下跌严重，面临暂停上市风险。

2019年年报披露，银亿股份存在业绩亏损、大股东资金占用、关联方业绩补偿等问题，其股价一路下跌，资产价值迅速缩水。虽然已经申请了重整，但是鉴于目前疫情的影响，国内外汽车行业受到了严重冲击，未来的盈利水平存在较大不确定性，如果2020年仍不能扭亏为盈，将面临暂停上市的风险。

截至目前，市场一方面期待银亿股份尽快进入重整程序，另一方面也在期待银亿集团重整方案的出台。我们只能通过时间来验证银亿集团在破产重整后的最终命运。但我们相信，随着银亿等房地产公司越来越多的适用破产重整，以便应对自身债务危机，该类债务重组模式将对房地产行业起到非常重要的拯救作用。

四、房地产行业债务重组的经验与启示

2019年，房地产行业凛冬降临，对于这个"大而不能倒"的行业来说，政策环境和金融环境直接决定了房地产的兴衰走势。长效调控、房价维稳已经成为2019年房市政策的主旋律，各种融资渠道的不断收紧更是让房地产企业的日子难上加难。

虽然行业不景气，中小房企一批批倒下，但是我们能在其中总结出经验和教训。比如在上述两个典型案例中，佳兆业债务重组的过程跌宕起伏，在一年多的时间里，在境内借助政府的扶持有力地推行了债务重组过程，同时在境外依赖市场化的选择保证了重组过程中债权人利益的最大化，这些经验都很值得日后出现财务困境的公司借鉴。而银亿的重整方案虽然未曾落地，但也已经受到了资本市场的高度关注。综上所述，企业摆脱财务风险，降低财务方面的运营难度，可以从以下几个方面着手。

- 选择债务重组摆脱财务困境。企业在运营的过程中由于各方面的原因而陷入债务危机时，只有两种选择，重组或者清算。由于房地产企业的特点，如果选择清算程序对于企业自身的利益损害巨大，无论是企业的债务人还是债权人，都会在清算过程中造成大量的财产损失。而且企业一旦选择清算，就将彻底告别资本市场，再也不可能翻身，因此破产清算不应该成为理性债权人的首选解决方案。但是对于债务重组来说，只要能够找到债务人和债权人利益的平衡点，减少两方的亏损，企业就可以利用相应的机会来扭亏为盈。以佳兆业为例，公司在与境外

债权人博弈的过程中就是通过市场化的手段实现债务人与债权人利益的平衡。因此，对于佳兆业来说，选择重组方式实现自救是较为明智的。

- 股权集中有利于财务困境企业摆脱困境。传统的经济学理论认为，一个公司的股权集中度越低，证明公司内部股权比例越分散。而这种分散的股权制度设计为公司带来的好处就是可以提高公司的运转速度和绩效水平。但是传统经济学理论对公司的研究前提是其持续经营和盈利能力稳定，对于已经濒临破产的上市公司则不适用。对于陷入财务困境的公司而言，因为股权分散，导致各个大股东承担的财务困境成本不同，从而为自己的利益斤斤计较，致使决策效率低下，甚至出现无法达成一致意见的情形。而公司在出现了财务风险或者财务困境后，需要在短期内尽快解决，如果此时管理层效率低下，就无法让公司迅速摆脱财务困境。这一点在房地产行业中体现得更为明显，因为房地产行业经常出现庭外重组解决债务问题的情形，而庭外重组对于决策的效率要求更高，毕竟市场行情瞬息万变，接盘的公司希望通过高效的决策来抓住行情。有关研究表明，财务困境成本与陷入财务困境的时间正相关，因此只要企业的决策层能够迅速提出相应的方案，就可以提高房地产公司在债务重组过程中的成功率。

- 争取政府政策支持。在国内的市场环境下，金融机构对于政府出面担保的重组方案接受度较高。一方面，政府可以指派专门人员参加企业的债务重组会议，以增强企业债权人和投资人的破产重组信心，提高企业摆脱财务困境的概率。另一方面，政府可以动用自身的经济调控能力，对于处于财务困境的企业给予一定程度的政策倾斜，比如降低税收，可以给企业一定的喘息时间，让企业的资金在短时间内得到流动。利用以上方式，政府可以在政策的角度降低企业的财务压力，给予企业东山再起的机会。在佳兆业公司的债务重组过程中，境内的重组程序远远比境外的债务重组顺利，主要在于当地的政府对佳兆业进行了政策的扶持，而当地政府扶持的方式也值得其他地区的政府借鉴。

小结

中国的房地产行业在 21 世纪以来迎来了黄金时代，成为推进中国经济增长的中坚力量。房市的快速发展也反作用于中国经济增长，GDP 连年增长率维持在 8%。但是，也正是由于房地产行业的快速扩张模式，在各个地区出现了房地产泡沫化严重的现象，主要原因是由于房地产企业急于求成，在一定程度上刺激了房地产市场的畸形发展。目前越来越多的投资者将房产作为一种升值的工具。政府在 2010 年开始出面对房地产市场进行调控，随着政府的调控以及经济形势的变化，房地产的黄金时代已经逐渐远去。仅仅依靠银行的贷款和自身的固定资产，房地产企业无法满足正常运营的需要。一批批房地产企业倒下、一份份重组方案的递交都在诉说着房地产行业寒冬的到来。而只有大家共同努力，通过经验的总结和相互的扶持走出这场寒冬，才有可能迎来属于房地产行业的新的春天。

第三节　新兴互联网企业的债务重组

从人手一个的智能手机到实现万物互联的智能家居，从网络直播等娱乐方式的兴起到疫情期间网络教学的实现，互联网深刻地改变着我们的生活。与此同时，信息时代的到来蕴藏着巨大的机遇与挑战，许多互联网企业应运而生。有行业红利就会有企业想来分一杯羹，想要分一杯羹的人多了就会产生竞争，产生了竞争就会有输赢。互联网公司如雨后春笋一般纷纷成立，如何在这个时代中脱颖而出？又如何在不幸败北之后通过重组方案的设计重回巅峰？如何解决互联网企业的债务违约问题？这些将是下文着重讨论的问题。

一、互联网企业的行业特点

互联网行业作为近年来的新兴行业，其内在商业运行逻辑与传统行业大相径庭，在发生债务违约之后相应的解决办法也有自己的独特之处。因此，了解互联网行业内在的行业特点对于债务重组相关制度的设计十分必要。

第一，前期资金投入较大，企业难以负荷前期投入而导致债务违约。互联网企业发展需要先进的技术做支撑，例如乐视网在起步之初为吸引广告主而主打的大数据推送功能，即通过大数据分析消费者特征，并不断优化自己的推送内容与页面设计；又比如 ofo 小黄车需要为用户实时更新车辆的停靠位置，并可以由用户自我操作完成开锁关锁的系列操作等。这些新技术的使用需要较高的研发费用，因此互联网企业在发展的初始阶段，需要将资金投入技术研发领域，尽量扩充企业规模。然而，许多互联网企业在未能初具规模时资金链就断裂了，进而导致债务问题，不仅使前期投入付诸东流，更让自身负债累累。

第二，轻资产，重人力，导致难以获得银行融资。由于互联网与其他传统的行业靠重资产的盈利模式差异极大，互联网企业的固定资产占比较低，导致很难通过用固定资产提供担保的方式获得银行融资。当企业陷入债务危机时，无法通过银行等融资渠道进行自救，更多的是依靠权益融资。此种依靠权益融资的模式对于处于起步期的互联网企业伤害最大，由于不能准确地估计新企业的预计收益，因此新起步企业融资时较难，这就会导致企业的债务违约问题。

第三，用户较多但是收益有限，致使企业现金流不稳定，引发债务违约问题。从互联网企业的收入结构角度分析，收取用户的会员充值或者虚拟交易的费用占企业营业收入比重较大，这就导致互联网企业虽然累积了许多用户资源，但用户黏性较低，单个用户盈利也较少。不仅如此，互联网企业还要将大量费用用于维护原有用户。互联网企业由于其固有的特点导致其在资金投入之后收益较慢，而且需要通过多维度的宣传来吸引用户，比如提供免费试用或者用户返利来保证用户端的浏览量和收益。"收益不高但是支出很高",这种行业特点致使企业的现金流量很容易出现断裂的问题,进而引起债务违约问题的出现。

第四,互联网企业多为中小企业,运行难以产生规模效应,盈利偏低导致债务违约问题。互联网行业竞争激烈,就要求互联网公司与时俱进、更快地更新自己的技术,如果在技术研发领域投入过少,可能会导致企业发展速度滞后,使企业经营陷入困境进而陷入债务违约。企业在投入一定的资金进行技术更新和创造之后,面临的另一个巨大考验则是如何获得稳定的盈利能力来偿还前期的巨额负债。而目前市面上的互联网企业大多为中小企业,难以通过规模经济效应来获得巨大的收益,因此很多互联网企业由于后期无法及时偿还前期资金投入形成的负债而陷入僵局。

第五,互联网企业作为新兴企业,由于立法的滞后性导致监管与法规适用上的问题,引起债务违约。以互联网金融为例,随着4G技术的普及,人们所使用的货币支付方式由传统的货币支付转变为今天的移动支付,这也为互联网金融企业的兴起提供了可能。然而由于立法的滞后性,在互联网金融企业异军突起之时,尚无明确的法律规范对其进行约束,导致行业内经营混乱不堪,一批又一批互联网金融企业破产消亡。

二、互联网企业债务重组的主要模式和问题

经过前文对互联网企业行业特点的分析,结合互联网行业的现状,我们可以对于互联网企业债务重组的主要模式进行分析。通过对大量案例的解读与分析可以发现,许多互联网企业产生债务问题后会使用破产清算的手段,而其他未选择破产清算程序的互联网企业则进入了僵尸状态。还有企业通过一些民间筹资手段、影子银行等进行融资续命,很少选择进入司法重整程序。中国的互联网企业破产重整的数量和比例都是较低的,这与互联网企业"轻资产、重人力"的特点密不可分,因此对于互联网企业的债权人来说,选择破产清算的途径更为

划算。但是，在互联网企业破产清算的过程中，也暴露出了一些问题。

首先，清算组的组成方式成本高昂。互联网企业本身多属于中小企业，且债权债务关系较为明确，对于这类企业的破产案件，完全可以使用一个清算人而非组成清算组来实施破产程序。因为破产清算组的组成人员越多，已经陷入债务问题的中小互联网企业的负担就越重；同时，清算组成员的增多也增加了沟通的成本，拉低了破产重组的效率。

其次，政府成立清算组对于互联网企业进行清算效果欠佳。清算工作是一项对于会计和法律知识要求颇高、专业性极强，同时需要团队成员彼此配合方能顺利完成的工作。由于现行立法规定清算人"由人民法院从企业上级主管部门人员中指定"，如果企业与清算组相互勾连，那么必将损害债权人的利益，而互联网企业的债权人大多属于无担保债权人，其权益更易受到损害。

再次，关于互联网企业清算后的用户退出问题。互联网企业是建立在用户平台关系网络上的企业，在互联网企业黯然离场之后，如何保护平台用户的利益，也是互联网企业破产程序中应解决的问题。互联网企业破产后的用户权益保护，首先集中于用户通过平台接受的服务的后续问题，在企业破产后，用户通过其平台所购买的虚拟服务是否能够得到继续履行？如果不能继续履行，应该以什么标准在多大范围内进行补偿？

最后，互联网企业的特殊性在于，其运营获得的海量数据该如何处理。互联网企业使用 App 或者在用户注册的时候，往往采集了大量的用户个人信息，这些信息可能包括姓名、家庭地址、电子邮件、电话号码、行为偏好等。在数字经济时代，这些信息可能比无形资产更有价值。当债务人希望出售其从消费者那里收集的个人信息时，债务人在资产价值最大化方面的利益与消费者在隐私方面的利益之间产生了紧张关系。在某些情况下，债务人收集的个人信息可能会受到先前隐私政策的影响。例如，如果消费者已根据隐私政策提交了个人信息，该隐私政策禁止其出售，则除非消费者同意随后的任何更改，否则不得出售该消费者的信息。但是，在债务重组中，规避这种隐私政策的方式有很多，例如利用该债务人主体资格的某种规避行为。另外，互联网企业破产还涉及消费者在平台的预存现金如何退还、押金如何退还、企业在破产清算时对此类资金如何界定等问题。

三、互联网企业债务重组的典型案例

互联网时代的特征就是迭代速度不断提升，一款热门产品的周期可能是3~6个月，而公司存续的周期为6个月~1年。发展得好与不好，短时间内即可见答案。在互联网行业中，太多的企业一夜红遍全国，又一夜黯然离场。从"电商新贵"淘集集在2019年寒冬中倒下，到几乎人人都使用过的共享单车平台ofo的"排队退押金"狂潮爆发，我们见证了太多的历史时刻。

（一）淘集集的破产始末

1. 破产始末与困境分析

一念天堂，一念地狱，这一点在互联网行业的发展历程中尤其明显。如果在2019年百花齐放的互联网企业中，选出一个风云明星，我们会投票给拼多多。这是一家终结社会惯有偏见的公司，展现了消费主义盛行下的转折、变革与未来。在拼多多2020年3月公布的最新财报中，其2019年的成交总额（GMV）超出市场预期，一举突破万亿元大关。2019年第4季度，拼多多的活跃消费者到达5.8亿，环比净增近5 000万。

但是，拼多多的跟随者显然缺乏这样的运气。例如2018年成立于上海的淘集集，就是这样一家典型的拼多多竞品公司，App用户与拼多多重复度在50%以上，自成立之初即挥金如土，宣传口号就是成为"中国最大的在线集贸市场"，服务人群集中于月收入2 000元以下的消费者。既然以拼多多为效仿者，淘集集自创立之初就采取了"注册送钱"等推广方式，打开App更是充斥着各种低价活动商品进行赔钱销售，典型的"烧钱换流量"，少了几分海派经营的精细。但是淘集集在运营中出现了一些问题，在商家与消费者付款后，淘集集拉长账期，并未按照约定支付商家货款，而是将资金用于线上再次推广引流，吸引新的客户与商家进驻。

有了拼多多的珠玉在前，这种互联网商业模式的发展潜力很被投资人看好。在2018年10月，淘集集完成A轮4 200万美元的融资，投后估值2.42亿美元。根据淘集集CEO张正平的描述："当时拿到了多个口头承诺，自信满满要把淘集集做成百亿美元以上的企业。"淘集集的烧钱战，在短时间内具有对市场份额与知名度暴力拉升的作用，因此，自成立之初的市场占有率上升势头不错。打着"买得多，赚得多"的口号，淘集集在面世9个月后，用户量就突破了4 000万。据易观发布的"2019年5月最新移动App排行榜TOP 1 000"榜单显示，淘集集月活跃用户数环比增幅达到了20.8%，在月活千万级别应用前20名榜单中增速排名第一，兑现了当初对投资人的承诺，一时间成为电商行业的"黑马"。

但好景不长，据张正平介绍，2019年6月淘集集启动B轮融资，拟融资2亿美元，投后估值8亿美元。当时已与投资方达成意向协议，但该笔资金始终未予落实，这也可能是投资人感觉到风险，想再看看淘集集各项数据所致。2019年7月，淘集集各项业绩数据出现停滞，前期"烧钱铺路"的商业模式在需要变现的时候出现了问题。也正是此时，大量供应商发现淘集集无法偿付到期货款，提现申请屡屡被驳回。2019年9月，债权人第一次聚集于淘集集上海总部门前集体维权，甚至后续很长一段时间内在其上海总部现场讨要货款。《财经》杂志等媒体报道，淘集集此时亏损近12亿元，上半年净亏6亿元，净资产－6亿元，每月亏损超2亿元。

根据上述时间点推算，淘集集在2019年7月即开始爆发债务问题绝非巧合，说明其运营现金流量极度不稳定，完全依靠股权融资输血，一旦停止外部输血，则现金即刻耗尽，对风险没有任何抵抗能力。可此时淘集集已经骑虎难下，因为用户数量虽然很多，但是烧钱未能换得用户黏性，重复购买率完全依赖补贴，消费者留存率不高。因此，业务本身并无多大的资金潜力可挖，偿付债务的希望只能继续寄托在外部融资上。

但是，爆发欠债风波后，淘集集想通过融资手段来解决当前的经营困境，效果并不明显。2019年10月，淘集集在微博账户发布通告，称公司正在积极拟通过破产重整或清算等方式进行债务重组，主要模式如下：

- 假如债权人选择破产重整，淘集集将会积极联系供应商代表和大的广告代理，以债转股和认购股份的形式将平台所有权转让给债权人，所得资金将全部用于公司运营，努力再次盘活平台。
- 假如破产重整方案无法推进，淘集集将申请破产清算，张正平称他和团队会通过个人创业努力归还欠款。
- 如果债权人需要，则现有股东与高管团队将继续服务淘集集，如果不需要则张正平和高管团队离开淘集集。

在张正平进行表态之后，淘集集平台的债权人首先站出来维护自己的权益，不少商家和供应商债权人于公告发表的当日聚集在淘集集总部楼下，希望淘集集可以对自己的债务进行偿还，但更多供货商则直接表示不再寄希望于淘集集可以主动还款，将使用法律武器追回自己的利益。10月12日，淘集集再次发布微博通告，称公司资金链断裂，计划与国内大型机构进行业务重组。为进一步了解淘集集日后的工作安排和处理方案，债权人和部分媒体记者曾多次致电淘集集官方客服，然而电话未被接听。

10月13日，淘集集为商家提供了一份《债权重组协议》，计划在收到重组方支付的收购价款后一个月向供应商偿付20%的债务，剩余80%的债务则延期至淘集集与某大型集团公司重组后的目标公司估值达到20亿美元或上市时偿还。该重组方案遭到大部分债权人反对。

随后，淘集集官方再次声明，除了首批20%债务的偿付时间提前了5个工作日外，剩余80%的债务也被分为两个批次推进，即在淘集集与重组方重组后的目标公司估值达到 15 亿美元后的 3 个月内兑付 10%，剩余 70% 则在目标公司估值达到 20 亿美元或上市后 3 个月内兑付。

2019 年 12 月 3 日，淘集集发布公告称，已与国内大型集团顺利签署股权投资协议，目前处于等待打款阶段。事情似乎开始向好发展，在淘集集提出重组方案后，获得了较多债权人的同意，看上去淘集集的这场破产危机会就此解决。然而此次方案修改没有取得应有成效，在宣布该方案的 6 天后，即 2019 年 12 月 9 日，淘集集发布公告称由于资方迟迟未打款，不得不宣布淘集集本轮重组失败。

那么，淘集集为何会突然落得"墙倒众人推"的局面呢？究其主要原因，还是前期的过度扩张导致的后续资金补给不足。张正平将淘集集债务危机发生的原因归于一时的决策错误，而非商业模式问题。然而淘集集的危机几乎是一种必然，在公司成立初期，淘集集的目标是希望以极度低廉的价格切入下沉市场，占领相关市场份额，在"基层"扎根。但在扎根之后需要开枝散叶的快速扩张过程中，淘集集却依然选择依托于融资的模式，无法形成自身的造血能力，最终在靠投资人的资金支撑了一年之后，倒在了 2019 年的寒冬中。从另外的角度上讲，淘集集的打法并非不对，只是同样在中国的市场上，它并不具备拼多多的"天时"，也没有黄铮这样被段永庆带到巴菲特餐桌的"人和"，拼多多有腾讯这样的实力雄厚的资本方为其扩张产生的巨大成本买单，而淘集集并不具备这样的条件，大开大阖的凶猛打法导致自己很快便弹尽粮绝，债务危机自然也就出现了。

2. 债务重组模式分析

通过淘集集目前的债务重组方案可以看出，不同主体对待债务重组模式的选择并不一致。在重组过程中，主要涉及淘集集、出资人、债权人三方，其中债权人又包含职工、供货商与代理商等不同主体。整体而言，我们通过淘集集在几次公告中的思路与技术处理可以看出：

- 2019 年 10 月，淘集集的相关方案尤其是偿债方案，已经对偿债金额与方式进行了明确约定，因此，虽然微博通报中提及了司法重整等方式，但本质上该阶段属于庭外重组。

- 在债务重组的整体模式中，淘集集及创始人倾向于司法重整这一庭内重组模式而非庭外重组。如果破产重整无法获得债权人同意，则将进行破产清算。

- 在具体的债务重组工具中，淘集集直接建议采取延期支付与附条件支付的方式处理现有债务。其中，20%的债权延期一个月支付，剩余80%的债权附条件支付，只有在公司估值达到15亿美元后才能触发付款条件。

- 在重组主导权方面，淘集集在微博上的通告中提及了现有经营管理团队，表示根据债权人意见进行安排。但实际上，如果债务重组方案得到了债权人或投资者的认可，后续方案的实施主导权将依然控制在现有经营管理团队的手中，至少创始人将保留一定程度的话语权。

- 重组方案的替代措施中提出，如果破产重整不能达成一致意见，则淘集集势必进行破产清算，这对各方来说是最不能解决问题的办法。淘集集在清算程序中，全部投入已经转化为消费者补贴和流量，因此公司现有实物资产价值较低，公司被清算的结果便是注销，意味着创始人净身出户，投资人血本无归，债权人获得清偿的可能性不大。

3. 债务重组失败的原因分析

- 淘集集公布的上述债务重组方案，虽提及司法重整及破产清算，但从阶段性角度而言，其本质上仍属庭外重组。我们判断这个方案最后可能不会真正进入破产程序。这是因为，如债权人大部分通过该和解方案，同意延期或打折清偿，则各方直接签署协议即可，不一定非要经过破产重整程序予以确认。假设该方案不能取得债权人一致同意，或者不能取得大部分债权人的认可，则淘集集可能会通过重整程序中的法院强制裁定程序，请求法院直接批准重组方案。因此，各方是否会通过重整程序作为债务重组的主模式存在不确定性。

- 方案内容的规划或披露并不完整，容易令债权人误解，认为该方案将企业经营风险转嫁给债权人，却对股东层面如何承担重组成本讳莫如深。该方案未能取得债权人同意在市场意料之中。按照淘集集的重组方案，债权人将延期获得偿付，前期只能拿到 20% 的货款，这意味着淘集集为前期大额烧钱的错误商业模式所支出的巨额成本，将全部转移给供货商等债权人来买单。反过来讲，创始人和现有投资者在保持现状的基础上，基本不会有任何损失。如果后续淘集集发展良好并获得升值，也只是体现在股权价值上，有利于现有股东层面，而债权人基本不会获得任何增值部分。即使是最好的情况，也无非是债权人取回货款。这种方案对债权人并不友好，体现了现有公司实控人既想摆脱困境又不想放弃股权的矛盾心理。另外，淘集集高速发展的 B 轮估值也仅是 8 亿美元，且投资者并未真正跟投，又如何让债权人相信债权能够在公司估值达到 20 亿美元时得到足额偿付呢？

- 债务重组方案的核心之一是公司具备存续价值，最终可以获得足额偿付，市场投资者的信心是否充分将决定债务重组的最终结果。在淘集集案件中，资金链断裂的导火索是 B 轮融资 2 亿美元未能到位，这就说明市场投资者对淘集集的商业模式已经开始质疑，起码对其 B 轮 8 亿美元的估值并不认可。如果投资者认可淘集集的估值，不论债权人最后的偿债比例是多少，债务重组后的债务豁免金额都变相增加了股权价值，提升了投资溢价，但是，市场显然没有新的投资者愿意进入。此时，A 轮投资者也未曾发声公开支持淘集集，给市场与债权人以信心。因此，我们并未在淘集集官方公布的债务和解方案中看到老投资者表态，例如愿意通过让渡出资份额等方式分担债务重组成本，促使重组工作成功，而这也间接促使债权人更加无法相信债务重组的前景。
- 淘集集作为互联网企业，受到债务重组先天劣势的限制，通过重整方式进行重组安排更加困难。我们之前分析了互联网行业的特点，知道很多企业的资金投入偏向研发、设计、推广、运营等无形资产，而非将资产形态从货币转化为土地、房产等固定资产。因此，像淘集集这样的企业一旦发生债务问题，在未有足够的市场和用户黏性的情况下，耗费巨资进行市场推广而引来的用户群体，很容易被拼多多、淘宝、京东等其他电商平台分流，这样一来，对投资者来讲就缺乏足够的吸引力。在企业迟迟不能盈利，投入重金挽救本次债务危机后，还需继续投入巨资延续之前的模式，否则本次重组成本又将变成沉没成本的情况下，最好的办法就是止损。

因此，淘集集在2019年10月提出的债务重组方案未被各方接受。2019年12月，央视财经频道曾经报道，淘集集的总部已经人去楼空。2020年3月4日，根据全国企业信用信息系统披露的信息显示，淘集集主体运营公司上海欢兽实业有限公司进入破产重整程序，申请人和被申请人均为上海欢兽实业有限公司，经办法院为上海市第三中级人民法院。这也意味着淘集集正式步入第二轮债务重组。我们希望淘集集可以通过破产重整取得债务重组的胜利，避免破产清算的命运，市场正拭目以待。

（二）ofo帝国的诞生与落寞

戴威是理想主义者，理想主义的创业者。2013年从北京大学本科毕业后，他曾至青海大通县东峡镇支教做数学老师。这一年支教的经历，尤其是寒风中骑自行车去城里的每个周末，给戴威留下了深刻印象。直到返回北京读研，获得师兄唯猎资本肖常兴的投资时，他首先想到的是将自己痴迷的自行车运动与青海旅游相结合的"骑旅项目"。

2014年2月，戴威注册了ofo域名，而此时的ofo还是一个自行车旅游项目。但一夜之间，共享经济的概念在中国变得火热起来，ofo也正式对共享单车的概念有了最初的构想。在之后的创业初期，ofo经历了在北京大学校内地推，说服同学拿出自己的自行车共享，再到没有自己独立的App，拿着微信服务号开展业务，服务器崩溃不断重写后台架构，最终到决定投放自己的小黄车，风光的背后其实步履艰辛。经戴威回忆，创始人团队整个2015年都在借钱度日。

2016年1月的春节前，戴威对融资的心态已经从焦急变得佛系。在接到金沙江创投的明星合伙人朱啸虎的电话后，戴威在很长一段时间里都认为这个人是骗子。直到二者在国贸三期的金沙江创投办公室见面后，戴威才真正认识到，这可能是ofo当下最好的融资选择。朱啸虎是ofo的伯乐，在金沙江领投后，ofo很快打开了资本圈的大门并迅速完成7轮融资，估值节节攀升。

戴威的理想主义也体现在融资上，他自己坦言不是一个擅长融资的人，投资判断主要基于双方的价值观是否合拍。尤其是在B轮融资的时候，ofo选择的不是价格最高的潜在投资者，而是和公司的感觉最像的那个。这种商业抉择方式一直影响到戴威与ofo的最终命运。

ofo其后的故事大家已经耳熟能详。共享单车行业发展到2018年，小黄车、小蓝车、小绿车纷纷现身市场，五彩缤纷的共享单车变为人们在街头巷尾中司空见惯的场景。"共享单车"还被国外媒体称为中国的新四大发明之一，深刻地改变了中国人的生活方式。然而，可能是因为"共享经济"的理念太过新潮，也可能是因为"共享单车"的模式并不成熟，热钱资本造成的供给严重失衡后，共享单车市场一片狼藉。2018—2019年，大批共享单车公司从鼎盛直接跌落谷底。此时，出局者有，入局者亦有，就像要求ofo退押金的人们在公司楼下排起长队的同时，小蓝车被移动出行领域的巨头"滴滴"收购后又重返战场。在这个时代，共享单车该何去何从？ofo的债务应对案例给这个行业又带来何种启示呢？

1. ofo 危困之局

2020年的"3·15"令小黄车ofo重新回到了我们的视野。北京消协在总结2019年的工作时，仍将小黄车退还押金问题列为消费者维权热点问题第二项："ofo小黄车退押金投诉762件。鉴于企业的经营状况，上述投诉的解决率极低，有关行政部门尚没有有效措施。"这一则新闻让我们的视线重新回到了2017年的秋天，荣极一时的"共享单车"突然成批倒下，包括市场评价最好骑的"小蓝单车"，还有大名鼎鼎的小黄车ofo，都以猝不及防的速度"倒下"了，在上述企业中，除了已经被滴滴收购的小蓝车之外，其余的公司几乎都退出了市场。

在所有的共享单车企业中，开始最早且规模最大的小黄车ofo最引人关注。2018年的一则"小黄车要倒闭了"的消息迅速引爆舆论，成千上万的小黄车用户都开始担心自己的账户余额和押金能否如期退还。根据ofo的App退款时显示的"等待排名"，截至2019年7月，排队退款人数超过1 600万人，如果为这些用户退还押金，以每人99元或199元计算，ofo待退押金规模约为15.84亿~31.84亿元。还有网友计算了押金退还时间，部分用户需要等待12年才能拿到属于自己的99元或199元的押金。许多消费者在经历了退款无门、维权无果之后，表示对退还押金不抱希望。从某种意义上说，这就是一场用户对ofo的挤兑狂潮，如果众人齐推，再坚固的高墙都会被推倒，即使它是一年前还能在资本市场上融资8.66亿美元的ofo。

长期无法退款引发了小黄车ofo的商业信誉快速下降，即使到了2020年依然有用户投诉，消费者美誉度降到冰点。商业信誉的下降导致的业务停滞对任何企业来讲都是致命的。至此，ofo陷入了一个恶性循环，因为无力偿债，导致新的项目和想法无法落地，企业无法获得重组的现金流，这又进一步加剧了财务困境。例如，2019年6月5日，广州市共享单车招标结果显示，美团单车、哈啰单车、青桔单车中标，而ofo将退出广州市场。现在，如果你走在北京等城市的大街小巷，男男女女骑着的已不再是那抹熟悉的黄色，摩拜、青桔以及小蓝车等更被人们所喜爱。已经没有足够运维资金的小黄车们，更多地沉睡在城市街角或人们记忆的尘埃中。

其时，倔强的戴威并不甘心沉沦，也曾想尽了自救的办法。首先，在融资渠道上，据公开资料显示，2018年3月，ofo通过抵押动产的方式，将其自有的单车资产作为抵押物，换取阿里高达17.7亿元的借款，但该笔资金很快用尽；其次，在公司发展中，尝试与最大股东滴滴进行合并，但因担心对控制权的失去，又或者对滴滴给出的20亿美元的估值未能满意，戴威最终强行将滴滴已经派驻的付强等大将赶出公司，直接导致企业丧失了一次重要的存续机会；最后，极力主张与滴滴合并的朱啸虎等天使投资者，最终对戴威大失所望并将股权尽数出售给阿里，依靠现有股东融资输血之路至此向ofo关闭了。

从此以后，在市场眼里，ofo已处于病急乱投医的状态，街上的单车越来越少，而App也变为"购物应用"，界面越来越花哨，"扫码用车"在界面中偏居一隅，大部分页面被"京东专区""9.9特价""我要借钱"的等应用入口霸占。在2019年11月，ofo还在其App首页推出了"天天返钱"的活动，号称"无须排队，直接退还押金"，并公开表示目前已返利近700万元，号召广大用户参与。但是用户在体验后发现，如果想要拿到押金，就必须先在ofo平台上消费，而所谓的返现是消费累计到一定金额之后的活动。广大用户拿不到押金本来心情就已十分焦急，而这些摆明了要向公众圈钱的行为更是引发众怒。不少用户认为ofo是用新模式变着花样地在"薅用户最后的羊毛"，吃相实在难看。很明显，在没有其他巨额资本救场的情况下，仅靠"返利商城"带领公司走出经营困境的概率不大，高达数十亿元的巨额欠款依旧难以偿还。

2. ofo自救艰难

ofo的债务重组工作，似乎尚未开始就已结束。在2019年寒冬逐步向互联网企业侵蚀后，共享单车行业债务重组的关键，是企业具备市场价值，而这一要素在ofo身上渐渐消失。ofo迟迟未再传出实质性的重组消息。与此同时，阿里哈罗、美团摩拜、滴滴青桔已经将单车市场演变为三国杀，随着这些造车新势力的不断开疆扩土，ofo在不同城市内的存量车辆名额对市场的吸引力已经丧失殆尽。

- 在共享单车一批批倒下的困局中，我们研究发现这些企业有着通病。共享单车行业的危机，并非是源于起初热议的商业模式，而是竞争策略问题。当市场热钱蜂拥而至，投资者对市场最大承载量估计过高时，都希望通过惨烈的烧钱大战与价格大战笑到最后，但最后的结局可能是行业整体垮掉。
- 共享单车的商业模式存在大量的固定资产"单车"和大量负债"用户押金"，因此像其他互联网企业一样选择"注入资本抢占市场"的套路可能并不合适。除美团等可将共享单车作为整体商业模式的补充板块外，单纯的单车企业仍未找到适合自己的"造血"方式。截至2019年下半年，市面上仍然存在的摩拜、小蓝车、青桔单车、哈罗单车等，大多选择以提高收费均价作为提高盈利的主要手段。
- 共享单车业的成功来自消费者的喜爱，例如ofo与小黄人的跨界合作就提升了自己在年轻人中的美誉度，将骑共享单车变成一件很酷的事情，但ofo后期显然透支了这种信任。对社会信用的透支，将是企业的灭顶之灾。如何与已经失望的用户重建信任，是ofo自救的重要一环。只有重建了信任，保住了平台上的用户，ofo才有机会真正实现"从负债到盈利"的一步。但是，正如我们看到的，ofo病急乱投医的休克疗法，加重了消费者对品牌的疏离感，也加快了用脚投票的逃离步伐。
- 在ofo案例中，我们也需要反思互联网行业的企业创始人对公司的影响边界问题。互联网企业通常有着个性鲜明的创始人。在某种意义上，消费者对产品的喜爱来自对企业创始人鲜明个性的喜爱，如乔布斯之于苹果、董明珠之于格力、马斯克之于特斯拉。但是，这种创始人的鲜明个性，有时又会影响企业的正常运转，比如马斯克就Model 3减配事件的口无遮拦刺激了中国消费者，又或者这次戴威对ofo与滴滴合并重组的一票否决。我们需要思考，互联网企业创始人对公司控制权与影响力的边界到底在哪里？戴威对收购议案一票否决的权利确实合法，但消费者的权利在此时又如何保障？在 ofo 内外交困、资不抵债之时，出资人的权益实际为零，此时行使一票否决的权利是否应当受到紧急限制？ofo 最终的命运，与债权人未及时通过法院申请破产重整来保护自身权益，显然也有一定关联。当然，如果法律赋予股东（滴滴和阿里）在紧急情况下，限制创始合伙人的表决权，有权提出重整申请无疑更好。

ofo 本次债务危机处置案例值得我们深刻反思。互联网对各行各业的改造千差万别，共享单车就是明显的例子，既有互联网行业的典型特征，又有着投入大量硬件资本的传统行业特点，而这也是其可以通过车辆质押获得 17 亿元借款的根本原因。但是，这种特殊的互联网重资产公司，一旦丧失了最佳债务重组的黄金期，则资产优势又会转变为劣势，资产价值缩水效应也远高于传统行业。这月河东，下月河西，滴滴 20 亿美元的估值收购，又或者阿里 10 亿美元估值的报价，一旦错过皆未重来。

2019 年 12 月 6 日，有媒体爆料称：ofo 本周将开启新一轮裁员。此次裁员的规模达到百人以上，而目前 ofo 的员工总数已经不足 200 人，这意味着本次裁员比例将超过 50%。2020 年 3 月 12 日，东峡大通——ofo 的运营主体新增被执行人信息 4 则，这已经是 2020 年的第 19 次了。在这期间，曾有债权人申请东峡大通破产清算，但法院以不符合管辖条件为由而未立案。等待 ofo 的，可能是欲破产清算而不可得。

（三）乐视债务重组始末

2019 年 5 月 13 日，乐视网发布公告，没有任何悬念地被暂停上市。从乐视网在创业板上市，再到 2015 年在牛市达到巅峰成为两市中最闪亮的星；从危机后的白衣骑士融创携 150 亿元巨资救场，到 2018

年复牌以后连续 11 个跌停板,贾跃亭与他的乐视帝国始终是一个传奇,它的债务重组自救过程,像"教科书"一般为人们所津津乐道。

1. 乐视网:从 0 到 1 的商业帝国

2004 年,贾跃亭在北京成立了乐视网,一代传奇的故事缓缓拉开帷幕。在此后的几年间,乐视把市面上常见的视频网站的盈利模式几乎都用了一遍,而且有自己的创新,还在当时影视版权价格处在低位时大量购入版权,在后续内容价格不断飙升中大幅降低了运营成本。另外,乐视网与电视硬件的结合,也收获一众粉丝,人们称乐视网为"视频领域的拓荒者"。

乐视网在成功商业模式的加持下,终于在成立后的第 6 年在创业板上市,开辟了视频网站 A 股上市的先河。而根据我国《证券法》的规定,只有连续 3 年财务报表显示盈利的企业才有资格在 A 股上市,乐视在 2010 年上市之前保持了 3 年的盈利,对比现在仍然在亏损的爱奇艺等公司,成绩绝对亮眼。

乐视网给资本市场超出预期的想象力,号称构筑了 7 大乐视生态系统,几乎跨越全球互联网技术的全部生态,从视频网站到智能手机、体育影视、互联网金融,甚至新能源汽车。对此,贾跃亭在《主宰自己,蒙眼狂奔,就会成为生态时代最亮那颗星》的内部信中,坚信打败苹果的不一定是乐视手机,但一定是乐视的生态模式,更为此种模式抛出一个让市场研究不止的"共生、共赢、共享的生态化反"模式。如果你不懂,你就不算是一个聪明且前沿的投资者。

在贾跃亭的构思下,乐视网在不同领域跑马圈地,通过盛大的发布会,高大上的 PPT(演示文稿软件),顶级的职业经理人与合作伙伴,让资本不断抢投乐视。贾跃亭认为,不存在泡沫的问题,不存在没有泡沫的科技企业,只要源源不断地创造会员规模,培养用户的消费习惯,则后期的消费者付费自然能够覆盖前期烧掉的资金并实现稳定盈利。

2014 年的秋天,中国的资本市场表现良好,乐视网更是乘此东风,股价扶摇直上。2014 年 12 月 23 日,乐视网股价 6.37 元,而在

2015年5月13日，股价涨到了历史最高值44.72元。在不到5个月的时间里，股价涨到了之前的7倍，公司估值达到了1800亿元，也达到了乐视成立以来的最高值。也许现在看来，当时的乐视股价是有泡沫的，但科技公司存在溢价本就属常态。乐视不论是视频网站、互联网电视，还是手机，确实在当时有着强大的市场号召力与粉丝群，深得人心。也许乐视手机不能打败苹果，但获得像小米一样的成功是有机会的，股票自然也受到了A股市场的热烈追捧。

2. 乐视网的黄金时代戛然而止

乐视模式描绘的宏大图景最终失败了，是在乐视股价达到巅峰的一年内破灭的。2016年是乐视财务危机爆发的第一年，是整个乐视生态繁荣与衰落的分水岭。2016年11月初，乐视资金链断裂，贾跃亭发布全员内部信《乐视的海水与火焰：是被巨浪吞没还是把海洋煮沸》。在这封文采动人的信中，贾跃亭把资金链断裂这件事归结于手机业务，宣布要停止烧钱扩张。信中传达出这样一种积极的态度：不过是资金链断裂的一个小坎坷，不会对乐视帝国构成任何威胁。然而事实上，正是这样的小坎坷拦住了整个商业帝国前进的步伐。

贾跃亭在轻描淡写之下其实掩藏了债务风险加剧的事实——乐视已经无法靠自身的经营偿还巨额债务。通过深入分析乐视当年的财务报表便可初见端倪。但是只看乐视2015年和2016年的年报，资产负债率、资本负债率、流动比率和速动比率波动不大，借此给忠实的粉丝们传达出一种"我还一切都好"的假象。

纸包不住火，粉饰的太平总有一天会被揭穿。如果仔细分析2016年乐视的现金流量情况，已经可以对这次债务危机做出相应的预判了。2016年，乐视的债务结构发生变化：虽然流动负债的比例依旧维持在57%，但有息负债比例则由31%窜到了52%。此时，乐视针对危机也做出了预判与避险动作。

乐视从上市到2017年，为了应对债务危机使出了浑身解数。回看乐视当年有息负债的结构，可以发现乐视筹措过各种类型的借款，传统的股权融资和债券融资的方式已采用，金融资产买了又卖。我们从财务报表上可以看到，乐视网从 2015 年年末到 2016 年年末，短期借款由 17.4 亿元增加到 26 亿元，长期借款由 3 亿元增加至 30.2 亿元，负债规模飙升。

乐视当时的想法是，为了将来更有前景的新能源汽车业务，企业可以暂时舍掉一部分其他项目来换取融资。这本无可厚非，因为整个资本市场大多是这么运作的，也有许多成功的企业通过几轮融资实现了当初的梦想，成为世界巨头。但幸运女神这次没有眷顾乐视，蒙眼狂奔的乐视在高速中脱轨只是时间问题。

分析乐视财报中流动负债的情况，2016 年乐视流动负债的合计为 123 亿元，几乎是 2015 年的一倍。2016 年公司账面现金或等价物约为 53 亿元，这意味着在一定时间内公司偿付压力差额有近 70 亿元的流动负债，将挑战乐视的偿付能力。此时偿付方式大体只能依赖自身造血功能与融资能力：一部分可以利用自己的主营业务去赚钱，另一部分是通过各种融资手段去筹钱。但我们通过对乐视网近几年的经营活动现金流量进行分析，乐视需要将当时的经营收入翻 7 倍，才能以一己之力还上所有的债，这显然不太可能。自此，乐视走上了为还债而四处融资的奔波之路。可 2015 年出人意料的股灾令天时不再，在国家杠杆不断下降的背景下，市场热钱骤冷，乐视的资金问题一直无法解决。

3. 乐视为避免身陷债务危机所做的努力

2016 年前后，乐视看中了新能源汽车的美好前景，在美国召开造车业务发布会，宣布进军新能源汽车市场。造车业务所需的巨额资金让本已负债累累的贾跃亭左支右绌，融资进行得十分不顺利，于是乐视一方面开始挪用其他生态资金，先行填补项目运行资金，另一方面举办多场大型发布会，擅长讲故事的贾跃亭开始用各种梦想来给自己的造车业务镀金。但是这次国内外的投资者十分清醒，造车毕竟属于高壁垒、投入大而成功率不高的项目，他们经过冷静的思考之后并未给出积极反馈。

无奈之下，乐视把原本用于扩展手机业务的资金投入造车之中，导致对供应商的欠款无法及时偿还。对供应商的这部分欠款，贾跃亭没有通过融资或者变卖资产的方式来偿还，而是选择透支信用，变相延长偿付期限，此举直接导致乐视的商业信誉急剧变差，供应商不再相信乐视的偿付能力，因此交货模式也由原来的"应付账款"变为"钱货两清"。自此，乐视的商业信誉已先一步破产，贾跃亭的个人商业信誉亦摇摇欲坠。

2017年1月，融创花150亿元收购了乐视的核心资产，因为贾跃亭的个人信用也摇摇欲坠，所以乐视贱卖了自己的资产才拿到了这笔注资。当然，这部分资金也缓解了贾跃亭的个人债务危机，同时为已经岌岌可危的资金链赢得了喘息的机会。今天回看这个时间点，我们可以发现，当时融创和乐视都以为度过了一劫，但是奇怪的是，公众并不买账，负面新闻仍然很多，乐视和贾跃亭的商业口碑也没有明显好转。恰逢此时，前面分析过的银行短期借款也出现了拖欠现象，这对于乐视的公众形象和贾跃亭的个人信用又是一次致命打击。

对于乐视这样的超级大客户，当初许多债权人放贷时，很可能未要求乐视提供对应的抵押资产，而现在乐视却盲目扩张、资不抵债，严重损害了债权人的信心。乐视在走投无路之下，再次选择抵押借贷，被视为严重伤害长期债权人根本利益的行为，因为如果其他债权人取得了抵押资产，那么一旦乐视将来破产清算，有担保的债权人将有机会获得优先清偿的权利，原本没有担保的长期债权人将损失惨重。于是，银行等金融机构对自身的长期借款感到不安。

根据相关媒体报道，2017年5月下旬，乐视就已遭遇金融机构"挤兑"危机，多家银行上门催债，更多的银行则在排查贷款风险。在一季度末的内部清查中，乐视债务总额高达343亿元，扣除保证金后仍有近263亿元。而这些精确的数字在报道中并未得到乐视官方的承认。

2017年6月26日，招商银行率先启动诉讼保全程序，一纸诉状将乐视网与贾跃亭夫妇告上法庭，申请对乐视及其股东名下价值12.37亿元的财产进行保全措施。之后，其他金融机构纷纷跟进，启动诉讼保全程序，希望在未来资产处置过程中取得主动，乐视债务危机再无转圜余地。这在一方面反映了乐视的商业信誉全面破产,而在另一方面也说明乐视的固定资产仍具有较大价值。因此,金融机构的逻辑简单直接,与其走向破产清算,最终的结果很可能是大家都血本无归,所以不如提早动手。这也是我们一直所说的,为何有时破产清算本身就是一种债务重组的策略选择,而非仅仅是最终重组失败的被动结果。

此时,融创入场后发现,乐视网的债务问题可能比预期的更为严重。融创150亿元的真金白银购买的乐视网8.61%的股权、乐视影业15%的股权及乐视致新33.5%的股权,背后居然是如此巨大的债务黑洞。当然,乐视对融创到位的120亿元资金使用问题很大,既没有用于恢复业务,也没有通过债务重组方式与金融机构谈判,导致金融机构150亿元偿付完毕后,仍有供应商等应付账款30多亿元巨额债务未能偿付。乐视网在2019年的亏损达到了112亿元,已经没有接盘者愿意接这样一个烫手山芋了。这也意味着,融创在上市公司乐视网层面投入的60多亿元,在乐视网终止上市且主营视频市场份额逐步被腾讯、爱奇艺以及优酷等头部视频网站瓜分后,将会面临大额减损风险。

4. 对乐视本次债务应对的相关分析

如复盘整个事件,从2016年出现债务问题开始,乐视的处置方案缺乏长远和整体的规划,因而2017年巨额亏损继续。融创方面作为白衣骑士,挽救乐视的努力没有起到理想效果,不再继续追加投入,融创方面的人员也不再担任乐视的任何职务。乐视的自救方案没有成功,原因是多方面的:一来,外部环境变差,融资政策一直收紧,已经爆发危机的乐视融资越发艰难;二来,乐视前期的快速扩张,给账面留下了巨额债务缺口,与自身盈利能力差距过大,即使贾跃亭也束手无策;三来,乐视在公司治理方面存在缺陷,管理层频繁变动,机构设置不合理,部门履职不到位。凡此种种,共同加重了乐视的债务危机。贾跃亭是个不服输的人,从乐视崩盘到FF[①]造车陷入困境,面对如此巨额的债务,贾跃亭依然在努力争取,正如他在2020年3月在美国提

---

① 指贾跃亭在美国创立的电动车公司 Faraday Future。

交破产重组方案时所说："FF是我的命，我会努力推进破产重组的成功。"希望这一次，贾跃亭可以化腐朽为神奇，最终对乐视的投资者与债权人有所补偿。

5. 贾跃亭的个人破产重组方案

2017年7月，贾跃亭远赴美国，不再理会国内乐视网的债务，安心造车，但其在美国创立的电动车公司FF亦面临融资困境。根据市场判断，FF主推车型FF91，目前仍处于车型研发阶段，距离量产的资金缺口在10亿美元级。即使有特斯拉的新能源电动车的强大光环示范，FF融资之路仍不顺畅，除了与恒大许家印未能达成一致外，市场上的多家投资者在贾跃亭债务问题始终未决的情况下都终止了考察，致使FF融资屡屡碰壁。

贾跃亭逐渐认识到在自身债务问题不能得到有效解决的前提下，投资者很难对一个信誉破产的商人给予融资安排。同时，国内债权人对贾跃亭的追债之路已经到了美国。韬蕴资本等债权人在美国冻结了贾跃亭持有FF的33%股权，这也意味着贾跃亭账面仅剩下的优质资产也将面临被债权人追回的风险。另外，当一家企业的实际控制人面临如此多的变数时，这家企业是很难得到投资者的青睐的，因为这样的初创企业成功的可能性微乎其微。

如果贾跃亭不能化解FF的股权风险，上述股权将被国内债权人通过美国的诉讼与处置程序被拍卖。按照FF现有估值等实际情况，首先就意味着贾跃亭在FF前期的数十亿美元投入将完全损失；其次，该部分股权现状价值极低，能抵扣的债权人金额非常有限，个人债务问题依然无法得到缓解；再次，在诉讼中被强制拍卖偿债，是资产抵债中效率最低的一种方式，只能解决查封在先的几家债权人的债务问题，同时还会刺激其他债权人对贾跃亭提出新一轮保全危机；最后，该股权被购买方接管后，如投入资金将FF运转良好，相当于贾跃亭的前提投入全部被接盘人享受。因此，贾跃亭开始组建团队处理其个人债务问题，拟依据美国《破产法》第11章在美国主动申请个人破产重组，这也是目前能较好应对财产被强制执行的一种债务重组方式。根据美国的破产法律,债务人启动破产重整程序后,债权人对债务人的诉讼程序将自动中止且股东在自救重整过程中还能继续保持对公司的控制权。

2019年10月13日,贾跃亭债务小组发布公告称:"为了履行对于债权人尽责到底的承诺,更好更快地彻底解决个人债务问题,让每一位债权人可以得到平等偿债的机会,贾跃亭于10月13日在美国根据美国《破产法》第11章主动申请个人破产重组。根据该方案,贾跃亭将同时设立债权人信托,并在条件满足的时候把在美国的全部资产转让给债权人。该方案完成后,贾跃亭将不再持有任何法拉第未来的控股母公司SmartKing股权(以下统称FF)。结合已完成的合伙人制,该方案将为FF的成功并成为一个伟大的公司奠定坚实的基础,从而加速构成债权人信托资产的FF股权资产价值最大化的进程,彻底解决贾跃亭的直接、个人担保及间接债务问题。"至此,贾跃亭的个人破产程序拉开序幕。

2020年3月2日,贾跃亭的个人破产重组方案正式提交美国法院,前妻甘薇放弃了优先申请权。甘薇对于优先申请权的放弃对于贾跃亭个人破产的推进无疑是个巨大的利好消息。早在2019年10月底,贾跃亭和甘薇被曝申请离婚,随后甘薇向贾跃亭提出了接近5.71亿美元(约合人民币40亿元)的索偿请求。然而5个月过去后,贾跃亭在微博公开表示:"破产重组方案已经正式提交美法院,甘薇放弃财产优先分配权。"从美国《破产法》的角度讲,甘薇放弃了自己的优先受偿权意味着只有破产重组最终成功实施,甘薇才能和其他债权人在同一位阶获得赔偿,而甘薇此时宣布放弃优先受偿权无疑对贾跃亭的破产重组方案的顺利实施是个巨大利好消息。

美国洛杉矶当地时间2020年3月19日上午,加州中区破产法院正式批准了贾跃亭的破产重组资产披露声明和持产债务人贷款请求。贾跃亭方面向第一财经记者表示,破产重组方案的债权人投票将于4月举行。贾跃亭债务处理小组发布声明表示,法院对方案的批准意味着贾跃亭先生个人破产重组正式进入投票程序,距离最终落地实施仅剩投票最后一步。值得注意的是，在破产重组声明中，贾跃亭方面对于乐视网债务问题予以回应。声明称："在此次贾跃亭破产重组的债权人信托方案中，也已经同步考虑乐视网相关债务问题。"

美国的债务重组类似"曲线救国"，先进行贾跃亭的个人破产重组，意图先解决个人债务问题，再通过重振 FF 等方式实现盈利，进而解决乐视遇到的财务问题。从某种意义上讲，贾跃亭和乐视已经互为代名词，一说起贾跃亭，人们自然而然地就会想到乐视。贾跃亭此次在美国的个人破产，与乐视的未来发展也息息相关。贾跃亭债务处理小组于 2019 年 10 月 13 日发布的《有关贾跃亭个人破产重组及成立债权人信托的声明》中称，贾跃亭 90% 以上的债务都是替公司担保的债务，自从被某债权人超额冻结（远远大于欠债总额）所有贾跃亭和乐视的资产及银行经营账户，直接导致公司无法正常运营。截至目前，贾跃亭已替乐视偿还债务超 30 亿美元，待偿还债务总额约为 36 亿美元，减去已冻结待处置国内资产以及可转股的担保债务，债务净额约为 20 亿美元。该债务小组又于 2020 年 3 月 19 日表示："有关乐视网债务问题，贾跃亭债务处理小组与乐视上市体系和国内相关监管部门一直保持着良好的沟通和实际方案的推进，从 2017 年 7 月开始，累计解决上市体系（含乐融致新）关联欠款超 27 亿元人民币，具体可参照上市公司历次公告。在此次贾跃亭破产重组方案创建的债权人信托方案中，也已经同步考虑其乐视网相关债务问题。"字里行间均表明了贾跃亭在美国申请个人破产并不等于对国内乐视的债权人弃之不顾，而是个人破产方案中已经同步考虑了乐视的债务问题。

然而对于贾跃亭的上述说法，乐视网在公告中予以否认。乐视网表示自 2017 年爆发经营危机以来，贾跃亭多次宣称保证偿还，但未有任何担保实际行动。2018 年 8 月至今，乐视网与大股东及其关联方已经进行多次谈判，但由于解决方案的落地和执行，依赖大股东的处理意愿和实际执行，因此，乐视网与大股东及其关联方的债务处理没有任何进展。截至目前，大股东及其关联方债务处理小组未拿出可执行的完整处理方案，乐视网未因债务解决方案获得任何现金。乐视网还称,作为公众公司,历史遗留问题的陆续显现,致使目前乐视网在市场上的美誉度与信誉度均跌至谷底,对正常经营业务的开展造成了巨大的负面影响,业务拓展举步维艰,也使公司的股权或债权融资基本不可能实现。因此,目前乐视网公司现金流持续净流出的局面难以改善,公司持续经营能力每况愈下。"如果贾跃亭先生不能及时、足额、有效偿还其关联方与乐视网的债务,乐视网的经营环境将彻底恶化,将可能面临现金流中断,员工团队无法维持的重大风险。"

目前,乐视网董事会与贾跃亭债务处理小组各执一词,让人怀疑贾跃亭债务小组的表示,是否仅是为了贾跃亭个人破产的顺利实现而做出的声明。但是,只要贾跃亭进行破产重整,按照现有方案和破产程序,就会要求债权人放弃对其追究担保责任的重组方案,如能获得一半人数以上的债权人同意且同意债权人的债权金额到达总债权金额的2/3以上,则视为重组方案通过。该方案是否会得到债权人的同意,目前来看仍不容乐观。但是,对贾跃亭谈判有利的是,因为部分债权人优先通过在美国发起诉讼程序而先行保全,将使其他债权人在受偿方面处于劣后地位而可能无法参与FF股权处置价款的分配。因此,这部分"劣后"债权人就有充分的动机同意个人破产重组方案,以便通过破产程序实现"大锅饭"的效果——同类债权,同样清偿。

但是,因为贾跃亭适用的是美国的破产程序,而中国并没有个人破产这一制度,且美国的司法程序还涉及在中国的认定与执行问题,因此,即使该方案取得了大部分债权人的同意,反对的债权人仍然可以在国内通过诉讼等方式向贾跃亭继续追偿。至于那些同意贾跃亭方案的债权人,如果同意放弃国内追偿,其实也就无所谓是否属于庭内重组程序了,将其理解为一种双方协议同意的庭外重组安排也未尝不可。基于上述法律规定,贾跃亭一方面在一定时间内规避了境内债权人在美国向其追债并导致FF股权被法院处置的风险;另一方面境内债权人可以不参与贾跃亭在美国启动的"个人破产程序",只要国内债务不能得到债权人的豁免,则贾跃亭在国内将依然被列入"黑名单",FF以后在中国落地建厂都会受到影响,进而严重影响 FF 在市场上的竞争力与投融资能力。双方在此问题上会形成对峙。

乐视网的退市已成必然，而贾跃亭作为担保人，即使愿意承担担保责任，但是按照 FF 股权估值，其名下股权作价的偿付能力也较为有限。因此，从某种程度上说，乐视错过了在融创注资时进行债务重组的最好时机。如果当时可以将乐视网作为债务重组的主要平台，依靠上市公司独有的"资本公积金转增""债转股"等司法手段，以及充分利用视频网站等版权价值，情形可能好于现在在美国的个人破产的效果。目前，乐视网的上市资格已然难保，而视频网站也渐渐被消费者所遗忘，乐视对于市场的价值，可能更多地演变成一段商学院的经典案例而已了。

四、典型案例的经验与启示

"电商新贵"淘集集的凋零和乐视帝国的覆灭，多多少少都为只追求速度的互联网行业敲响了警钟。为了维持自己的商业大厦，同类企业应该将现金流问题纳入重点关注范围，要时刻警惕现金流紧张可能在一瞬间引发的难以承受的后果。互联网企业在发生债务违约之后，要对债务重组方式进行理性的选择，避免公司在债务违约的泥潭中一蹶不振。

首先，对于经营正常的企业来说，提升公司的盈利能力和抗风险能力更为重要。良好的经营能力是一家企业的立身之本，充足而稳定的现金流则是一家企业经营能力好坏的直接反映。我们在前文已经分析过，目前互联网企业存在"轻资产、重人力""兴起快、衰败快"的特征，也正是由于这些行业特征的存在，很容易让置身其中的企业头脑冲动、盲目扩大投资。此事从乐视和淘集集在陷入债务危机后的第一个反应就是"壮士断腕、停止扩张"中可见一斑。在陷入债务危机之前，要采取积极的销售策略，优化公司业务链，控制成本费用在主营业务中的比例，提高盈利质量，将公司筹集到的或者自身经营产出的资金补充至业务线，真正提升公司的运营能力。

其次，陷入经营困境的企业要对企业资产进行分类处置。陷入经营困境的互联网企业一般是账面固定资产较少，但是其他的人力资产、数据资源等较多，因此对企业资产进行分类处置可以为企业争取到最大利益。从乐视的经验来看，其将公司资产从两个方面分类处置较好：一是及时处理已经处于亏损状态且将来亦不能带来任何助益的项目或者资产；二是对公司业务链进行整合，将公司自有资金或外部注资投入能够快速回笼资金的项目或生产线上。反之，如果不能及时对沉冗资产进行处理，就会拖累优质资产价值高速或加速贬值。

再次，管理者经营困境企业，应正确选择债务重组方式。债务重组是帮助互联网企业摆脱财务困境的重要手段，但债务重组的方式很多，管理者要根据企业目前所处的状态以及剩余资产情况决定债务重组方案的选择。在对企业剩余资产项目进行重组时，还应考虑该方案与企业经营战略的相关性，重组项目的长期、短期盈利能力，以及收回预计投资收益所需的时间。在重组方案的设计上，尽量在提高企业盈利能力的同时，做到减少企业资金压力。另外，公司不应过度依赖某一种融资方式，应多渠道融资并行，如此方能高效、快速地缓解债务问题。例如贾跃亭在美国发起的个人破产，其目的在于解除自身的巨额债务，也能使自己有能力重整旗鼓。但是，美国的个人破产制度本身即需获得债权人的多数同意，且在国内债权人不接受的情况下，美国的判决未必会得到中国司法系统的执行，故中国的债权人依然可以向其主张权利，未能从根本上解决问题。

最后，在债务危机最开始暴露时，困境企业要有全局性的整体方案，逐步实施。在乐视的案件中，如果融创的150亿元资金用于主营业务整顿和恢复，同时通过庭外重组手段与金融债权人就延期支付与打折清偿等进行豁免谈判，则处境应比现在好很多。

五、"互联网众筹"等新经济模式对债务重组的现实影响与趋势

大浪淘沙，科技革命正在加速深刻变革着社会经济生活。我们以欧美市场为例，互联网对传统零售行业的冲击，导致西尔斯、JC Penney 这样的百年零售老店破产，同时令亚马逊等新业态公司成为商业霸主。这种互联网科技变革也在不同维度深刻地影响着债务重组的模式与策略，给债务重组带来了新思路和新挑战。我们以美国为例，企业可以"众筹"方式筹集资金，资助者投资企业或项目。众筹既分担了投资风险，又利用众筹平台本身的眼球经济起到了宣传作用。尤其是初创企业面临启动资金或偿付危机时，众筹资金可以与传统金融体系的天使投资，乃至特殊机会投资产生良好的互补作用。

（一）互联网众筹可以成为初创企业与困境企业的新资金提供模式

互联网众筹作为资本市场一种新兴的融资形式，诞生于美国，后来迅速推广至其他全球经济体。这种通过互联网的不特定人群筹集资金的行为，代表了中小企业通过社会网络调节资金的新兴方式，让初创企业更容易筹集资金并创造就业机会，在投融资领域已经崭露头角。这种互联网的信息民主化，通过网络传播让企业摆脱了对传统金融的路径依赖，更直接对接到社会资本的关系网络中，尤其是某一群体的私人关系中，帮助双方快速建立信息渠道，搭建获取、决策与反馈机制。

1. 股权众筹等作为初创企业的常规筹资方式与实践

互联网众筹中最典型的是股权众筹。目前，美国、英国、日本、以色列等已通过法律法规将股权众筹确立为合规的募资方式。股权众筹是指通过互联网技术，从个人投资者或投资机构获取资金的金融活动。其主体包括"融资方、众筹平台、投资者"3个要素。具体指通过互联网形式进行小额股权融资的活动。公司面向普通投资者出让一定比例的股份，投资者通过投资入股公司，期望获得未来收益。

这种基于互联网渠道进行股权融资的模式，是互联网金融的典型代表之一。这一模式对中国小微企业资金扶持也有重要意义。2017年，十九大报告强调，要深化金融体制改革，增强金融服务实体经济能力，提高直接融资比重，促进多层次资本市场健康发展。股权众筹的服务对象是缺乏融资渠道的小微实体企业、创新创业企业，最能够充分体现上述改革目标，是多层次资本市场的有效补充。

中国的股权众筹的投资方式一般是"领投+跟投"模式，最初由美国Angelist股权众筹平台提出并运用，即以专业投资人或投资机构作为领投人负责挑选、调查和审核项目，并且首先投资该项目融资额的一定比例，剩下的融资金额由众多跟投人参与投资。项目融资成功后，领投人需要对跟投人的投资资金进行后续监督和管理，同时获得跟投人投资收益的分成。在中国，"领投+跟投"模式是大多数股权众筹平台使用的模式，比如天使汇、蚂蚁达客、MinIPO迷你投等都采用了这一模式，现已成为股权众筹行业运用最广泛的模式。

在这种模式下，行业内的专业投资人或投资机构作为领投人，可以利用自身专业能力，对融资项目进行前期商务、法律、财务等尽职调查，与融资公司进行投资条款谈判。融资成功后，领投人与跟投人将合资成立有限合伙企业，其中一般由领投人担任普通合伙人（GP）和执行事务合伙人，跟投人担任有限合伙人（LP）。由领投人负责对合伙企业、融资项目进行投资管理。如领投人为专业的投资机构，其也可能采取直接投资方式，直接持有融资公司的股权，而仅对有限合伙企业象征性出资。在领投人直接投资的情况下，领投人需要与有限合伙企业签署一致行动协议，保证领投人与有限合伙企业的一致行动关系，以避免领投人损害跟投人的合法权益。

例如MinIPO迷你投平台于2018年启动的"普安药房"项目，其领投人为湖北九州通高投养老产业基金，领投金额3 000万元，平台向跟投人募集了1 800余万元。领投人是在医药、养老等领域具有丰富投资经验的产业基金，负责对项目公司的尽职调查和条款谈判，并与跟投人合资设立的合伙企业签署了一致行动协议，保持一致行动关系，能够充分保证跟投人的合法权益。

另外，相较于传统融资方式而言，股权众筹能够为实体企业解决更多问题。以MinIPO迷你投平台为例，2019年6月，在深圳、惠州广受欢迎的農畊餐厅拟在深圳开设新的餐厅，但囿于其轻资产模式和经营模式，较难获得银行贷款、私募或者风险的投资，于是股权众筹就成为解决新店融资的重要方式。2019年8月，農畊餐厅项目在MinIPO迷你投进行了股权众筹融资，以新店股权和消费券作为回报，向个人投资者筹集了200万元开店资金。投资者有MinIPO迷你投用户和農畊餐厅自有消费用户/会员。对投资者和農畊餐厅而言，众筹是双赢的，能够实现"筹人、筹智、筹资"。就投资者而言，获得了農畊餐厅新店的股权，能够在餐厅后续经营中获得现金分红，还可以获得相当于投资金额10%的消费券，用于在農畊餐厅的消费。

在本次众筹中，部分農畊餐厅的自有消费客户或者会员通过投资成为新店股东，不仅能获得未来经济上的收益，还能提高其荣誉感，未来以股东身份自行消费或请客也更有"面子"。也就是说，互联网众筹的红利不仅仅体现在融资上，还会有网红流量等眼球经济的福利和加持。就農畊餐厅的创始人而言，其通过稀释新店部分股权的方式获得了开店所需的大部分资金，扩大了農畊餐厅的整体规模，也将部分消费者或者潜在消费者转化为新店股东，能够进一步提高顾客的黏性和转化率。

因此，众筹最基本的功能是融资功能，当项目公司缺乏抵押物而无法从常规的银行金融体系融资渠道筹措资金，而私募或风投又因为各种原因不予投资时，即可以通过众筹平台吸纳公众资金，这就成为多层次资本市场的重要组成部分。

2. 股权众筹等作为困境企业的新型筹资方式与实践

互联网众筹作为互联网金融的一种形式，股权投资是众筹的最基本功能，除此之外，众筹融资还存在债权、收益权、参与权、体验权、知情权等更多众筹模式。这种复杂性是由于众筹除投资需求之外的独有情感诉求决定的。众筹融资与P2P网贷"个人－平台－个人"模式有着明显差异，它是典型的"N－1"模式，特征是其有着区别于其他方式的情感联系或价值羁绊。例如众筹可以用于公益救助一样，众筹并不完全是金融属性。

基于人类群体情感需求的特殊性，互联网众筹方式多样，法律表征复杂，在实践中一般包括以股权作为回报的股权众筹、以消费券与分红作为回报的收益权众筹、以产品作为回报的产品众筹等。具体融通方式可以是股权融资、债权融资，但也可能是其他方式，例如产品项目众筹、奖励式众筹或捐赠式众筹。个人情感和价值取向的介入，令众筹在商业和法律关系上总是面目模糊。资助者的资金在股权众筹中的法律关系是股权"收购价款"，在债权众筹中是民间借贷的"借款"，而在项目融资中可能是某种产品和服务中的"预付款"，又或者是某种参与创作的承诺、捐赠等无名合同关系。

互联网众筹与其他互联网金融类型相比最大的不同，即部分众筹产品的设计来源于人类情感属性的多层次，既可作为初创企业的启动资金，又可以是困境企业的重生资金，本书着重分析的是对债务重组的巨大作用。

例如在美国的一个众筹案例中，64岁的琼斯运营一家小餐馆，在面对债务问题时，各种金融贷款对其门槛苛刻，众筹融资已是他唯一切实可行的融资方式。于是他制订了债务重组计划并进行众筹融资，筹集资金增加了新的座位并重新布置了餐厅，现在餐馆可以容纳10个座位，成本为1万美元。他还可以再买一个比萨烤箱，这样一来，他的工作效率就能提高一倍，而且还能缩短午餐高峰期的等待时间，只需1.5万美元。琼斯认为，餐馆的各种改进将为他每年提供额外的10万美元的收入。这笔增加的收入将使琼斯有足够的时间在六七年的时间里还清债务。如果他需要申请破产保护（重整程序），也给他更多的机会可以摆脱只能清算倒闭的命运。[1]

上述案例中的这种债权融资直接帮助了中小企业，尤其是小型企业的融资方式自由化，解决了最为急迫的到期债务清偿问题，帮助小型企业更为快速且低成本地解决融资的燃眉之急。有数据表明：众筹筹款早在2015年就超过了天使投资及风险投资筹款金额，达到300亿美元。[2]

---

[1] Far from the madding crowd: crowdfunding a small business reorganization, Anthony Tamburro, Emory bankruptcy developments journal, [Vol. 34], 2018.

[2] 创业投资人对美国创业企业扶助法案的看法，JPM编译自Forbes, Professional Investors Qualms About Crowdfunding, by Martin Zwilling, 引自https://www.sohu.com/a/76602626_121403。

因此，我们设想，如果众筹可以成为初创企业的天使投资者，那么是否也可以成为困境企业纾困的资金提供者？即使它完全逐利，成为秃鹫投资者，也会对债务重组产生积极作用。尤其是众筹这种基于某种情感因素的特征，在实践中可能更多地表现为一种善意的支持。尤其是对小企业而言，其抵御危机的经济能力较差，但度过危机的资金需求量也较低，故银行等金融机构对其资金需求无法兼顾，便给了众筹发挥作用的空间和机会。

（二）众筹公司在成功前后给债务重组带来的现实困扰

除上述提及的股权众筹与债权众筹外，现实生活中也会出现其他形式的众筹方式，出资人众筹的目的可能不在于取得收益或分红，而是实现某种价值愿望。例如科技类产品的众筹，筹款者将其产品想法或样品向公众演示，这部分潜在用户提前支付资金用于该产品的开发，所希望获得的不是股权、债权、收益权，而是未来产品的最先体验权、使用权或部分产品提前二次开发的权利。甚至，部分众筹仅仅是某种体验或奖励，即获得项目的进度知情权或周边福利等。

这类项目众筹在科技领域尤为成功，例如 Oculus VR，这家知名沉浸式虚拟现实技术提供者，在 2012 年 8 月登陆众筹平台 Kickstarter，预计筹款金额为 25 万美元，但截至 2013 年筹得大约 240 万美元资金，资助者超过 9 500 人。2013 年 6 月，Oculus VR 完成了 1 600 万美元的 A 轮融资，随后在 2013 年年底，它完成了规模高达 7 500 万美元的 B 轮融资，然后在 2014 年 3 月 26 日，以约 20 亿美元的价格被脸书收购。在 Oculus VR 众筹中，大部分资助者是虚拟现实技术的狂热爱好者而非投资者，另外，资助者并未在这场价值 20 亿美元的收购案中获得股权增值溢价。

Oculus VR 众筹项目属于典型的科技众筹，出资人按照出资额度获得与之匹配的产品与奖励。贡献金额为 10 美元的出资方，可以获得创始团队的致谢敬意和进程通报资格；而贡献金额达到 75 美元，则可以获得签名文化衫和海报；如果贡献金额达到 275 美元，可获得 Oculus

Rift（VR头盔）首批原型机（含开发者套装）及游戏；如果贡献数额更多，还可获得更多的奖励，甚至可以参观产品实验室。

这些奖励与金钱并无多大关联，但让虚拟现实技术的狂热者体会到亲身参与世界上最酷工作的满足感。即使项目最终失败也不重要，最重要的是这场众筹资助像一场科技爱好者的朝圣之旅，与科技上帝建立了某种精神与血肉联系。也正是因为这种精神投射，在Oculus VR被脸书这样一家"不太酷"的大公司收购后，已建立了强烈心理归属感的资助者普遍感觉遭到了背叛，已经获得的物质回报抵消不了他们除金钱之外注入的大量情感期待。这种以情感价值为基础的同类案例还有很多。[①]

Oculus VR是众筹成功的典型案例，但更多的众筹是失败的。如果一个企业在创设或发展过程中进行过众筹安排，基于这种情感因素导致的众筹模式的复杂化，也会给该类企业进入破产程序后的法律清算造成困扰。

我们假设一种场景——Oculus VR在筹集50%的资金后，企业因运营资金不足而进入破产重整程序。那么，正在进行的众筹程序无疑会在如下方面困扰着破产管理人。

根据众筹的基本原则，只有在目标金额达成后，融资者方能启动资金。因此，如果在债务企业破产时已经筹集了50%的资金，管理人是否有权决定停止募集，还是依据"继续履行合同挑拣原则"继续履行合同，要求众筹程序继续进行？如果债务企业筹集资金成功并开始使用，该笔资金的性质如何认定？基于破产程序，资助者以何种地位参与到破产程序中？如果众筹以某种体验为资助者的主要回馈方式，假设Oculus VR已经履行了部分承诺，例如按时向资助者披露产品开发进度，也提供了部分产品内测使用和体验，那么，该合同不再继续

---

① 《星际公民》（Star Citizen）这款游戏自2012年开始众筹研发，原本计划2014年完成，截至2020年3月，众筹金额突破2.7亿美元，拥有254万个注册账户，游戏依旧未能完成正式版。另外，截至2019年5月，消费者向美国联邦贸易委员会投诉金额仅为2.4万美元。

履行，资助者是否有权以债权人身份参与到重整程序中？如果是的话，债权金额如何确定？众筹程序中的资助者数量众多，其在某一类表决分组中可能占据人数的绝大多数，该对其他债权人的表决权益如何平衡？另外，管理人与众筹平台的关系又将如何处理？这些都会给现行的法律体制造成困扰。

基于上述假设，我们按照债务重组案件的经验进行分析：互联网众筹的本质是一种契约，契约都是能够剖析解读的。破产管理人首先可根据众筹协议中的具体认定，将该众筹内容还原到具体法律关系中，在股权众筹、债权众筹、项目众筹与捐赠众筹等典型模式下，认定资助者的法律地位，是 Oculus VR 股东、借款方、产品/服务的购买者或捐赠者。在 Oculus VR 众筹案中，企业向资助者按照不同金额提供不同产品福利的具体细节，更符合产品/服务购买者的买卖合同关系。因此，当 Oculus VR 众筹失败而破产重整后，鉴于管理人要努力避免企业破产清算的最不利命运，故很有可能会将众筹契约解读为继续履行合同，继续进行众筹程序，以便在实现众筹目标后取得 240 万美元现金（理想状态），尽量保证现金流的正常。如果这样的话，当然意味着 Oculus VR 应当信守承诺，按时交付产品和服务。如果后续重整失败，根据法律规定，重整程序依法转为破产清算，则该类资助者可以作为债权人享有破产清算程序的参与权。

但是，此时债权金额的确定，可能要视筹款资金与对价的具体情况而定了。例如，针对向 Oculus VR 资助金额超过 275 美元，但并未获得 VR 头盔的资助者，该笔金额应全部认定为债权金额，即使已经获得部分产品周边，这种附属义务也不能代替主义务的履行。也就是说，在 Oculus VR 破产案中，这类债权人一般属于普通债权人，人数高达 9 500 人以上。按照破产法律的表决规则，任何重组计划如要通过债权人会议的表决，需获得出席会议债权人人数一半以上的同意，这就意味着该众筹类债权人在一定程度上有了对重组计划的"一票否决权"。在常态下的债务重组中，各方博弈的主要是经济利益，即对债务重组企业有限财产的比例分配问题，而这一点在众筹企业可能更为复杂。互联网众筹中可能折射出更多的价值取向，例如 Oculus VR 以 20 亿美元的高价出售给脸书时，更多的众筹资助者感觉到的是背叛而非高兴。因此，这种价值观的介入，可能会使重组利益主体的博弈变得更加激烈复杂。

所以，困境企业在常态化的商业模式中制订的重组计划，如涉及基于很多复杂感性认识的众筹程序，可能出现重组障碍。从某种意义上看，众筹类债权人是价值诉求高于经济诉求，将促使公平原则在破产程序中被广泛运用。如果破产法院认为重组计划适用于绝大多数利益相关主体的权益保护，则可能会对因众筹债权人原因导致失败的重组计划予以批准，通过法院司法裁量权的介入克服众筹债权人的钳制成本问题。总之，破产法院可以"企业恢复"和"公平分配"这两项重要价值发挥自己的作用，确保各类利益主体有充分的机会从债务重组交易中获益。

（三）关于为债务重组众筹资金的趋势展望

互联网众筹是科技改变社会经济的典型表现，趋势的力量可能发展出更多的具体工具来帮助企业解决融资问题，在鼓励创业和危机救助中都可以发挥重要作用。当然，这一模式不是必然发生的，科技迭代式发展也许在明日就会诞生出人意料的"债务解决方案"。企业霸主往往不是败于竞争者而是败于时代，一个时代中迟迟未能解决的问题，也许会在下一个科技迭代中迎刃而解。关于中小企业融资与救助难题，如果目前传统金融机构囿于思维成本、风控等无法更进一步，那么，互联网新型经济模式可能是一个好的思路和补充。实际上，上述美国企业的众筹发展趋势，也逐步印证了这一时刻正在到来。当然，这种力量会令人不安，P2P 乱象丛生即前车之鉴，中国在何种程度上发展互联网众筹，众筹平台向公众推荐不良机会投资可能带来的监管压力或其他责任，以及将其与中小企业融资问题相互融合等问题，都是债务重组众筹未来发展的现实障碍，也是值得思考的问题。

但不论怎样，利用互联网将社会资产对接到债务重组中来，有着无限的想象和操作空间。尤其是在国家大力发展科技金融革新的今天，互联网众筹中的年轻人与中小科技企业的属性，二者有着对新生事物天然接受和喜爱的对接优势。如何善于使用这种力量，帮助中小科技企业渡过难关是值得深思的命题。债务重组现行法律规定不应干预这样一个蓬勃发展的市场。在债务重组中运用众筹的力量，让困境企业重焕新生，破产法庭可以为其提供一个低风险的途径。一场成功的众筹意味着债务企业离清算保持了安全距离，同时，债务企业可以给予债权人比破产清算更多的清偿，并继续为社会提供就业机会。

因此，成功的众筹活动是解决企业债务，帮助企业寻求资金支持的有效途径。当然，众筹资助困境企业并非灵丹妙药，也会经受市场质疑与验证。市场会对困境企业的估值是否合理、品牌有无众筹的号召力、债权人是否愿意接受这种模式等做出判断，优胜劣汰依然适用，但这种趋势值得我们重视和尝试。截至目前，中国的众筹市场仍在发展，但主要集中于股权融资和产品众筹阶段。我们期待着有众筹平台勇于跨出第一步，创造出债务重组众筹的新颖产品，为中小企业救助提供更多的新形式与选择，帮助困境企业通过互联网的力量在资金筹集方面实现更大的突破。

小结

狄更斯曾说："这是最好的时代，也是最坏的时代。"这句话用来形容如今"炙手可热"的互联网行业最合适不过。任何一个新兴事物的出现，可能会改变商业世界甚至一个时代的格局，置身其中的互联网企业如果想独善其身甚至独领风骚，就必须明白：痛苦成就伟大，没有经历经济危机洗礼的经济体是脆弱的，未曾经历向死而生的企业难以成就伟大。因此，互联网企业应当学会在危机来临时做好御冬的准备。

第四节　国有企业的债务重组

随着社会的发展与技术的变迁，中国也经历了从传统计划经济向市场经济的转型，其中国企改革是最关键也是最困难的环节。长久以来，许多国有企业深陷债务危机，债务负担较重，经常出现由于现金流十分紧张而导致的债务违约问题。而从经营方面分析，在市场经济时代，国有企业的整体竞争力也需提升。负债高、经营难，还需要承担社会稳定的责任，国有企业的处境就显得愈发艰难。在这种大环境的影响下，债权人与债务人的双方博弈，如何运用债务重组工具以缓解债务人的债务危机，同时保证债权人获得较高比例的清偿，变得尤为关键。对政府而言，债务重组也更加有利于发挥国有企业保证经济社会平稳运行、解决广大居民就业问题的固有功能。

一、国有企业的行业特点

国有企业一直是中国市场经济中的一类特殊主体。由于国有企业性质特殊，以及所肩负的国计民生的重任，中国几次重大经济改革转型期，国有企业的历史任务与问题都较为突出，其债务重组在财务、法律等多方面受到挑战。国有企业债务重组能否成功的关键，取决于能否立足企业具体情况，更加慎重地做出企业的定制化重组安排，兼顾企业恢复良性经营与充分保障社会经济稳定的平衡，从源头上优化产业与资本结构，从而实现自身的可持续发展。国有企业债务重组要立足国情，先要明白自己的主要特征是什么。

首先，国企的社会职能导致负债结构不合理。通过分析国有企业负债结构可以发现，国企部分贷款并非全部投向经营领域，而是用于社会职能，资产负债表中的非经营性负债比例较高。很多国企自集团借债后，将钱投入幼儿园、职工医院、配套小区住房等福利设施建设等。市场普遍认为该笔借款不能做到物尽其用、充分发挥经济效益，对此，我们并不这样认为，因为我们在很多国有企业债务危机中发现，该部分借款本身就是专项用于非生产经营领域，并不占用企业原本的贷款余额。更为重要的是，部分社会职能虽然不能直接带来经济利益，却是企业持续经营的前提条件。例如，我们在对很多传统能源企业的现场走访中发现，企业通过借贷与地产公司合作建房是常见现象，这是因为如果不解决职工长期住房并实现子女就地教育问题，企业则无法在能源储备丰富的偏远地区长久运营。这部分借款并不能直接提升企业的经营能力，反而大大增加了自己的负债，但它是在当地实现资源开发与企业存续的前提条件。

其次，国有企业大多为垄断性的传统产业，固定资产比重高，负债数额也较高。中国的国有企业主要集中于电信、能源、运输等领域，在企业运营过程中需要投入大量资金用于基础设备购置与建设。而部分企业在购置了相关设备之后，由于其资产运营效率较低且社会负担较重，导致其购置的资产获得的收益较少，收益率较低，甚至出现投入资产后零收益的现象。如此一来，由于国企投入项目的收益率较低，巨额负债偿付的难度进一步加大，就可能出现债务问题。

再次，国有企业本身市场的天花板较高，社会信用较好，金融机构信赖，融资渠道与成本较低。在2019年，很多企业遭遇了流动性危机，因为融资渠道的突然收缩而导致一时无法周转，从而引发严重的运营问题。一般国有企业贷款可以享受基准利率下浮的优惠，年利率为3%~4%，而优质的民营企业贷款利率大概为4%~5%，次一级的应该为7%。因此，国有企业的融资渠道与能力较一般民营企业还是有优势的。

最后，国有企业承担稳定国计民生的重任，受政策影响较大。近年来，国家频繁出台国企改革相关政策，致力于解决国有企业与市场经济不适配之处，消除历史遗留问题。在国企改革大力推进之前，国有企业一直是"戴着镣铐起舞"，一方面需要承担政策性负担，另一方面又需要和其他市场中的企业竞争。这样，部分国有企业必然无法和其他市场企业抗衡，进而向政府寻求"政策性补助"，一些对于市场经济主体适用的债务重组方式，可能在国有企业改革中无法收到良好的效果。

国企改革在不同时代既是经济问题也是认知问题，相关改革实践从未停止。我国通过多年的积极探索，国有企业债务重组已经取得了长足的进步并积累了丰富的经验。债务重组可以为部分在市场竞争中渐显疲态的国有企业注入新的活力,让国有企业在经济职能外获得喘息之机。国家统计局官网公布的数据显示,在近5年间,中国国有及国有控股工业企业的资产负债率整体呈平稳缓慢下降的趋势,但资产负债率仍然偏高,尤其以东北老工业基地为首的国企改革任重而道远,但已逐步形成债务重组的典型范式。

二、国有企业债务重组的主要模式和问题

国有企业债务重组的成败,不仅事关国有企业未来的生存和发展路线,更事关中国经济整体稳定的大局。目前中国经济的重要命脉,以及重大经济变革的推进,都是由国有企业担当主力军。因此,国有企业债务重组方式的选择不止与企业的兴衰关系密切,更影响着整个国家的经济发展走向。另外,国有企业特点鲜明、遇到问题相似、所处行业相近,有一些共同的经验可以总结。国有企业债务重组是为了解决企业负债累累的现状,同时促进国有企业盈利能力的进步。但在此过程中,也要注意避免因为国有企业的破产可能导致的国有资产流失和社会不稳定运行等现象。因此,通过有效的债务重组模式设计,方能真正为国有企业注入活力。

通过多年不断对债务重组模式进行总结,中国的国有企业在债务重组方面已经积累了许多经验,又通过结合中国特色对债务重组模式进行修订,在理论上和实践中均取得了长足的进步。实行债务重组之后,企业对沉重的债务负担予以剥离,也为自身注入了发展的动力。但对众多国有企业进行债务重组的过程中,也暴露出一些问题,比如部分国企进行债务重组是为了短期之内实现扭亏为盈,而非真正提升企业的经营能力,又比如重组之后职工的安置和社会职能由谁来承接等问题。因此,国有企业债务重组的模式选择是首要问题。

(一)国有工业企业政策性破产模式

中国在20世纪90年代的国企改革实践中,为创设现代企业制度,实现国企3年脱贫的目标,实施了政策性破产模式。国企政策性破产

模式是专门为解决国有工业企业破产危机而建立的制度，这种模式以《国务院关于在若干城市试行国有企业破产有关问题的通知》等为实施依据，通过政府主导等方式予以推进。

1997年东南亚金融危机的爆发，让人们对于国内金融体系的风险更为关注，而当时国有企业"高负债率＋低偿债能力"的特性，大大加剧了这种风险。因此，中国推行"债转股"改革、组建资产管理公司等一系列改革操作，以国家财政对资产管理公司注资，用以承担各国有企业的不良债权，从较大程度上改善了国有企业账面资产负债率高的问题。但是要想真正为国有企业注入活力，仍须从根本上消除国有企业的政策性负担。为此，国家在1997年出台了《国务院关于在若干城市试行国有企业兼并破产和职工再就业有关问题的补充通知》和相关的国有企业政策性破产模式，从政策上保证各个银行债权人对国企的兼并项目做到免收贷款利息、分年分批归还贷款本金。

国企的政策性破产模式与破产法意义上的破产有所区别。首先，政策性破产是为国有企业量身定做的制度，适用主体仅为国有工业企业，其他类型的企业不能适用。其次，破产启动条件不同。政策性破产除需满足破产法意义上的"无法偿债"的条件以外，还需获得国家兼并破产领导小组的同意。最后，偿债顺序不同。政策性破产企业通过处置企业土地使用权获得的费用，必须优先用于职工安置，剩余部分纳入破产财产，由全部债权人共同参与清偿。

从效果上来看，政策性破产的实施无疑加快了国有企业适应市场经济的脚步，同时做到了结构优化与产业升级，较好地实现了职工安置问题，避免了大量职工下岗引发严重的社会问题。同时也通过政策性破产机制的实施，淘汰了一批盈利能力差、工作效率低、缺乏竞争力的国有企业，为进一步的国企改革奠定了较好的基础。

政策性破产当然也有其制度设计的固有缺陷，具体而言有以下几点。

- 首先就是政府政策性行为与市场环境不相容的问题。政策性破产计划本质上是一种为了让企业能够尽快适应市场需求的政府行为。但是，政府使用行政手段调控与市场自身的激励机制具有不相融性，使用宏观政策实现市场竞争的优胜劣汰目标，往往难以达到预期效果，而市场经济体制要求市场规律发挥作用，通过市场这个"看不见的手"进行调节，引导企业的充分竞争，从而发挥市场的价格机制。政策性破产是政府直接干预经济以实现企业之间的竞争，进而造成企业更加依赖政府扶持的坏现象，反而在市场竞争中落得弱势地位。

- 其次是国家政策对债权人利益损害的问题。政策性破产制度通过行政手段给予破产企业许多优惠政策，其中最突出的就是优先支付职工安置费用，有担保的债权在偿债时顺位在职工安置费用之后，而职工安置费用可以由财政资金支付。因此这种设计对于债权人的利益损害较大，通过强制牺牲债权人利益换取债务人的社会保障，也加重了国家财政的负担。所以这种制度设计应该得到严格的限制，只可以在某些使用其他破产制度没有成效的企业中适用。

- 最后，政策性破产作为一个国有企业优胜劣汰的手段，其目的是让不具备挽救价值的企业退出市场。但是基于国有企业的特殊性，国家对职工债权给予优惠照顾，降低下岗给社会造成的巨大冲击力，而此类特殊照顾有时会降低企业的求生欲望。在此过程中，又因为国有资产评估等问题，还造成了国有资产一定程度的贬损。当然，在2007年新破产法出台后，国家引进了破产重整与和解等制度，更加严格区分和执行了不同企业适用不同法律的精细化和程序化。

整体而言，国有企业的政策性破产是一个政府主导并在特定历史时期发挥作用的机制，但其将国有企业作为特定对象，相关思路和工具在今天依然具有参照性，为现在的国有企业改革提供参考。尤其是政策性破产中对承担社会职能的企业给予一定优惠政策，充分利用行政手段加以规制和协助，对于今天很多政府纾困资金的运用具有借鉴意义。

（二）国有企业有载体的破产模式

为了解决国有企业政策性破产的遗留问题，2005 年国务院通过了关于国有企业破产的 4 年规划，宣告了政策性破产的历史使命的完成，并宣布 2008 年之后，国有企业只能走依法破产的道路。"有载体的破产"就是在此种情况下应运而生的。

"有载体的破产"的实质是通过实施"先租后破、先租后购、购在租中、租破购同步推进"的破产重组形式，最大限度地考虑了企业职工的再就业安置，在企业生产平稳过渡的情况下，稳步推进国有企业改革。此种破产形式并不适用于所有企业，只有那些资产负债率很高，企业所有权与经营权无法分离，不能适应股份制改革的公司，才可通过此种破产形式实行破产重组。具体而言，在破产之前通过托管、租赁的方式引入"载体"公司，随后破产公司与"载体"公司进行生产上的融合与职工岗位上的融合，力争在不影响生产、不造成员工大面积下岗的前提下完成对困难企业的重组工作。

这种模式的好处是显而易见的，许多债务负担过重的国有企业在等待法院破产清算或者破产重组的时候，已经出现了大量的国有资产流失和员工下岗现象，容易引发社会问题。"有载体的重组"制度通过积极引入"载体"公司，化被动等待为主动自救，在法院进行破产清算之前，尽量解决待下岗职工的再就业问题，成功避免了由于大量失业导致的社会问题。

这个看似很成功的破产模型设计在实际推行的过程中也遇到了较大的阻碍。

- 首先就是"载体"企业与破产企业的磨合难题。需要进行债务重组的国有企业已经陷入了极大的经营困境，在此种情形下，要求"载体"企业进行"接盘"并不是一件容易的事情，对于"载体"企业的选择、对规章制度的磨合都是很大的难题，而在磨合成功之后由"载体"企业带领破产企业重新走上生产又将是一番考验。
- 其次是破产企业领导与员工不配合的问题。国有企业担负着解决社会剩余劳动力的责任，因此在国企内部人浮于事的现象屡见不鲜。如果企业进行破产重组，在某种程度上就意味着企业中的领导阶层不能再享受既定利益，企业员工也需要付出更加辛勤的劳动，因此，进行破产重组显然不是他们的最优选择。
- 最后是受政策影响大，导致破产重组进程推行缓慢的问题。此种问题多见于经济欠发达地区，在这些地区的国有企业由于国家政策下达不及时，收到的财政拨款有限，因此很难完成重组过程中"载体"企业与破产企业的融合，进而将影响到破产企业后续的进一步经营发展。

三、国有企业债务重组的典型案例

在中国东北生活的人们往往对国有企业有着晦涩难名的情感羁绊。东北老工业基地兴盛羸弱的转换，从某种意义上看正是东北国企的兴衰史。国有企业主导着国家最不引人瞩目的行业，但又是各个行业或民营企业发展的基础和命脉。例如即将到来的5G时代的万亿元投资规模，只能依赖国有企业的力量夯实最关键的基础建设。而光鲜亮丽的互联网新兴企业背后，依然要依赖于传统行业的巨无霸们。因此，很多国企并非"大而不能倒"，而是社会经济基本盘不能倒。鉴于国有企业的共性问题较多，专家学者也对此提出了不同的债务重组模式建议。本书将以东北特钢和中钢股份的案例为例，详细分析两家具有共性的企业在债务重组过程中选择的方案的异同，并对其重组的效果进行评价。

（一）"东北特钢"重组过程回顾

1. 背景介绍

东北特钢的前身是大连特钢集团，其后经过多次企业兼并，于

2002年托管兼并抚顺特钢。其后，黑龙江的北满特钢亦经营不善，也重组至东北特钢名下，最终于2004年9月以3家特钢企业为基础，组建成立东北特钢集团。它是东北地区具有重要代表性的国有企业，公司的注册资本为36亿元，最大的控股方是辽宁省国有资产监督管理委员会。经过上述重组，东北特钢集团拥有三大生产基地，分别是大连特钢生产基地、抚顺特钢生产基地与北满特钢生产基地。其中，抚顺特钢还是已经登录A股市场的一家上市公司。

2016年3月28日，东北特钢"15东特钢CP001"违约，开创了地方国企公募债违约的先例。然后在半年时间内，东北特钢债券频繁违约，让市场信心跌至冰点，"违约王"的名号也不胫而走，"投资不过山海关"的论调再次在网上刷屏。

2016年7月，东北特钢旗下的上市公司抚顺特钢发布通知，称收到辽宁省有关金融监管部门的警告。警告的原因主要是由于东北特钢集团出现大量的债务违约，同时无法履行之前的承诺，违反了相应的合同。整个2016年，东北特钢山雨欲来风满楼，国有企业何去何从，自集团高层到普通职工均无人知晓。而东北特钢这家百年钢企，全国特钢行业的扛鼎者，国有企业中的佼佼者，也一直顶着"违约王"的称号蒙羞度日。老东北特钢人自然不甘，认为企业的债务问题只是一时的困难，给国家军工、航天造特钢的企业岂能说垮就垮？

2. 破产原因

东北特钢既是东北传统行业的代表，也是国有企业出现困境的代表，分析东北特钢集团出现困境的原因，找到问题的症结所在，也能为以后的市场管理和企业发展提供一定的借鉴经验。

（1）东北特钢作为国企，社会负担重，且受到政策的影响较大。

东北特钢集团作为一家大型国有企业，需要承担自身的责任，促进市场的健康发展。如今中国的市场经济在宏观角度上取得了突出成就，也意味着国有企业要承担比民营企业更重的社会任务。由于政策方面的调整，钢铁行业的产业结构发生了巨大的变化，从供需角度来看，钢铁行业的整体市场需求量不断降低，这就压缩了大量钢铁企业的利润，造成大部分钢铁企业出现了产能过剩的现象。从东北特钢集团的财务报告可以看出，自从2012年以来，东北特钢集团的产能持续过剩。直至2014年，东北特钢集团的钢铁总产能已经超过了400万吨，但是市场的需求远远没有达到东北特钢集团的产能。产能过剩就会造成东北特钢集团资金流出现风险，再加上特种钢材的成本不断上升，东北特钢集团的盈利空间受到巨大的影响。同时，由于产能过剩，钢铁的价格持续走低，让钢铁产业也雪上加霜，面临更大的风险。

（2）钢铁行业内部竞争趋于白热化。

相关数据显示，目前中国钢铁的产量已经超过了11亿吨。钢铁企业的负债率高已经成为普遍的现象，很多企业的负债率超过70%。2010年，粗钢的产能利用率大约为70%，经过5年的发展，粗钢的产能利用率却降低了大约10%，而钢铁企业的生产能力仍在不断地提高。钢铁企业在产业集中度的指标方面也没有达到国家"十二五"规划的目标。自2015年以来，受市场经济和金融的影响，钢铁企业出现了巨额亏损。严重的产能过剩让越来越多的钢铁企业参加到价格战的行列之中，特种钢材的价格也受到巨大的挑战，根据相关的市场分析报告可以得出，中国特种钢的市场价格在2011—2016年不断下降。市场的因素也决定了东北特钢集团的盈利能力不断降低、利润不断减少。

钢铁行业自身的特性决定了钢铁企业必须拥有较大的规模，并且在生产过程中需要在固定资产和生产设备上投入海量的资金。在地方的经济发展过程中，钢铁企业起到了不可忽视的重要作用，并且钢铁企业的快速发展也解决了困扰地方政府的就业问题，所以说钢铁行业受到影响也会让地方的财政收入和社会稳定性受到一定的影响。

从国际上其他国家钢铁企业的发展经历来看，1950—1970年，发达国家的钢铁企业取得了较快的发展，这也是钢铁行业的黄金发展阶段。经过黄金发展阶段以后，钢铁行业就进入了产能过剩的阶段，越来越多的钢铁企业因资金流转出现问题而不得不倒闭，所以说东北特钢集团出现债务问题是一种时代的趋势。由于钢铁行业已经经历了黄金发展期，行业内也出现了越来越多的仿制品，出现了越来越多的经营更加便利的中小型企业，再加上市场角度的产能过剩，导致东北特钢集团开始步履维艰。同时，东北特钢集团在生产时也不重视对环境的保护，而如今的形势是环境保护得到越来越多的人的重视，因而东北特钢集团既有的发展模式受到了更大的阻碍。

（3）东北特钢的经营能力亟待提升。

从宏观角度来看，东北特钢集团的偿债压力巨大，其偿债能力却持续降低。企业的资产流动性不足，无法满足在相应期限内偿还银行和其他金融机构贷款的要求，这就造成了多次违约。2010年以来，钢铁行业的发展一直不被看好，出现产能过剩的情况，东北特钢集团的库存也在逐年上升，资金的流转遇到巨大的问题，但是公司的管理层没有制定相关的政策，将企业的库存转化为现金流，以维持企业的正常发展。正常来说，资金流动性不足，也会导致企业出现债务重组的情况，由于东北特钢集团在违约后资产不断缩水，导致企业的负债率已经突破了100%的额度，破产重组成为大概率事件。

对东北特钢集团的财务报告进行分析，可以得出东北特钢集团资金的短期流动性很低，资金的短期流动性比率也远远低于行业的普通水平，这就反映出资金的偿债能力低于行业的平均水平，资金的流转面临巨大的风险。从长期资产负债率的角度进行分析，东北特钢集团的负债率很低，该集团的营业收入大约为140亿元，但是营业利润甚至不到1亿元，还有大约8亿元的资金没有进行利润分配。2013—2015年，企业的流动负债率从79%降低至74%，持续走低，同时流动负债率过高也会造成企业每年需要支付高额的利息，这些利息会影响企业资金的运转，降低企业的盈利能力。

在东北特钢集团的发展过程中，许多阶段都是依靠一轮一轮的融资硬撑，这样的情况一直持续到2015年，东北特钢集团的重要资产土地、库存和应收账款都基本抵押给了银行或其他金融机构。2015年7月，东北特钢集团持有上市公司抚顺特钢的股份被冻结了大约8 500万股，这导致东北特钢集团的情况雪上加霜，企业形象受损严重，市场信用度不断降低。除了以上的情况，东北特钢集团的流动资产占比较低，资金无法保持正常的周转，这在实际的运营过程中会给东北特钢集团的发展带来巨大的风险。

由于近几年全球经济形势的下滑，中国的金融市场也受到一定的冲击，东北特钢集团因为不重视创新、不重视产品的多样化，导致在东北特钢集团的固定资产中，原材料和库存占有较高的比例。再加上钢铁行业价格的波动性较大，导致东北特钢集团的资产流动性受到巨大威胁。另外，由于东北特钢集团的经营策略，库存的商品需要与销售合同相对应，导致东北特钢集团的减值风险不断增加，企业的现金流严重不足。而近几年煤炭的价格不断上涨，这也在一定程度上增加了东北特钢集团的成本。

（4）多次债务违约导致信誉危机。

经过统计，东北特钢集团的债务违约已经达到了9次，造成信用度急速下降。在其违约的债务中，公开发行的债券占有较高的比例，发债规模大约为40亿元。通过针对这些债券发布的公告，可以得知东北特钢集团利用这些债券和资金，期望能够提升集团的资金流动性。在进行贷款的初期，东北特钢集团就承诺一定能够偿还，并且表示公司的发展前景良好，可以承担还款压力。由于东北特钢集团经营活动的特性，使其现金流量一直处于较高的水平，而且还可以利用银行的贷款进行融资，来弥补在运营过程中出现的资金缺口，降低企业发展的资金压力。因此，虽然在市场上债券的风险不断加大，资金流动也不断趋紧，但是东北特钢集团的债券仍然能够发行成功，这也是造成多次债务违约的重要原因。当前几次违约公告出现时，东北特钢集团给出的解释是企业的库存商品数量较高，并没有表示其面临运营风险，而且还明确表示企业有能力偿还。之后虽通过多种渠道进行资金的筹集，但是最终也没有偿还相应的债务，这种行为无疑会造成东北特钢集团公信力的损失，导致出现信誉破产。

国有企业的债务危机不仅使自己的形象受到巨大的损失，同时也影响了地方社会的稳定发展，因此应该利用债务重组来保证企业的正常经营，挽回损失的形象，提高其在民众心中的信任度。

(5) 与经营能力不符的快速扩张终致败局。

当国内经济形势出现下滑时,东北特钢集团也没有缩小生产的规模,反而不断增加生产线的数量。东北特钢集团一直醉心于扩张,给3个生产基地不断提出生产目标,表示要打造世界上最大的钢铁行业、最强的设备水平、最高的工艺技术。这种野心勃勃的计划导致东北特钢集团在大连的生产基地急速扩张,在2010年以前,生产基地计划投资100亿元,最后项目建成时却投资了大约160亿元。2016年年底,东北特钢集团的总资产大约为170亿元,但是负债已经超过了110亿元。大连生产基地进行搬迁时,需要支付大量的搬迁成本,导致企业的资金出现更大的漏洞。2016年6月,东北特钢集团内部的资金中包含180亿元已经得到金融机构的综合授信,没有使用贷款的正常资金只有大约11亿元,这显示出东北特钢集团发展过程中的巨大资金缺口。

由于东北特钢集团不属于上市公司,在进行融资的过程中,只能依靠旗下的抚顺特钢进行融资,单一股权融资的方式无法解决东北特钢集团面临的资产窘境。因为资金出现严重紧张,集团不得不减持抚顺特钢的股份,来保证融资操作的正常运转。2005年,东北特钢集团拥有旗下抚顺特钢56%的股权。随后不断减持,甚至在2015年东北特钢集团在8个交易日连续售出8%的股份,套现约8亿元人民币。由于东北特钢集团的大量减持,造成股价不断下跌,故也收到了地方政府的警告。东北特钢集团回应称,此举是保证公司正常运转,来挽救这座城市的经济水平。至此,东北特钢集团在弥补资金缺口的方式上,减持上市公司股票已经杯水车薪,只有反复发行债券才能解决一定的紧张情况。

(6) 国有企业内部管理问题严重。

2019年8月17日,辽宁省纪监委公布信息称,东北特钢集团有限责任公司原党委书记、董事长赵明远涉及违法违纪问题。除贪污受贿、以权谋私外,还有一条便是"违规扩大投资规模,指使财会人员违反财务制度虚报利润"。2019年9月2日,赵明远因涉嫌受贿、国有公司人员滥用职权犯罪而被捕。

2019年年底，证监会向抚顺特钢下发行政处罚决定书，称抚顺特钢连续8年财务造假，通过伪造、变造原始凭证及财务系统数据等方式，累计虚增存货1 989 340 046.30元。其后，投资者的索赔行动也随之展开，截至2020年3月18日，沈阳中院已经受理了20名股民的索赔案件。在证券市场，国有企业上市公司连续8年持续造假实属罕见，这也是由国有企业内部管理问题造成的。

在国有企业内部，风险管理部门承担着分析企业发展过程中的风险的作用，并且要在企业的业务流程中做好对风险的监督、管理、预警与处置。风险管理部门要充分掌握公司的业务流程，把握公司的业务风险。但是在很多国有企业中，风险管理部门在具体的风险合规和控制过程中，无法及时或完整把握公司经营环节中的关键点，缺乏相应的管理体系，导致企业在发展过程中人力资源和原材料资源出现较大的浪费，公司治理结构失灵，风控部门形同虚设。东北特钢集团的内控机制不足，企业的盈利能力也在不断地下降，投资没有规划，管理缺乏完善的体系，再加上原董事长赵明远自2006年临危授命接管大连钢铁厂起算，已经深耕东北特钢20余年，力主多次改革。正是在他的操盘规划下，东北特钢有了今天在钢铁行业，尤其是特钢行业的龙头地位。虽然东北特钢集团的实际控制人是辽宁省国监会，其他的股东也大部分为政府部门，但其经营基本依赖于企业管理层的自主决策，股东也难以对错误的或落后的管理做出及时的风险扫描和更新改正。

3. 债务重组的必要性

东北特钢集团在国防事业、航天事业的发展和进步过程中贡献了自己的力量，因此在中国的特种钢材行业中有着独特的地位。可以说，东北特钢集团是提高中国高科技竞争力的基石企业之一。因此，作为一个在特殊行业的国有控股公司，在面临债务危机与运营危局时，不能怯、不能退，而要向死而生地积极进行债务重组，重塑市场竞争力，为东北国有企业改革探索出债务重组的新路，也为其他大型国有企业提供相应的借鉴经验。因此，是否允许东北特钢垮掉，其未来是否会发展得很好，从结果来推导不言自明。但是，如何救？怎么救？东北国企改革曾用过的债务重组模式，像"政策性破产模式"与"有载体的破产模式"显然就不太合适了。

（1）单纯债转股方案的流产。

相关人士认为，东北特钢债券问题有其特殊性——在中国过去的投资市场中，投资人认为将资金投入国有企业就一定会实现收益，这是一种刚性兑付。东北特钢SCP001等债券暗含地方政府等增信担保，故东北特钢的问题不仅仅是公司债券违约的问题，也包含了地方政府及大型国有企业的信誉问题，人们认为政府会给出政策并站出来稳定市场预期。但是，在政府与市场职能分离后，债权人希望政府做出任何承诺显然不具备现实可能性。东北国企整体债务负担很重，政府一旦对东北特钢做出兜底承诺，将对全国债券市场起到示范作用，况且地方财政也不具备兑付能力，因此东北特钢打破刚性兑付势在必行。

《证券时报》报道称，东北特钢及地方政府方面曾与金融机构沟通，提出以债转股的方案进行金融债权偿付，拟将70%的金融债务转为股权，此后择机向抚顺特钢注入资产获取后者增发股份。经此操作，东北特钢债券持有人的债权转化为抚顺特钢的股权，金融债权人可以在二级市场变现。但按照银行人士所透露的信息，牵头行中行等17家银行明确表示不同意债转股。这一债转股的方案不被市场接受的原因在于：

- 东北特钢的金融债权仅是全部负债的一部分，金融债权转股权后，相当于其他种类的债权人可以搭便车，依然在未来具有全额受偿的可能性。
- 该债转股方案并未有其他交易安排锁定债权人风险。如果债权人接受债转股，则债权金额一定会做出调整，且其债权转为股权后就将与东北特钢深度捆绑，从单纯的债权债务关系转为股权出资关系，还需就东北特钢全部债务承担出资责任。
- 即使金融债权人做出让步，愿意接受债转股安排，但并不能解决东北特钢债务的本质问题。东北特钢已经多次登上最高人民法院的严重失信人名单,如果不能整体化解债务问题,则东北特钢依然会被债权人拖入破产程序,这也意味着银行的债转股权益受到严重损失。

- 未经法定程序的审计评估等工作,债转股的比例和额度双方很难确定。
- 金融债权人一旦决定接受债转股安排,为确保投资收益则需对企业进行资金投入,这就等于和东北特钢锁死,投入和损失可能越来越大。名义上债转股得到了受偿,实际上损失可能进一步加大。
- 债转股的退出机制不确定。按照上述债转股设想,金融债权人取得股权后,可以等待东北特钢向抚顺特钢注入优质资产并获得股权,然后金融债权人借此变现。但是,即使不考虑重大资产重组等法律问题,单是东北特钢优质资产对市场的吸引力,金融债权人也并不认可。

(2)市场化司法重整势在必行。

经过对债务重组模式的讨论,最终各方同意通过市场化与法制化手段进行债务重组安排,借助司法重整这一司法平台,通过市场化的手段招募战略投资者,最终实现债务处置。虽然这个计划一定会削减金融债权人与部分普通债权人的利益,但是对于东北特钢集团来说,这是现有能够综合平衡各方利益与彻底解决东北特钢沉重的历史债务负担的唯一办法。东北特钢集团选择开展债务重组,通过政府协调给出各项指导、协调与优惠政策,可以完全通过市场化的手段实现企业救助,降低政府的直接财政投入。这也符合政府对钢铁行业的调控政策,通过市场上生产要素的自由流动和组合,各大公司将产能充分利用起来,降低经济杠杆的比例,实现优胜劣汰。

2016年10月11日,东北特钢旗下上市公司抚顺特钢发布公告,正式向市场公布东北特钢将采取司法重整作为债务重组的主模式。大连中院于 2016 年 10 月 10 日裁定受理东北特钢集团及旗下大连特钢、大连棒线材的破产重整申请，本次重整并不包含抚顺特钢。前述 3 家公司的破产管理人组成人员相同，由辽宁省国资委、辽宁省金融办、辽宁省发改委、辽宁省工信委、北京金杜律师事务所有关人员组成。

东北特钢集团管理人接管公司后，本案合议庭指定中国银行大连中山广场支行为债权人会议主席。经过审计评估等工作，东北特钢集团等 3 家关联公司的合并负债约 452 亿元。其中，担保债权约 66.83 亿元，职工债权 8.46 亿元，普通债权 377.34 亿元（经营性普通债权 27.25 亿元 + 债券普通债权 77.09 亿元 + 金融普通债权 273 亿元）。这种负债结构有着典型的传统行业中国有企业的特点。首先，担保债权相对值较低而绝对值较大，意味着场地、厂房、机器设备等实物资产比重大。其次，职工债权金额较大，反映了职工人数较多，且欠薪时间久。这一点在互联网企业中不具备普遍性，人员流动性高是互联网企业的员工特点。再次，金融普通债权高达 200 多亿元，涵盖多种银行、资管公司、融资租赁公司等金融机构，在未有充分抵押物的情况下，基于对国有公司的信任，容易出现大额无担保债权的情况。最后，经营负债与债券债权较多，体现了国有企业融资渠道较多的特点。另外，基于市场优势地位以及国有企业的信誉特点，容易取得各种合作伙伴账期延长等变相融资支持。

上述数据显示，东北特钢集团合并负债规模高达 452 亿元，不论采取何种债务重组模式，最重要的是引进投资者获得偿付资金，恢复企业的现金流动性。管理人自法院裁定重整之日起，就将寻找战略投资者作为一切工作的重中之重。如果没有投资者，所有方案将是镜花水月。但是，面对这样一只钢铁巨兽，一般投资者难以具备投资资格。在政府与管理人的积极运作下，辽宁本土钢企鞍山钢铁显得势在必得，最早组建专业团队参与到该项目中。此后，破产管理人又陆续与方大钢铁、宝武钢铁，以及沙钢集团等各大钢铁企业取得联系，争取让更多的钢铁企业参与到战略投资者选任工作中。2016 年，最终确定参与竞标的是方大、沙钢和鞍钢 3 家。

2016年5月上旬，市场传闻鞍钢获得了战投资格，其报价为43亿元，对价是获得上述3家重整企业的全部股权。除此之外，鞍钢注资的前提是金融机构为重整后的公司持续注入流动性资金。鞍钢获得本次战投资格，各方都有着自己的考虑。鞍钢作为本地企业，更容易获得地方政府的亲近，同时又是国有企业，行事风格与东北特钢更易取得一致。毕竟，如果新的投资者与现有管理团队及职工的风格不洽，很容易造成恶劣后果。当年通钢与建龙处于磨合期时发生的职工殴打建龙委任的管理层并致其死亡一事就是前车之鉴。

一般情况下，在困境企业重整过程中，管理人会根据审计、评估结果，最大化实现资产的处置所得，按照法律规定的各项债权位阶进行清偿。在战略投资者引进工作中，债权人虽具有重整过程的知情权与最终方案（重整计划草案）的表决权，但整体参与度还是不够，这一方面是因资产处置受客观因素影响，管理人挑选最优方案提交债权人会议表决，债权人可以选择反对重组方案；另一方面，重整程序有着严格的时间要求，如果在各项事宜中事无巨细地听取债权人意见，最终结果就是债权人意见很难一致，将导致重整程序因为时间关系而失败。

但是，在东北特钢的重整程序中，为了打破市场对国有企业实行特殊保护的疑虑，也为了满足债券持有人希望的刚性兑付，故整个重整程序完全通过市场化运作。尤其为避免债权人担心的地方政府在选择投资者过程中，基于保护地方国资利益而低价转让资产或逃废债等道德风险，整个重整过程完全按照市场化的流程进行，管理人的招募工作完全向债权人公开化，债委会全程参与了战略投资者的选任。正是基于这一点，鞍钢的战投资格很快就出现了反复。因认为鞍钢报价过低，鞍钢方案受到债委会的反对。其后，鉴于重整时间已经所剩不多，辽宁省政府直接与沙钢集团取得联系，表达了对沙钢重组东北特钢的支持。也正是政府的明确表态，原本退出竞标者队伍的沙钢集团重新回到谈判桌前，最终确定了以"现金清偿+留债延期+债转股+打折豁免"为原则，设计了一揽子整体性债务解决方案。

如今，东北特钢破产重整虽然已经结束，但尘埃并未落定。沙钢在接手东北特钢后，作为钢铁行业中以精细化管理闻名的企业，立马在 2019 年 1~8 月使抚顺特钢高温合金入库量赶超去年总量，达到历史同期最好水平，公司运营向好发展。

东北特钢在债务重组过程中的迷茫与摸索，也为重庆钢铁与渤海钢铁探索出一条新路，这就是东北老国有企业进行市场化重组的意义。其后，重庆钢铁、渤海钢铁等陆续通过司法重整，开启了引进优势战略投资者的自救之路。

（二）中钢股份债务重组中"债转股方案"的对比分析

对于企业来说，解决债务问题的关键在于将目前的债务进行分类，根据债务的特性选择偿还顺序。先偿还紧急的债务，之后通过协商和多渠道的资金筹备来偿还其他债务。两种偿还方案都需要企业的管理层根据债务分类，做出最符合自身实际情况的债务偿付顺序。虽然两种方案各有优势，但是都可以解决企业债务违约的问题，降低企业的还款压力。

同属钢铁行业的中钢集团也面临着巨大的债务违约问题。中钢集团作为国务院国资委的直属企业之一，体量巨大，是全国最大的钢铁工业综合服务集团。其中，中国中钢股份有限公司（以下简称"中钢股份"）作为其核心子公司，主要经营钢材、钢坯、铁矿石、冶金辅材贸易等业务。由于中钢股份与东北特钢集团经营产品相近、企业属性相同、所遇困难相似，因此两者的债务重组中有很多共性问题。本书将对两个案例进行简单的对比分析。

2014 年 6 月 20 日，中钢集团未能按时偿还部分银行利息，当月，中钢股份本部在国开行的几亿元贷款偿还出现逾期。事情发生后，各金融机构开始对中钢集团加紧收贷。截至 2014 年年末，中钢集团出现资金链断裂，引发债务危机，各子公司涉及的金融负债共计几百亿元。2015 年 1 月 16 日，中钢集团金融机构债委会成立，共有 35 家金融机构加入债委会并参与中钢集团庭外债务重组工作。2015 年 12 月 23 日，债委会召开了全体债权人大会，通报了债务重组方案。为尽力减少债权人损失、减轻对企业生产经营的影响，经过多轮的反复论证和谈判，债委会于 2016 年 1 月 14 日投票通过债务重组方案。

1. 方案的主要原则

- 多方协作共赢。通过中钢集团、国资委和债委会的三方配合，共同推动债务重组的成功。
- 充分讨论重组方案。债委会成员之间、债委会与中钢集团之间均需顾全大局，对重组方案内容进行充分协商，达成共识。
- 严格评估风险。债务重组方案的执行将严格控制操作风险和信用风险，并要求当事各方保守所知悉的商业秘密。

2. 重组安排

重组方案的范围仅包含金融债权部分，根据纳入金融债权回收程度的不同，采取了"留债"和"可转债"两种方式处置。

- 总体框架：截至 2014 年年末，中钢集团的 600 多亿元金融债务将按照"留债 + 可转债"方案重组。中钢非金融债务不纳入本次重组范围，由中钢集团自行妥善解决。
- 留债部分：占比 55%。除上市公司等个别企业贷款条款保持不变外，拟保留债务由债务人以偿债能力为限承接，不足部分拟由新设平台公司承接，期限统一转为 8 年（前 6 年付息，后 2 年等额还本），利率为 5 年期贷款基准利率的 67%。中钢集团或其他公司等提供的担保将阶段性保留。
- 可转债部分：占比 45%。该部分债务由新设平台公司发行可转债，具有债券和期权的双重特性。债券持有人可以按约定的条件，将债券转换成股票，金融机构也可以在一定条件下将债券回售给发行人。利率为零，期限 6 年，2019—2021 年按"3：3：4"转股；转股条件暂不设定，待重组方案通过后，由债委会与企业再行协商。可转债持有人将根据平台公司的盈利水平、留债利息支付情况及国资委支持资金到位情况等因素决定是否选择行使转股权。转股后仍将保持国资委的控制和管理地位。

3. 重组效果

中钢债务重组是自 2016 年 9 月《国务院关于积极稳妥降低企业杠杆率的意见》（国发〔2016〕54 号）印发后，中央企业整体实施债务重组的首例。按照债务重组安排，中钢集团带息负债将减少 272.3 亿元，年利息支出减少 20 亿元左右，再考虑国资委已安排的国有资本预算注资，资产负债率预计将由 2014 年年末的 125% 降至 80% 左右，企业可以实现重新恢复经营活力的目标。

在中钢股份债务重组的过程中，重点在于转让股份设计，中钢股份分析出两种可以解决实际难题的措施来降低企业的负债。第一是利用可转债来代替企业转股部分，并且将这一部分的资金冻结 3 年。但是在资金解冻时会采用合适的比例，分 3 年逐渐将转股的部分退出。这种设计方案可以消除债权人的一部分忧虑，在很大程度上维护了债权人的利益。企业与债权人之间存在长达 6 年的转股时间，并且在 6 年内企业仍然会支付债权人利息，6 年后债权人还可以在市场中抛售股份。中钢集团根据企业的发展和市场的实际情况，结合债权人的顾虑，开创了重组的成功范例，为其他国企重组提供可借鉴的经验。

东北特钢集团相较于中钢股份来说，企业的资产情况更加复杂，故没有采用中钢股份的时间缓冲措施，而是提出了三种不同的转股方式。第一种是债权人利用第三方持有股权。第二种是成立有限合伙企业，让企业持有东北特钢的股权，从而让债权人间接地持有东北特钢股权。第三种是当转股债权人超过了 50 家，东北特钢可以改为股份制公司进行经营。之所以提出第三种方式，是因为东北特钢集团属于有限责任公司，根据法律的有关规定，有限责任公司的股东不能超过 50 家。为了满足实际的情况、满足债权人的需求，东北特钢集团可以改变经营制度。在实际情况中，东北特钢集团也正是选用了第三种方式。

四、国有企业债务重组的经验与启示

在债务重组中，对症下药非常重要。我们对中钢股份和东北特钢两家公司的重组方案进行分析，可以发现其在各自的重组方案设计上均有亮点，也对两家公司的起死回生起到了至关重要的作用。值得注意的是，中钢股份由于有国资委的巨额注资担保，其债转股方案推行得十分顺利，连最困难的"股权退出"环节也顺利完成了。相比之下，东北特钢的债转股属于单纯依靠投资者出面承诺而获得了债权人的认可，因此，这种信心的来源必须是金融机构认可的投资企业。沙钢是国开行推荐而来，且其内部经营管理和市场能力让大家认可，因此市场已有资管公司等向金融机构按照30%的清偿率溢价收购转股债权，但是金融机构普遍认为未来债权受偿额度会超过30%而未出售。这就体现了市场化的战略投资者对金融机构的预期起到了正面作用。

通过总结两家公司的经验教训，可以得出以下经验与启示。

第一，精巧合适的债转股设计有助于国有企业解决债务问题。国有企业自身资本量大且注资关系比较复杂，在企业运行的背后往往有地方国资委的注资支持，因此，在企业出现债务违约问题时，往往需要采取复杂的债转股模式来对各债权人利益与股东利益进行平衡。同时需要在进行模式设计的时候考虑债转股后期股权退场的问题。

第二，破产清算在国有企业中的使用应慎之又慎。国有企业承担着较大的"政策性负担"和社会就业重任。当中钢或者东北特钢选择债务重组模式时，应当避免直接采取破产清算，这容易造成较大的社会问题。虽然国有企业资产较多，通过破产清算可以较好地补偿债权人的应得利益，但是对破产清算的使用仍应谨慎。破产重整制度本身涵盖清算的后续安排，所以，应先通过重整程序解决国有企业顽疾，如果失败再通过重整程序转为清算程序较为合适。当然，钢铁行业中也有部分企业属于直接进入破产清算程序的，例如酒钢旗下的翼城钢铁。在翼城钢铁的清算过程中，债权人、管理人与法院等也多有互动，并希望通过破产重整来挽救翼城钢铁的命运，只是结果不尽如人意罢了。

第三，国家资本和政策的兜底为众多国有企业债权人注入了强心剂。国有企业在很多人心目中都是"稳定"的代名词，与地产行业和互联网行业等不同，国有企业拥有国家信誉做背书，其债权人对于自己债权的兑现比较有信心，且实践中国资委等部门出面协调的情况也较为常见。例如在中钢债务重组签约仪式中，国资委党委委员兼副主任孟建民、中国银行行长陈四清、国家发展改革委副秘书长许昆林、银监会法规部副主任张劲松等出席签约大会，其中孟建民副主任强调："要有效维护债权人权益，也希望金融机构和有关部门继续支持中钢集团转型发展，实现企业浴火新生和国有资产保值增值。"这就给了市场强烈的信心，也是中钢直接采取庭外重组的形式，较同期东北特钢等钢企率先完成困境救治的重要原因。

第四，企业应拓宽融资渠道，加强自身的风险抵御能力。一个运行良好的企业不仅可以充分利用内部资金来源，还可以有效整合外部资金。通过综合运用直接投资和间接投资等融资手段，尽量让企业不过分依赖于某种单一融资渠道，分散投资风险。

第五，在完成破产重组后，应从企业经营与未来发展等方面检验债务重组的效果。不论国家政策如何扶持，不论税收政策如何优化，如果企业想要从根本上解决债务问题，都需要切实提高自身盈利能力。对于前景较好的国有企业而言，可以利用自身优势，结合外部力量摆脱债务问题；对于已经处于夕阳行业的国有企业，则可以依靠国家制度完成自身的债务重组过程。而提高盈利能力，首要就是提升企业自身的资产流动性和偿债能力，同时优化企业的债务结构。可以尝试建立长效的债务管理机制，及时对可能出现的债务进行评估和风险防控，使公司负债结构更加合理。通过优化国有企业资本的布局和结构，充分发挥国有经济的引领和调控能力，让企业重新焕发活力。

第六，从"防患于未然"的角度，公司应建立债务预警机制，防止债务风险的发生。金融风险预警技术也是分析和预测企业未来债务风险的常用技术手段。通过建立一些财务风险预警机制，可以实现更加精准地了解公司面临的经营风险和财务风险,从而及时采取措施预防债务危机的发生,进一步指导公司的董事会和管理层的重要决策。通过预警和预测评估对于内部和外部环境的客观分析,提高国有企业抗击债务风险的水平和管理层的决策水平。这样一个机制也是未来必然的发展趋势。

具体而言,市场主体应当在投资决策时注意有所节制,根据公司目前的情况进行科学详细的规划,不能盲目进行扩张。财务预算部门事先做好决策,在进行扩张的过程中要严格执行,不可随意变动。同时也要结合目前的经济状况以及内外部环境的变化及时进行调整,让企业的决策以及战略更加灵活,使其更好地为企业提供发展方向及借鉴。企业应将自身优势进行精准定位,时刻对公司发展战略做出调整。对于战略的调整应当体现在企业的创新上。国有企业普遍显示出创新能力不足的特点,机械化引用外部经验,没有将之与企业的发展情况相结合。同时,国有企业还普遍表现出经营单一化,且产量过大。过于依赖单一产品的后果就是当此种产品在市场受到负向冲击后,会使整个企业陷入危机。因此,加强企业创新进程和经营多样化,可以更好地避免企业债务问题的出现。

小结

债务重组是资本市场上永恒的话题之一,这一点在国企的债务重组中再次得到完美体现。而国有企业的债务重组一直都是市场上讨论的热门话题,如何为困难重重的国有企业解决问题,也是国内法学界和经济学界无数专家学者苦苦摸索的课题。国有企业养育了几代人,哪怕它今天要步入夕阳余晖,哪怕它今天同样折射出不同企业在现今时代的普遍问题,都会作为一个时代的传奇被大家铭记于心。一个个精巧的制度设计、一次次免息贷款、一项项扶持政策,都在诉说着国家和社会对国有企业的关怀,力争在缓解国有企业债务危机的同时,完成对企业员工的妥善安置。因此,我们有理由相信,看似艰苦卓绝的国有企业改革,必将走出属于自己的天地,寻到一片光明的未来。

后　记

　　世界正在加速复杂，加速多元，加速迭代。人们承认并尊重不同的价值观、思维方式与行为模式，重视创新与颠覆的力量。改变世界的不再是长久以来的能源与工业巨头，恰恰相反，科技企业在瞬息万变中掌握或引导着世俗的话语权。变革时代中，传统企业的生长周期被打破，而科技企业的新陈代谢还在加速提升。空生幻灭，缘起无常，事情已经超出我们熟悉的，或者惯常的历史经验。

　　马库·维莱纽斯（Markku Wilenius）在《第六次浪潮》一书中，用康德拉季耶夫的周期理论来解读我们眼前的世界，"当世界充满变数时，人们对未来最为好奇：全球经济陷入衰退；员工被解雇，失业率飙升；经济学家散播阴郁气氛，面色严峻地分析形势；报纸头条全是消极论调；人们不再买房且遏制消费……而当全球事务自动协调、未来格局明朗可期时，人们对未来的担忧则要少得多"，"只有身处坏光景，人们才会思考未来。这是因为，思考未来能让我们洞彻'什么可以改变'与'如何改变'"，明白"现实不是连续和简化的，而是需要各种视角，来照亮其微妙和隐秘之处"。

　　债务重组者，很多也是周期理论的信仰者与见证者。在债务重组企业的兴衰历程中，直观技术创新、繁荣、衰退、萧条的经济轮回。因此，我们对马库·维莱纽斯用康波周期解读世界感悟颇为深刻，尤其在微观层面的危机企业挽救进程中，也在运用同样或相似的原则，探索造成企业困境的各个因素中，哪些可以改变，如何改变，然后对

"症"抓"药"。这些药方或是小火烹鲜，或是刮骨疗毒。此时的重组者，皆是伫立旧时景，心向大光明。

本书就是在这种心路下，鉴于现实的不连续和简化，拟图通过不同国家、行业、企业等差异视角，照亮债务重组的微尘世界。我们同意维莱纽斯的观点，花费时间分析和规划并不总是最有效的办法。任何事情的解决，直接和快速行动将在发展中发挥重要作用。我们必须选择一个感觉正确的方向，然后测试，而不是通过浪费时间的分析确保想法可行。因此，我们坚信债务重组理论与实践的案例化、感性经验与解读将是必不可少的。这个目的在本书创作完成后，在一定程度上实现了，但也仍有太多不尽如人意的遗憾之处。

我们希望做时间的朋友，将有限的时间尽量投掷于具有持续意义的工作和生活中，而丈量企业兴盛与衰败的跨度，正是我们想要探究的广阔天地。值本书付梓之际，我们诚挚地感谢在本书创作过程中给予我们大力支持的朋友们，感谢他们躬身入局，给予本书深刻的思辨、真诚的关心和具体的支持。感谢王轶教授百忙之中，拨冗作序；感谢李东骏、白涛、陈峰、刘刚诸君在本书写作过程中不厌其烦，就特定理论观点与我们共同进行的讨论与探索；感谢王焓、刘承彦、赵晶磊等同学在资料搜集、文稿初创阶段的具体协助。

时光荏苒，白驹过隙。我们步履匆匆，愿以少年心态，贡献微知，以飨读者，愿请指导赐教。